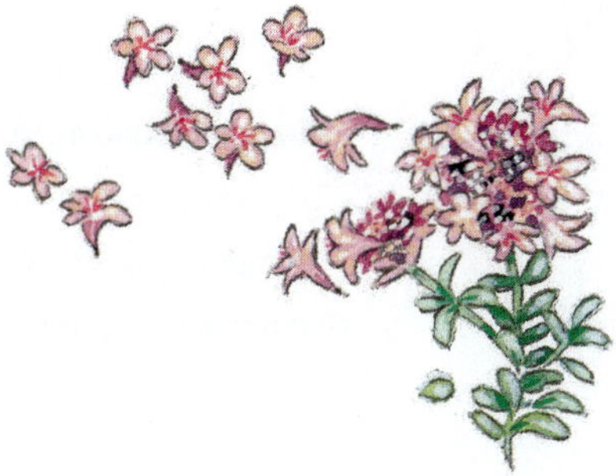

Inhalt

AKI IRIE

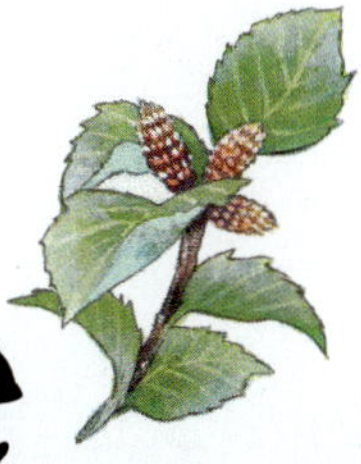

Folge den Wolken nach Nord-Nordwest

númer 3 [Þriðja bók]

Sá einn veit, er víða ratar og hefir fjöld um farið,
hverju geði stýrir gumna hver, sá er vitandi er vits.

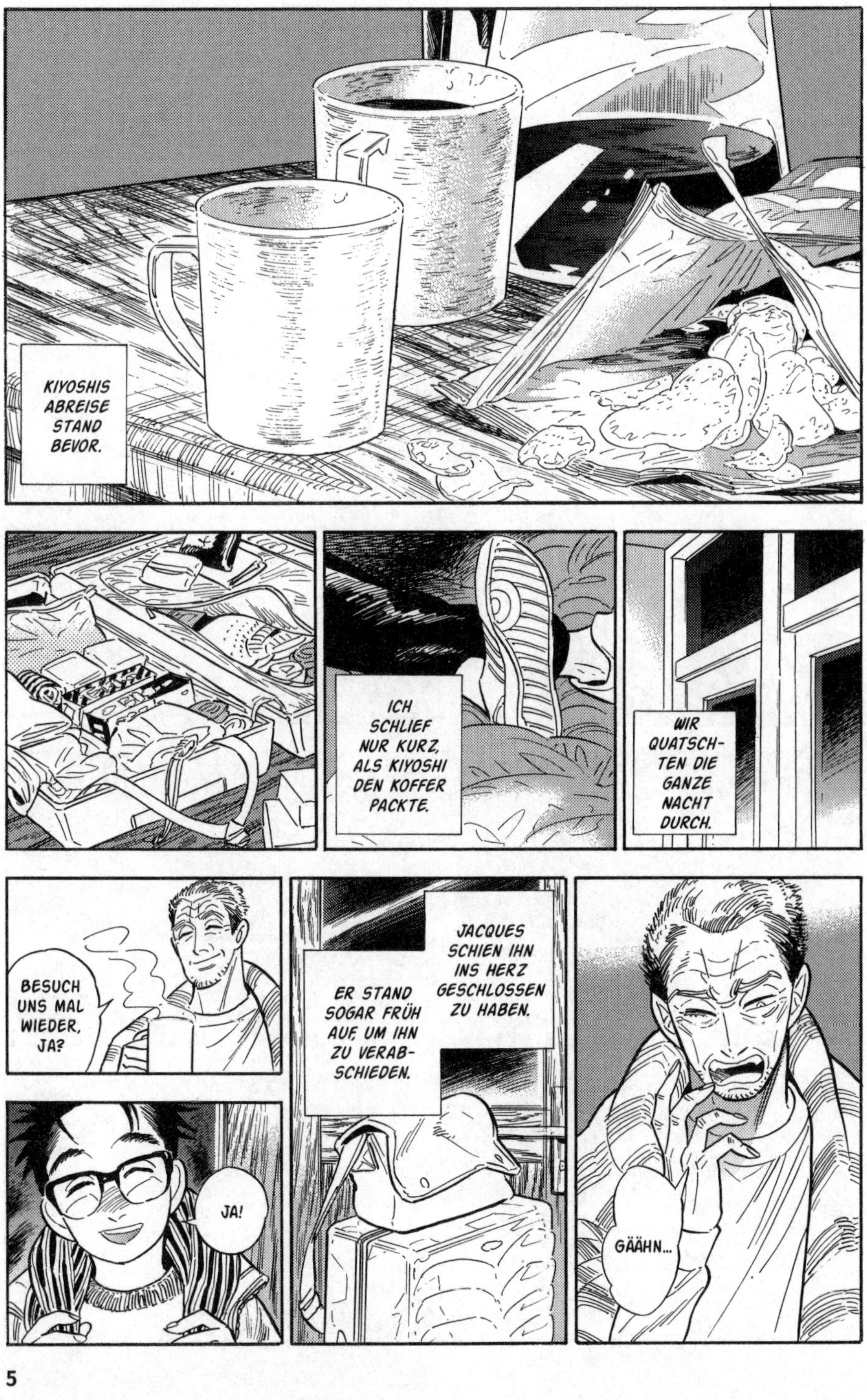
KIYOSHIS ABREISE STAND BEVOR.
WIR QUATSCHTEN DIE GANZE NACHT DURCH.
ICH SCHLIEF NUR KURZ, ALS KIYOSHI DEN KOFFER PACKTE.
GÄÄHN...
JACQUES SCHIEN IHN INS HERZ GESCHLOSSEN ZU HABEN.
ER STAND SOGAR FRÜH AUF, UM IHN ZU VERABSCHIEDEN.
BESUCH UNS MAL WIEDER, JA?
JA!

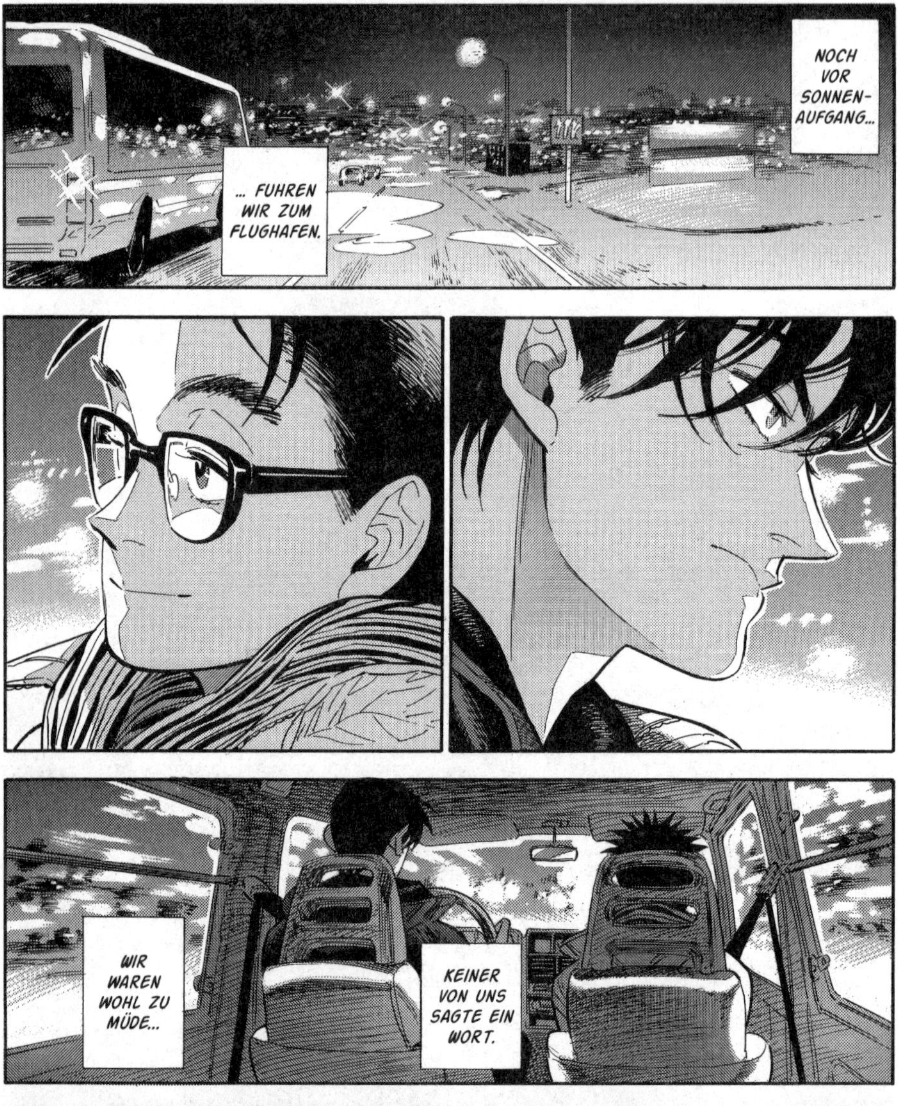
NOCH VOR SONNEN-AUFGANG...
... FUHREN WIR ZUM FLUGHAFEN.
KEINER VON UNS SAGTE EIN WORT.
WIR WAREN WOHL ZU MÜDE...
SELBST DER LAPTOP BLIEB IN DER TASCHE.

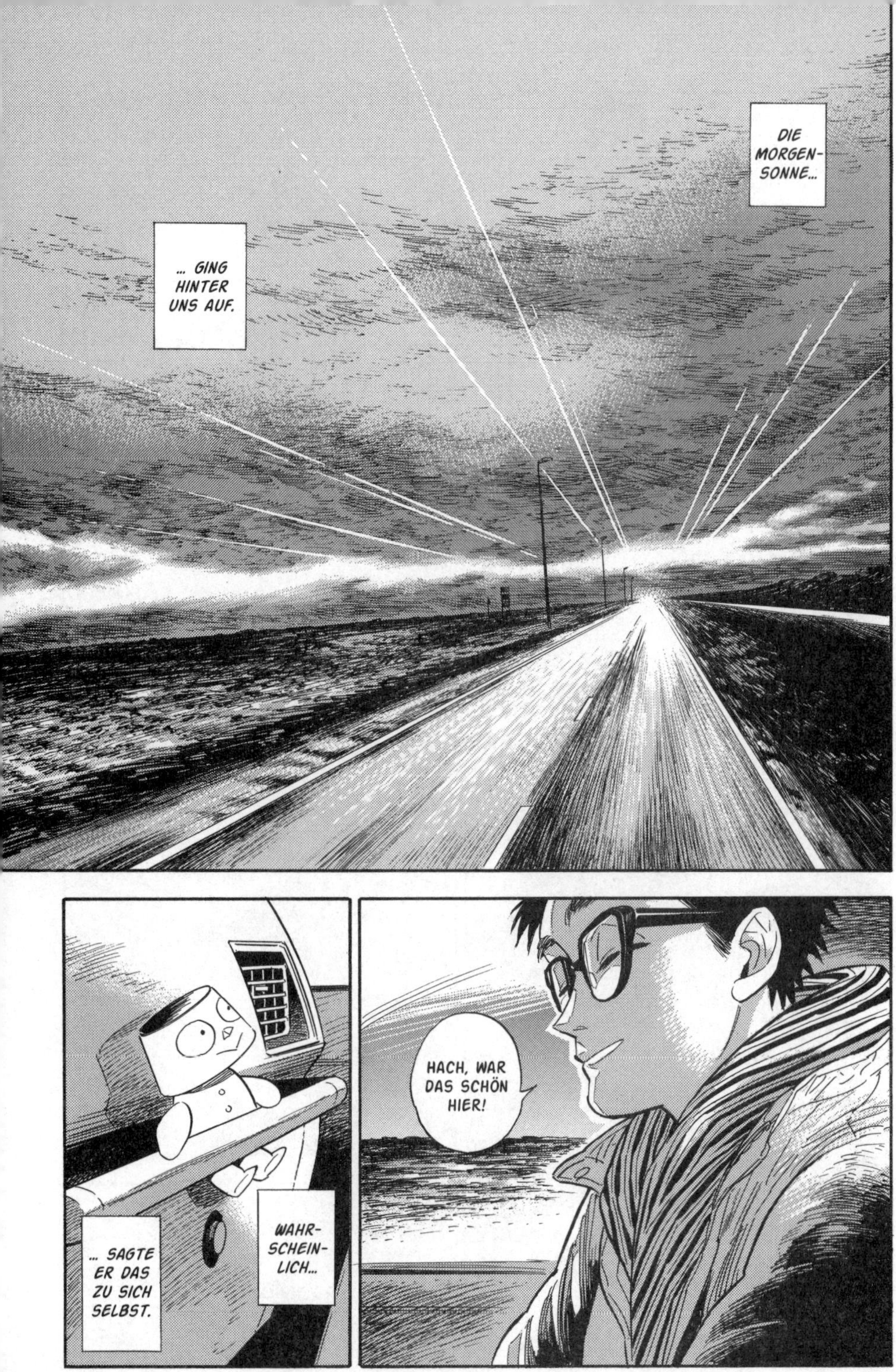
DIE MORGEN-SONNE...
... GING HINTER UNS AUF.
HACH, WAR DAS SCHÖN HIER!
WAHR-SCHEIN-LICH...
... SAGTE ER DAS ZU SICH SELBST.

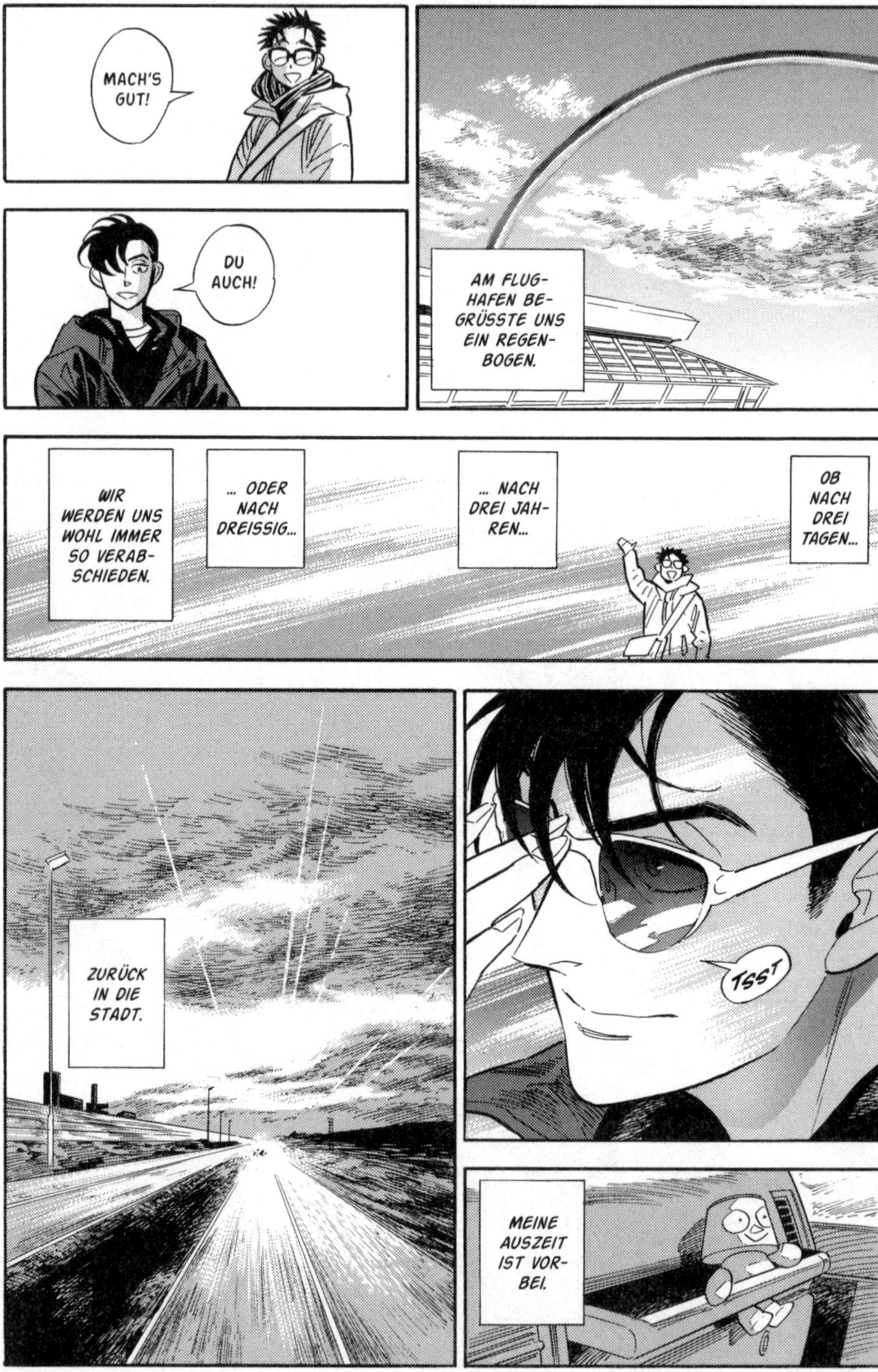
AM FLUG-HAFEN BE-GRÜSSTE UNS EIN REGEN-BOGEN.
MACH'S GUT!
DU AUCH!
OB NACH DREI TAGEN...
... NACH DREI JAH-REN...
... ODER NACH DREISSIG...
WIR WERDEN UNS WOHL IMMER SO VERAB-SCHIEDEN.
TSST
MEINE AUSZEIT IST VOR-BEI.
ZURÜCK IN DIE STADT.

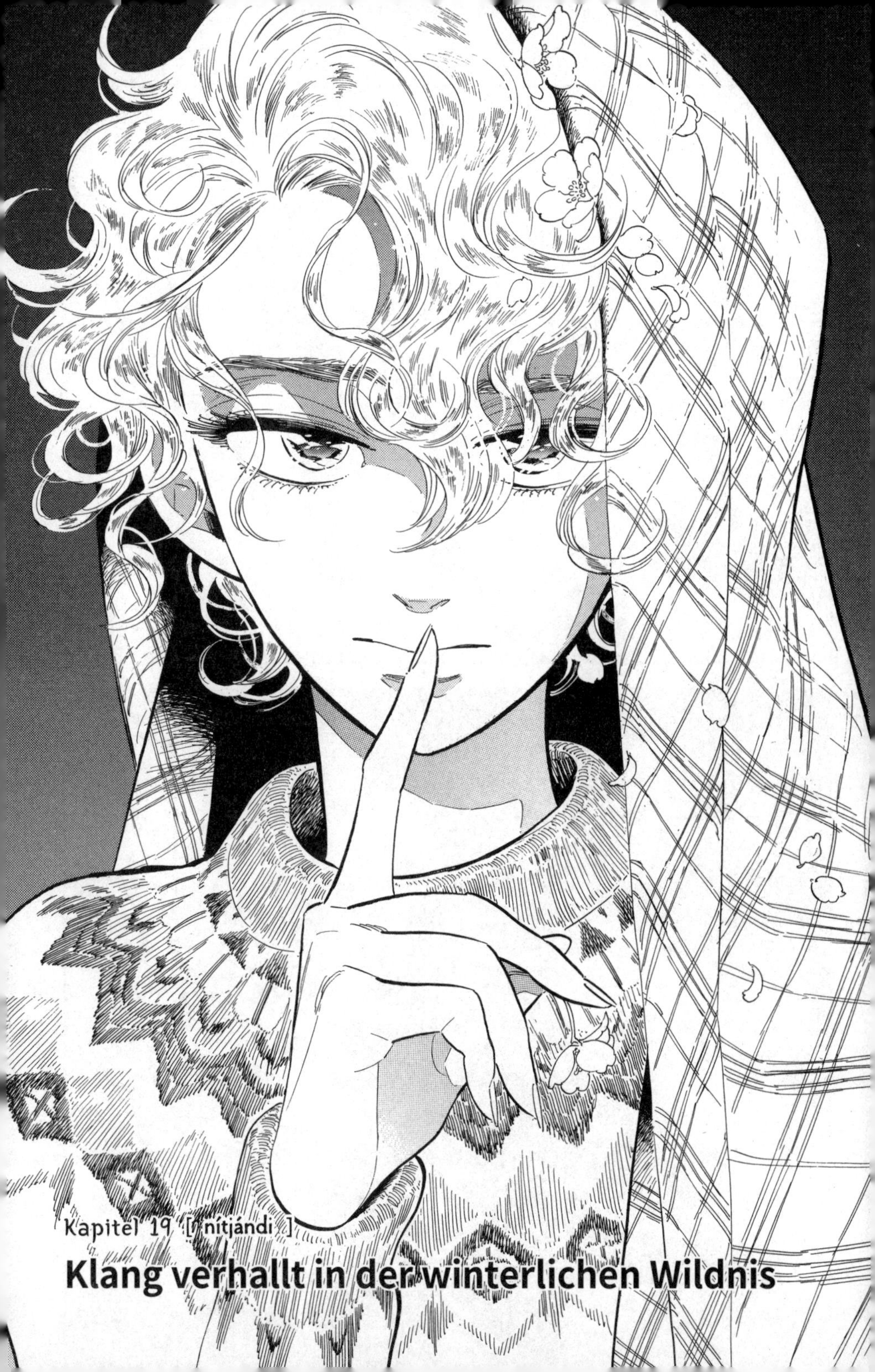

Kapitel 19 [ˈnítjándi]

Klang verhallt in der winterlichen Wildnis

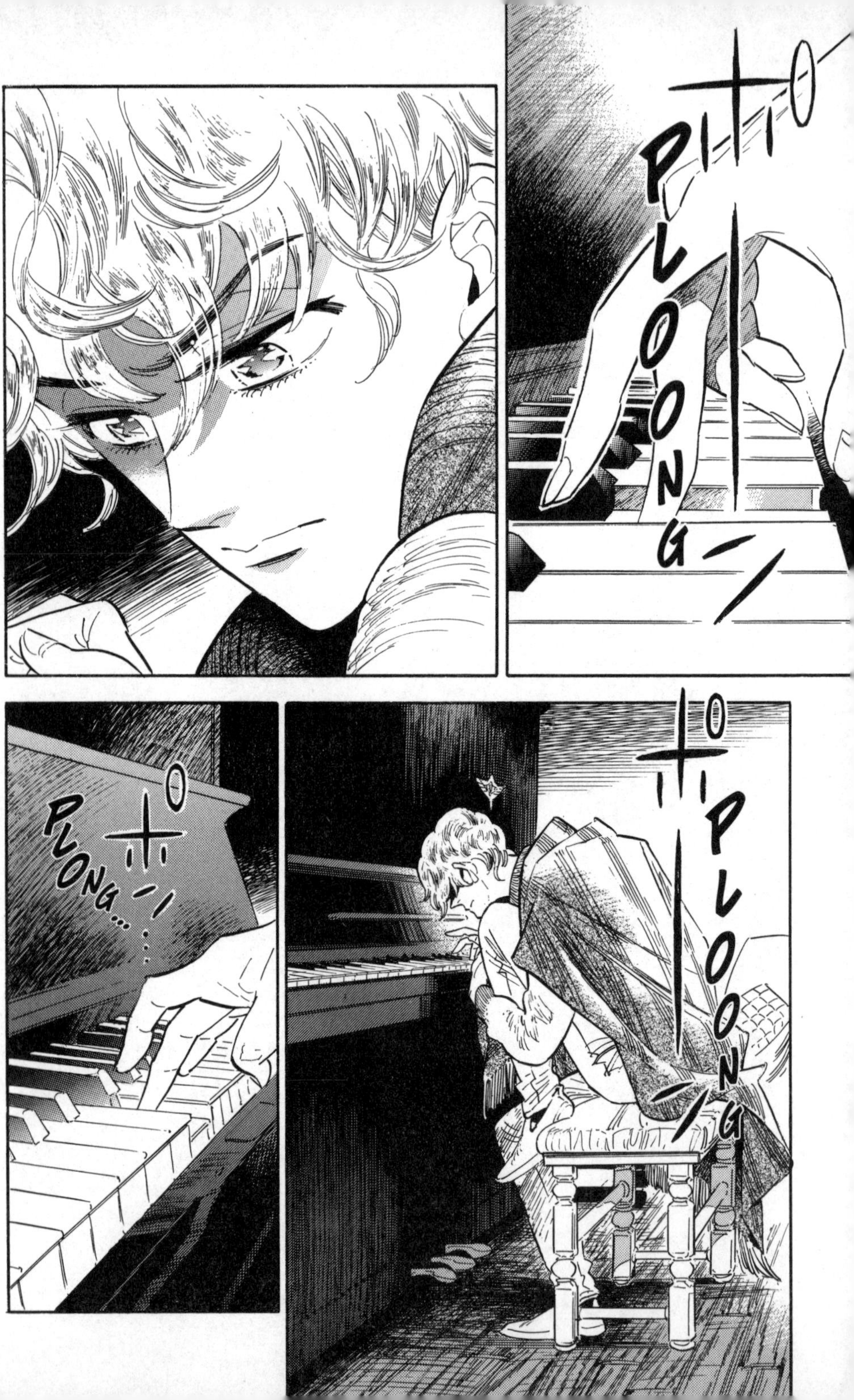
PLOONG
PLOONG
PLONG...

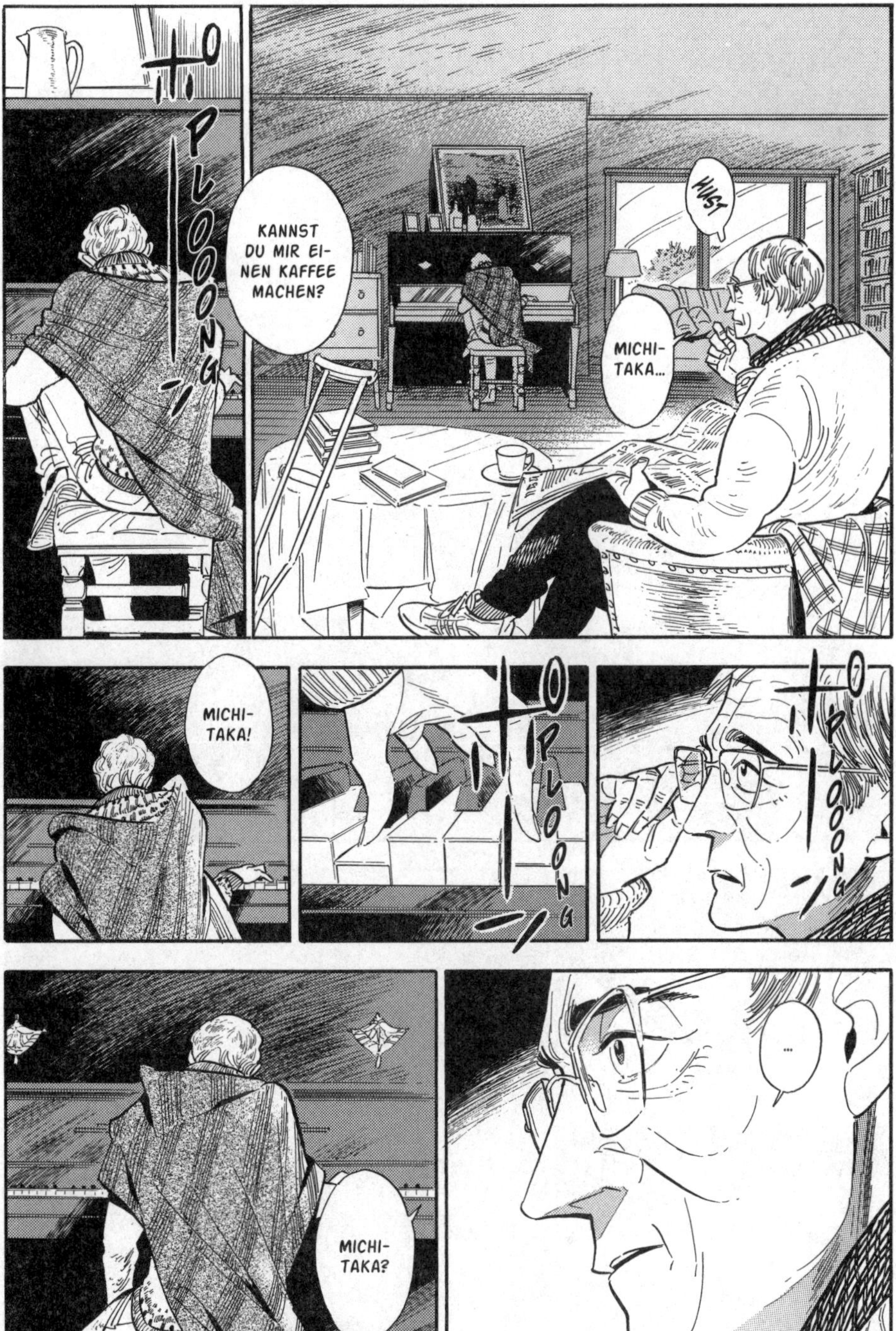
POOOONG
KANNST DU MIR EINEN KAFFEE MACHEN?
HUST
MICHITAKA…
MICHITAKA!
POOOONG
POOOONG
MICHITAKA?
…

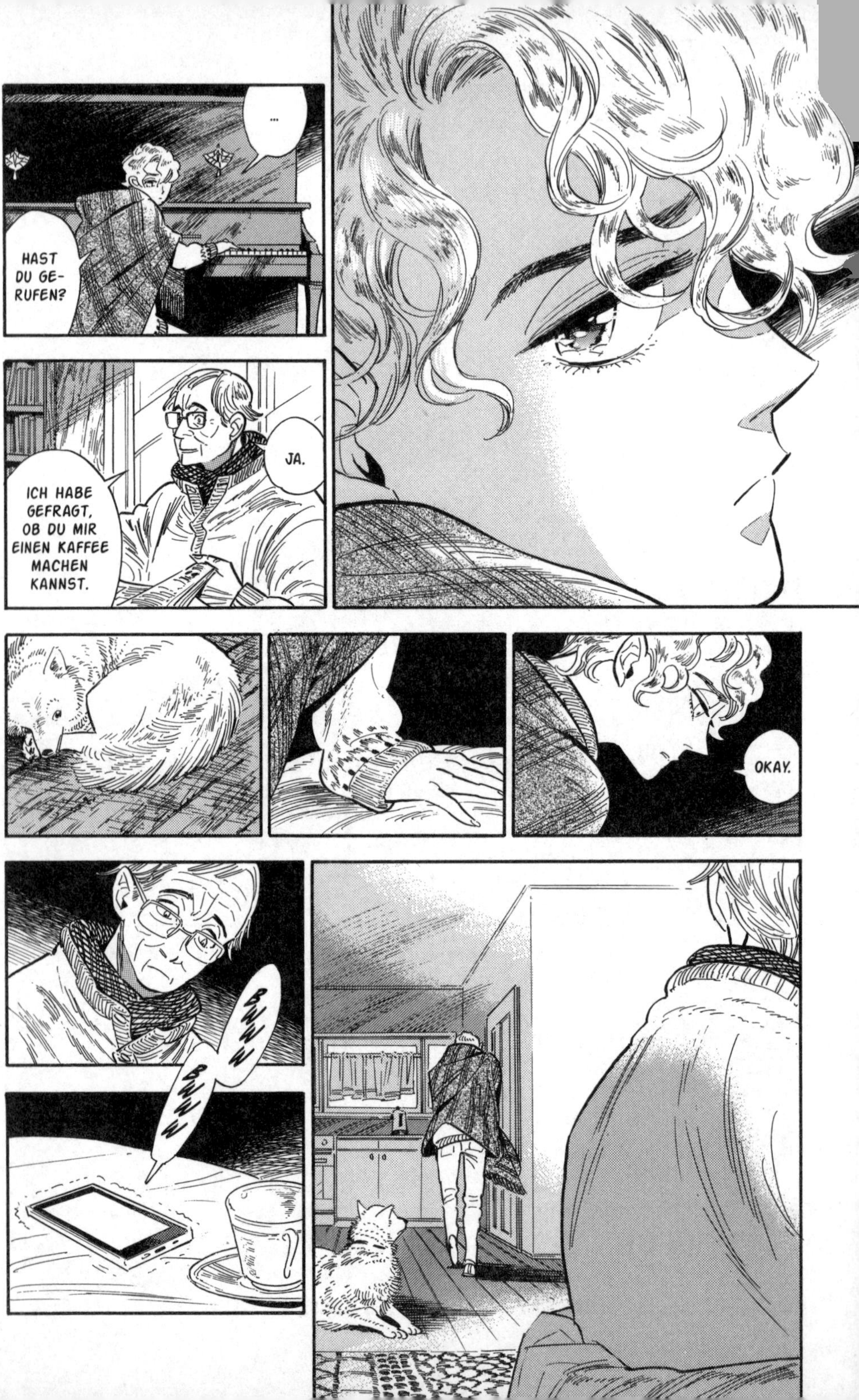
...
HAST DU GE-RUFEN?
JA.
ICH HABE GEFRAGT, OB DU MIR EINEN KAFFEE MACHEN KANNST.
OKAY.
BWWW
BWWW

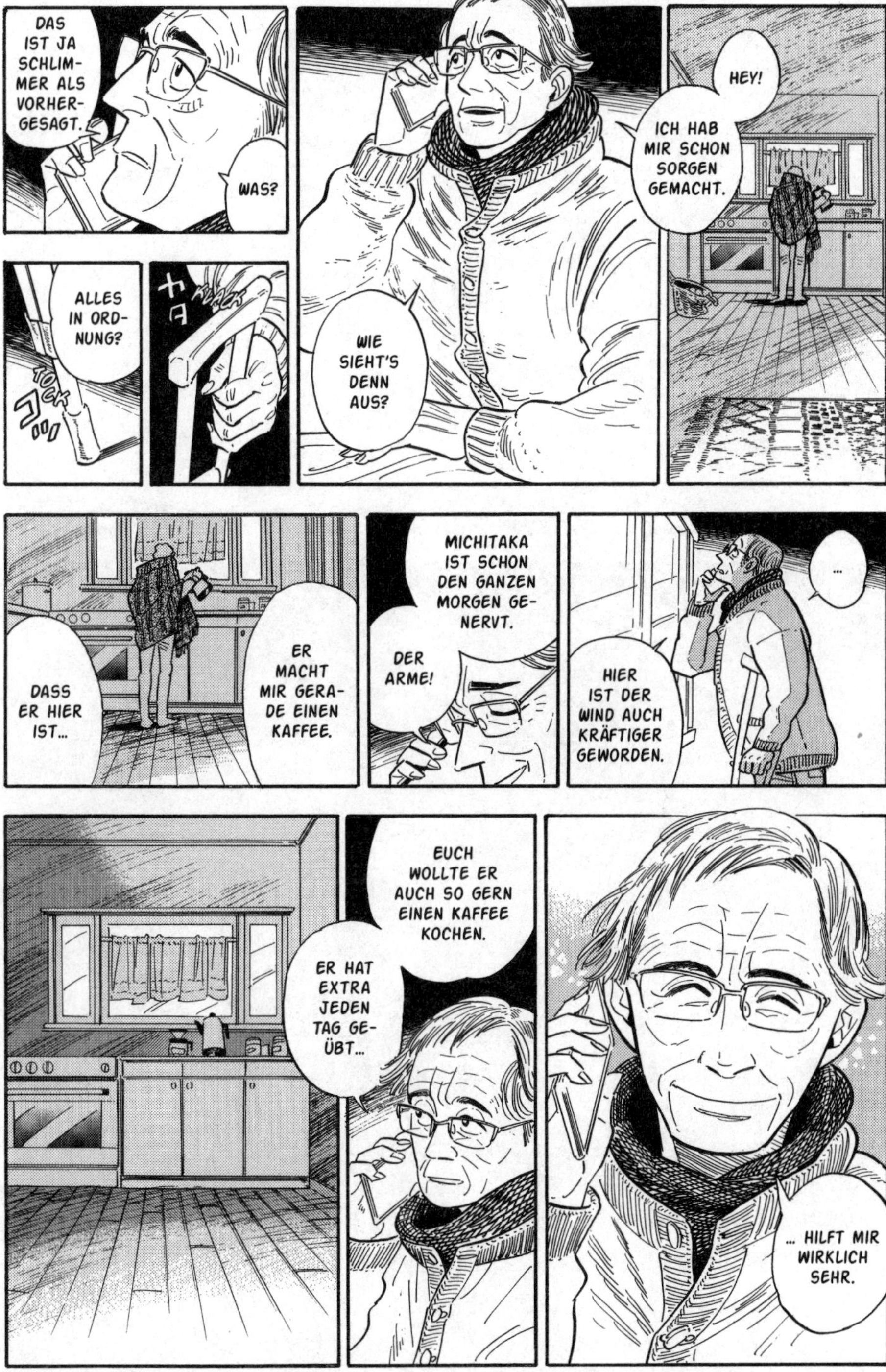
HEY!
ICH HAB MIR SCHON SORGEN GEMACHT.
WIE SIEHT'S DENN AUS?
DAS IST JA SCHLIMMER ALS VORHERGESAGT.
WAS?
KLACK
ALLES IN ORDNUNG?
TOCK
...
HIER IST DER WIND AUCH KRÄFTIGER GEWORDEN.
MICHITAKA IST SCHON DEN GANZEN MORGEN GENERVT.
DER ARME!
ER MACHT MIR GERADE EINEN KAFFEE.
DASS ER HIER IST...
... HILFT MIR WIRKLICH SEHR.
EUCH WOLLTE ER AUCH SO GERN EINEN KAFFEE KOCHEN.
ER HAT EXTRA JEDEN TAG GEÜBT...

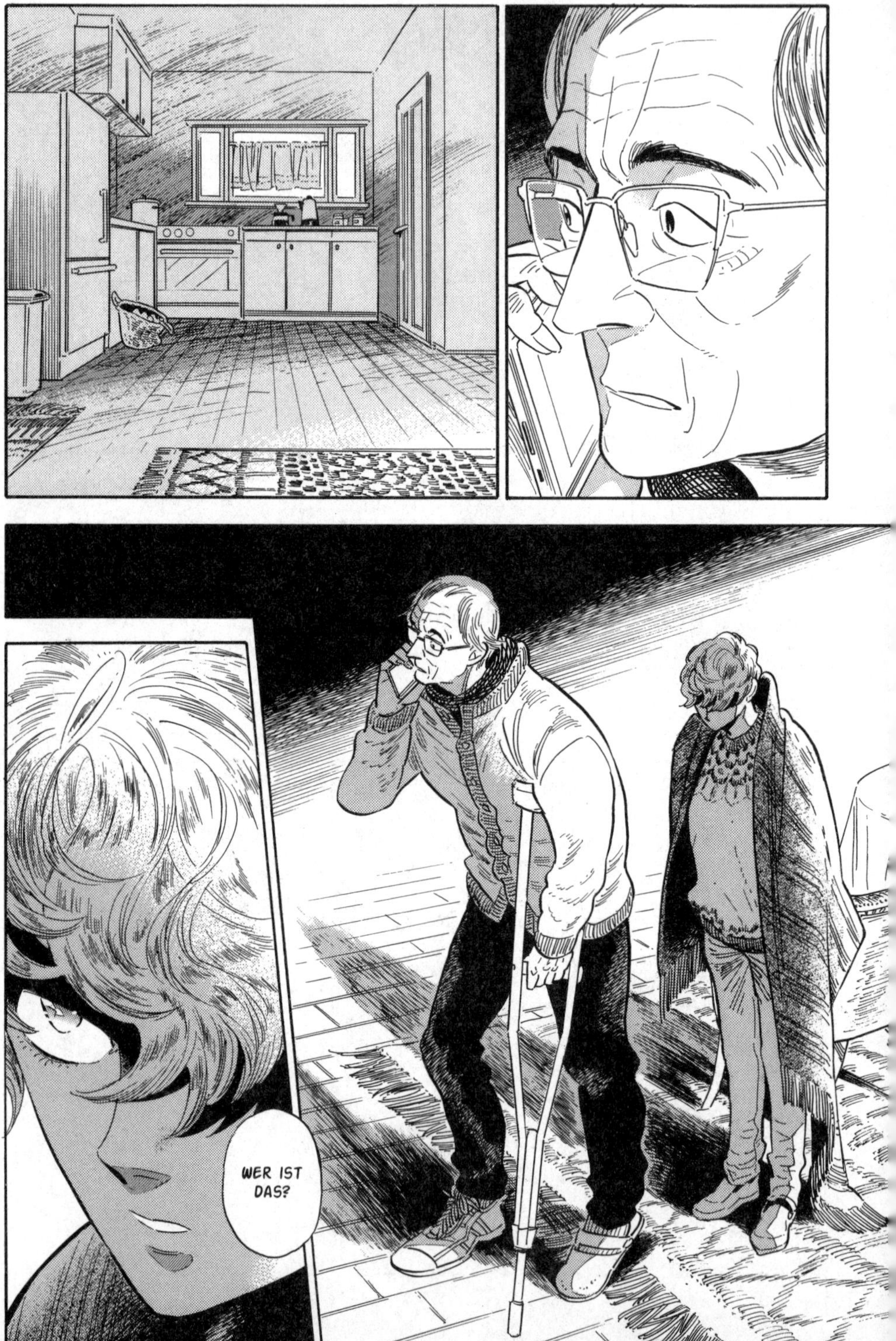
WER IST
DAS?

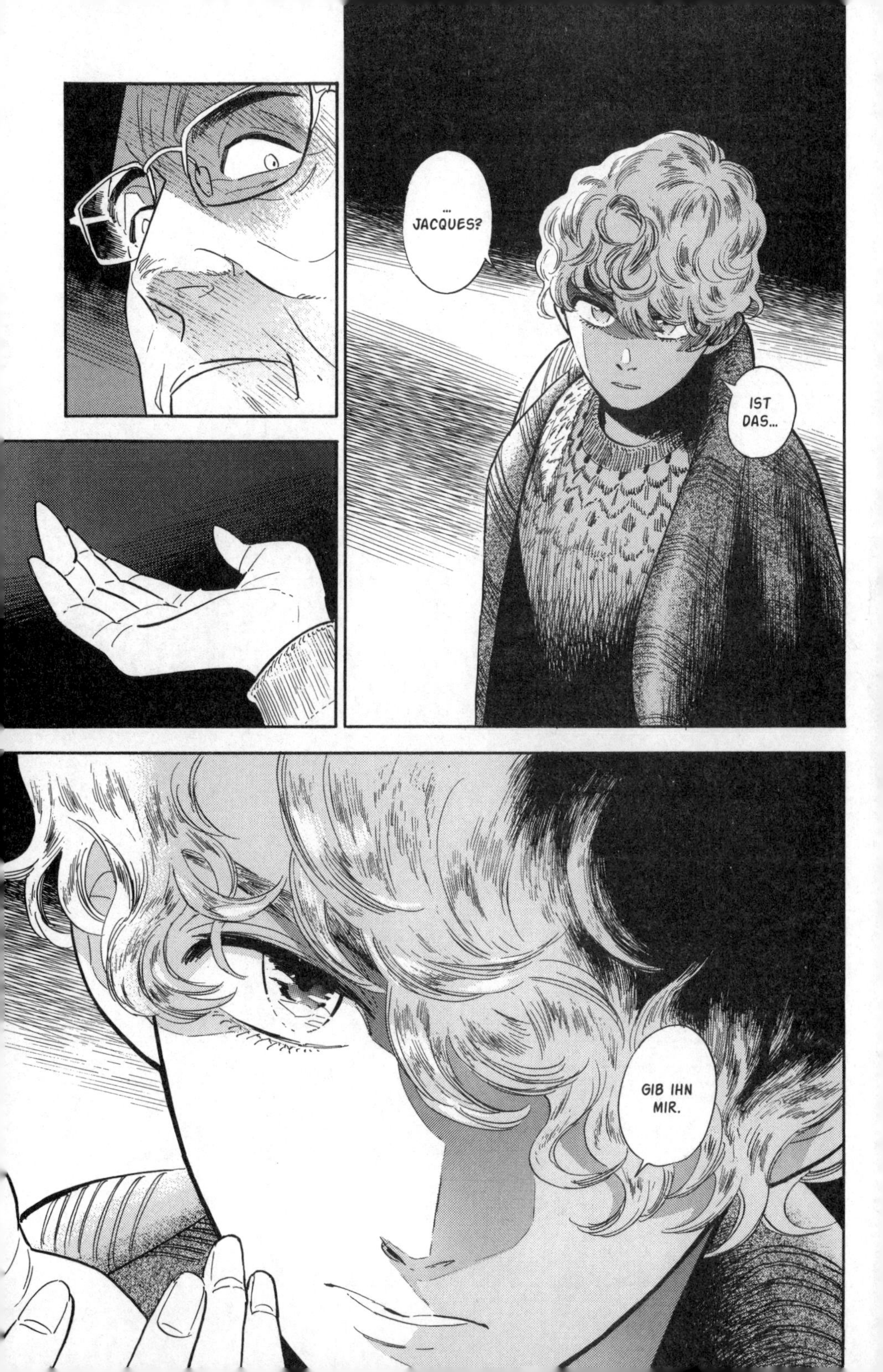
... JACQUES?
IST DAS...
GIB IHN MIR.

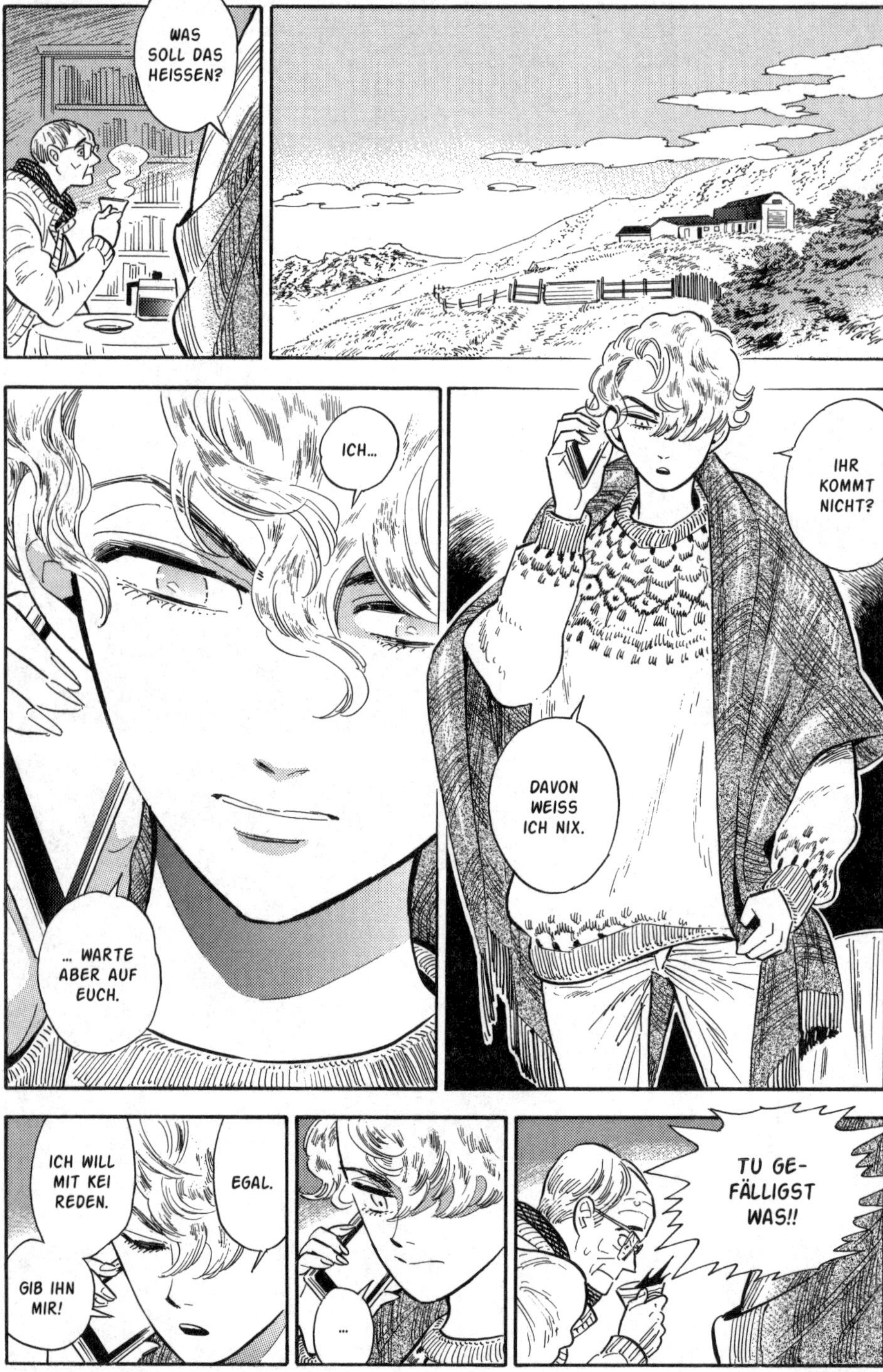
WAS SOLL DAS HEISSEN?
IHR KOMMT NICHT?
DAVON WEISS ICH NIX.
ICH...
... WARTE ABER AUF EUCH.
ICH WILL MIT KEI REDEN.
GIB IHN MIR!
EGAL.
...
TU GE-FÄLLIGST WAS!!

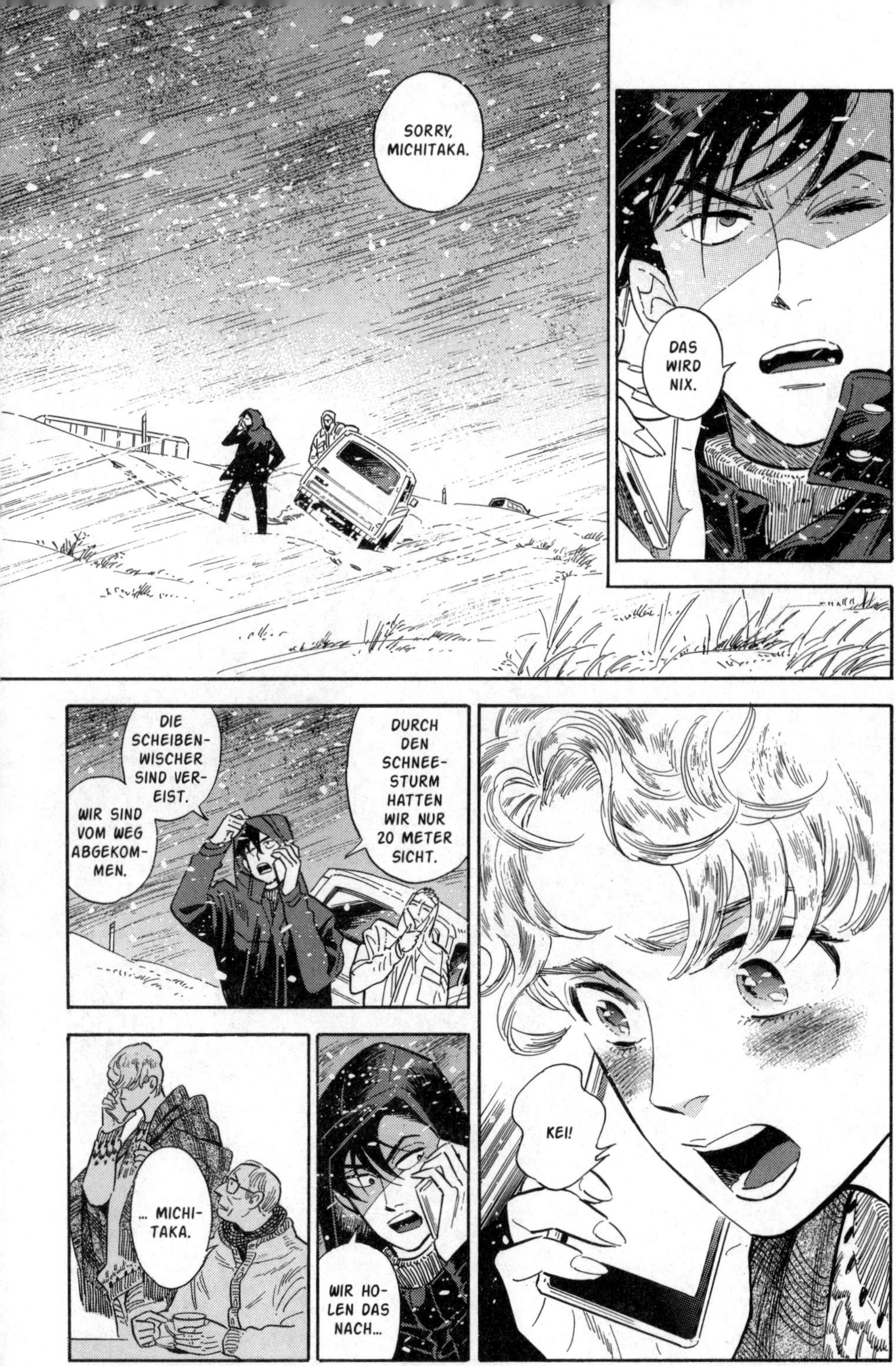
SORRY, MICHITAKA.
DAS WIRD NIX.
DIE SCHEIBEN-WISCHER SIND VER-EIST.
WIR SIND VOM WEG ABGEKOM-MEN.
DURCH DEN SCHNEE-STURM HATTEN WIR NUR 20 METER SICHT.
KEI!
... MICHI-TAKA.
WIR HO-LEN DAS NACH...

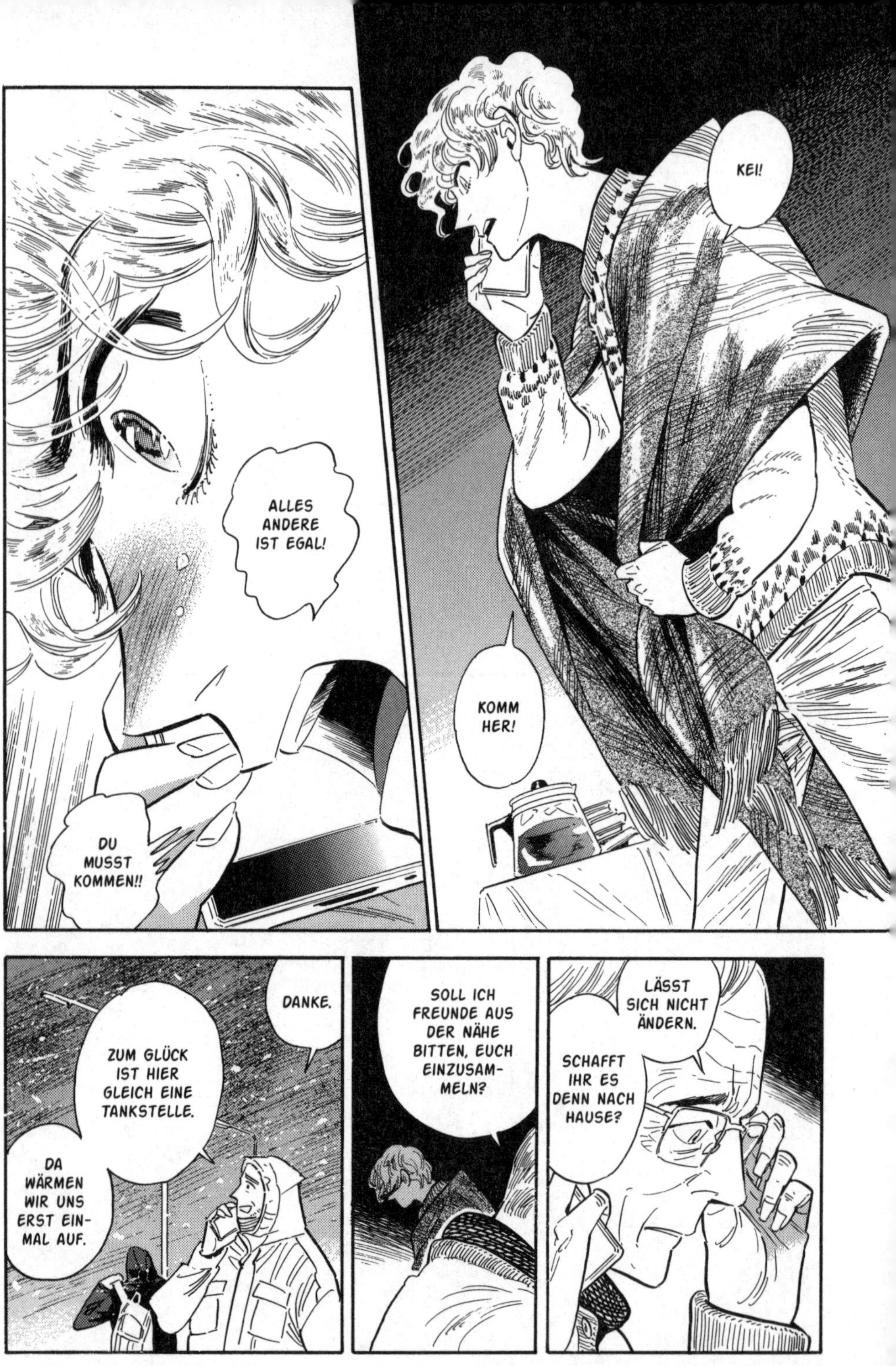
KEI!
KOMM HER!
ALLES ANDERE IST EGAL!
DU MUSST KOMMEN!!
LÄSST SICH NICHT ÄNDERN.
SCHAFFT IHR ES DENN NACH HAUSE?
SOLL ICH FREUNDE AUS DER NÄHE BITTEN, EUCH EINZUSAMMELN?
DANKE.
ZUM GLÜCK IST HIER GLEICH EINE TANKSTELLE.
DA WÄRMEN WIR UNS ERST EINMAL AUF.

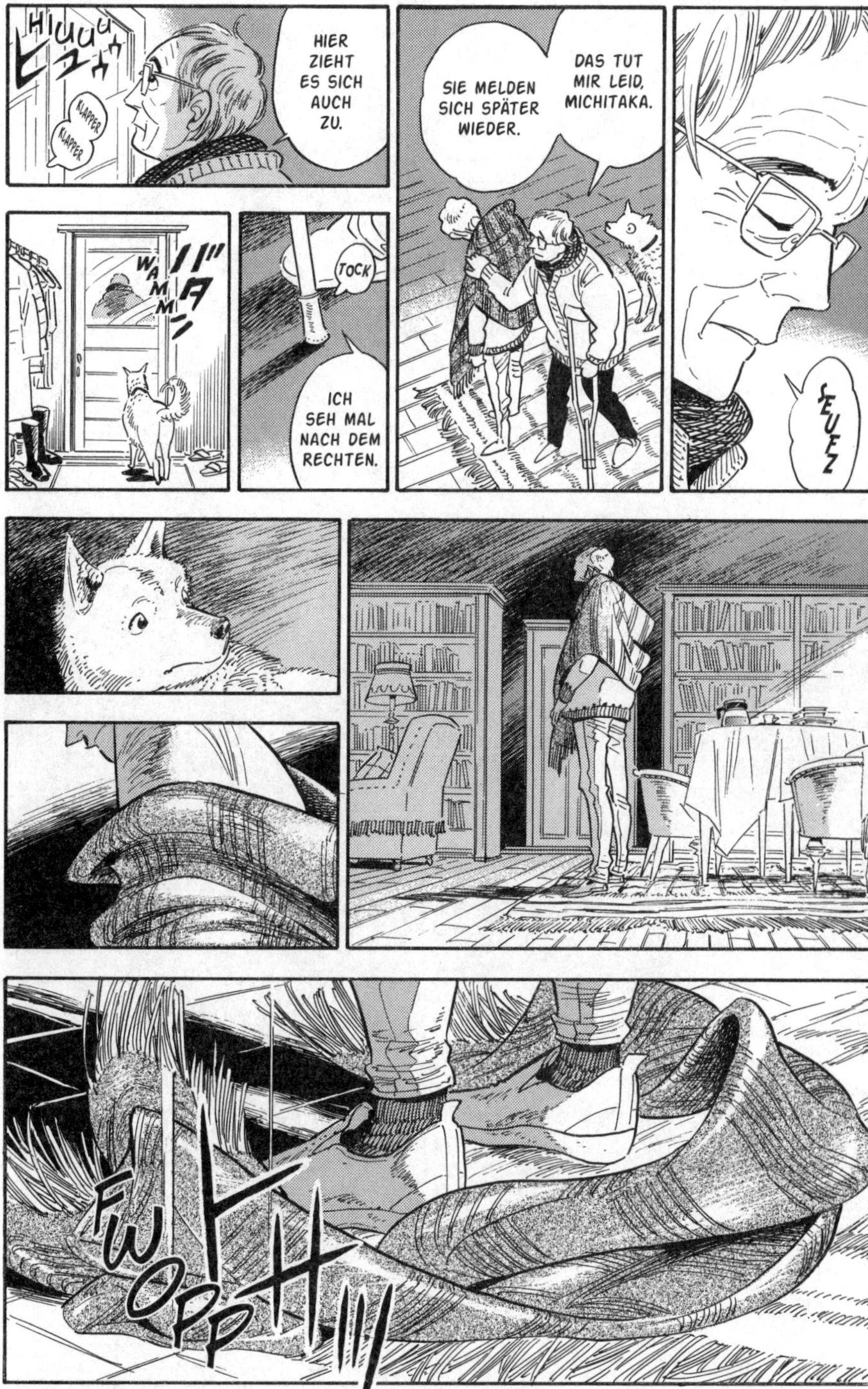
SEUFZ
DAS TUT MIR LEID, MICHITAKA.
SIE MELDEN SICH SPÄTER WIEDER.
HIUUU
HIER ZIEHT ES SICH AUCH ZU.
KLAPPER
KLAPPER
TOCK
ICH SEH MAL NACH DEM RECHTEN.
WAMM
FWOPP

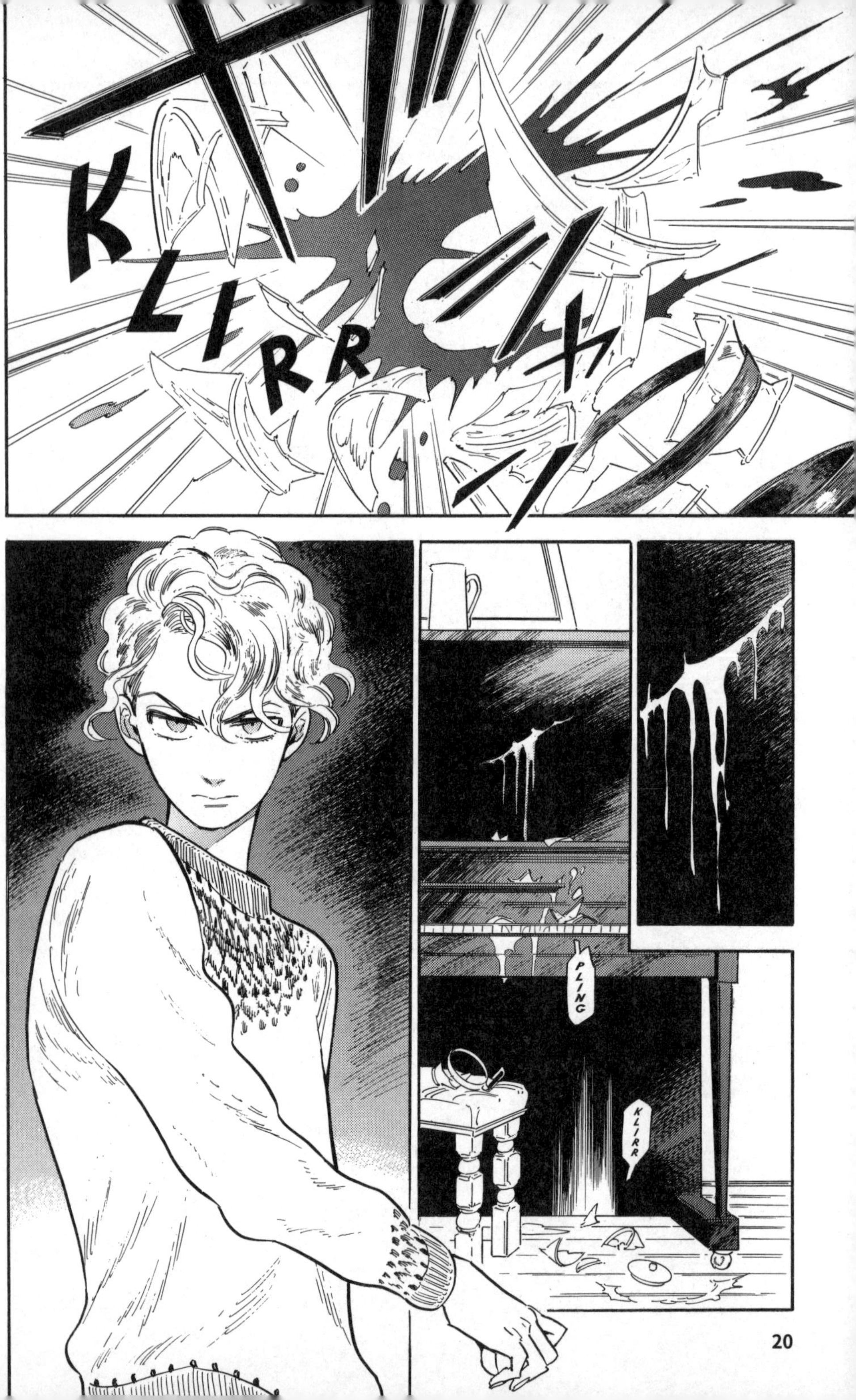
KLIRR
PLING
KLIRR

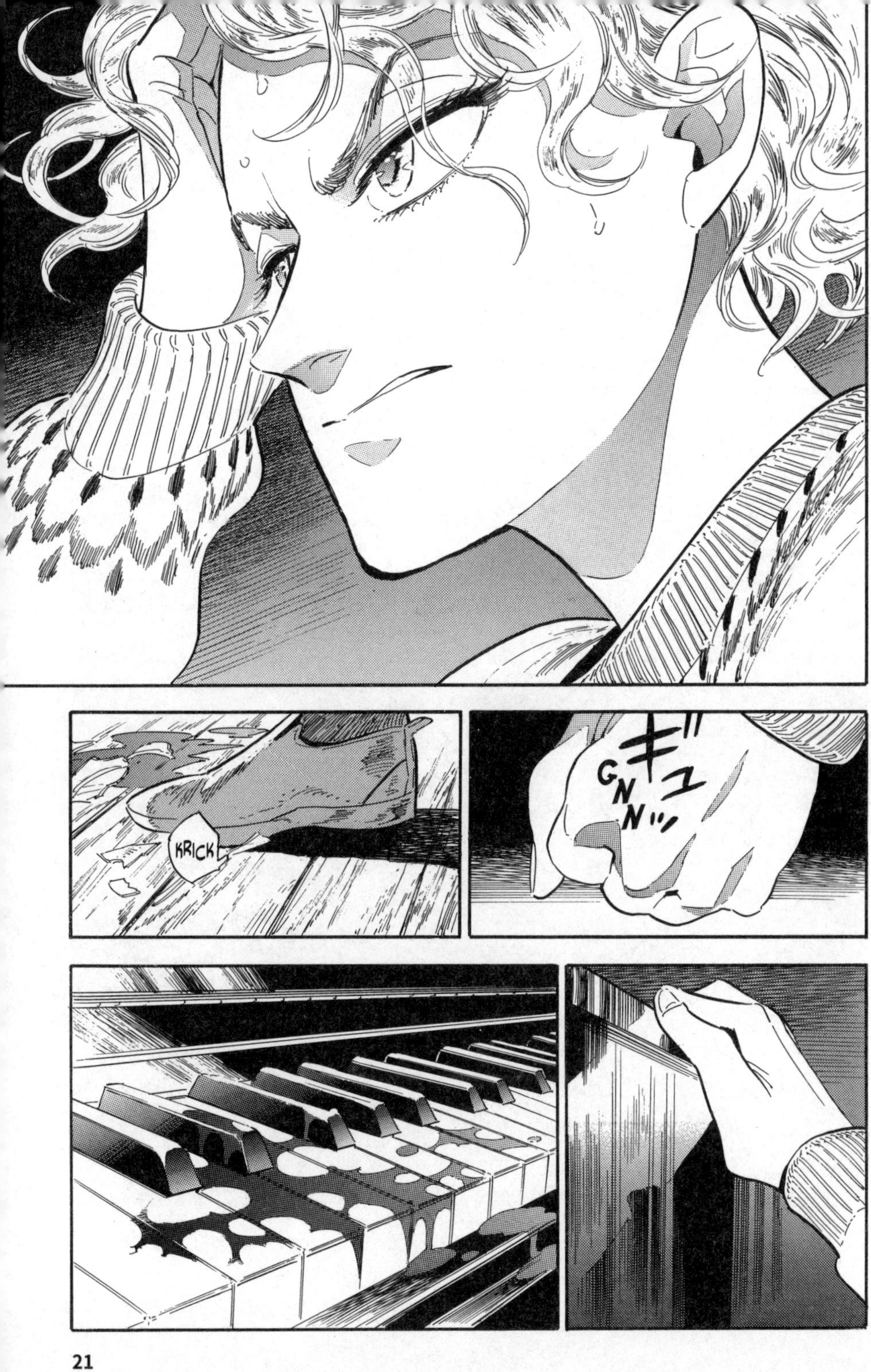
KRICK
ギュッ
GNN

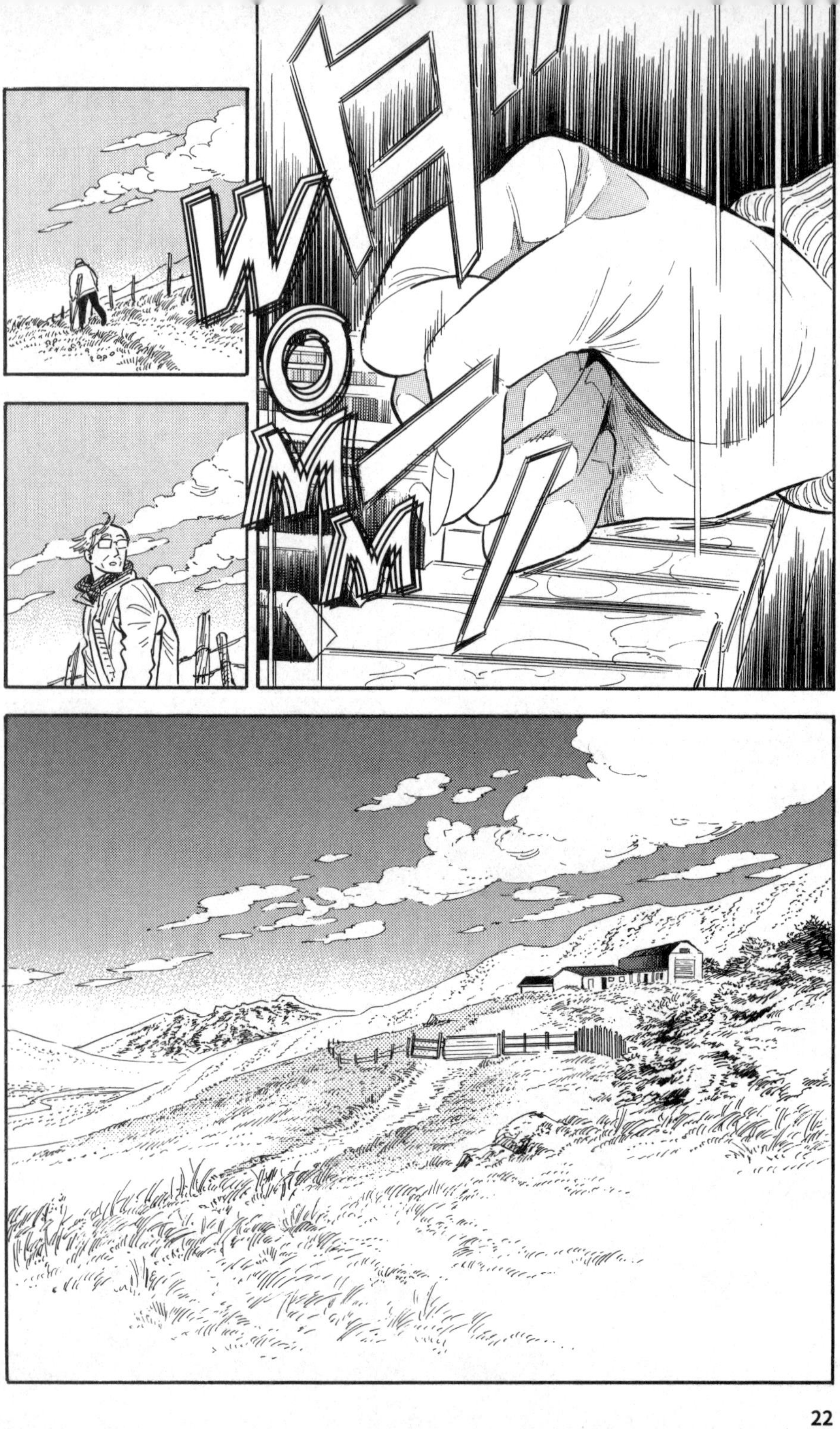
WOMM

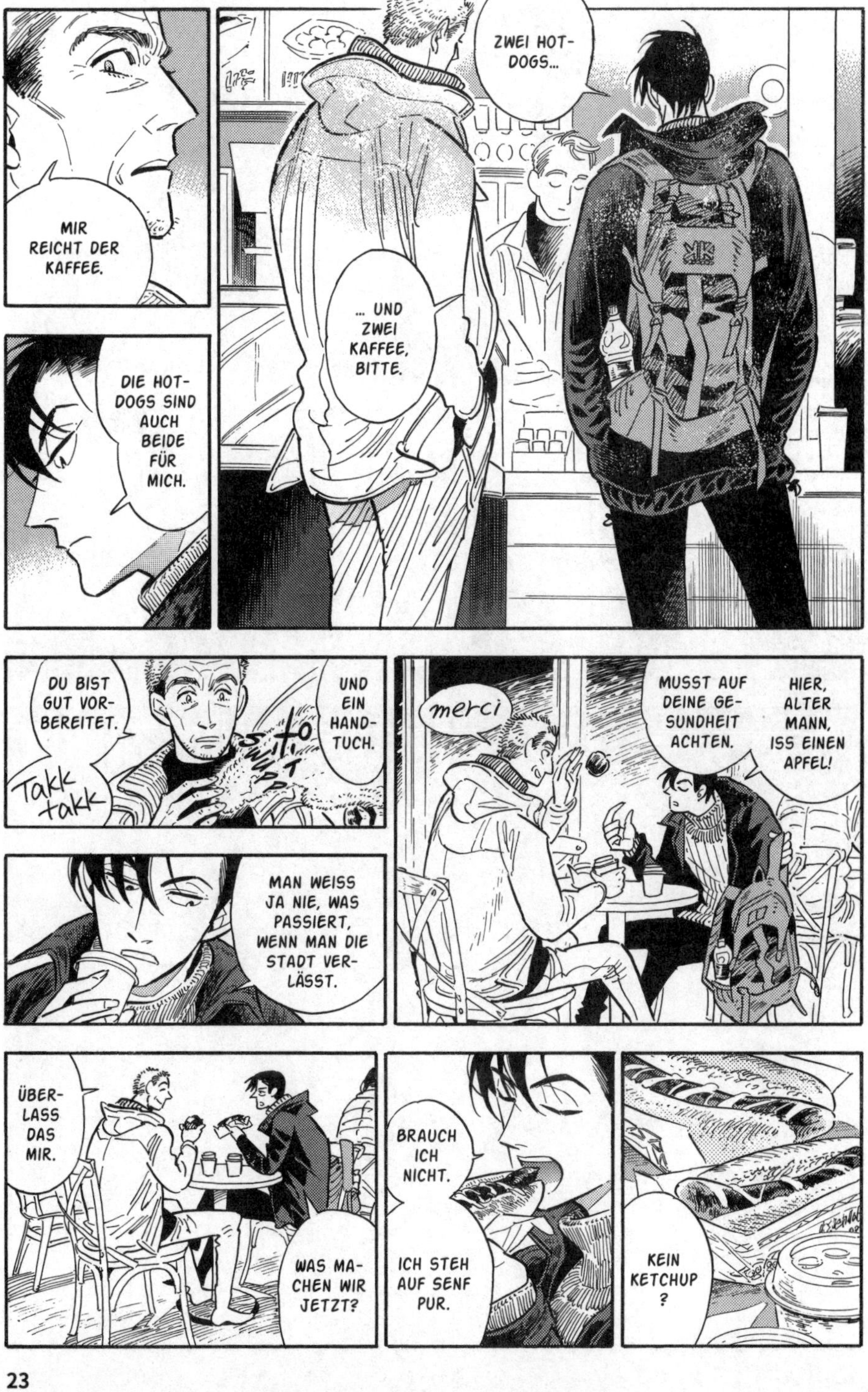

MIR REICHT DER KAFFEE.
ZWEI HOT-DOGS…
… UND ZWEI KAFFEE, BITTE.
DIE HOT-DOGS SIND AUCH BEIDE FÜR MICH.
DU BIST GUT VORBEREITET.
Takk takk
UND EIN HANDTUCH.
HIER, ALTER MANN, ISS EINEN APFEL!
MUSST AUF DEINE GESUNDHEIT ACHTEN.
merci
MAN WEISS JA NIE, WAS PASSIERT, WENN MAN DIE STADT VERLÄSST.
ÜBERLASS DAS MIR.
WAS MACHEN WIR JETZT?
BRAUCH ICH NICHT.
ICH STEH AUF SENF PUR.
KEIN KETCHUP?

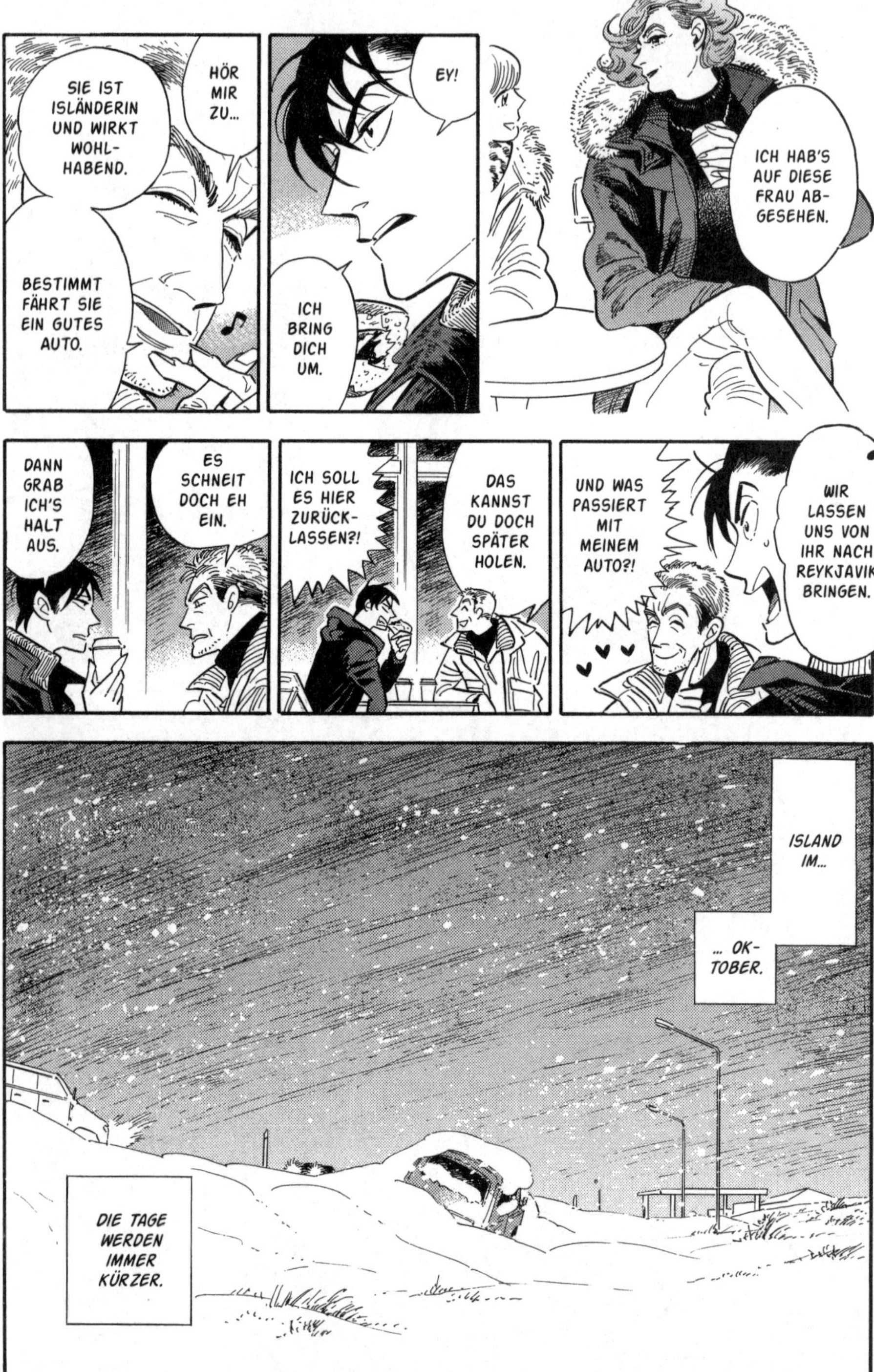

Kapitel 19 – **Ende**

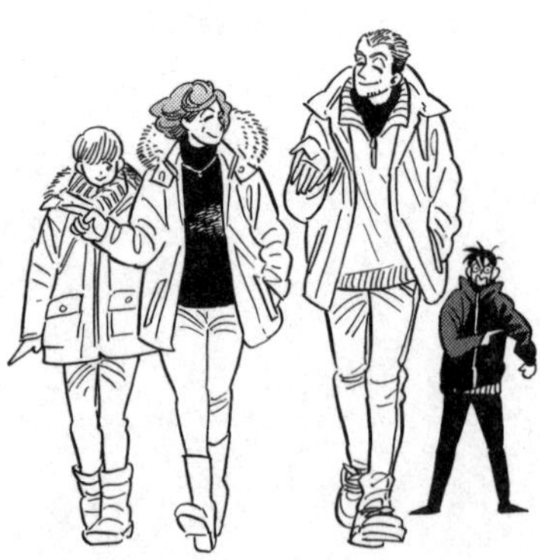

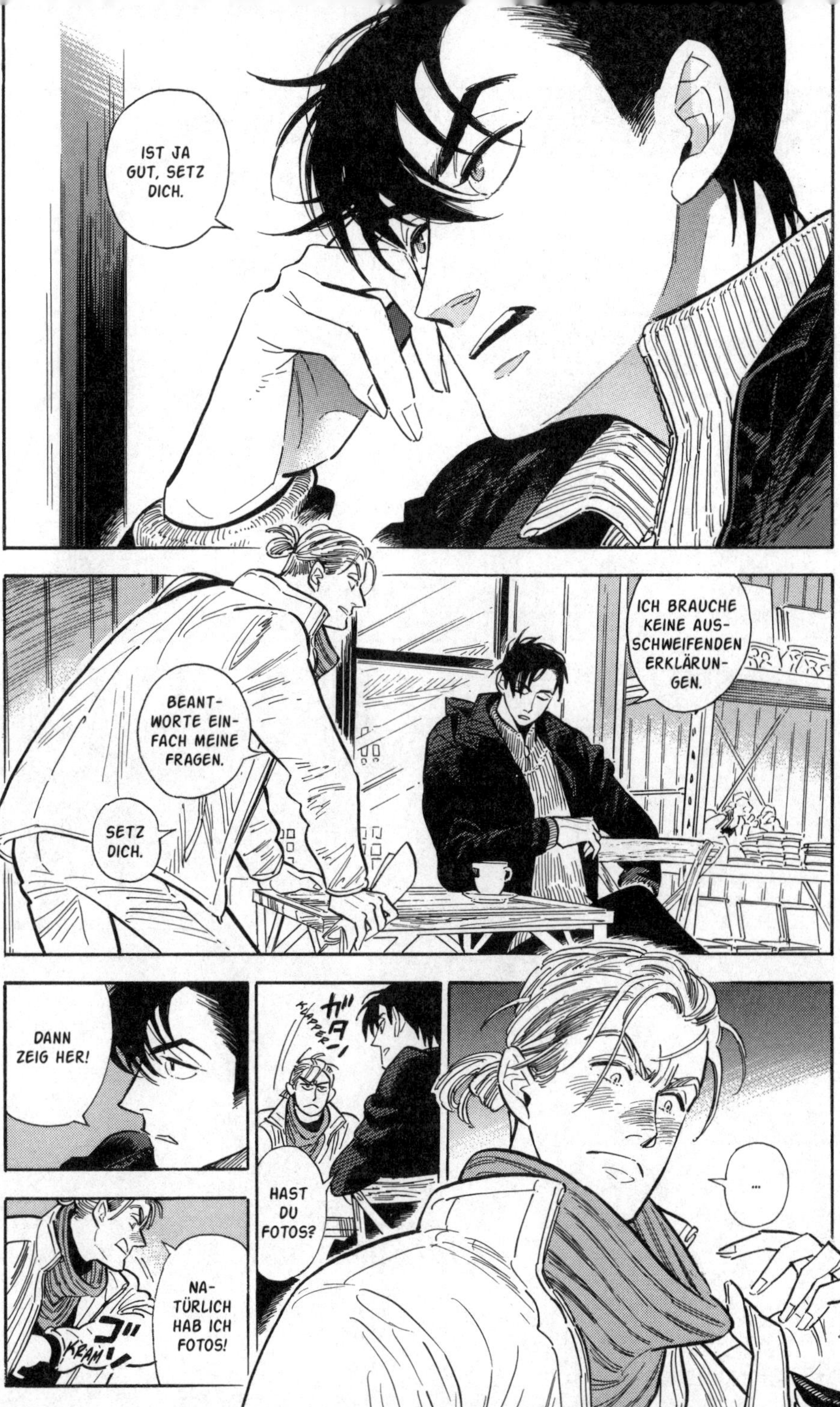
IST JA GUT, SETZ DICH.
ICH BRAUCHE KEINE AUS-SCHWEIFENDEN ERKLÄRUN-GEN.
BEANT-WORTE EIN-FACH MEINE FRAGEN.
SETZ DICH.
DANN ZEIG HER!
KLAPPER!
HAST DU FOTOS?
...
NA-TÜRLICH HAB ICH FOTOS!
KRAM!

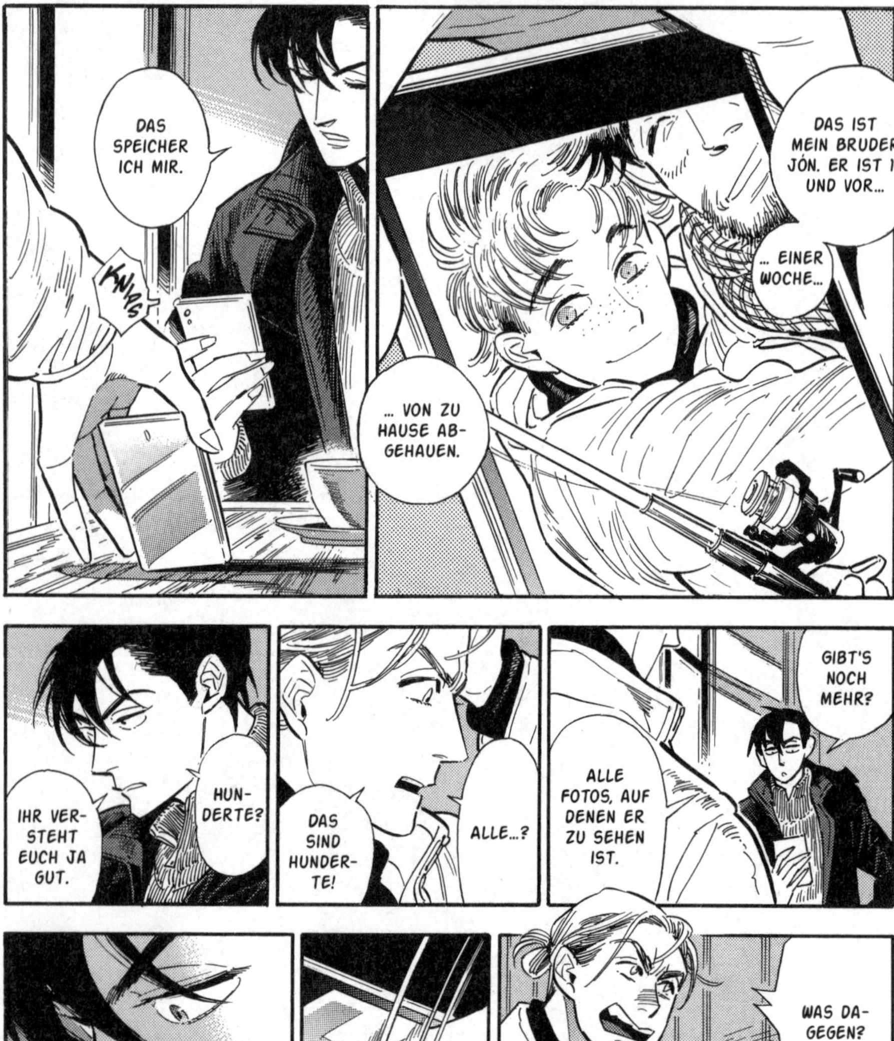

DAS SPEICHER ICH MIR.
DAS IST MEIN BRUDER JÓN. ER IST 15 UND VOR...
... EINER WOCHE...
... VON ZU HAUSE AB-GEHAUEN.
HUN-DERTE?
IHR VER-STEHT EUCH JA GUT.
DAS SIND HUNDER-TE!
ALLE...?
GIBT'S NOCH MEHR?
ALLE FOTOS, AUF DENEN ER ZU SEHEN IST.
UND HIER?
WOCK
ZACK
ZACK
ZACK
ZACK
WAS DA-GEGEN?
GUCK DOCH SELBST!

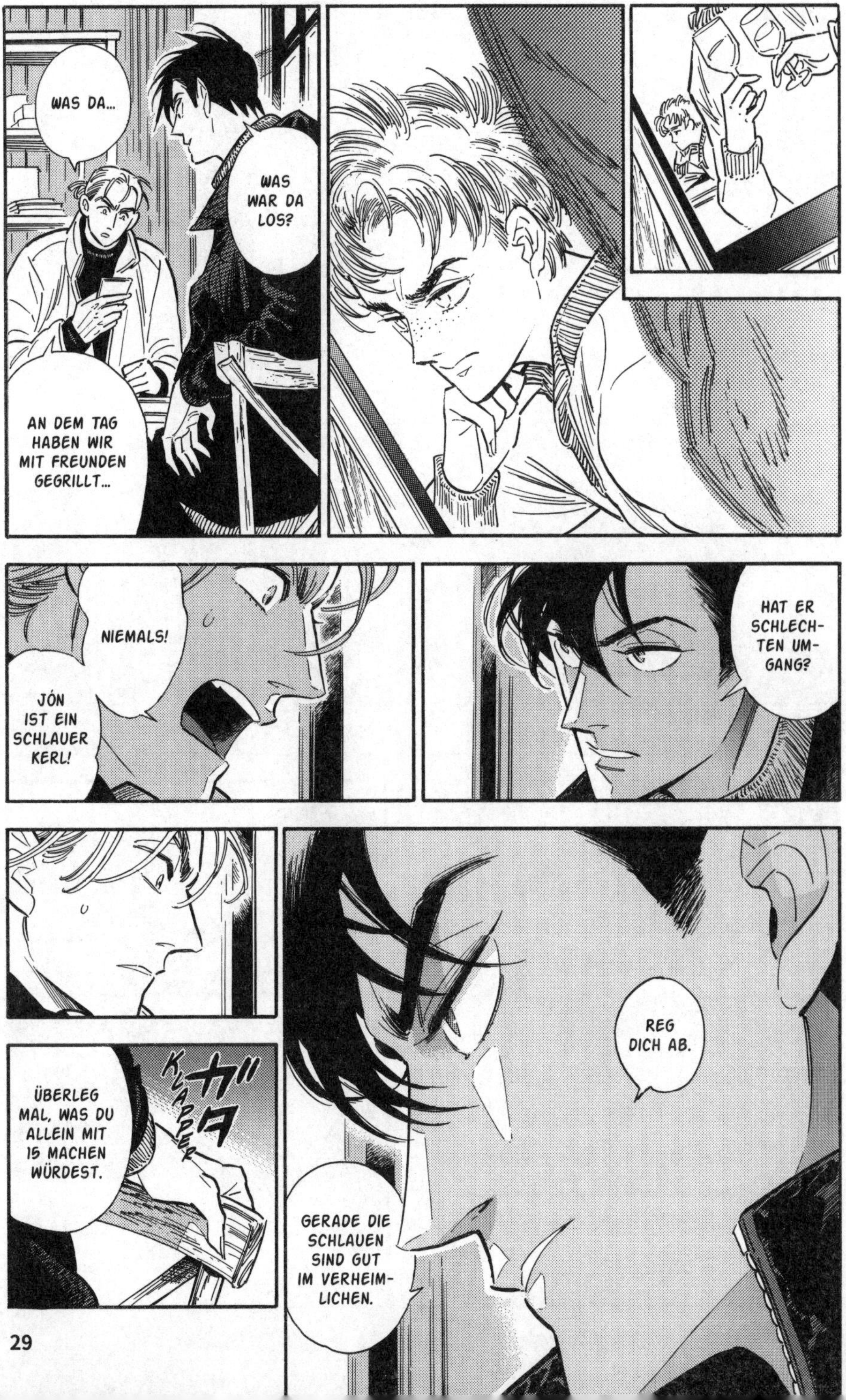
WAS WAR DA LOS?
WAS DA...
AN DEM TAG HABEN WIR MIT FREUNDEN GEGRILLT...
HAT ER SCHLECHTEN UMGANG?
NIEMALS!
JÓN IST EIN SCHLAUER KERL!
REG DICH AB.
ÜBERLEG MAL, WAS DU ALLEIN MIT 15 MACHEN WÜRDEST.
ガタ
KLAPPER
GERADE DIE SCHLAUEN SIND GUT IM VERHEIMLICHEN.

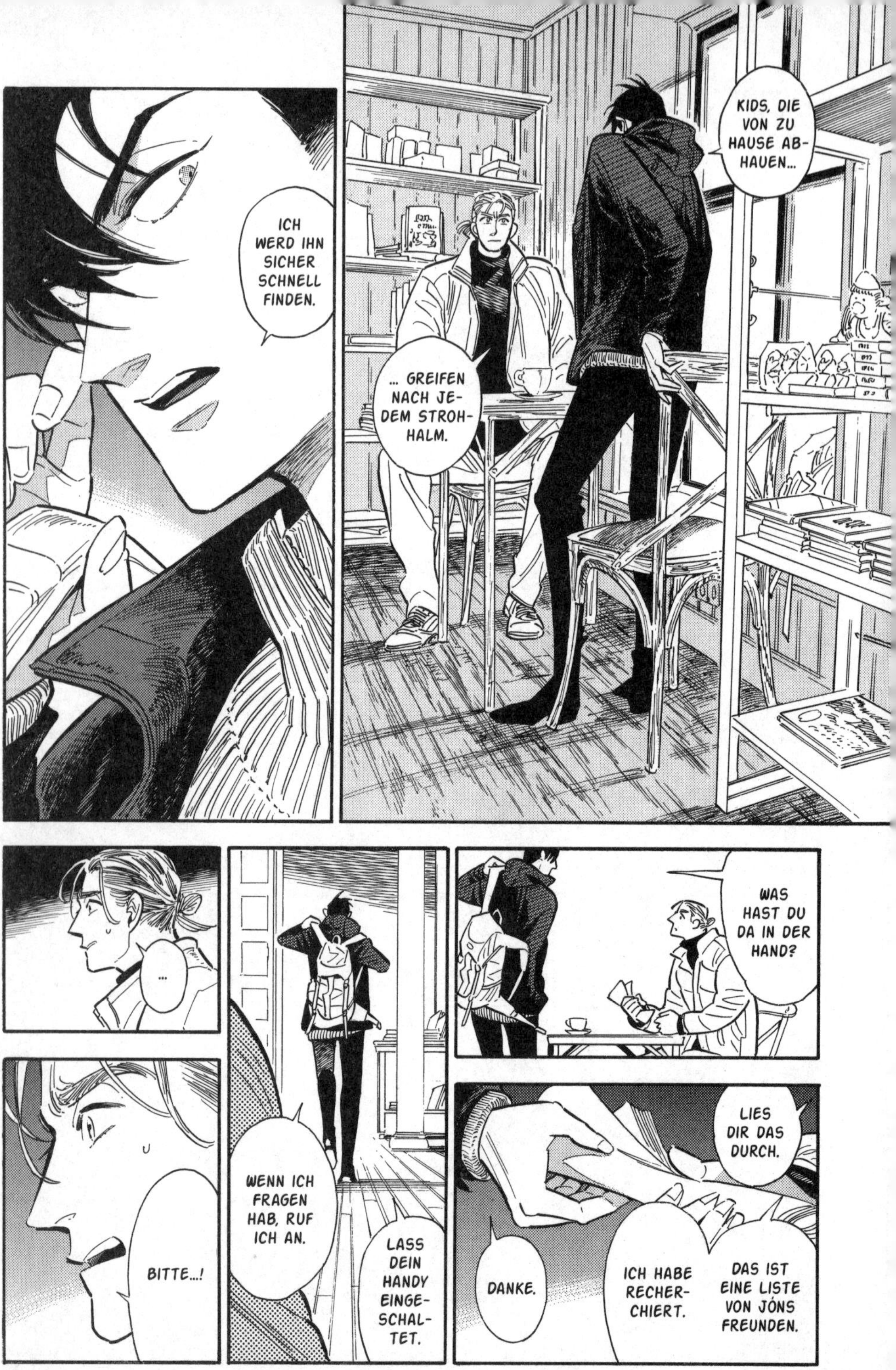
KIDS, DIE VON ZU HAUSE ABHAUEN...
... GREIFEN NACH JEDEM STROHHALM.
ICH WERD IHN SICHER SCHNELL FINDEN.
WAS HAST DU DA IN DER HAND?
LIES DIR DAS DURCH.
DAS IST EINE LISTE VON JÓNS FREUNDEN.
ICH HABE RECHERCHIERT.
DANKE.
LASS DEIN HANDY EINGESCHALTET.
WENN ICH FRAGEN HAB, RUF ICH AN.
...
BITTE...!

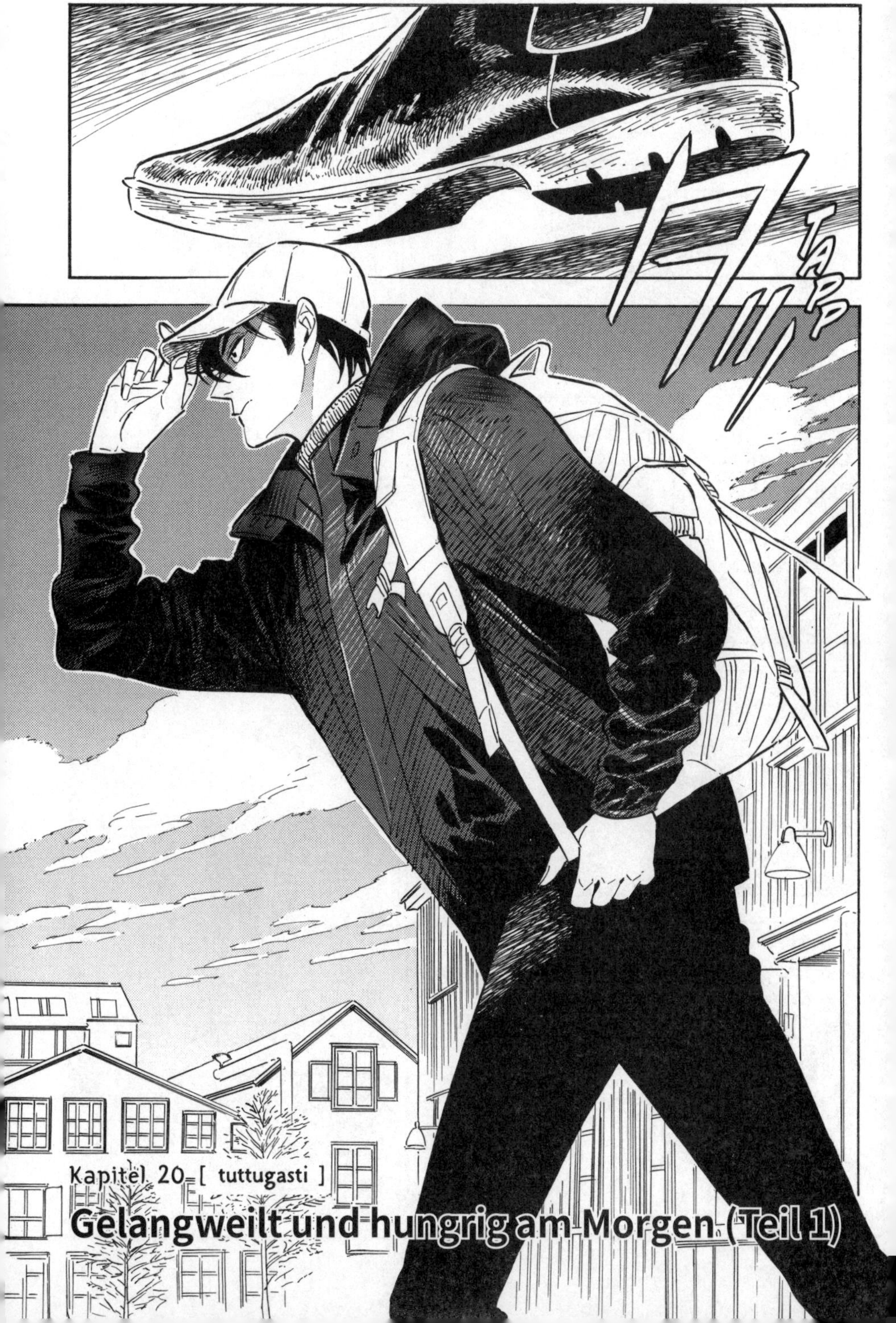

Kapitel 20 [tuttugasti]

Gelangweilt und hungrig am Morgen (Teil 1)

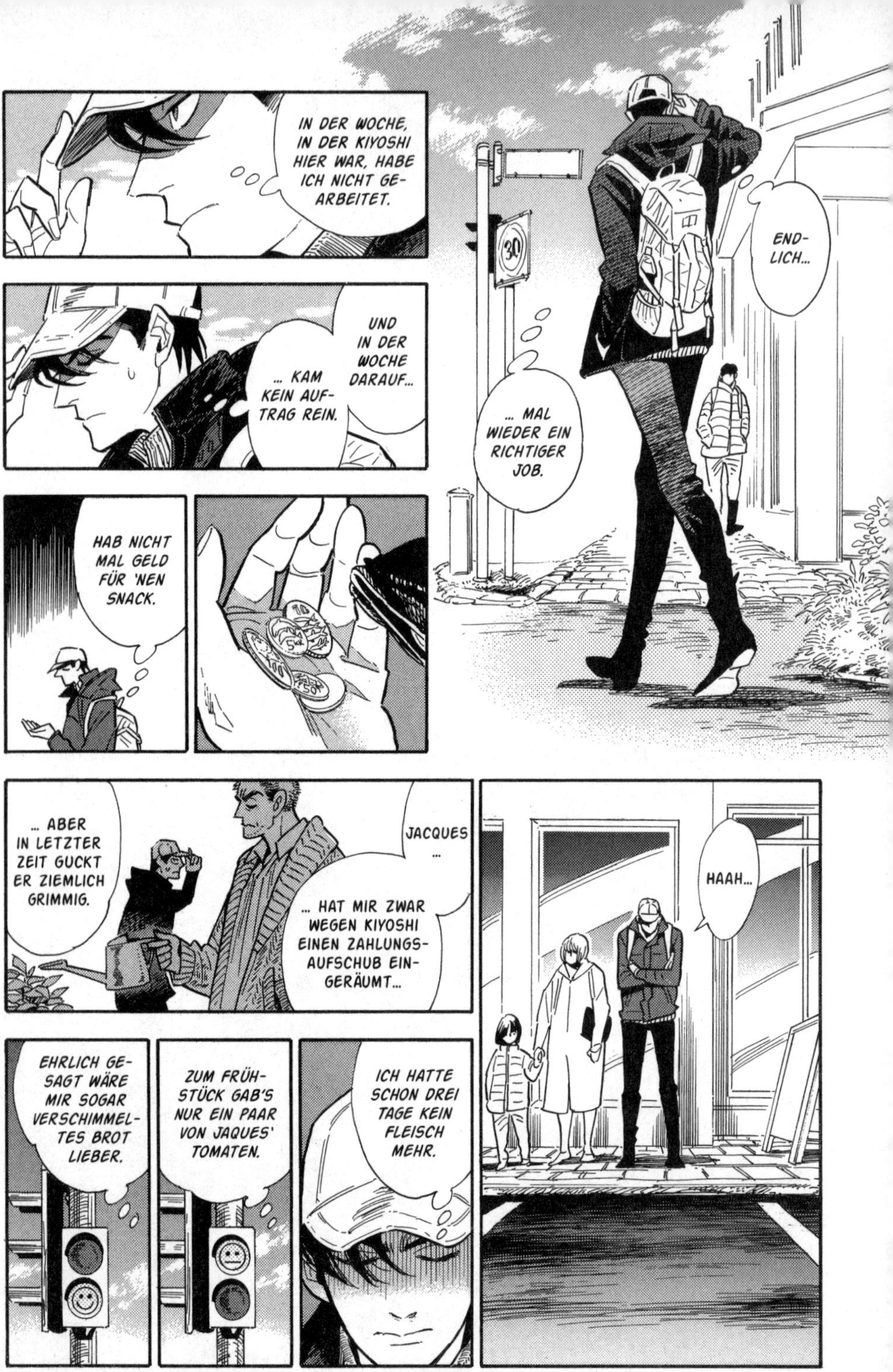
ENDLICH...
... MAL WIEDER EIN RICHTIGER JOB.
IN DER WOCHE, IN DER KIYOSHI HIER WAR, HABE ICH NICHT GEARBEITET.
UND IN DER WOCHE DARAUF...
... KAM KEIN AUFTRAG REIN.
HAB NICHT MAL GELD FÜR 'NEN SNACK.
HAAH...
JACQUES ...
... HAT MIR ZWAR WEGEN KIYOSHI EINEN ZAHLUNGSAUFSCHUB EINGERÄUMT...
... ABER IN LETZTER ZEIT GUCKT ER ZIEMLICH GRIMMIG.
ICH HATTE SCHON DREI TAGE KEIN FLEISCH MEHR.
ZUM FRÜHSTÜCK GAB'S NUR EIN PAAR VON JAQUES' TOMATEN.
EHRLICH GESAGT WÄRE MIR SOGAR VERSCHIMMELTES BROT LIEBER.

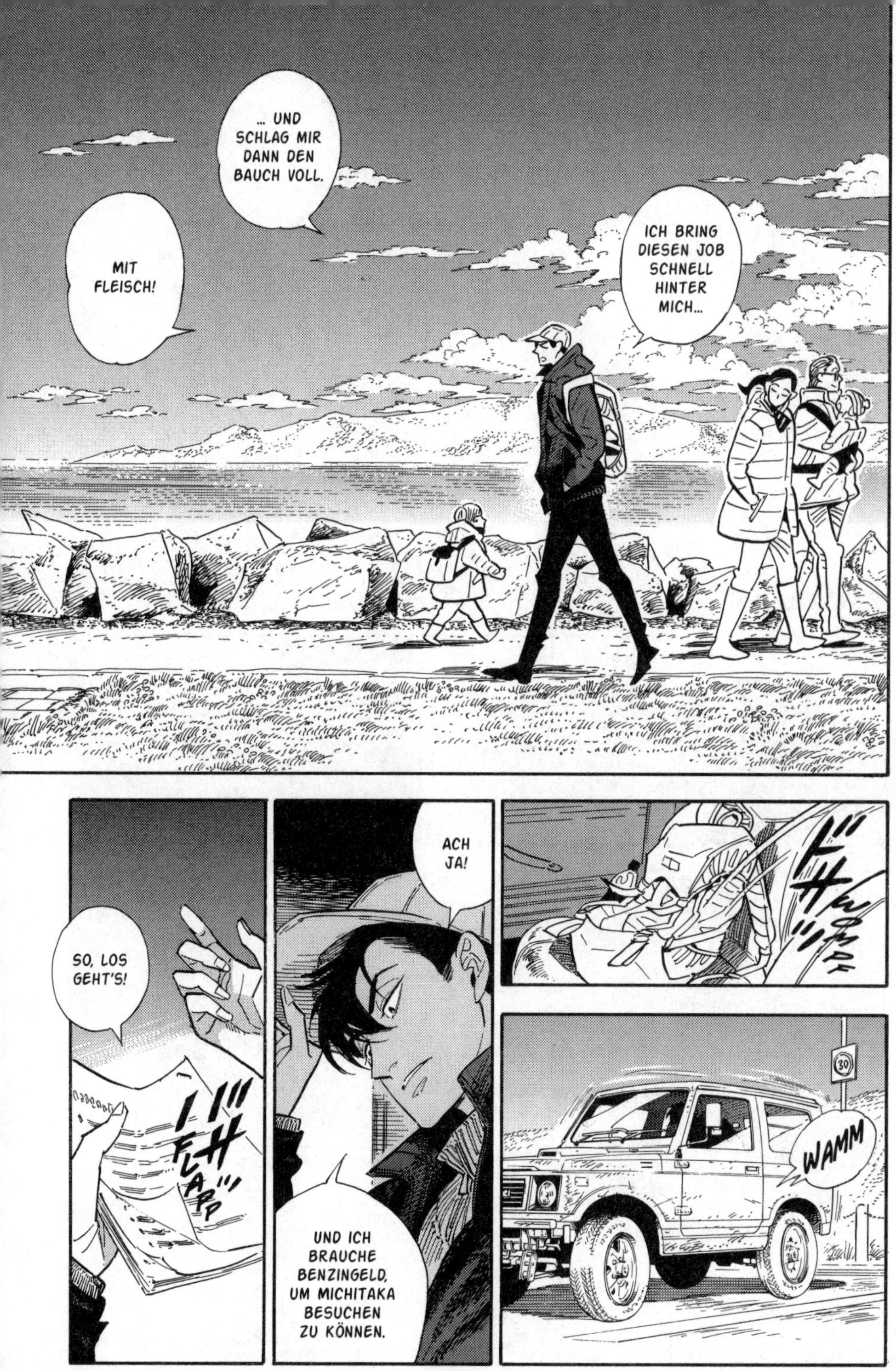
ICH BRING DIESEN JOB SCHNELL HINTER MICH…
… UND SCHLAG MIR DANN DEN BAUCH VOLL.
MIT FLEISCH!
WOMPF
ACH JA!
UND ICH BRAUCHE BENZINGELD, UM MICHITAKA BESUCHEN ZU KÖNNEN.
SO, LOS GEHT'S!
FLAPP
WAMM

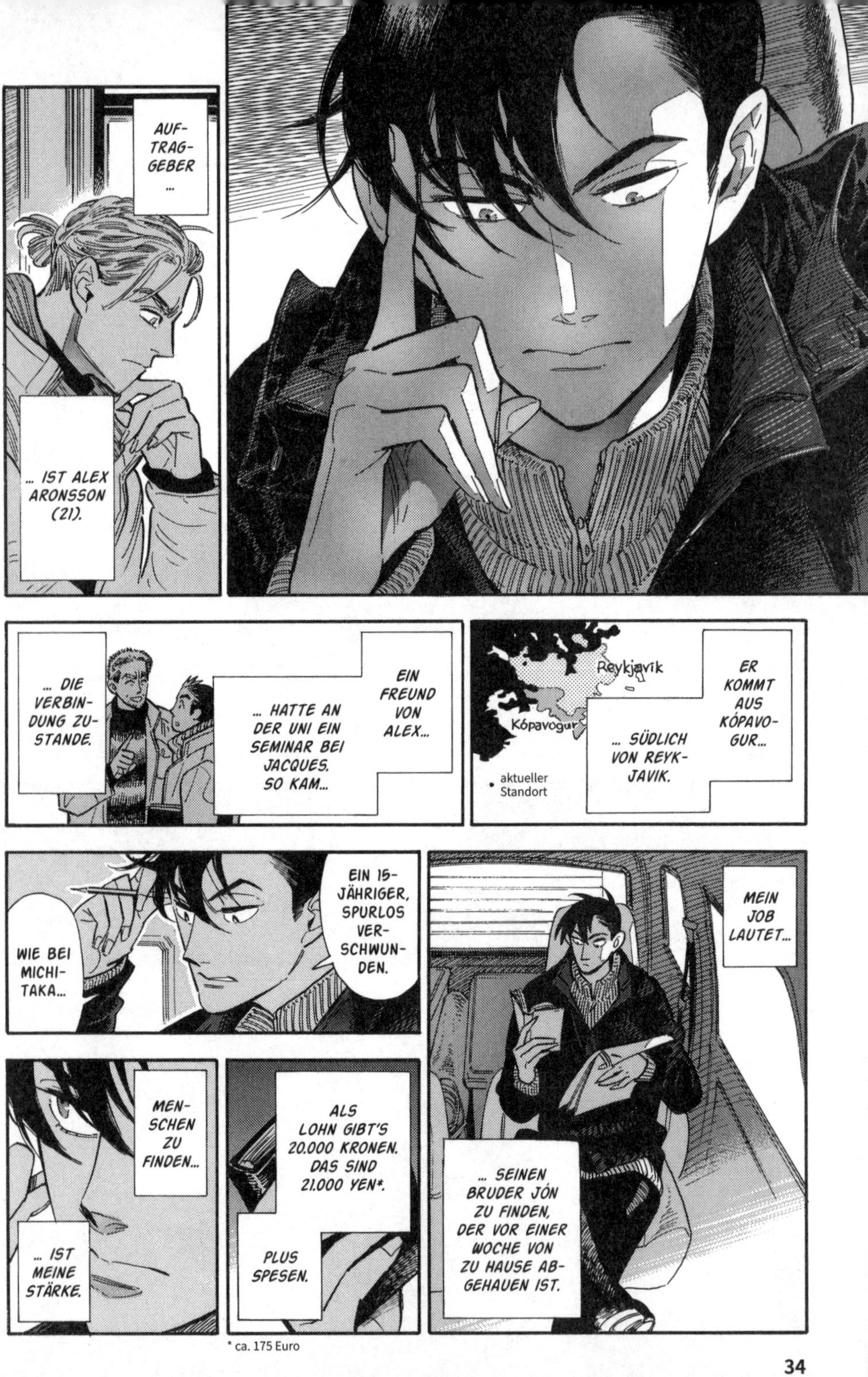
AUFTRAGGEBER ...
... IST ALEX ARONSSON (21).
ER KOMMT AUS KÓPAVOGUR...
... SÜDLICH VON REYKJAVIK.
Reykjavík
Kópavogur
aktueller Standort
EIN FREUND VON ALEX...
... HATTE AN DER UNI EIN SEMINAR BEI JACQUES. SO KAM...
... DIE VERBINDUNG ZUSTANDE.
MEIN JOB LAUTET...
... SEINEN BRUDER JÓN ZU FINDEN, DER VOR EINER WOCHE VON ZU HAUSE ABGEHAUEN IST.
EIN 15-JÄHRIGER, SPURLOS VERSCHWUNDEN.
WIE BEI MICHITAKA...
ALS LOHN GIBT'S 20.000 KRONEN. DAS SIND 21.000 YEN*.
PLUS SPESEN.
MENSCHEN ZU FINDEN...
... IST MEINE STÄRKE.

* ca. 175 Euro

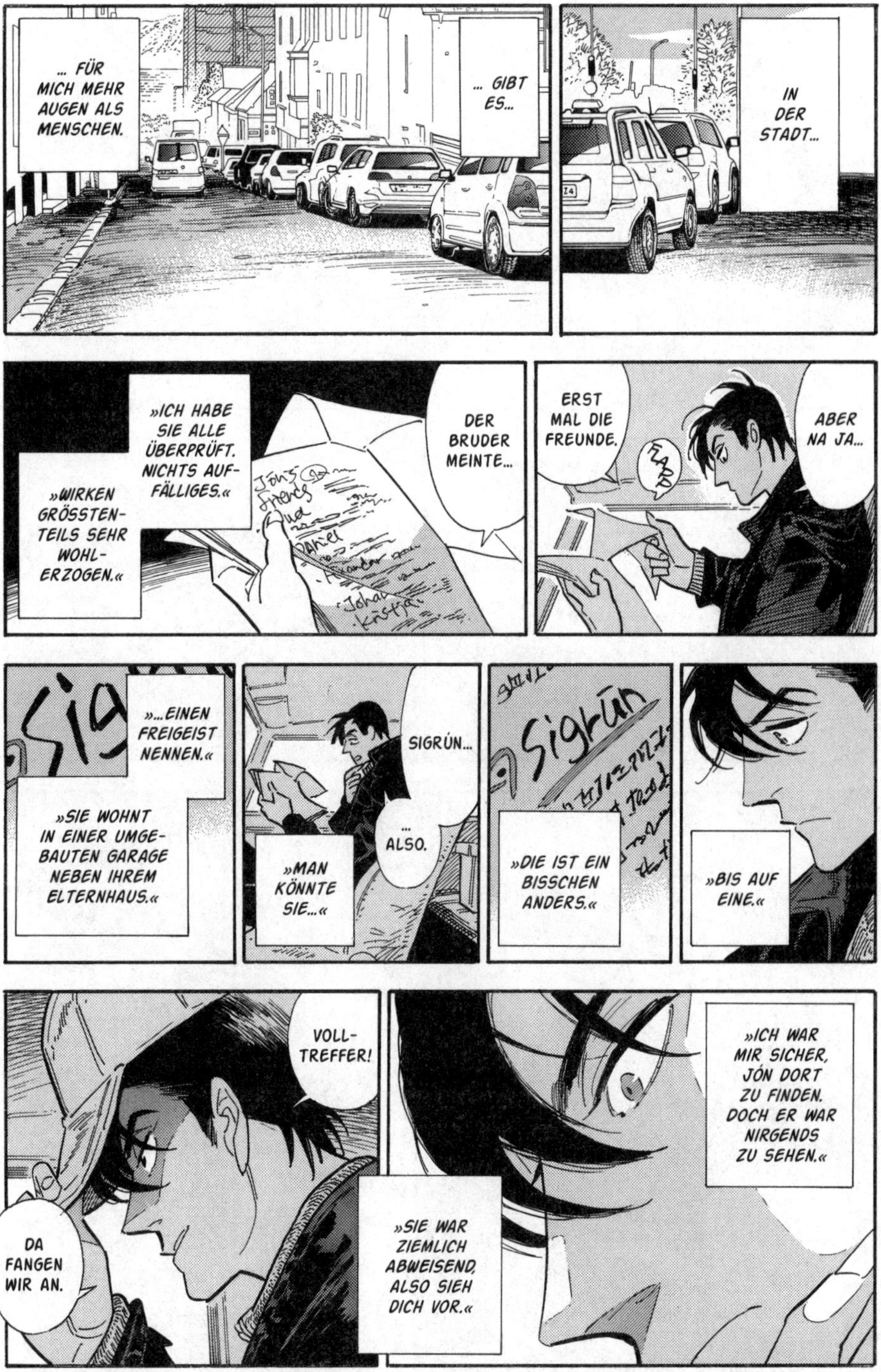
IN DER STADT...
... GIBT ES...
... FÜR MICH MEHR AUGEN ALS MENSCHEN.
ABER NA JA...
ERST MAL DIE FREUNDE.
FLAPP
DER BRUDER MEINTE...
»ICH HABE SIE ALLE ÜBERPRÜFT. NICHTS AUFFÄLLIGES.«
»WIRKEN GRÖSSTENTEILS SEHR WOHLERZOGEN.«
»BIS AUF EINE.«
»DIE IST EIN BISSCHEN ANDERS.«
SIGRÚN...
... ALSO.
»MAN KÖNNTE SIE...«
»...EINEN FREIGEIST NENNEN.«
»SIE WOHNT IN EINER UMGEBAUTEN GARAGE NEBEN IHREM ELTERNHAUS.«
»ICH WAR MIR SICHER, JÓN DORT ZU FINDEN. DOCH ER WAR NIRGENDS ZU SEHEN.«
»SIE WAR ZIEMLICH ABWEISEND, ALSO SIEH DICH VOR.«
VOLLTREFFER!
DA FANGEN WIR AN.

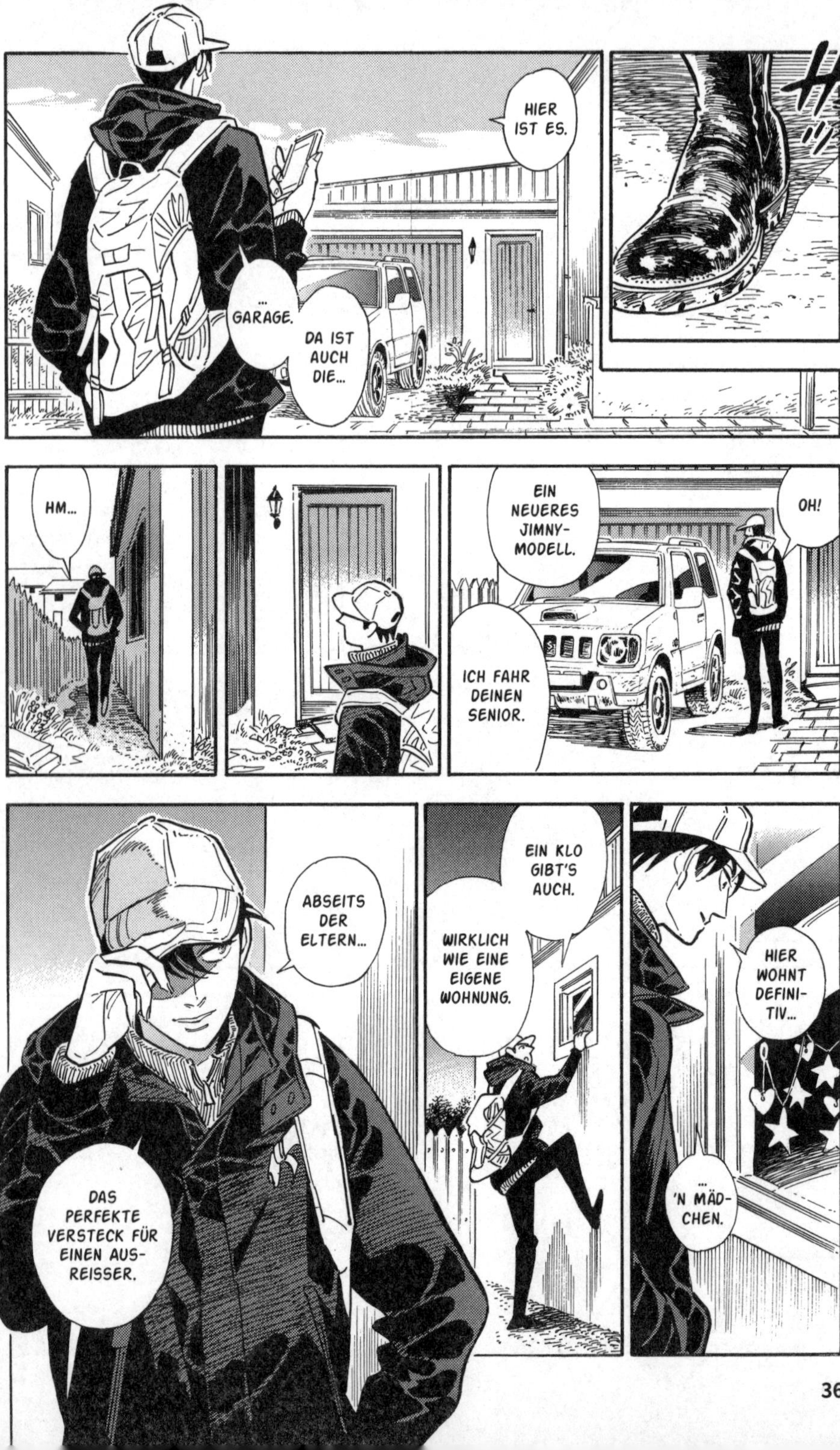
HIER IST ES.
DA IST AUCH DIE...
...GARAGE.
HM...
OH!
EIN NEUERES JIMNY-MODELL.
ICH FAHR DEINEN SENIOR.
ABSEITS DER ELTERN...
DAS PERFEKTE VERSTECK FÜR EINEN AUS-REISSER.
EIN KLO GIBT'S AUCH.
WIRKLICH WIE EINE EIGENE WOHNUNG.
HIER WOHNT DEFINITIV...
...'N MÄDCHEN.

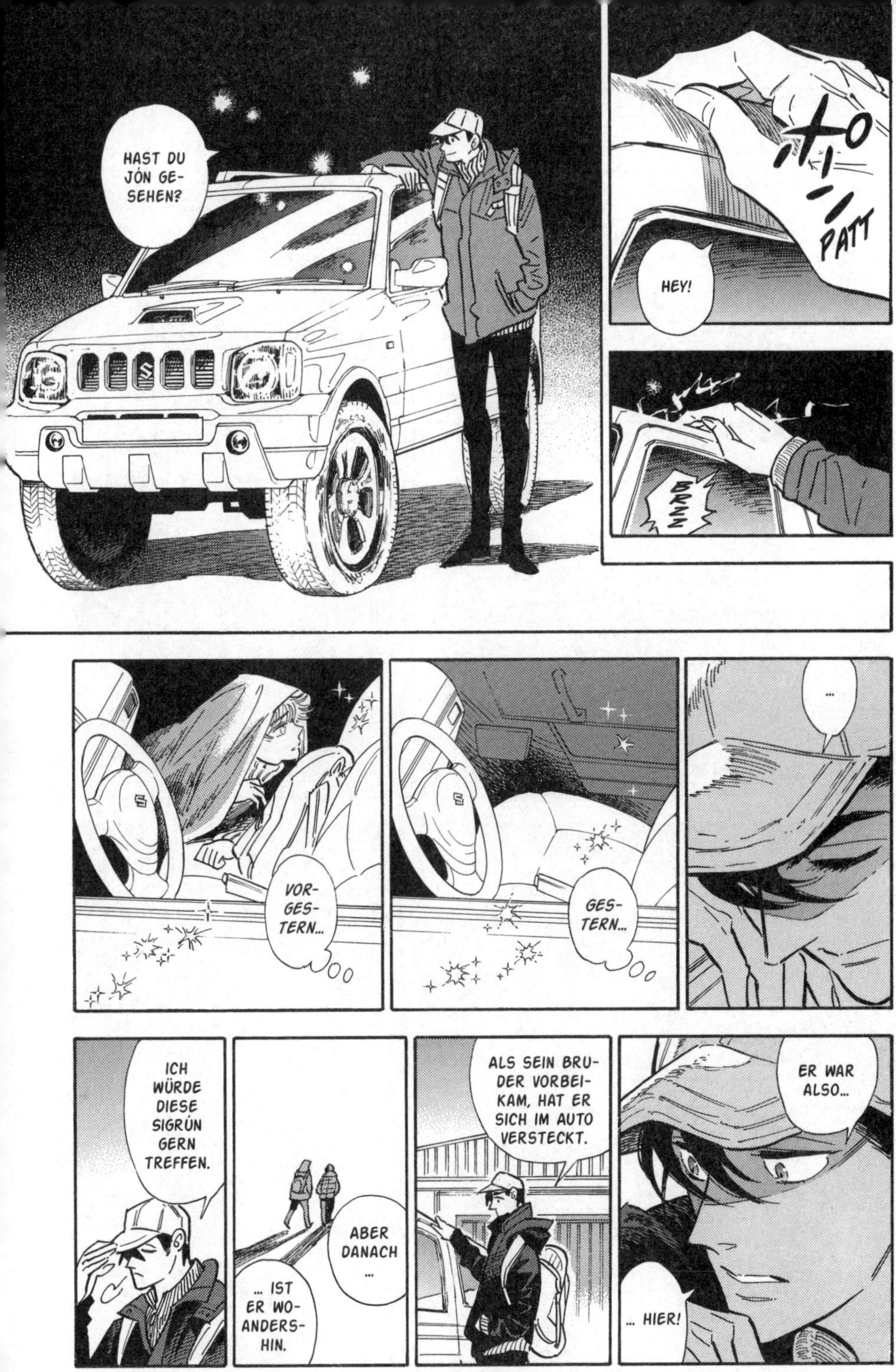
PATT
HEY!
BRZZ
HAST DU JÓN GESEHEN?
...
GESTERN...
VORGESTERN...
ER WAR ALSO...
... HIER!
ALS SEIN BRUDER VORBEIKAM, HAT ER SICH IM AUTO VERSTECKT.
ABER DANACH ...
... IST ER WOANDERSHIN.
ICH WÜRDE DIESE SIGRÚN GERN TREFFEN.

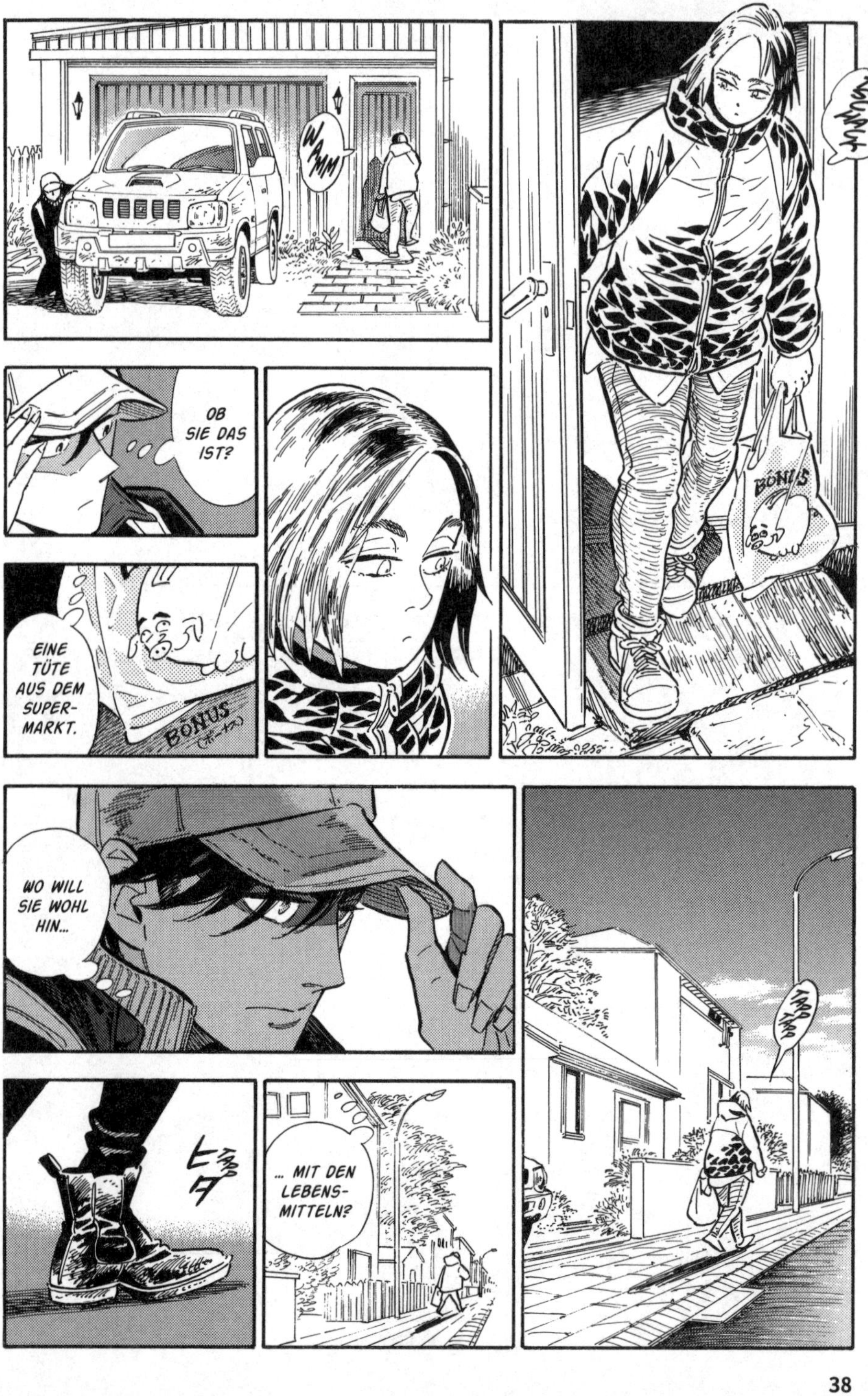
WAMM
OB SIE DAS IST?
EINE TÜTE AUS DEM SUPERMARKT.
BONUS
TAPP TAPP
WO WILL SIE WOHL HIN...
... MIT DEN LEBENSMITTELN?
ヒタ

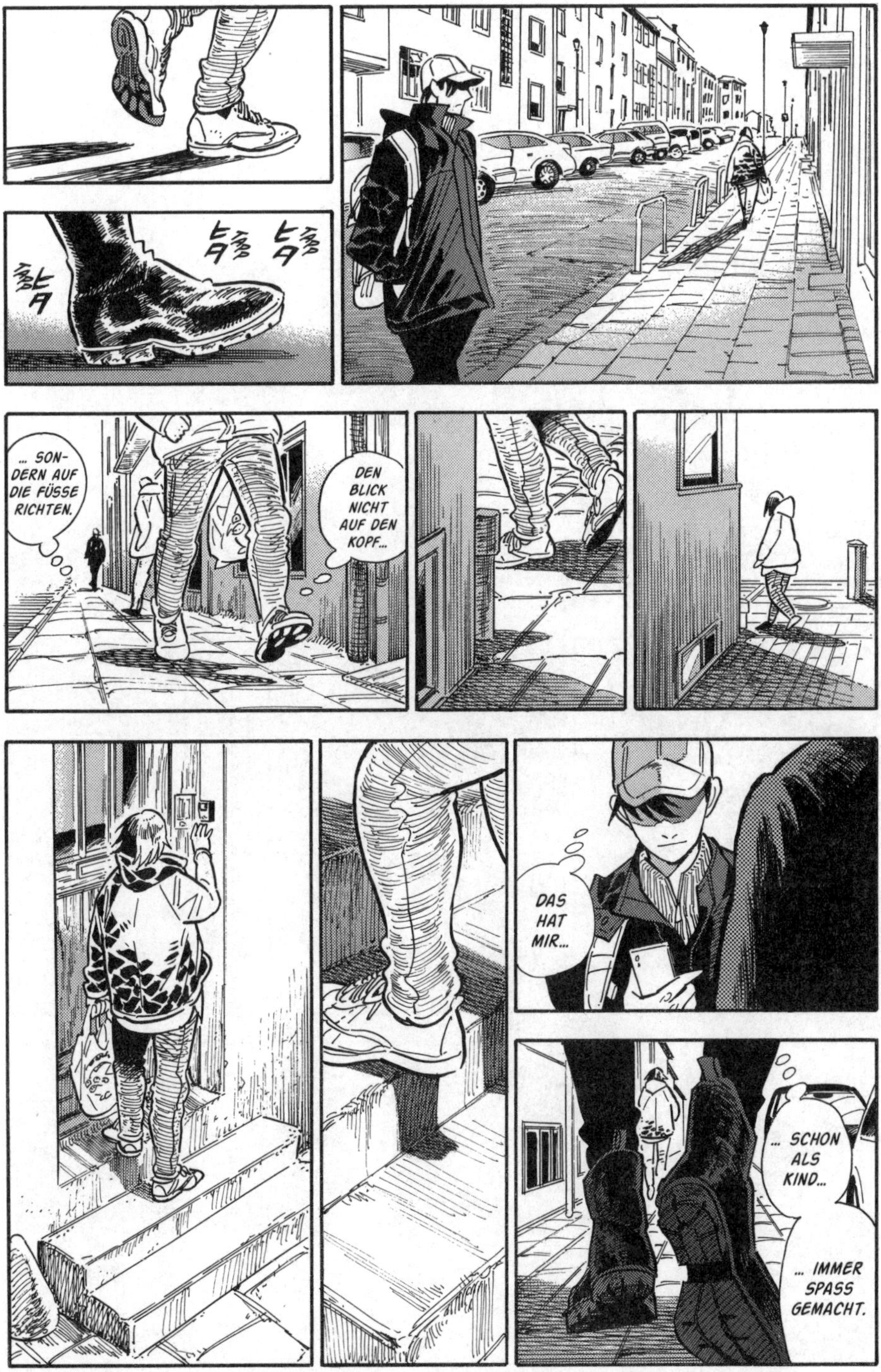
DEN BLICK NICHT AUF DEN KOPF...
... SONDERN AUF DIE FÜSSE RICHTEN.
DAS HAT MIR...
... SCHON ALS KIND...
... IMMER SPASS GEMACHT.

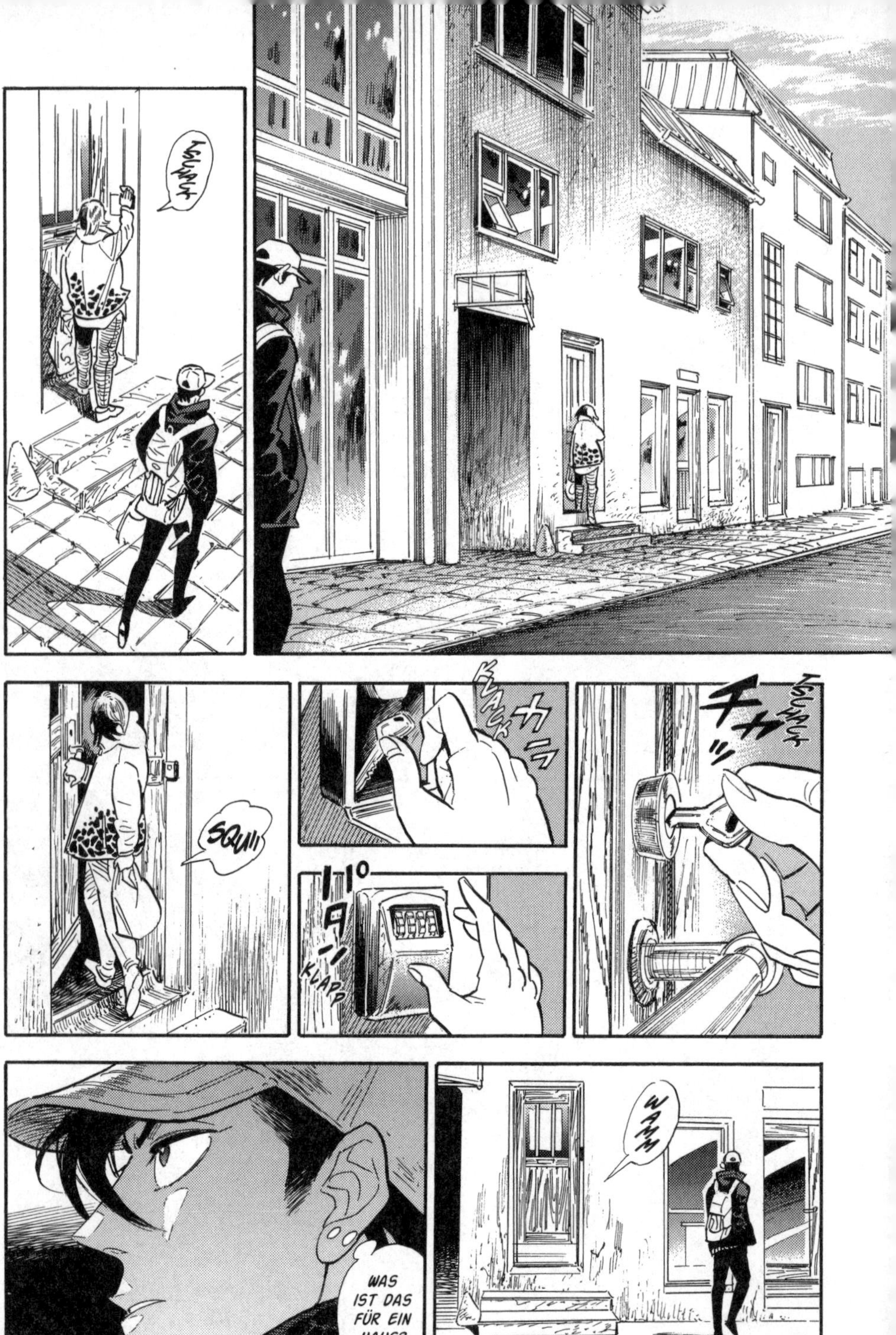
TSCHACK
TSCHACK
KLACK
KLAPP
SQUII
WAMM
WAS IST DAS FÜR EIN HAUS?

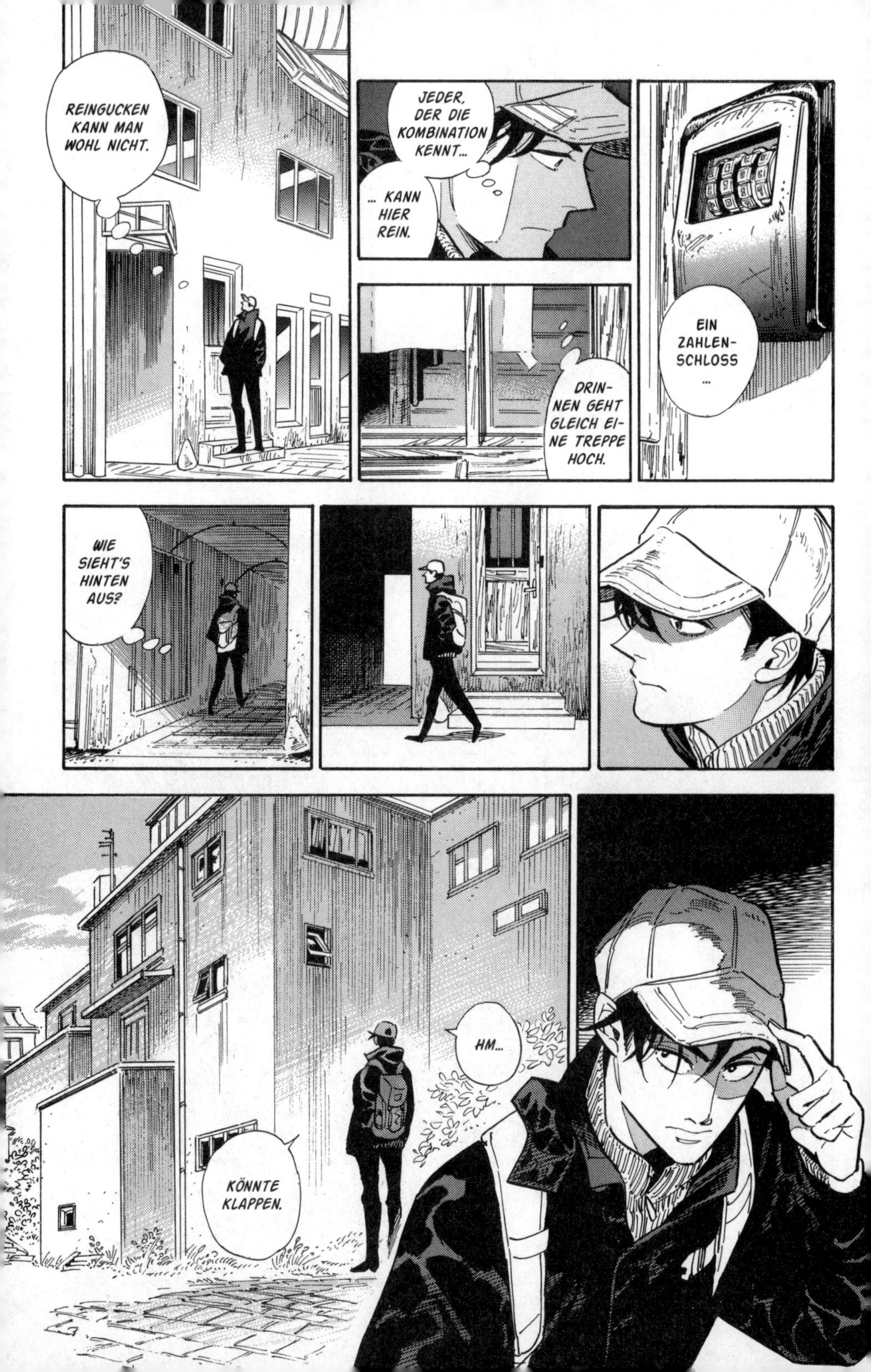

REINGUCKEN KANN MAN WOHL NICHT.
JEDER, DER DIE KOMBINATION KENNT...
... KANN HIER REIN.
EIN ZAHLENSCHLOSS ...
DRINNEN GEHT GLEICH EINE TREPPE HOCH.
WIE SIEHT'S HINTEN AUS?
HM...
KÖNNTE KLAPPEN.

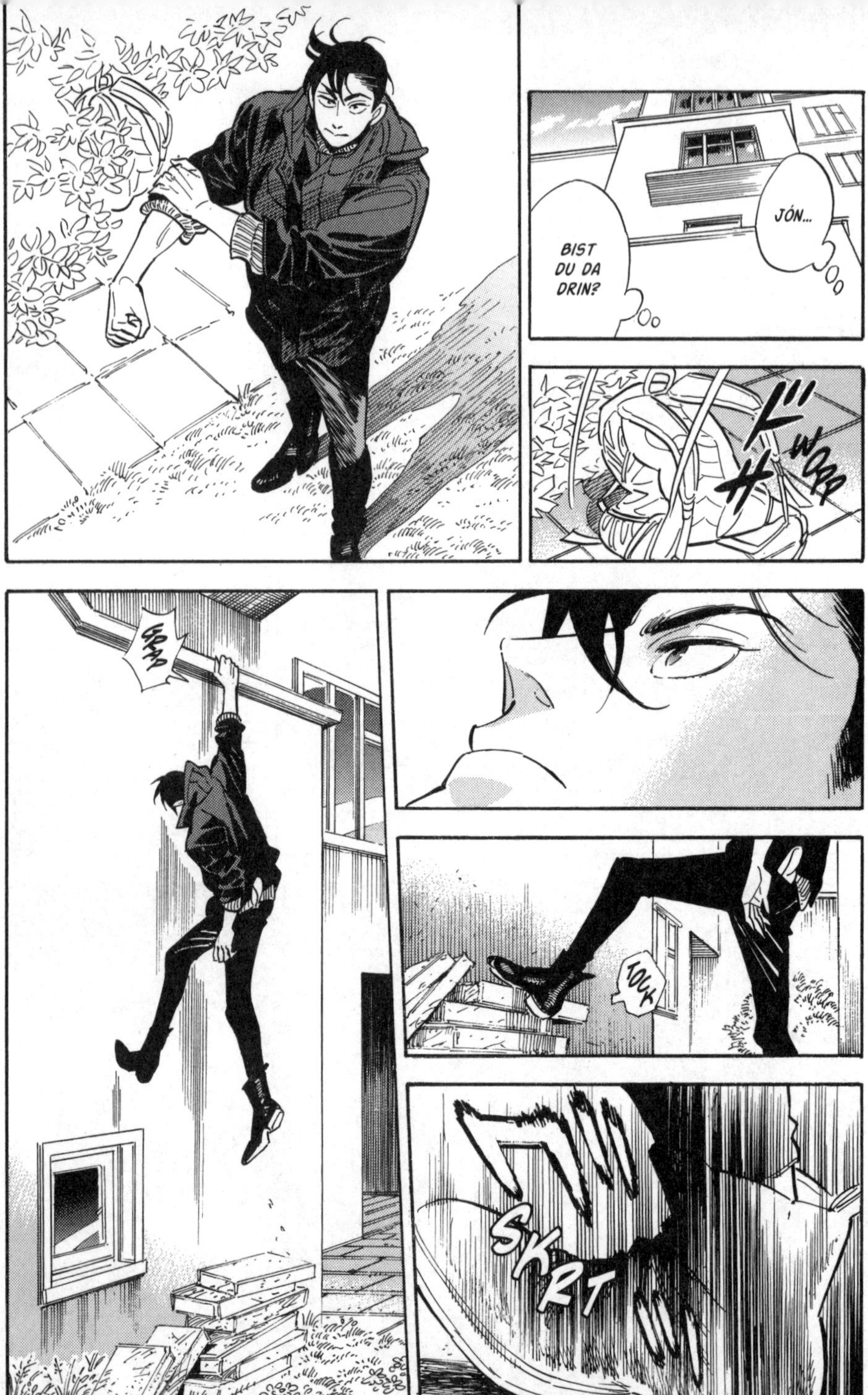
JÓN...
BIST DU DA DRIN?
ドサ
TOCK
SKRT

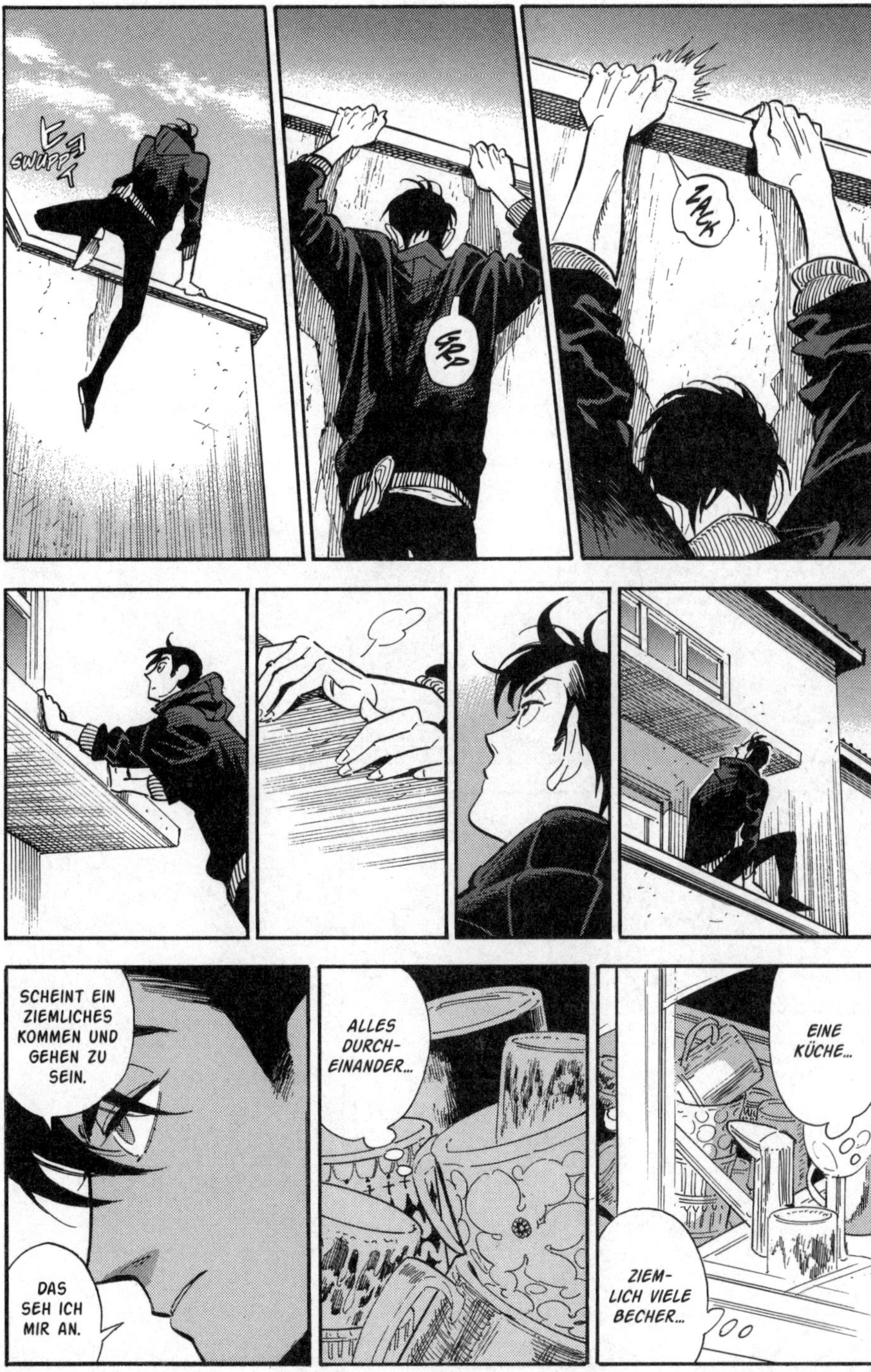
ZACK
SWUPP
EINE KÜCHE...
ZIEM-LICH VIELE BECHER...
ALLES DURCH-EINANDER...
SCHEINT EIN ZIEMLICHES KOMMEN UND GEHEN ZU SEIN.
DAS SEH ICH MIR AN.

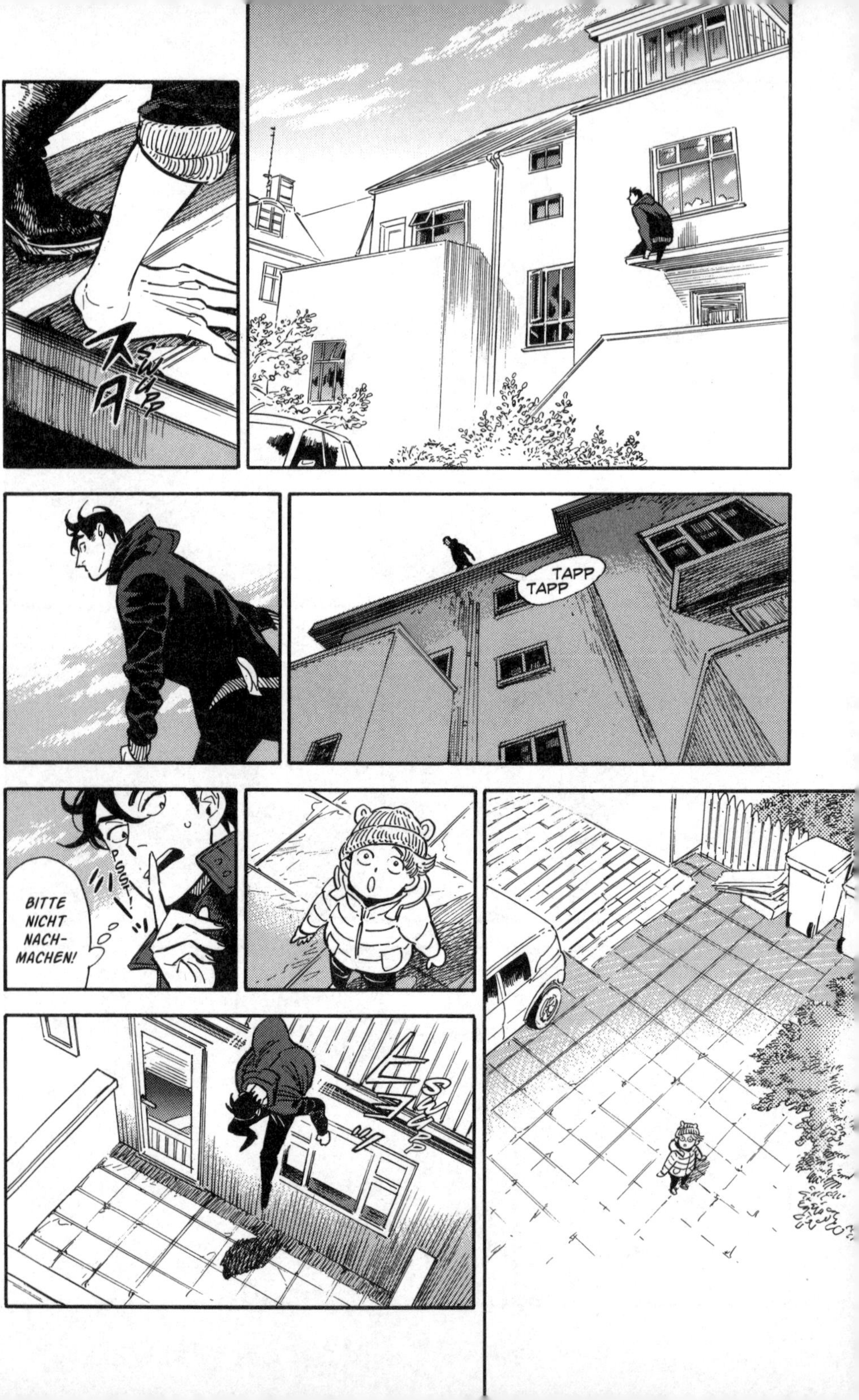
SWUPP
TAPP TAPP
PSST!
BITTE NICHT NACH-MACHEN!
SWUPP

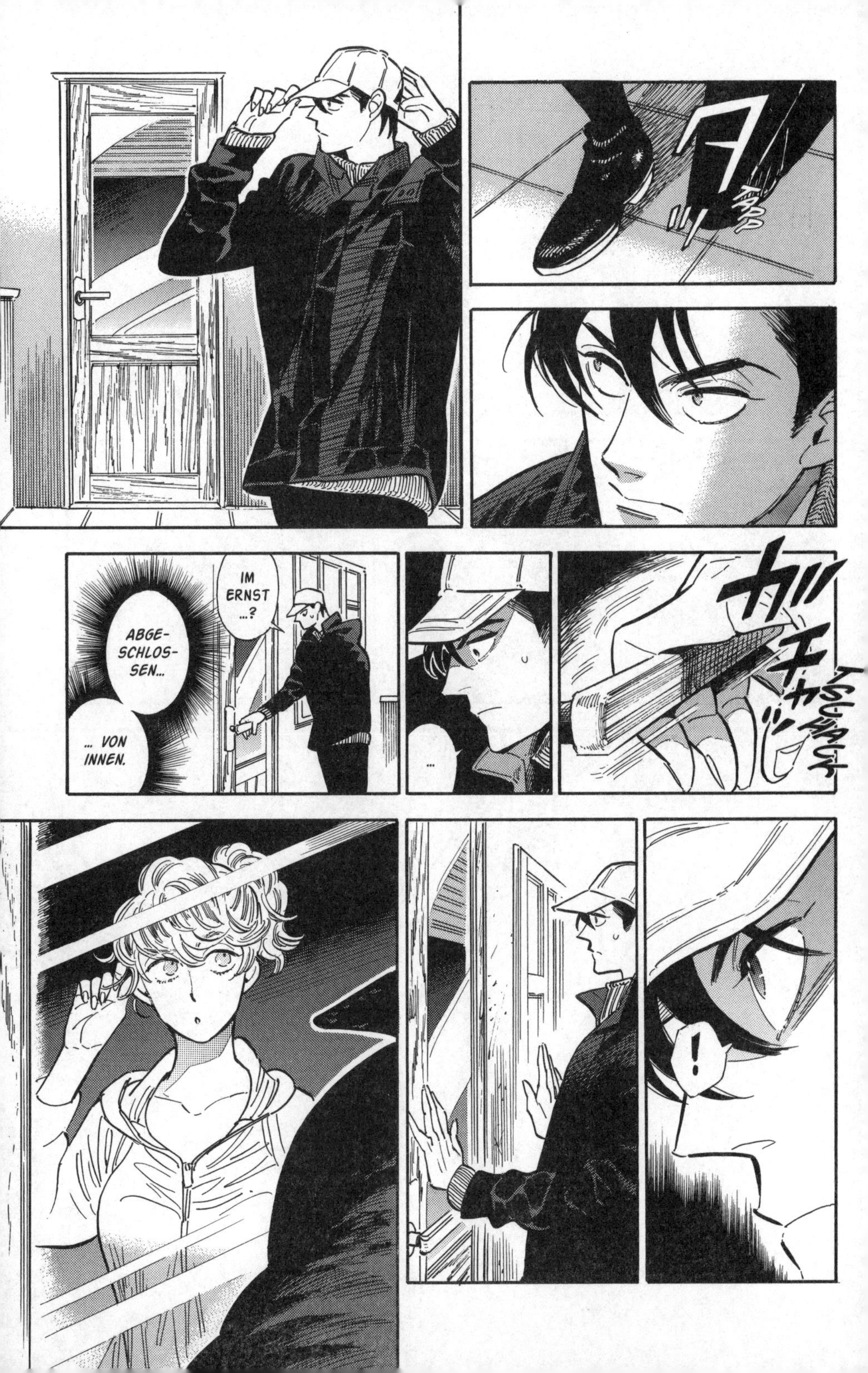
TAPP
IM ERNST ...?
ABGESCHLOSSEN...
... VON INNEN.
...
TSCHACK
!

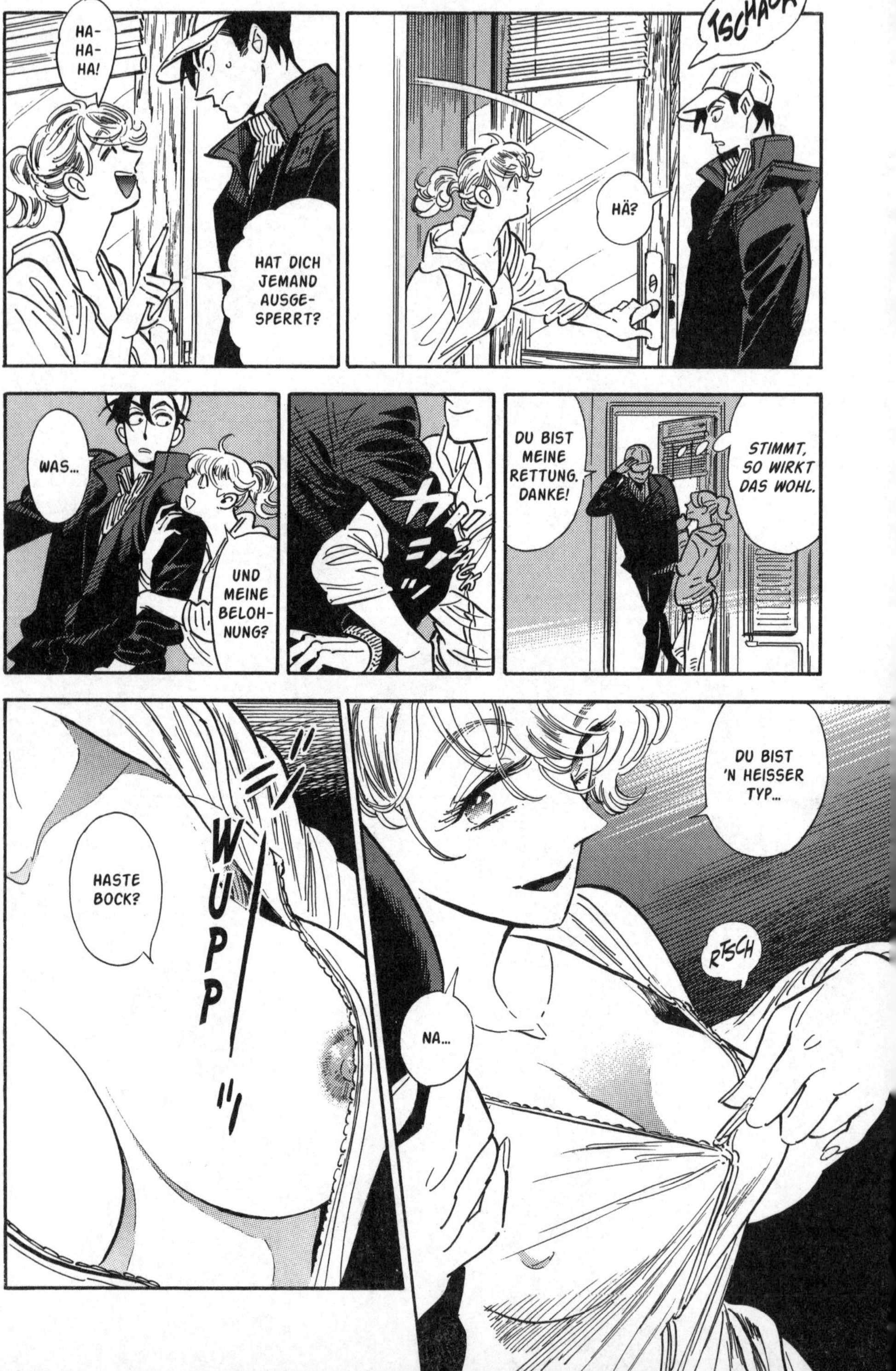
TSCHACK
HÄ?
HAT DICH JEMAND AUSGESPERRT?
HA-HA-HA!
STIMMT, SO WIRKT DAS WOHL.
DU BIST MEINE RETTUNG. DANKE!
UND MEINE BELOHNUNG?
WAS...
DU BIST 'N HEISSER TYP...
RTSCH
NA...
HASTE BOCK?
WUPP

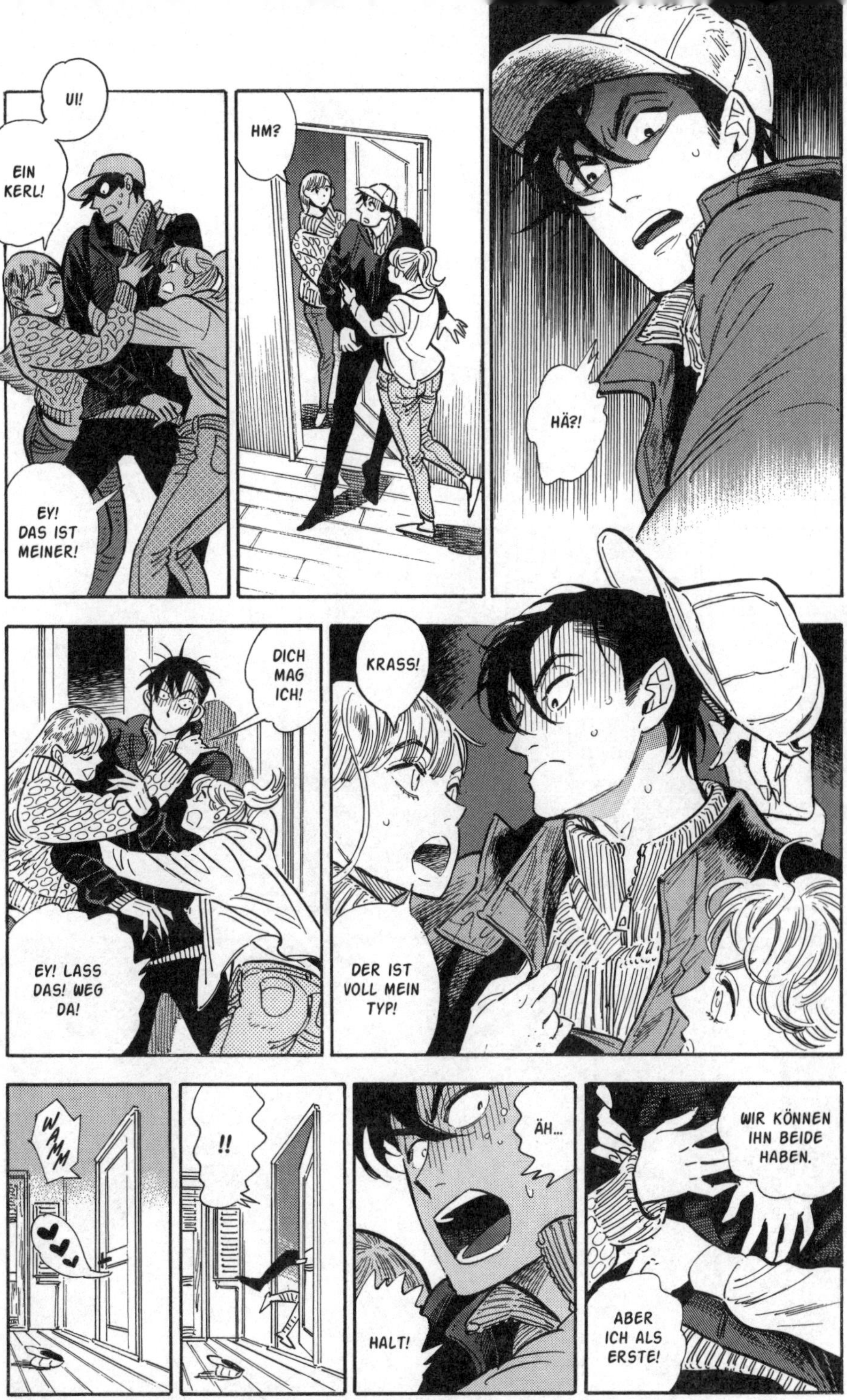
HÄ?!
HM?
UI!
EIN KERL!
EY! DAS IST MEINER!
KRASS!
DER IST VOLL MEIN TYP!
DICH MAG ICH!
EY! LASS DAS! WEG DA!
WIR KÖNNEN IHN BEIDE HABEN.
ABER ICH ALS ERSTE!
ÄH...
HALT!
!!
WAMM

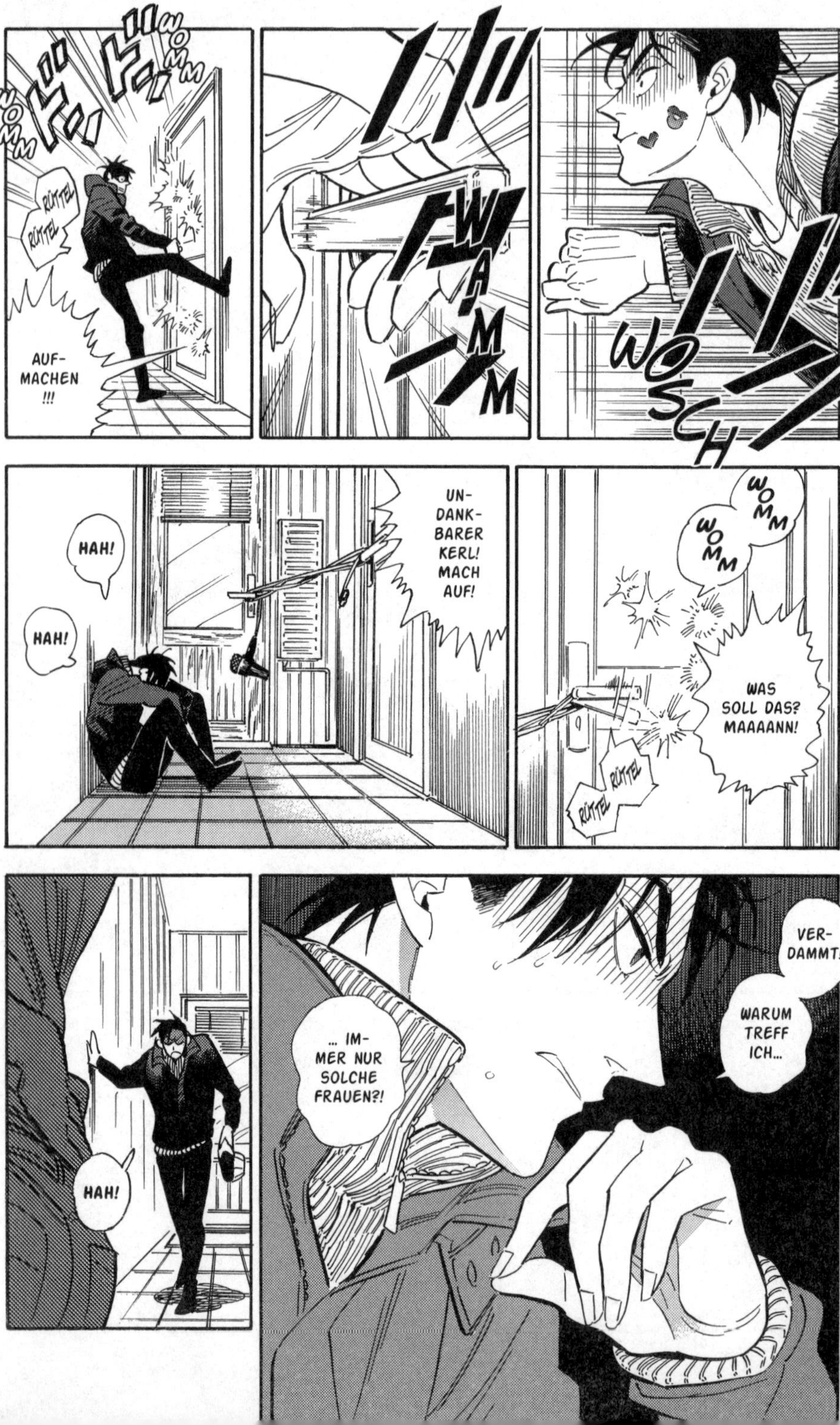
WOSCH
WAMM
WOMM
WOMM
RÜTTEL
RÜTTEL
AUF-MACHEN!!!
WOMM
WOMM
WAS SOLL DAS? MAAAANN!
RÜTTEL
RÜTTEL
UN-DANK-BARER KERL! MACH AUF!
HAH!
HAH!
VER-DAMMT!
WARUM TREFF ICH...
... IM-MER NUR SOLCHE FRAUEN?!
HAH!

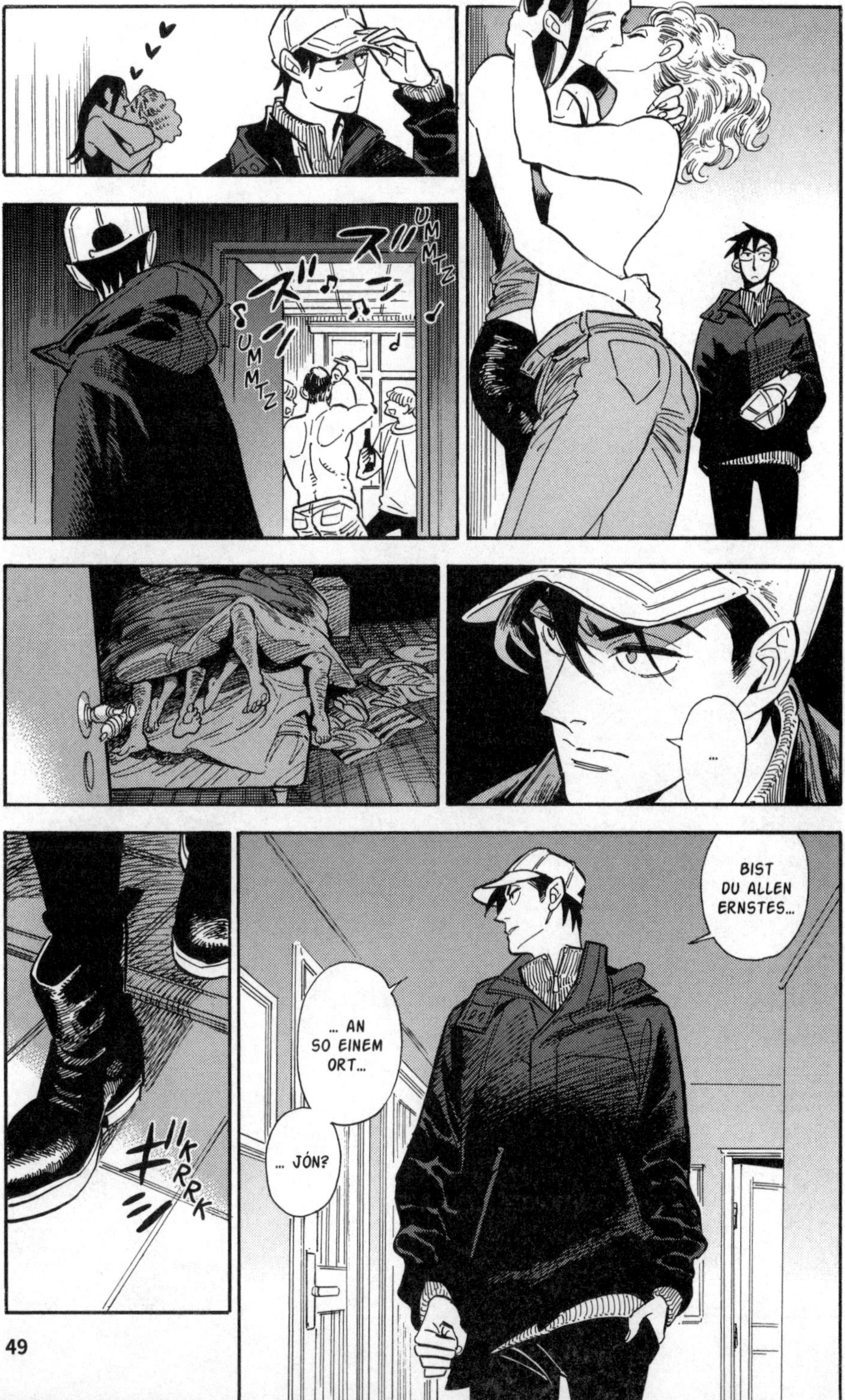
UMMTZ
SUMMTZ
...
BIST DU ALLEN ERNSTES...
... AN SO EINEM ORT...
... JÓN?
KRRRK

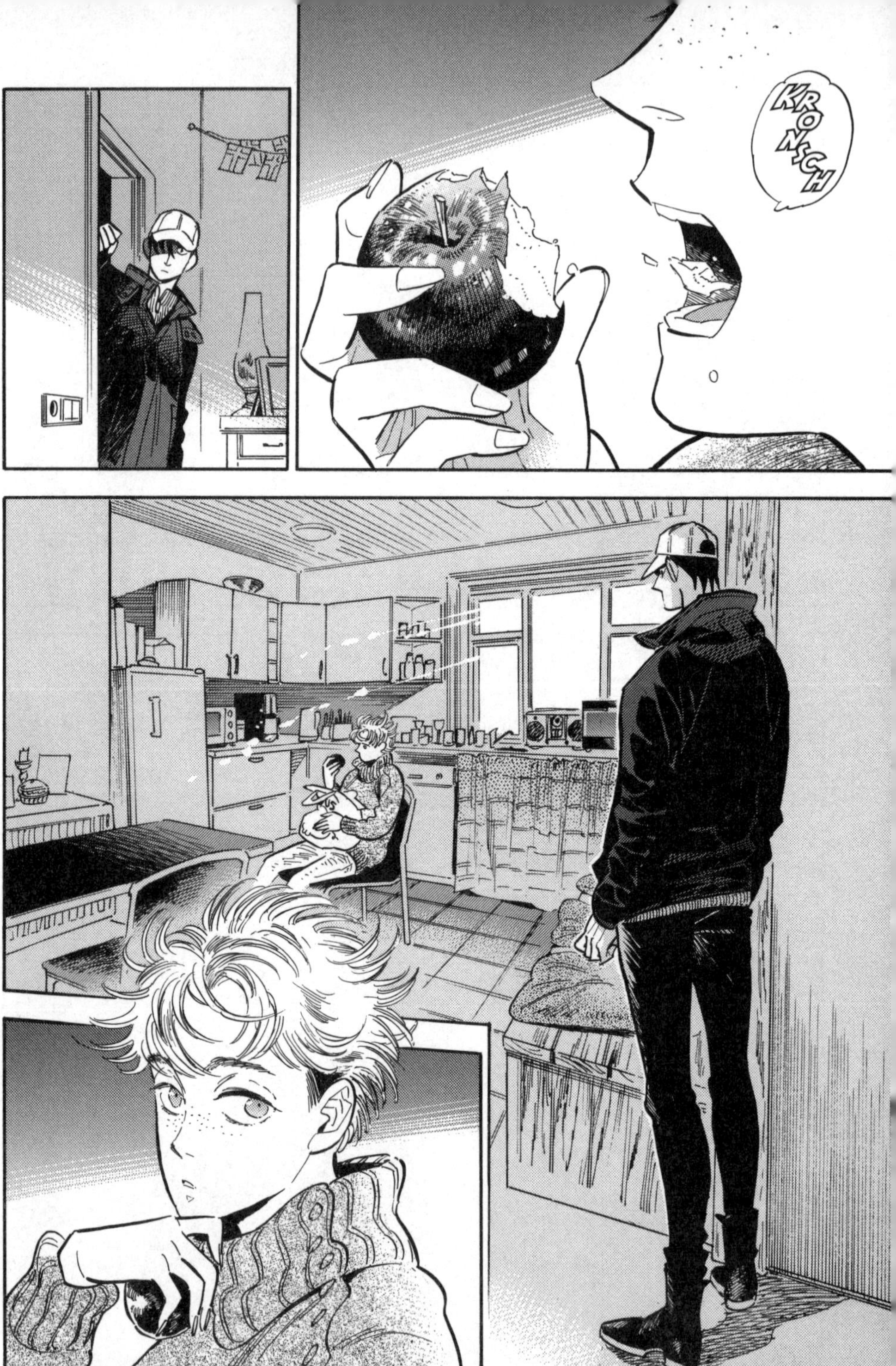

Kapitel 20 – Ende

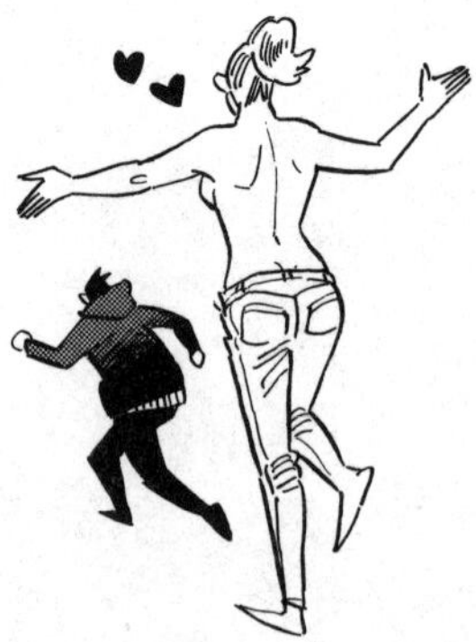

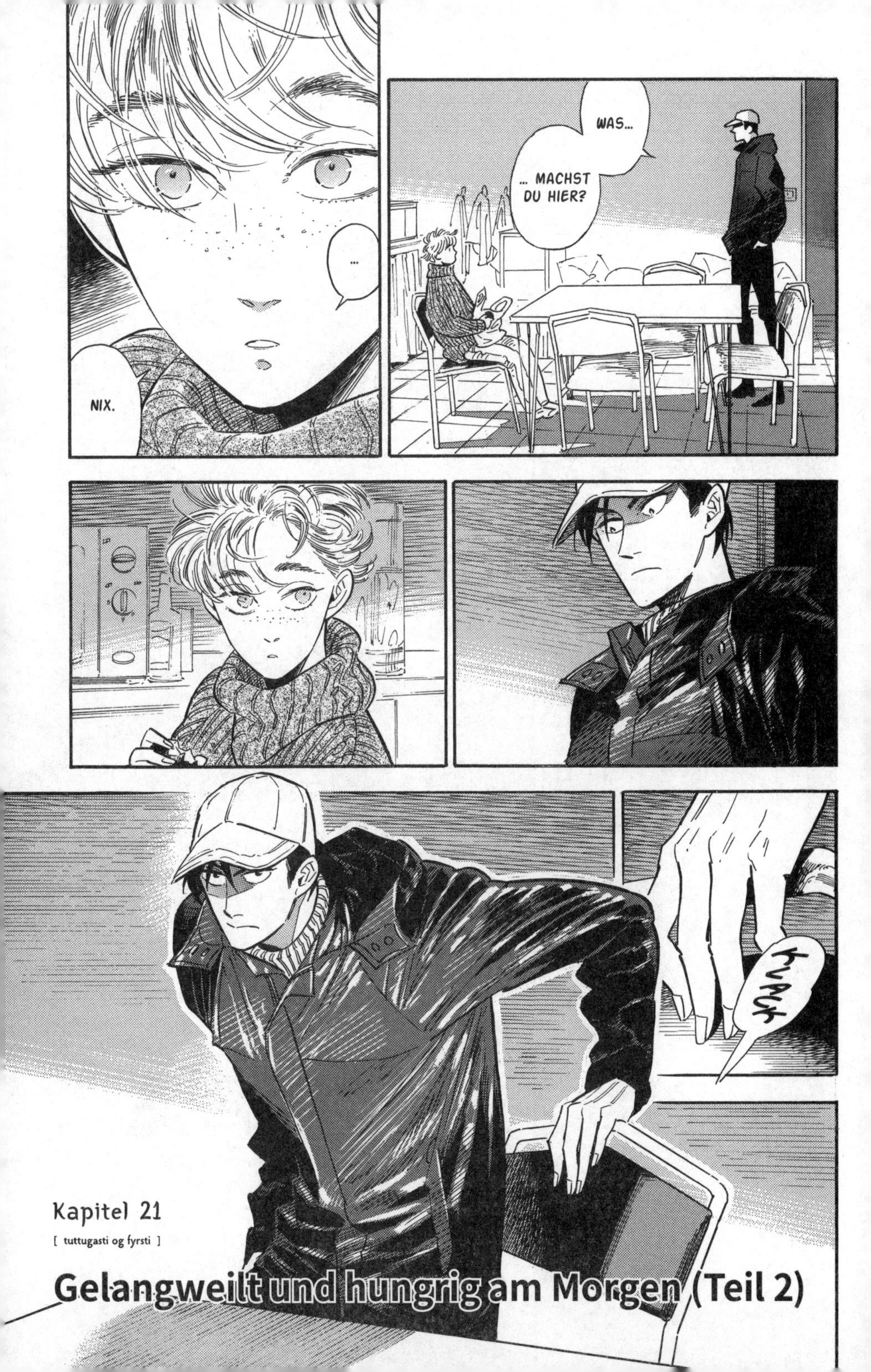

Kapitel 21

[tuttugasti og fyrsti]

Gelangweilt und hungrig am Morgen (Teil 2)

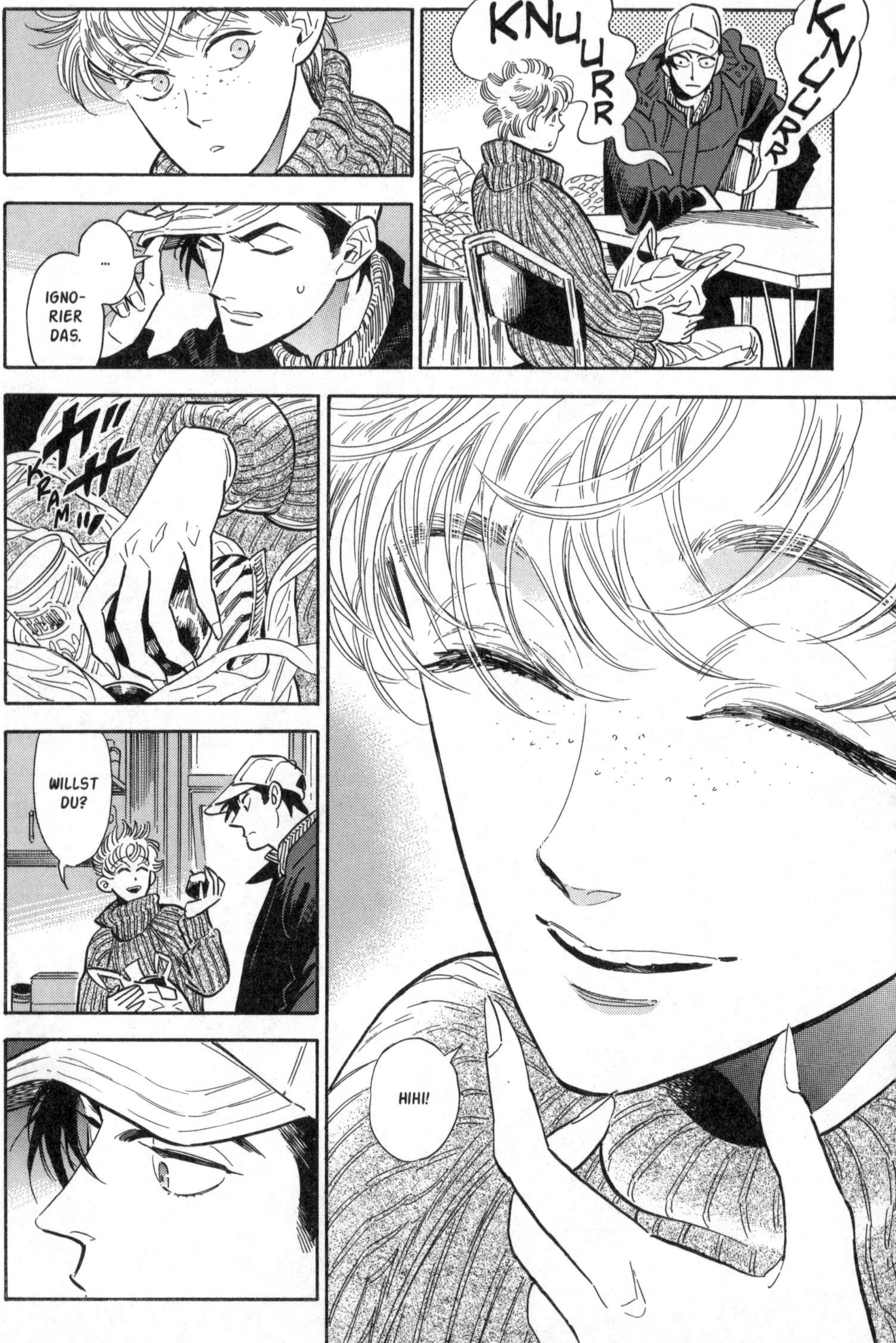
KNUURR
KNUURR
...
IGNORIER DAS.
KRAM
WILLST DU?
HIHI!

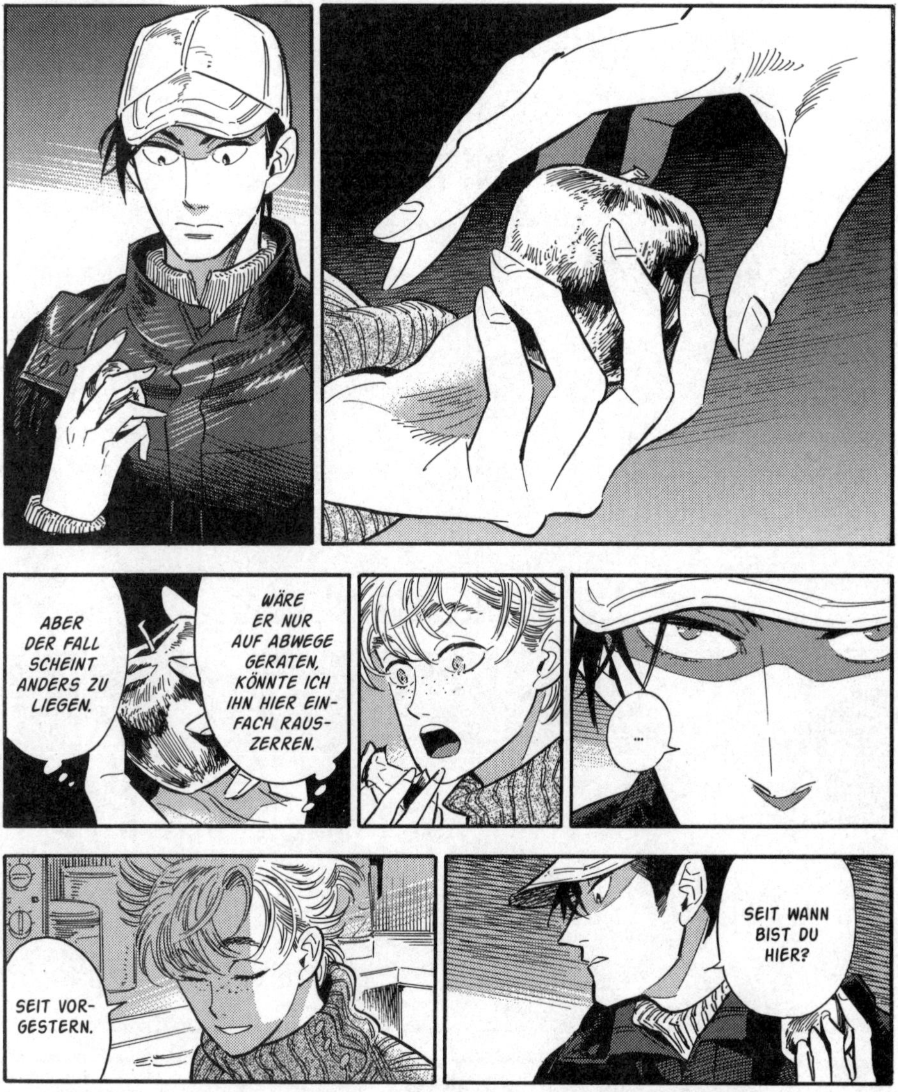
...
WÄRE ER NUR AUF ABWEGE GERATEN, KÖNNTE ICH IHN HIER EIN-FACH RAUS-ZERREN.
ABER DER FALL SCHEINT ANDERS ZU LIEGEN.
SEIT WANN BIST DU HIER?
SEIT VOR-GESTERN.
WARUM GEHST DU NICHT NACH HAUSE?
ÄH...

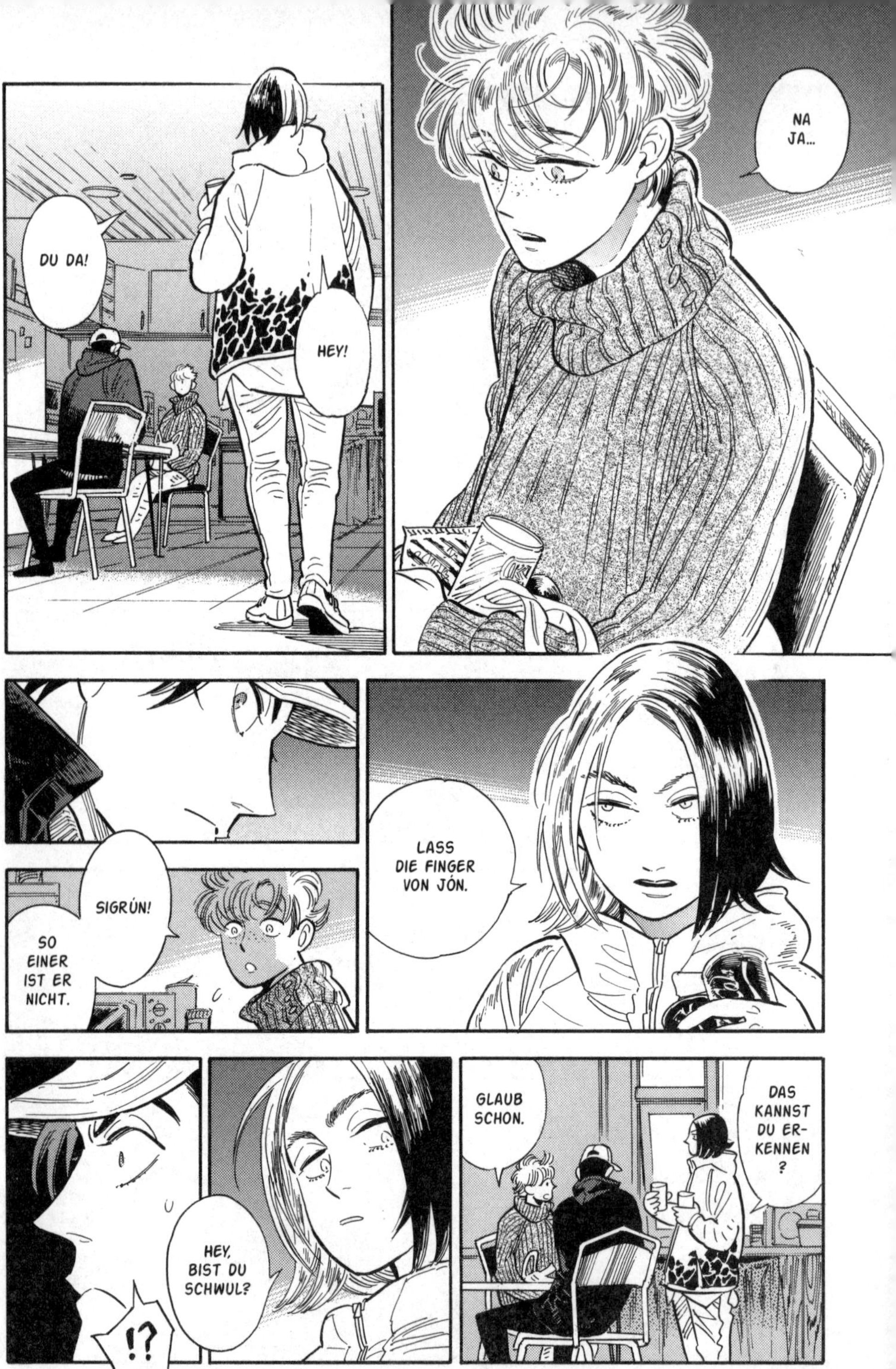
NA JA...
HEY!
DU DA!
LASS DIE FINGER VON JÓN.
SIGRÚN!
SO EINER IST ER NICHT.
DAS KANNST DU ER-KENNEN?
GLAUB SCHON.
HEY, BIST DU SCHWUL?
!?

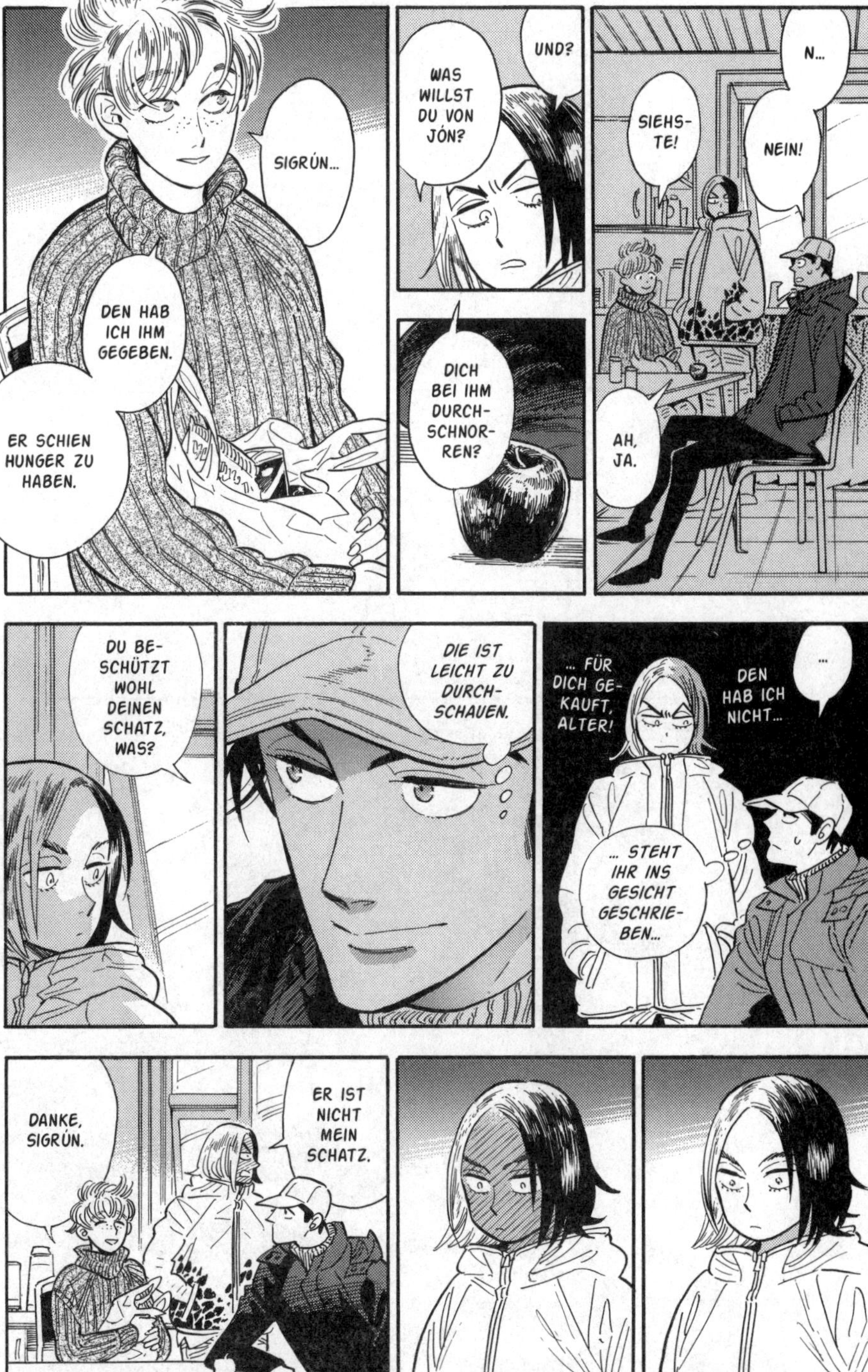
SIGRÚN…
DEN HAB ICH IHM GEGEBEN.
ER SCHIEN HUNGER ZU HABEN.
UND?
WAS WILLST DU VON JÓN?
DICH BEI IHM DURCH-SCHNORREN?
SIEHS-TE!
N…
NEIN!
AH, JA.
DU BE-SCHÜTZT WOHL DEINEN SCHATZ, WAS?
DIE IST LEICHT ZU DURCH-SCHAUEN.
… FÜR DICH GE-KAUFT, ALTER!
DEN HAB ICH NICHT…
…
… STEHT IHR INS GESICHT GESCHRIE-BEN…
DANKE, SIGRÚN.
ER IST NICHT MEIN SCHATZ.

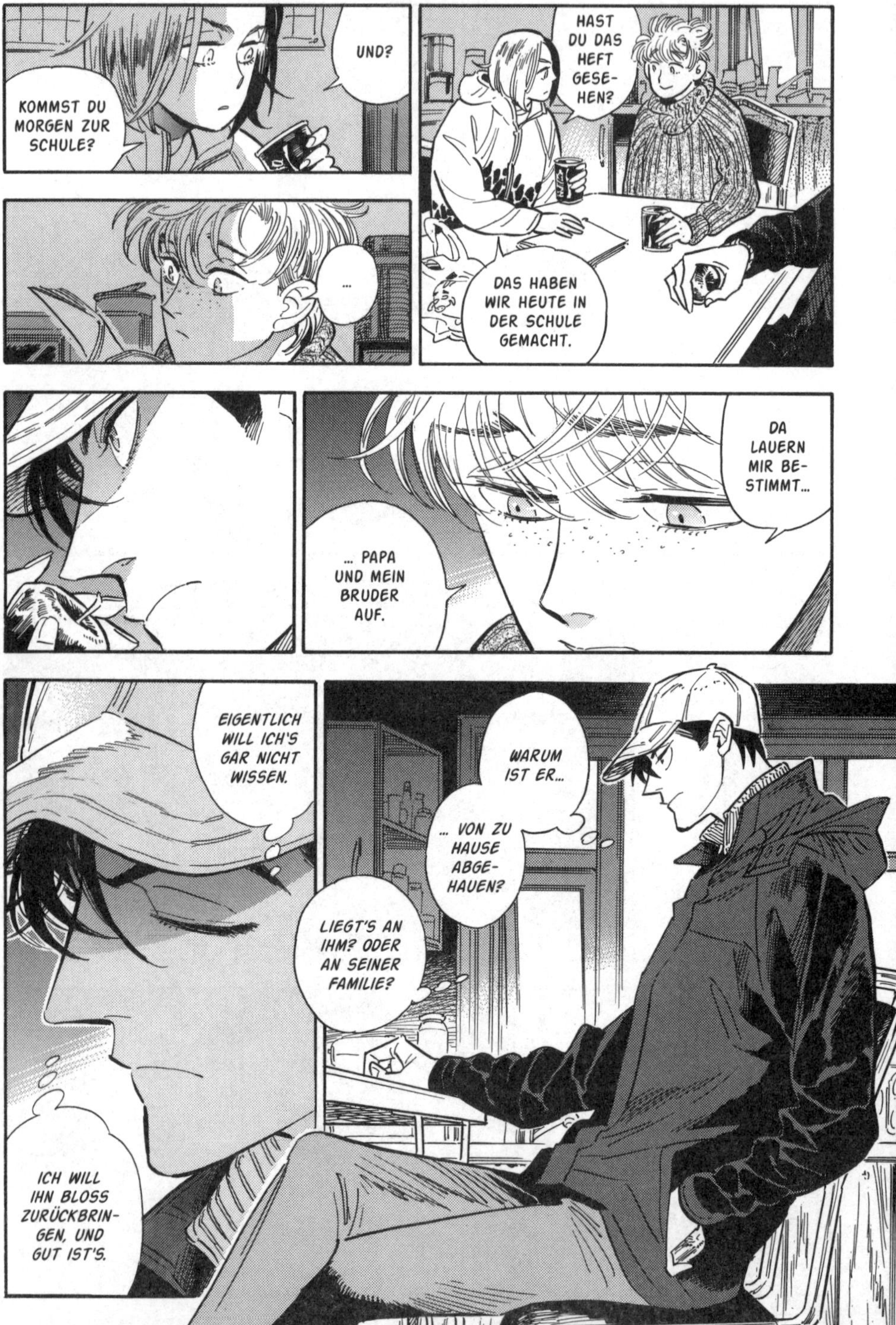
HAST DU DAS HEFT GESEHEN?
DAS HABEN WIR HEUTE IN DER SCHULE GEMACHT.
UND?
KOMMST DU MORGEN ZUR SCHULE?
...
DA LAUERN MIR BESTIMMT...
... PAPA UND MEIN BRUDER AUF.
WARUM IST ER...
... VON ZU HAUSE ABGEHAUEN?
LIEGT'S AN IHM? ODER AN SEINER FAMILIE?
EIGENTLICH WILL ICH'S GAR NICHT WISSEN.
ICH WILL IHN BLOSS ZURÜCKBRINGEN, UND GUT IST'S.

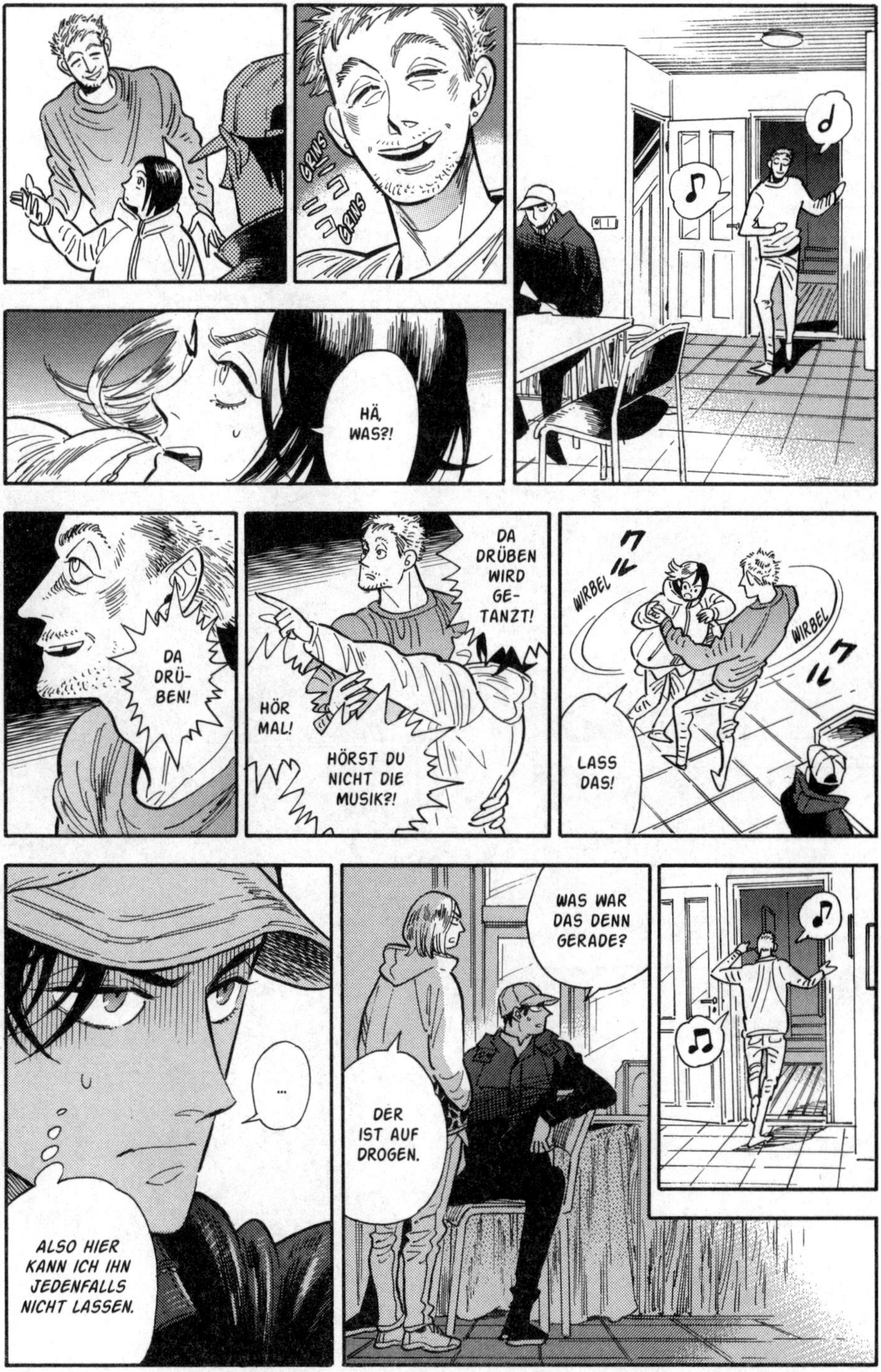
GRINS
GRINS
HÄ, WAS?!
DA DRÜBEN!
HÖR MAL!
HÖRST DU NICHT DIE MUSIK?!
DA DRÜBEN WIRD GETANZT!
WIRBEL
WIRBEL
LASS DAS!
...
ALSO HIER KANN ICH IHN JEDENFALLS NICHT LASSEN.
DER IST AUF DROGEN.
WAS WAR DAS DENN GERADE?

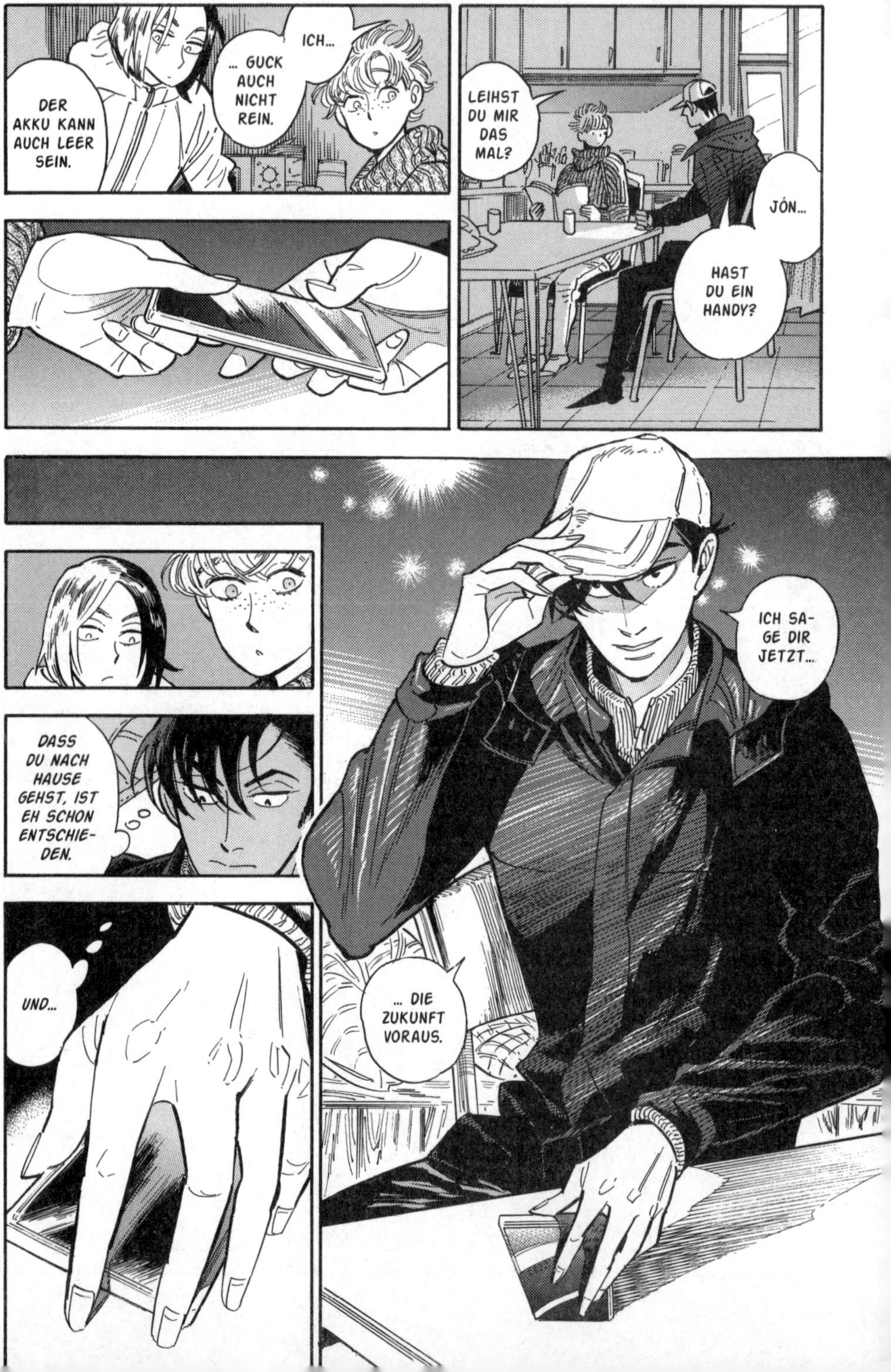
JÓN...
HAST DU EIN HANDY?
LEIHST DU MIR DAS MAL?
ICH...
... GUCK AUCH NICHT REIN.
DER AKKU KANN AUCH LEER SEIN.
ICH SAGE DIR JETZT...
... DIE ZUKUNFT VORAUS.
DASS DU NACH HAUSE GEHST, IST EH SCHON ENTSCHIEDEN.
UND...

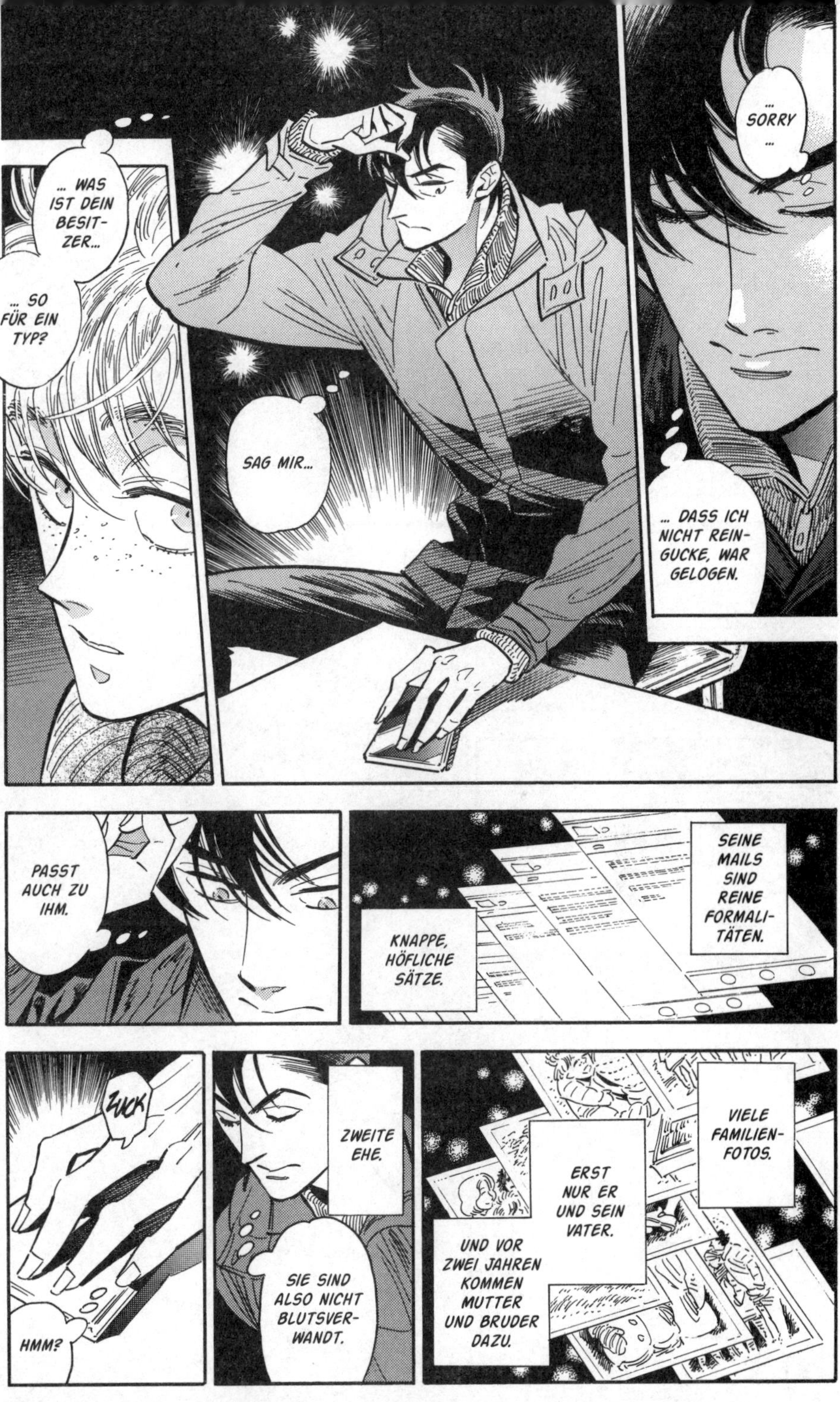

... SORRY ...
... DASS ICH NICHT REINGUCKE, WAR GELOGEN.
SAG MIR...
... WAS IST DEIN BESITZER...
... SO FÜR EIN TYP?
SEINE MAILS SIND REINE FORMALITÄTEN.
KNAPPE, HÖFLICHE SÄTZE.
PASST AUCH ZU IHM.
VIELE FAMILIENFOTOS.
ERST NUR ER UND SEIN VATER.
UND VOR ZWEI JAHREN KOMMEN MUTTER UND BRUDER DAZU.
ZWEITE EHE.
SIE SIND ALSO NICHT BLUTSVERWANDT.
ZUCK
HMM?

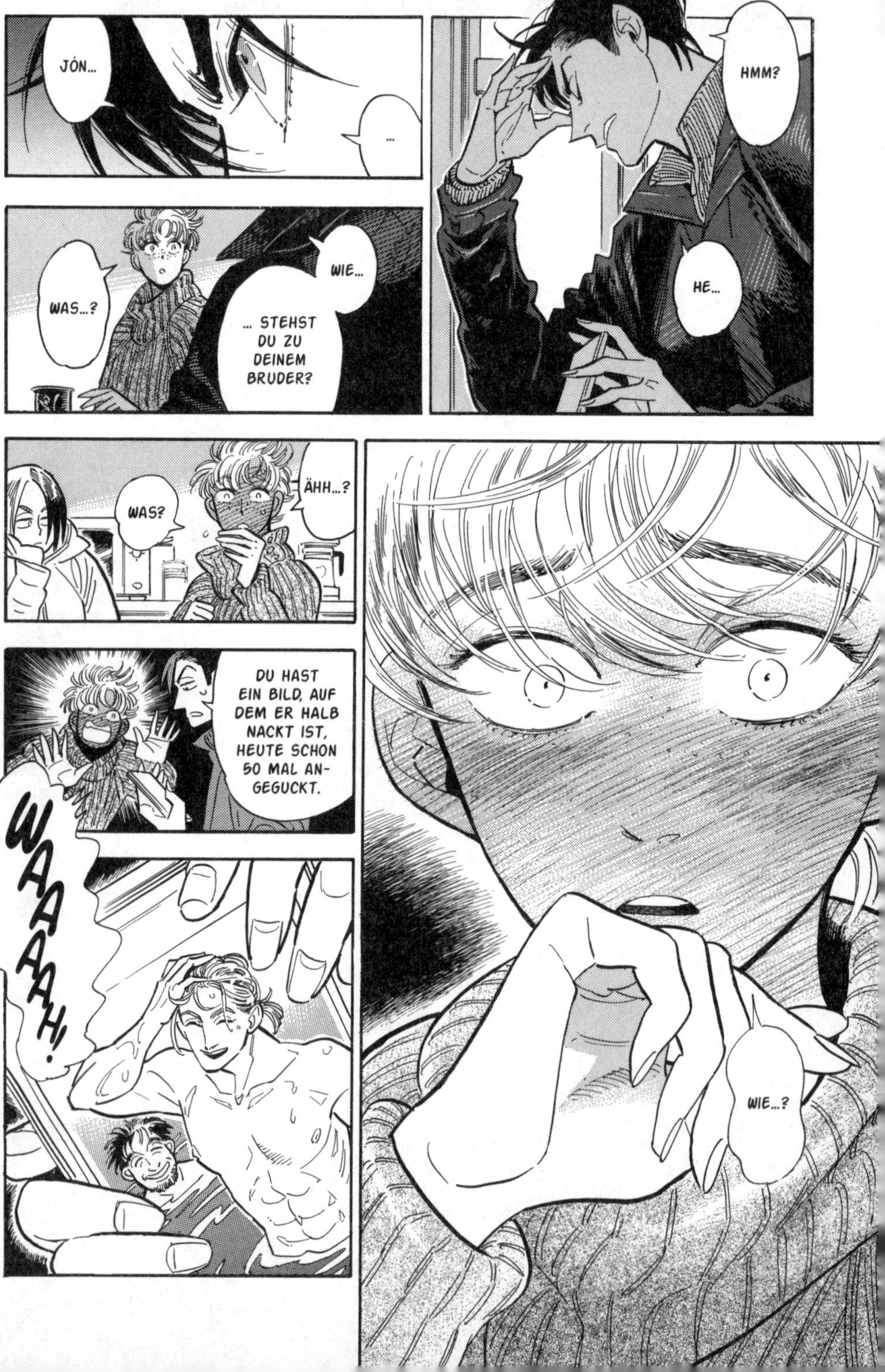
HMM?
HE...
...
JÓN...
WIE...
... STEHST DU ZU DEINEM BRUDER?
WAS...?
WIE...?
ÄHH...?
WAS?
DU HAST EIN BILD, AUF DEM ER HALB NACKT IST, HEUTE SCHON 50 MAL AN-GEGUCKT.
WAAAAAH!

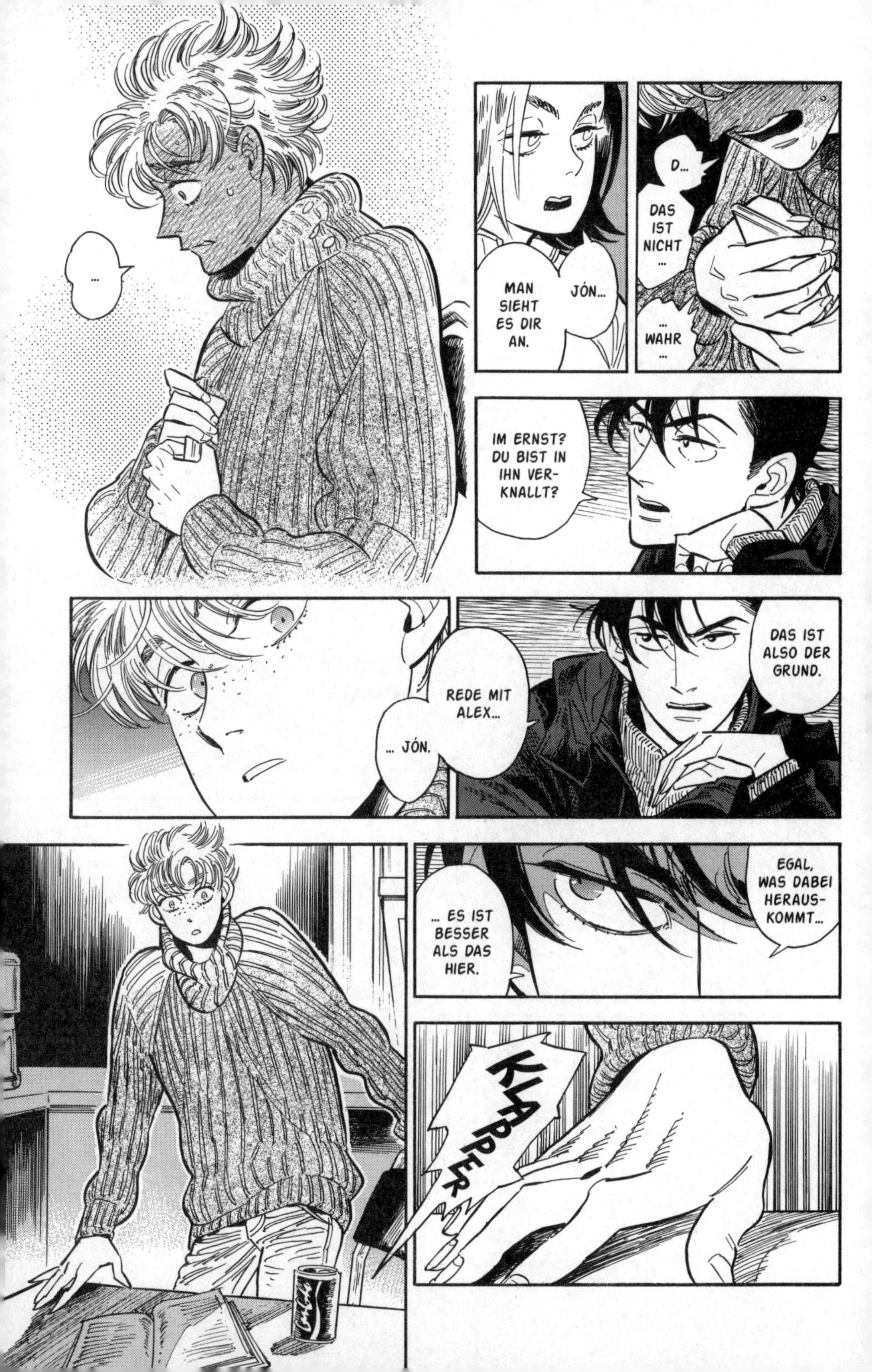

D...
DAS IST NICHT ...
... WAHR ...
JÓN...
MAN SIEHT ES DIR AN.
IM ERNST? DU BIST IN IHN VER-KNALLT?
...
DAS IST ALSO DER GRUND.
REDE MIT ALEX...
... JÓN.
EGAL, WAS DABEI HERAUS-KOMMT...
... ES IST BESSER ALS DAS HIER.
KLAPPER

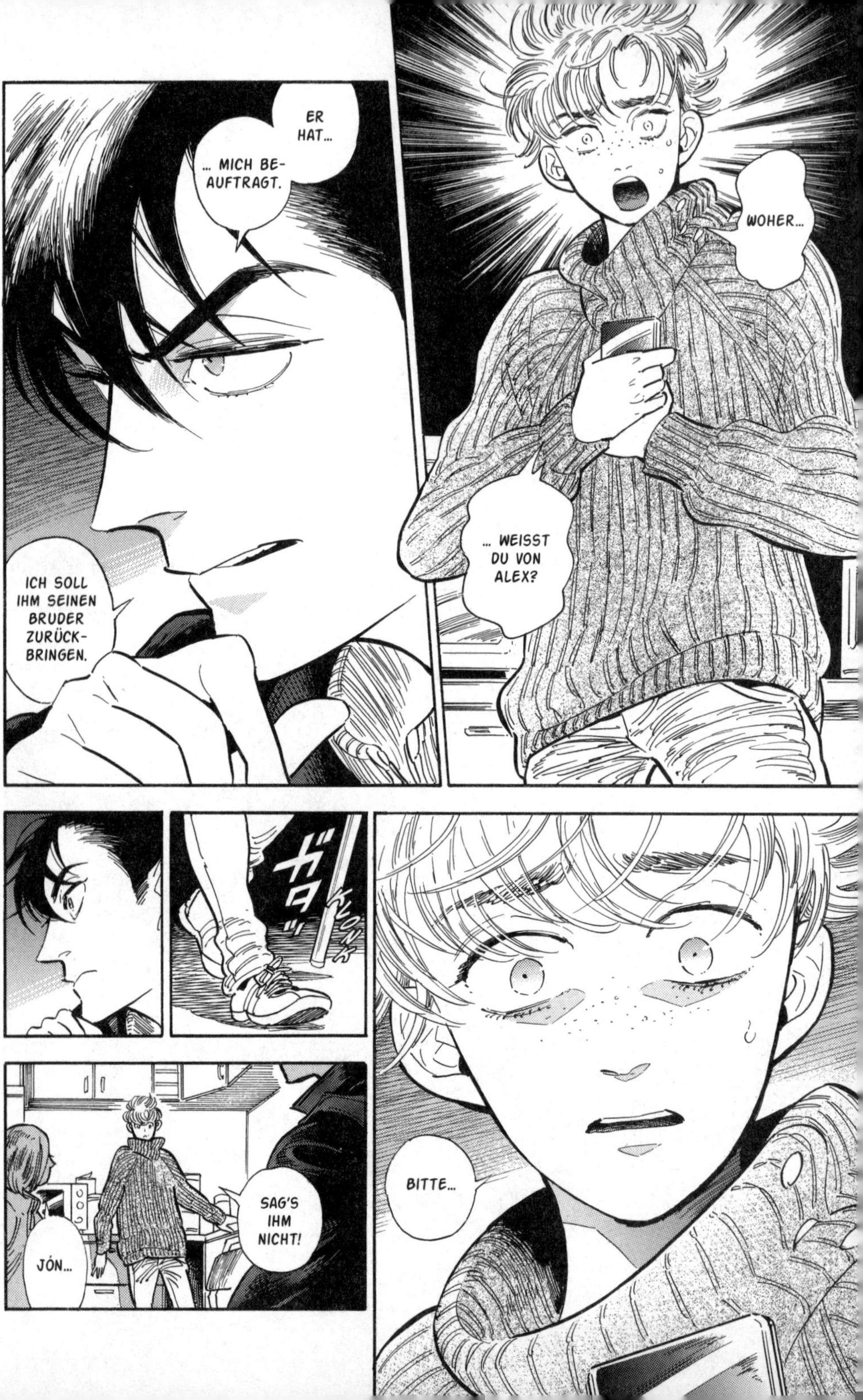
WOHER…
… WEISST DU VON ALEX?
ER HAT…
… MICH BE-AUFTRAGT.
ICH SOLL IHM SEINEN BRUDER ZURÜCK-BRINGEN.
BITTE…
ガタッ
KLONK
SAG'S IHM NICHT!
JÓN…

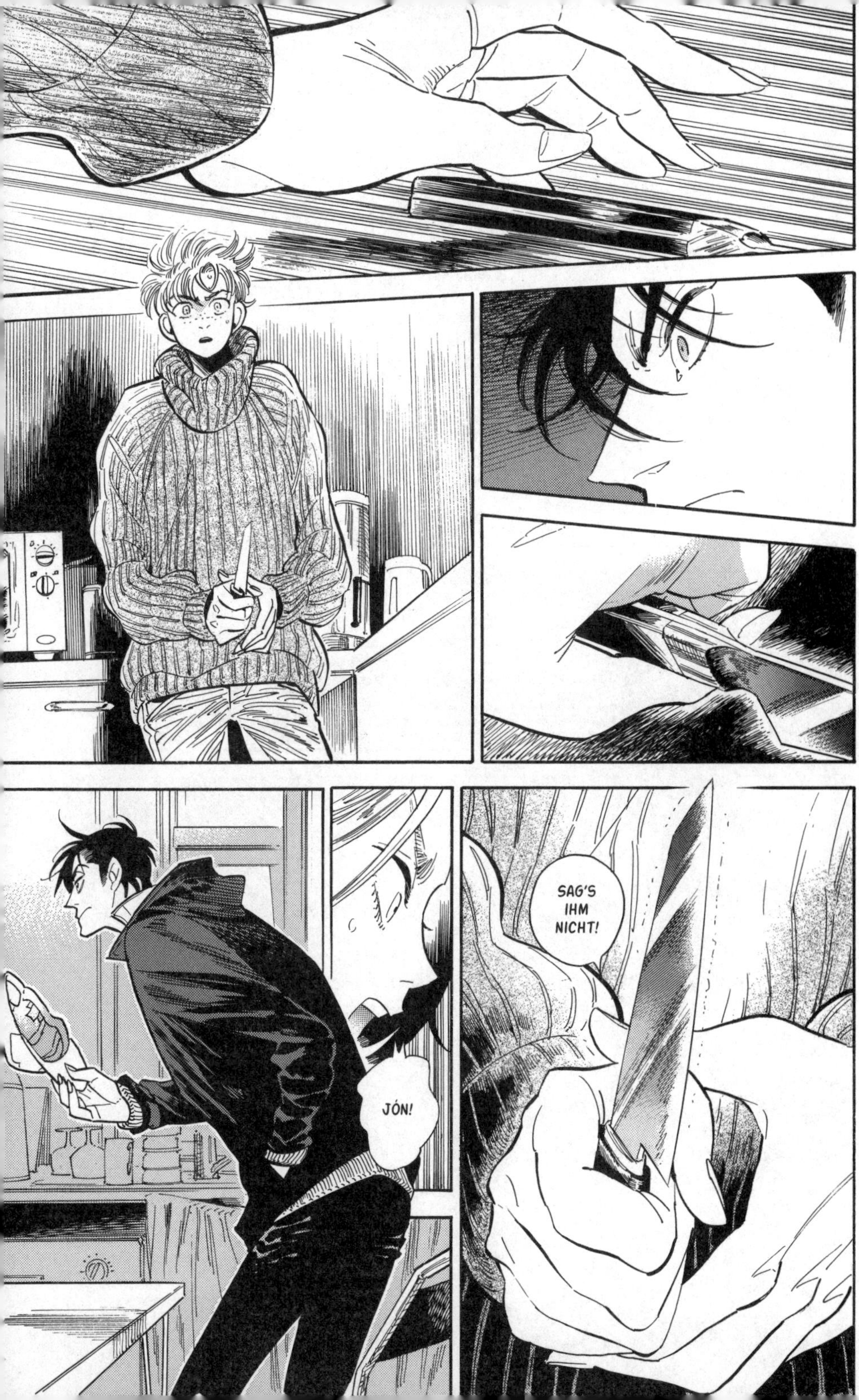
SAG'S IHM NICHT!
JÓN!

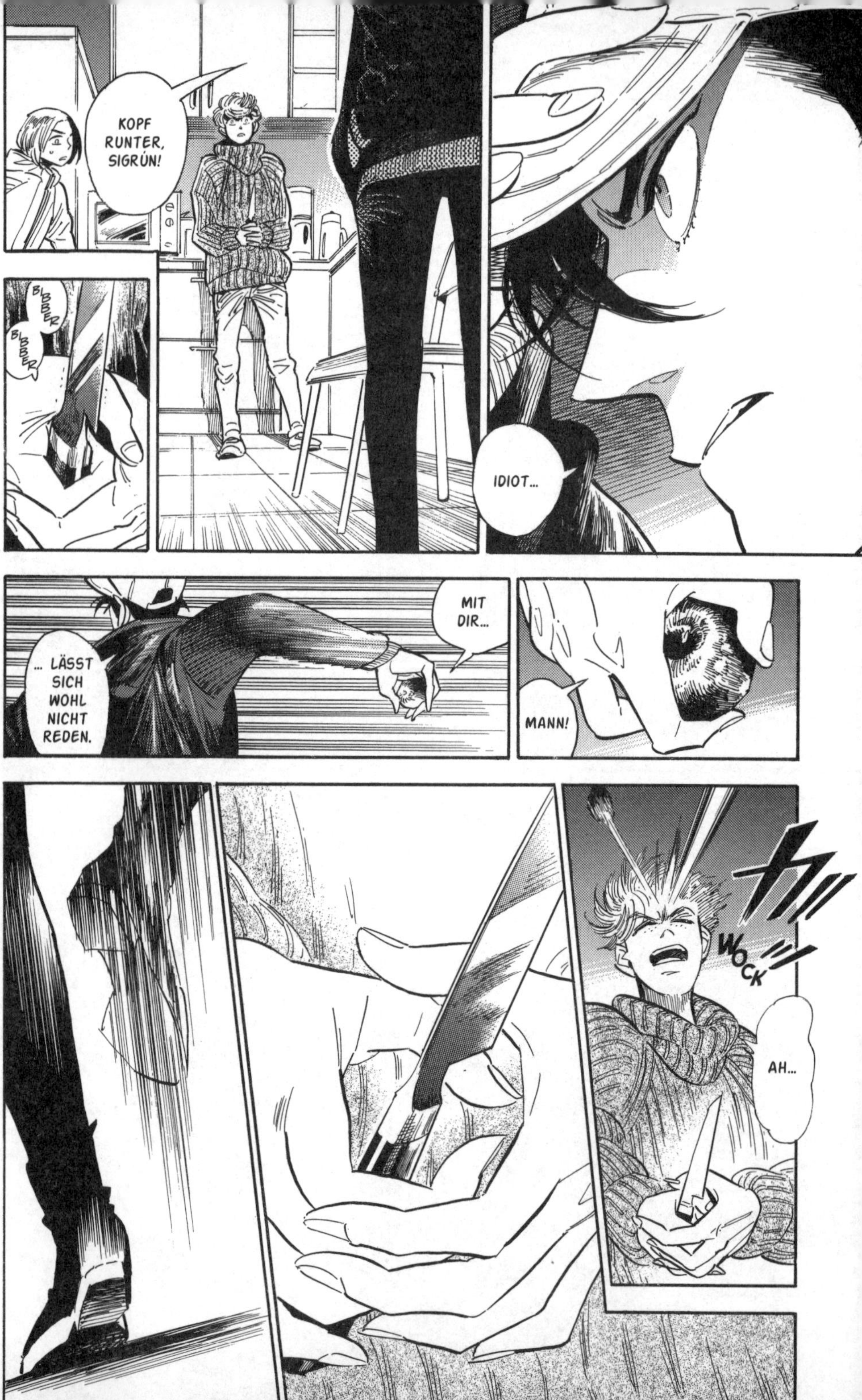
IDIOT...
KOPF RUNTER, SIGRÚN!
BIBBER BIBBER
MANN!
MIT DIR...
... LÄSST SICH WOHL NICHT REDEN.
WOCK
AH...

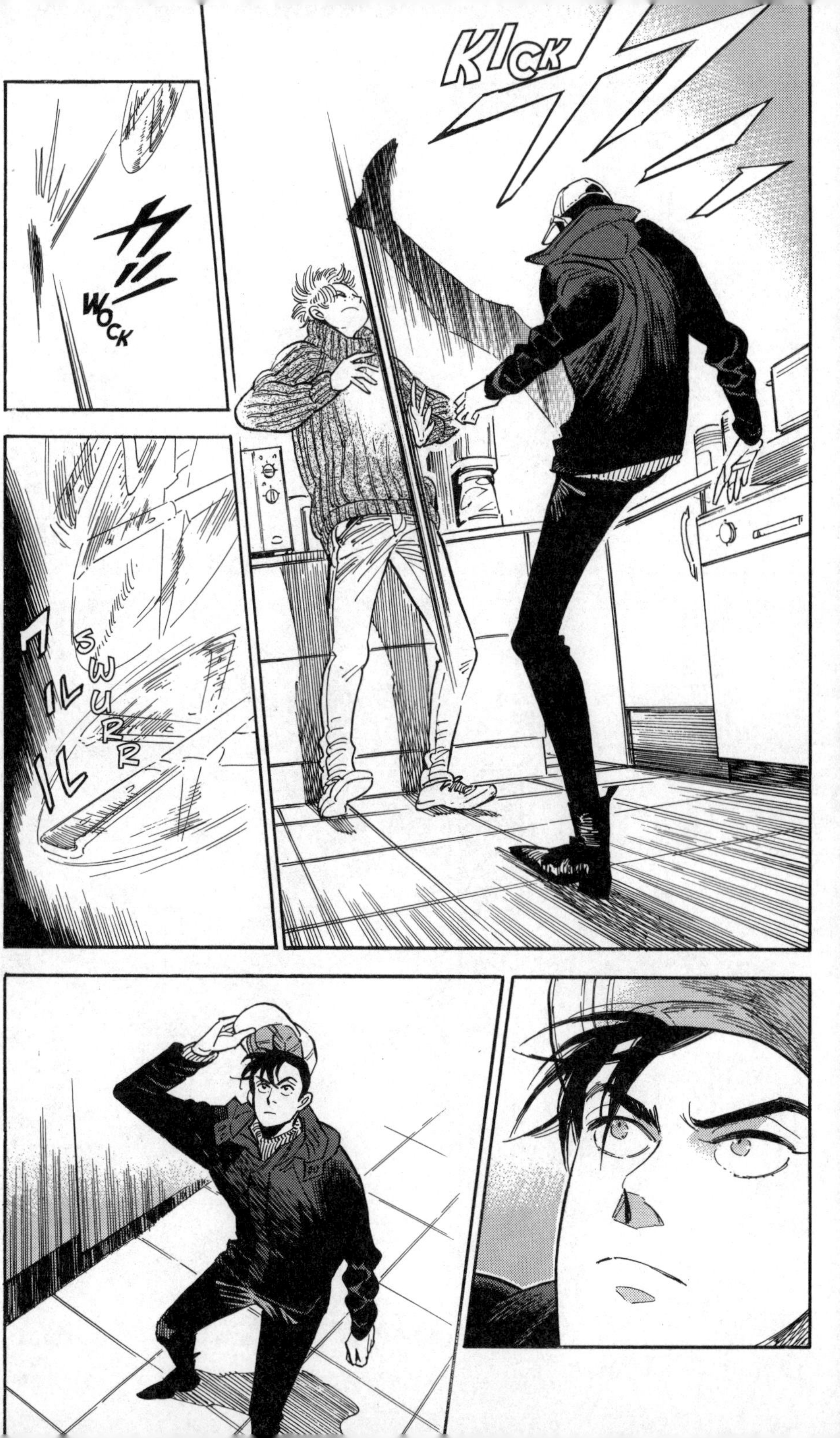
KICK
WOCK
SWURR

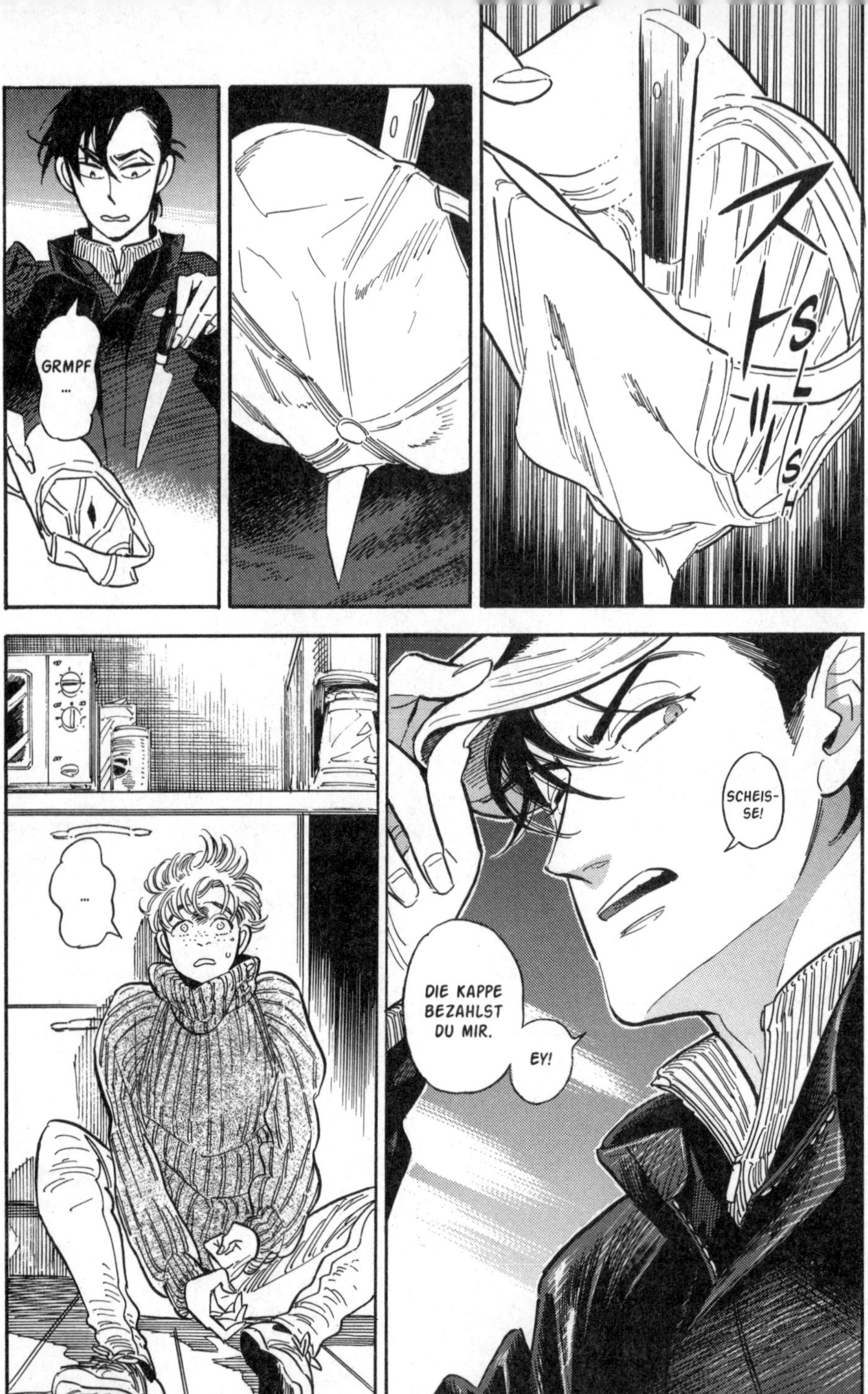

Kapitel 21 – Ende

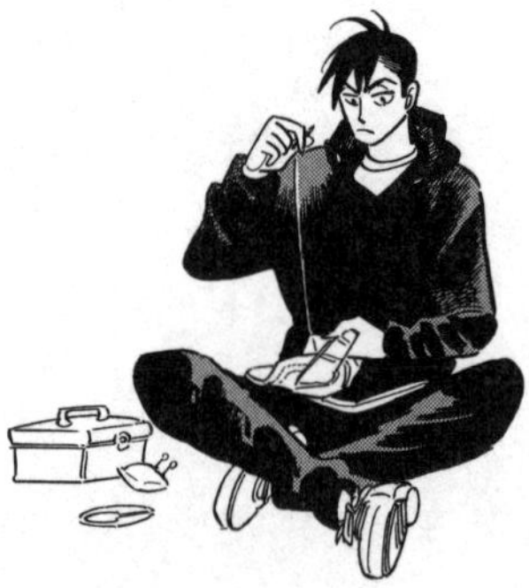

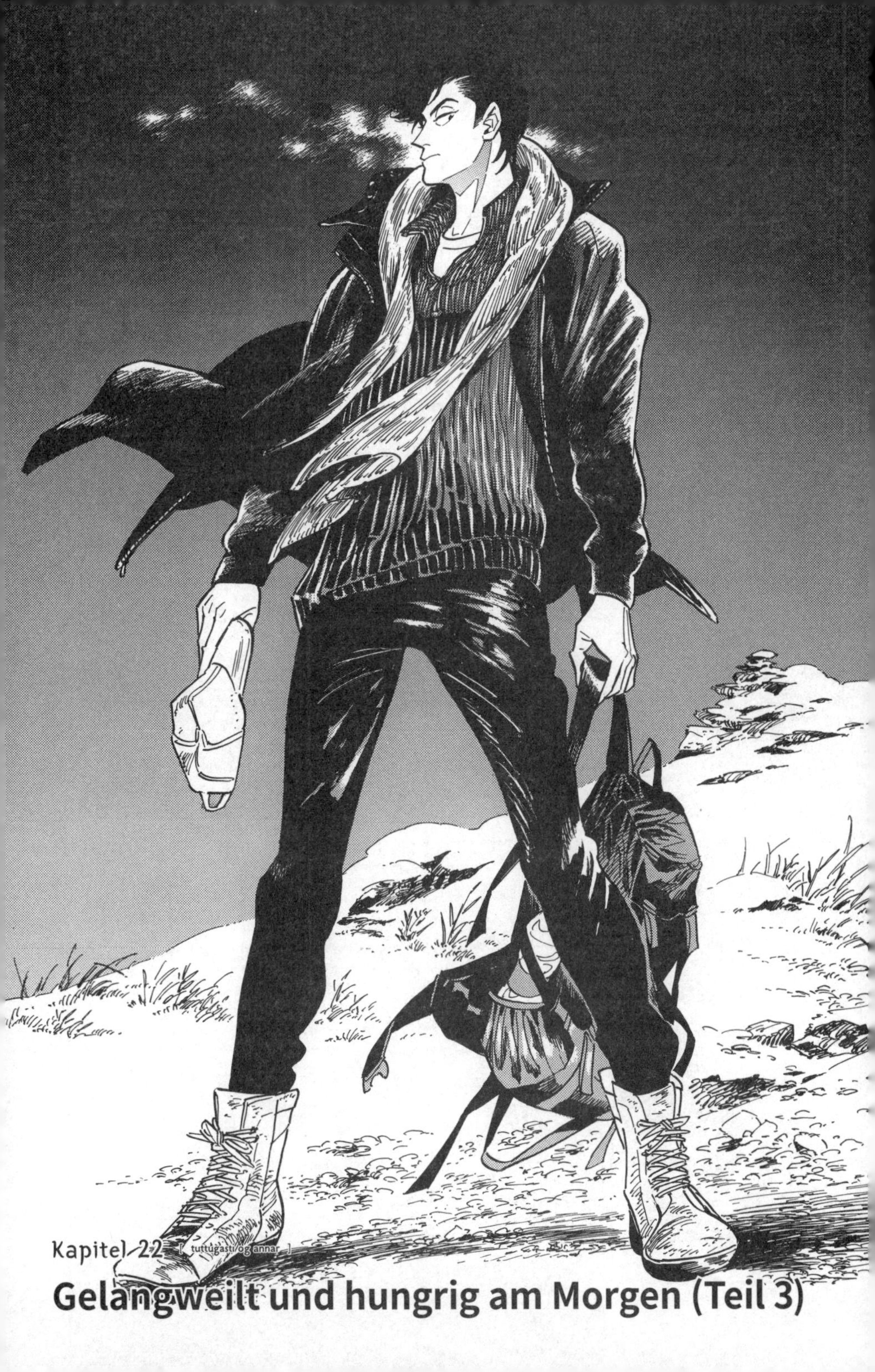

Kapitel 22 [tuttugasti og annar]

Gelangweilt und hungrig am Morgen (Teil 3)

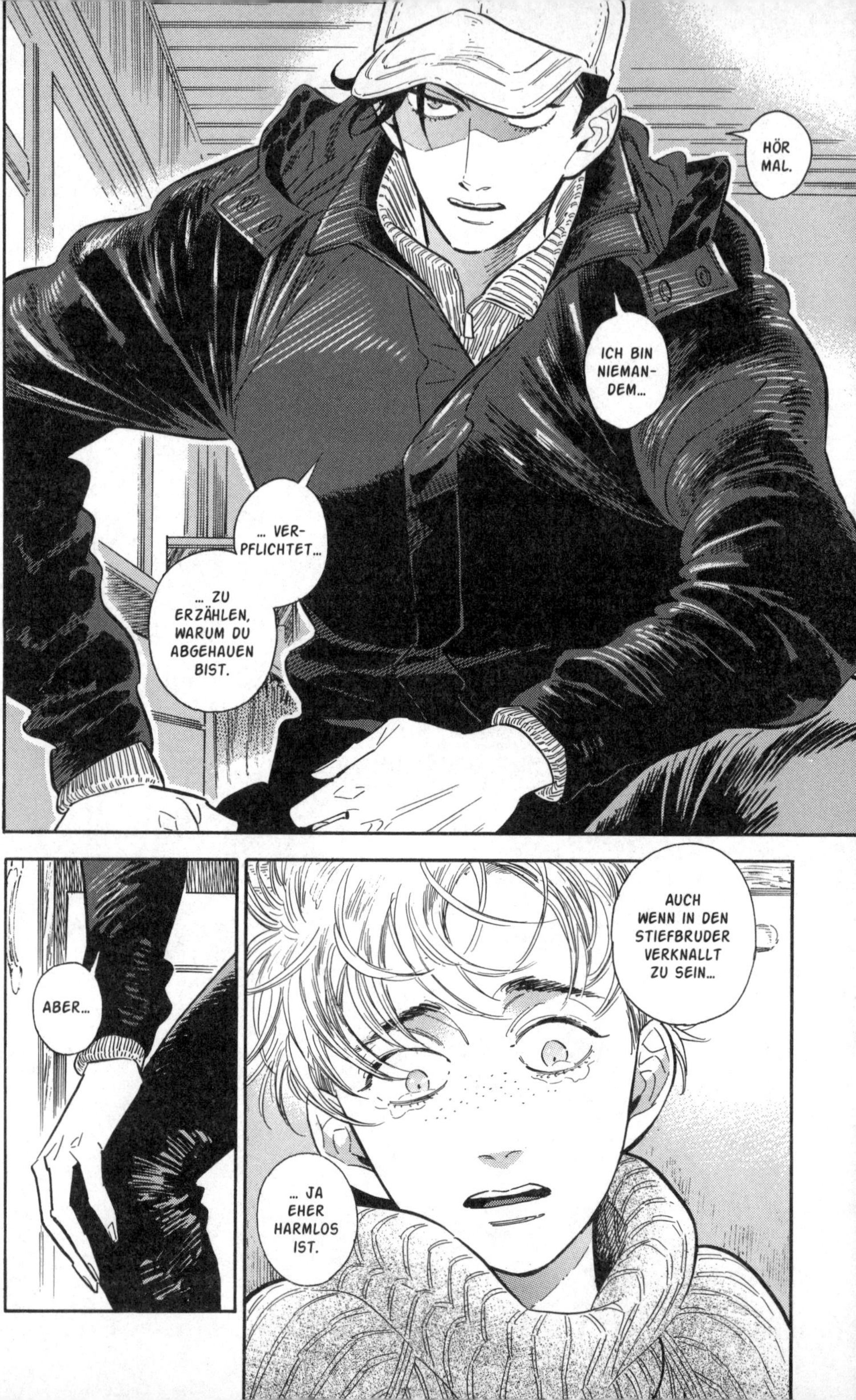
HÖR MAL.
ICH BIN NIEMANDEM...
... VERPFLICHTET...
... ZU ERZÄHLEN, WARUM DU ABGEHAUEN BIST.
ABER...
AUCH WENN IN DEN STIEFBRUDER VERKNALLT ZU SEIN...
... JA EHER HARMLOS IST.

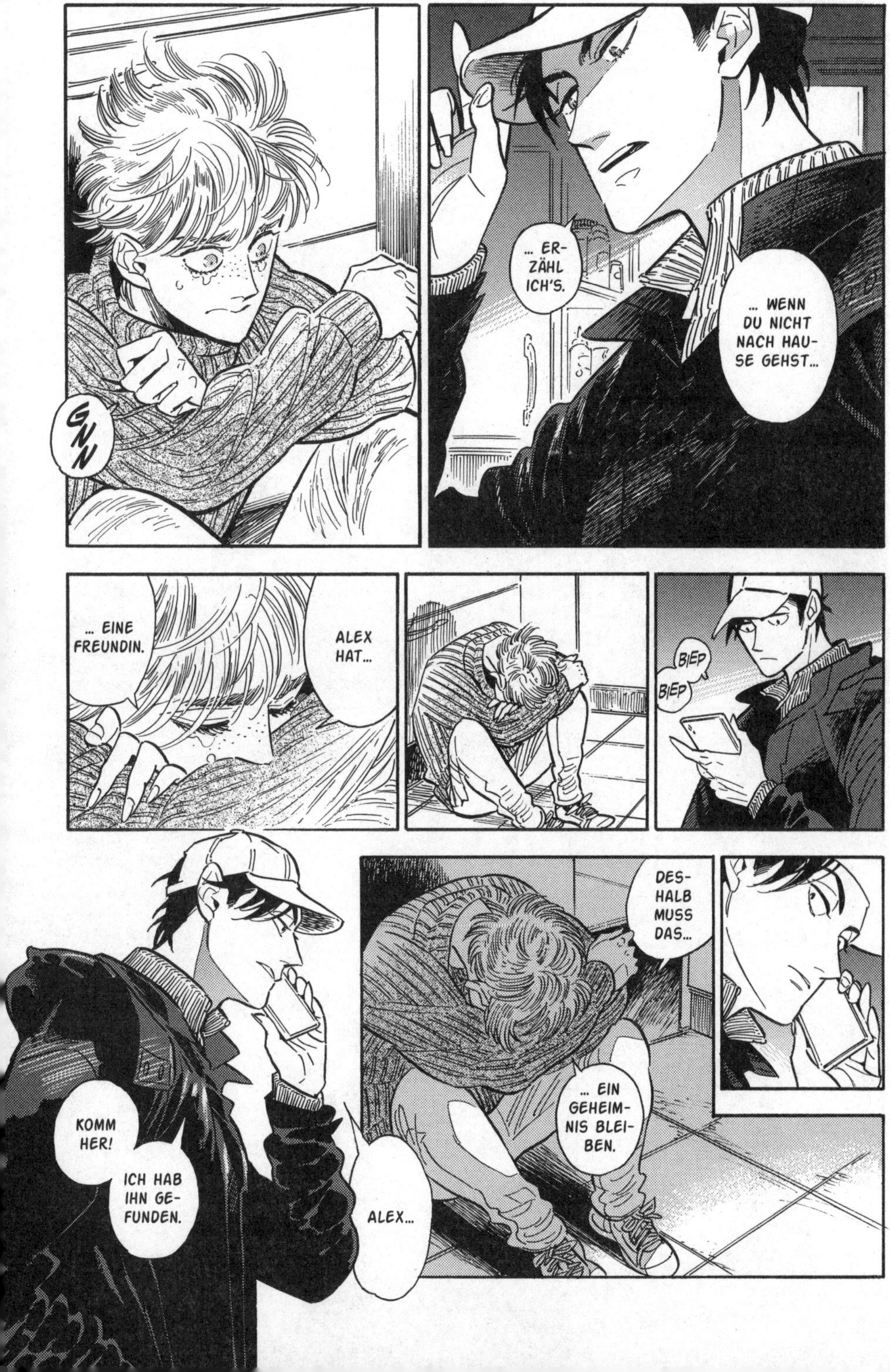

... WENN DU NICHT NACH HAU-SE GEHST...
... ER-ZÄHL ICH'S.
GNN
BIEP
BIEP
ALEX HAT...
... EINE FREUNDIN.
DES-HALB MUSS DAS...
... EIN GEHEIM-NIS BLEI-BEN.
ALEX...
KOMM HER!
ICH HAB IHN GE-FUNDEN.

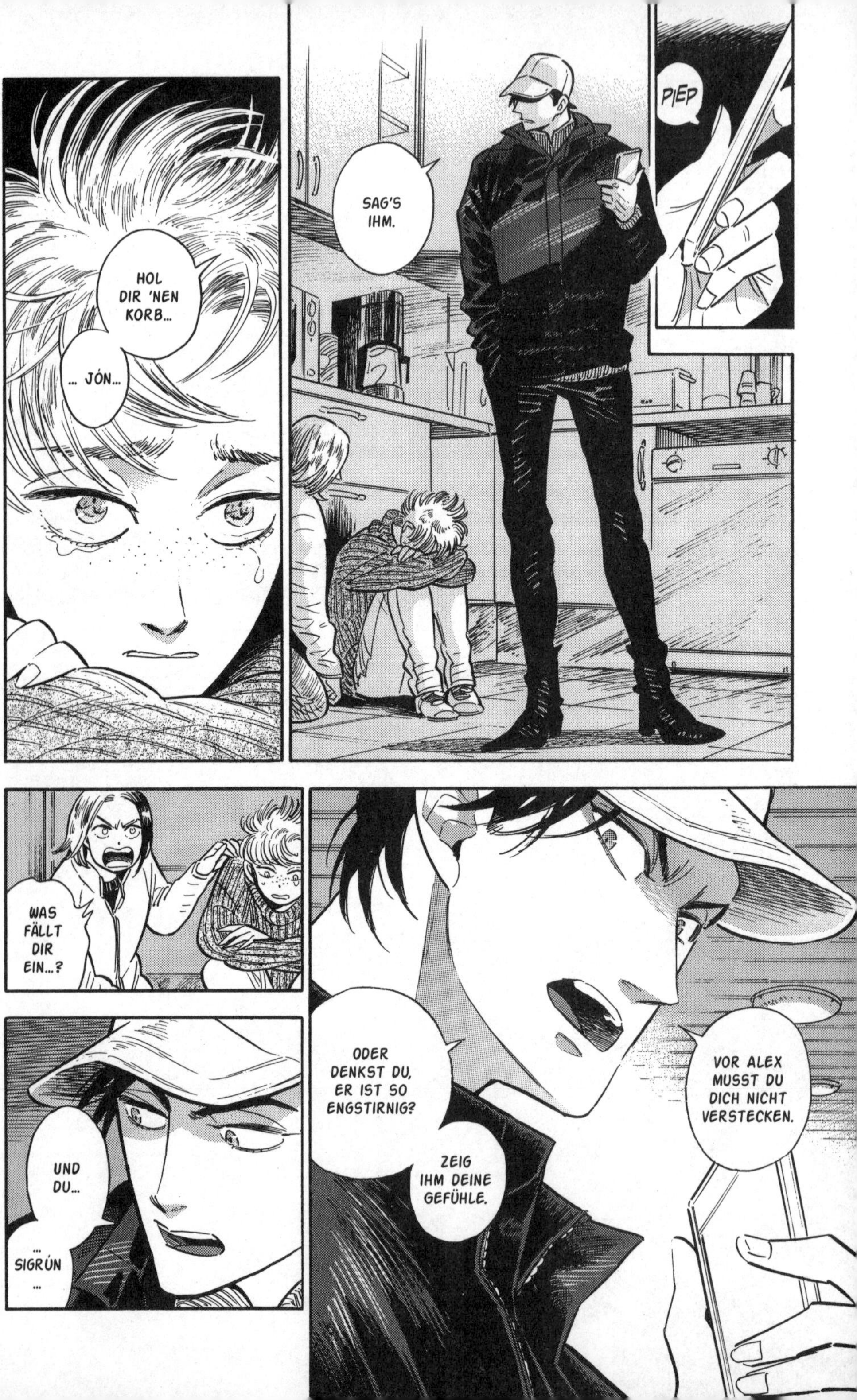
PIEP
SAG'S IHM.
HOL DIR 'NEN KORB...
... JÓN...
VOR ALEX MUSST DU DICH NICHT VERSTECKEN.
ODER DENKST DU, ER IST SO ENGSTIRNIG?
ZEIG IHM DEINE GEFÜHLE.
WAS FÄLLT DIR EIN...?
UND DU...
... SIGRÚN ...

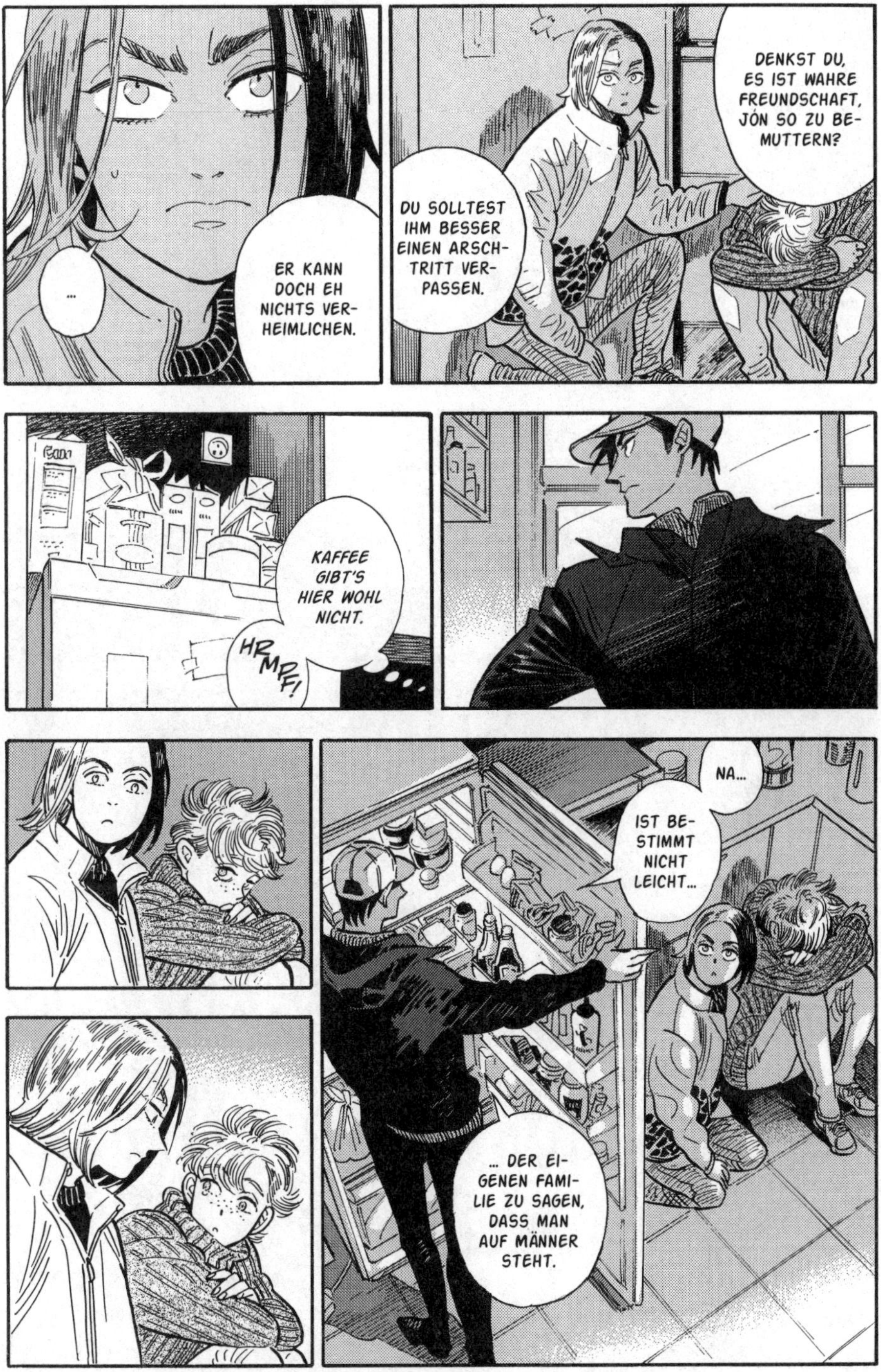
DENKST DU, ES IST WAHRE FREUNDSCHAFT, JÓN SO ZU BEMUTTERN?
DU SOLLTEST IHM BESSER EINEN ARSCHTRITT VERPASSEN.
ER KANN DOCH EH NICHTS VERHEIMLICHEN.
...
KAFFEE GIBT'S HIER WOHL NICHT.
HRMPF!
NA...
IST BESTIMMT NICHT LEICHT...
... DER EIGENEN FAMILIE ZU SAGEN, DASS MAN AUF MÄNNER STEHT.

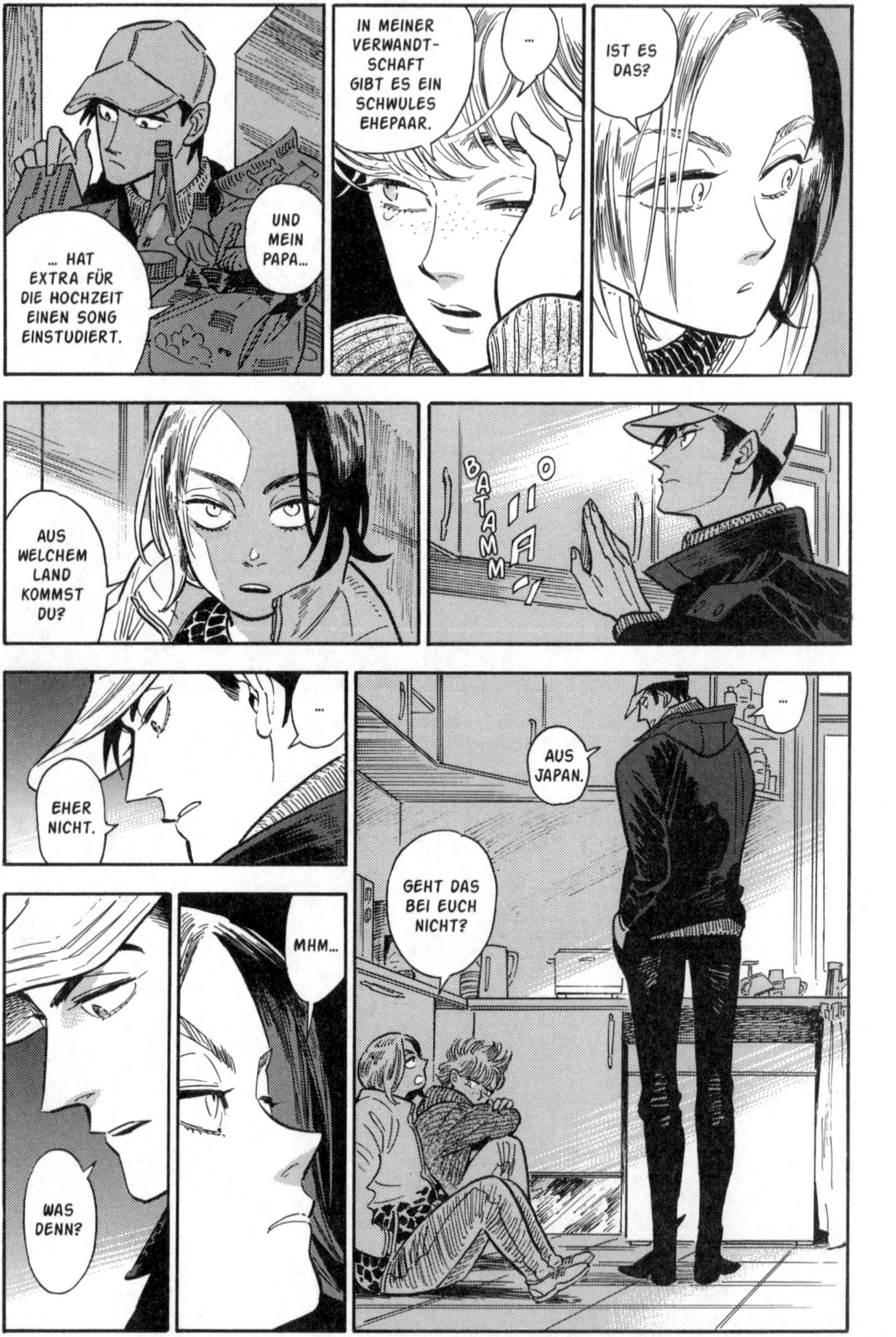
IST ES DAS?
...
IN MEINER VERWANDT-SCHAFT GIBT ES EIN SCHWULES EHEPAAR.
UND MEIN PAPA...
... HAT EXTRA FÜR DIE HOCHZEIT EINEN SONG EINSTUDIERT.
BATAMM
AUS WELCHEM LAND KOMMST DU?
...
AUS JAPAN.
GEHT DAS BEI EUCH NICHT?
...
EHER NICHT.
MHM...
WAS DENN?

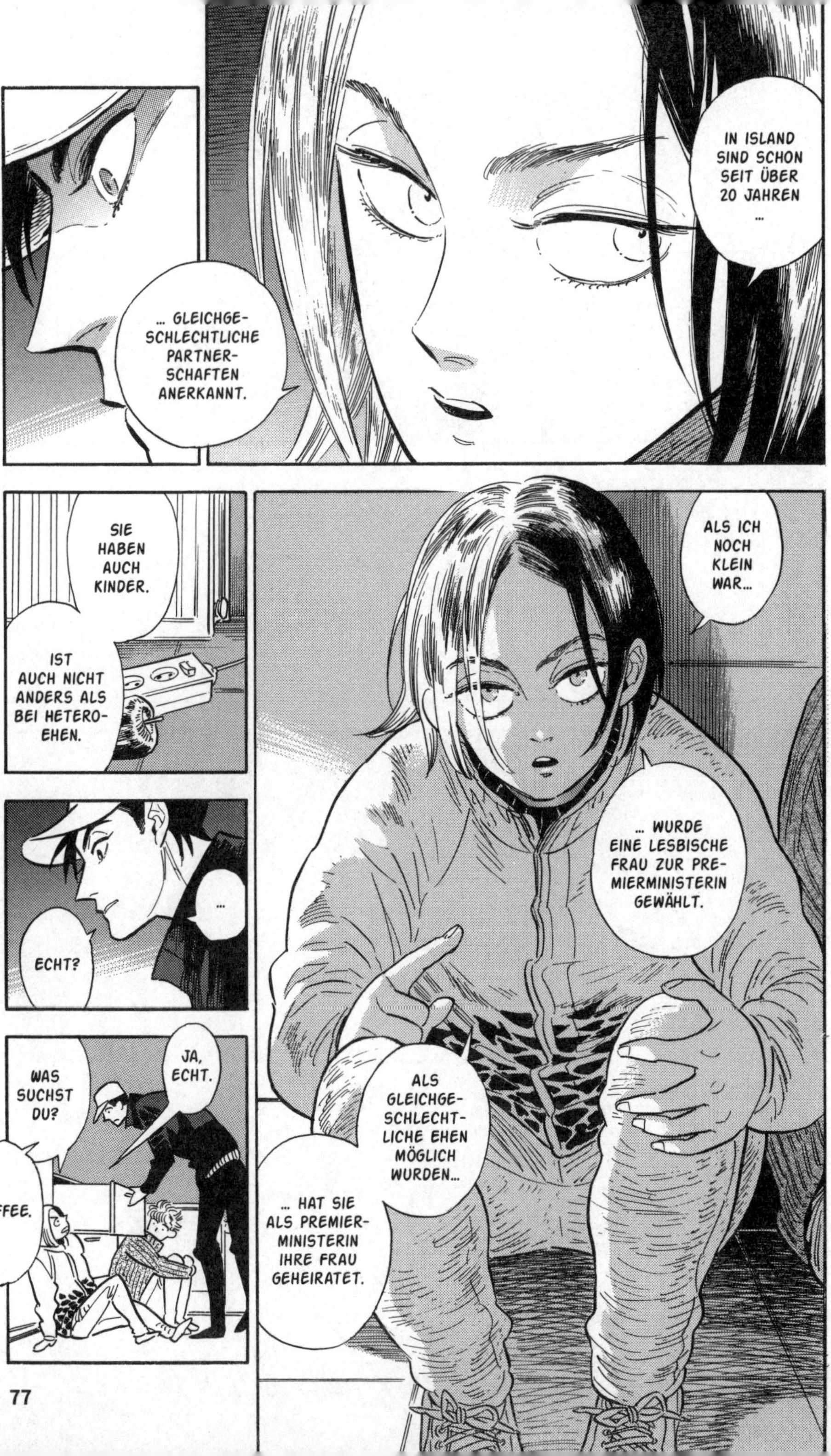
IN ISLAND SIND SCHON SEIT ÜBER 20 JAHREN ...
... GLEICHGESCHLECHTLICHE PARTNERSCHAFTEN ANERKANNT.
SIE HABEN AUCH KINDER.
IST AUCH NICHT ANDERS ALS BEI HETEROEHEN.
...
ECHT?
ALS ICH NOCH KLEIN WAR...
... WURDE EINE LESBISCHE FRAU ZUR PREMIERMINISTERIN GEWÄHLT.
ALS GLEICHGESCHLECHTLICHE EHEN MÖGLICH WURDEN...
... HAT SIE ALS PREMIERMINISTERIN IHRE FRAU GEHEIRATET.
JA, ECHT.
WAS SUCHST DU?
KAFFEE.

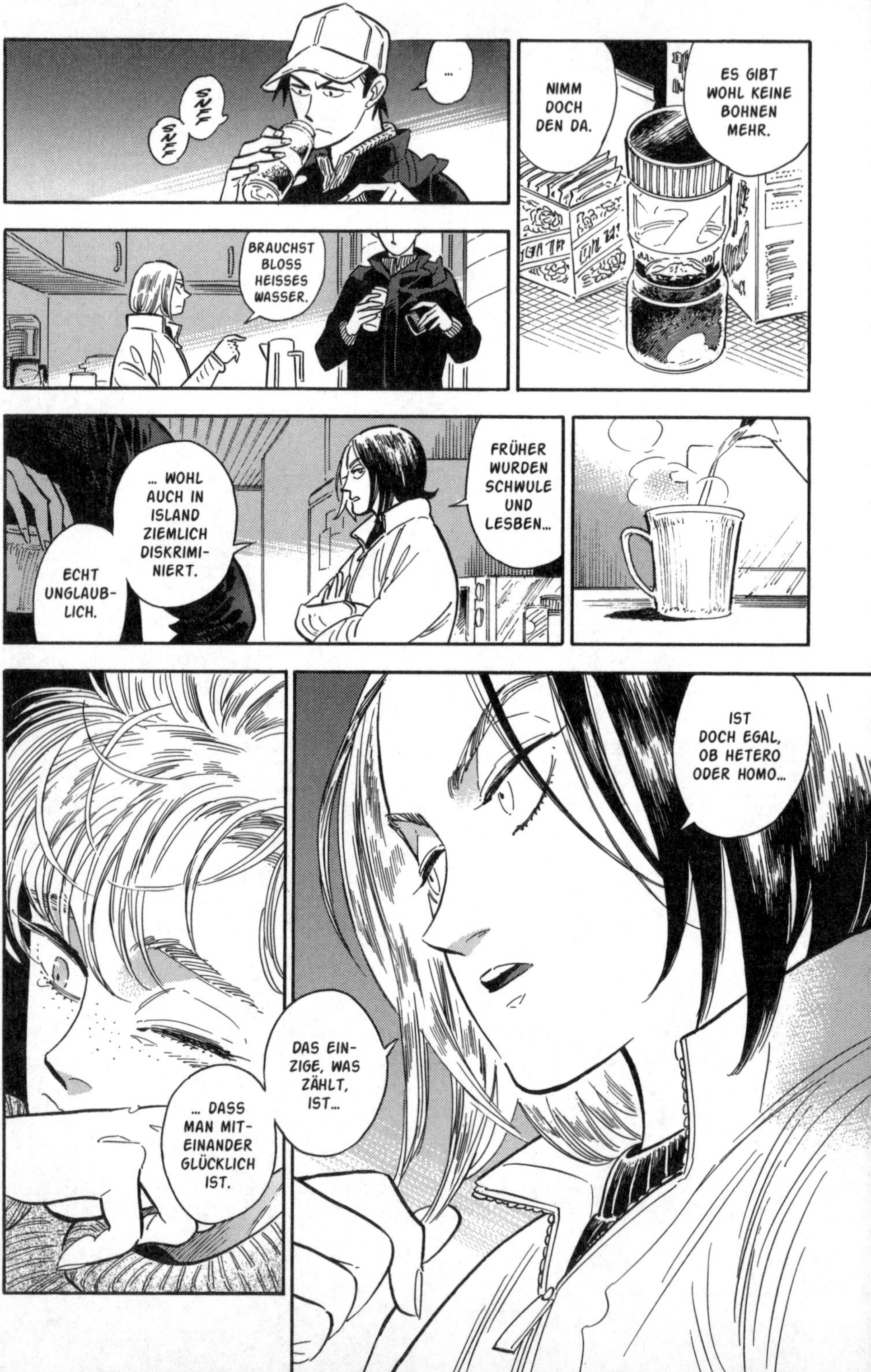
ES GIBT WOHL KEINE BOHNEN MEHR.
NIMM DOCH DEN DA.
SNFF SNFF
…
BRAUCHST BLOSS HEISSES WASSER.
FRÜHER WURDEN SCHWULE UND LESBEN…
… WOHL AUCH IN ISLAND ZIEMLICH DISKRIMI-NIERT.
ECHT UNGLAUB-LICH.
IST DOCH EGAL, OB HETERO ODER HOMO…
DAS EIN-ZIGE, WAS ZÄHLT, IST…
… DASS MAN MIT-EINANDER GLÜCKLICH IST.

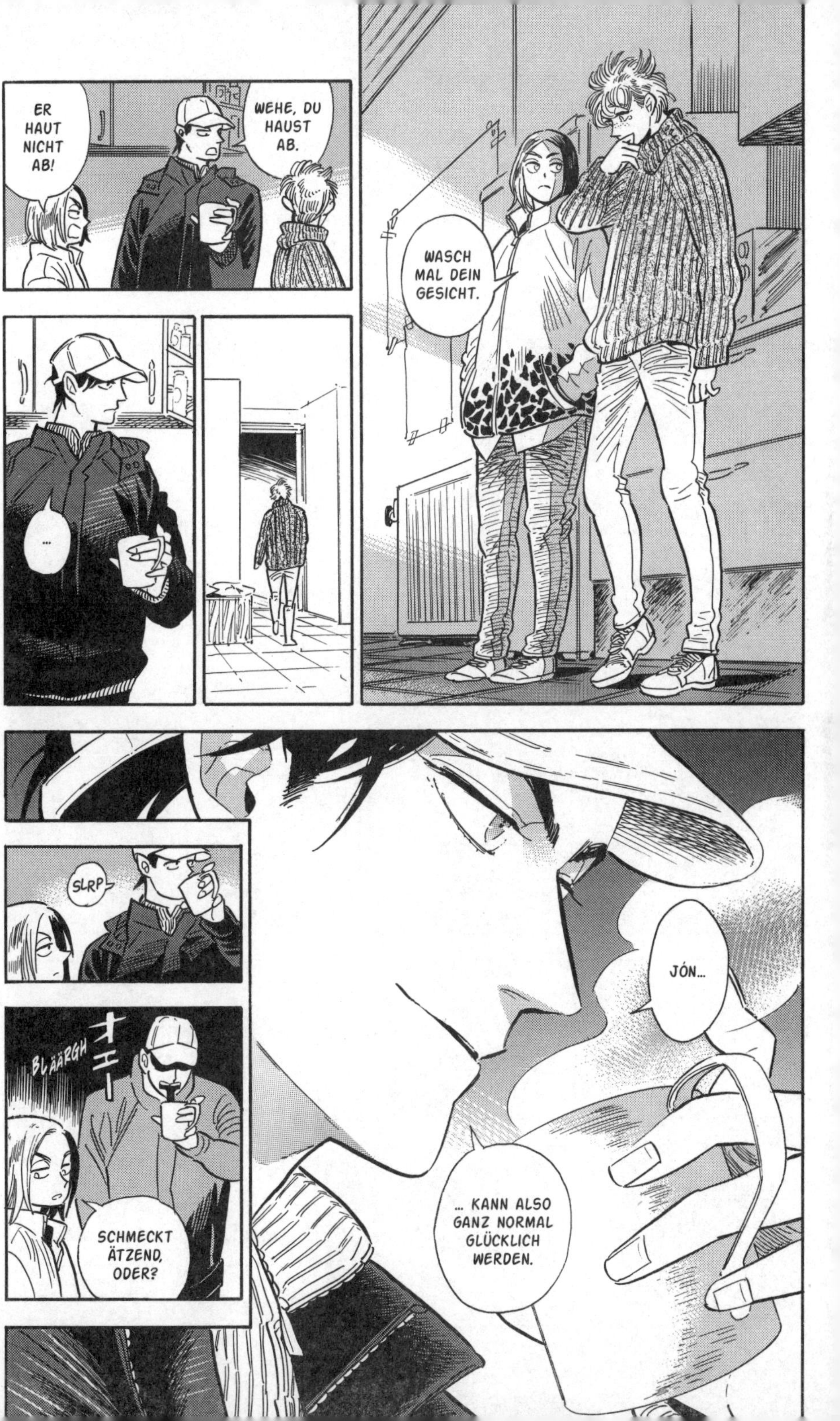
WEHE, DU HAUST AB.
ER HAUT NICHT AB!
WASCH MAL DEIN GESICHT.
...
SLRP
JÓN...
BLÄÄRGH
... KANN ALSO GANZ NORMAL GLÜCKLICH WERDEN.
SCHMECKT ÄTZEND, ODER?

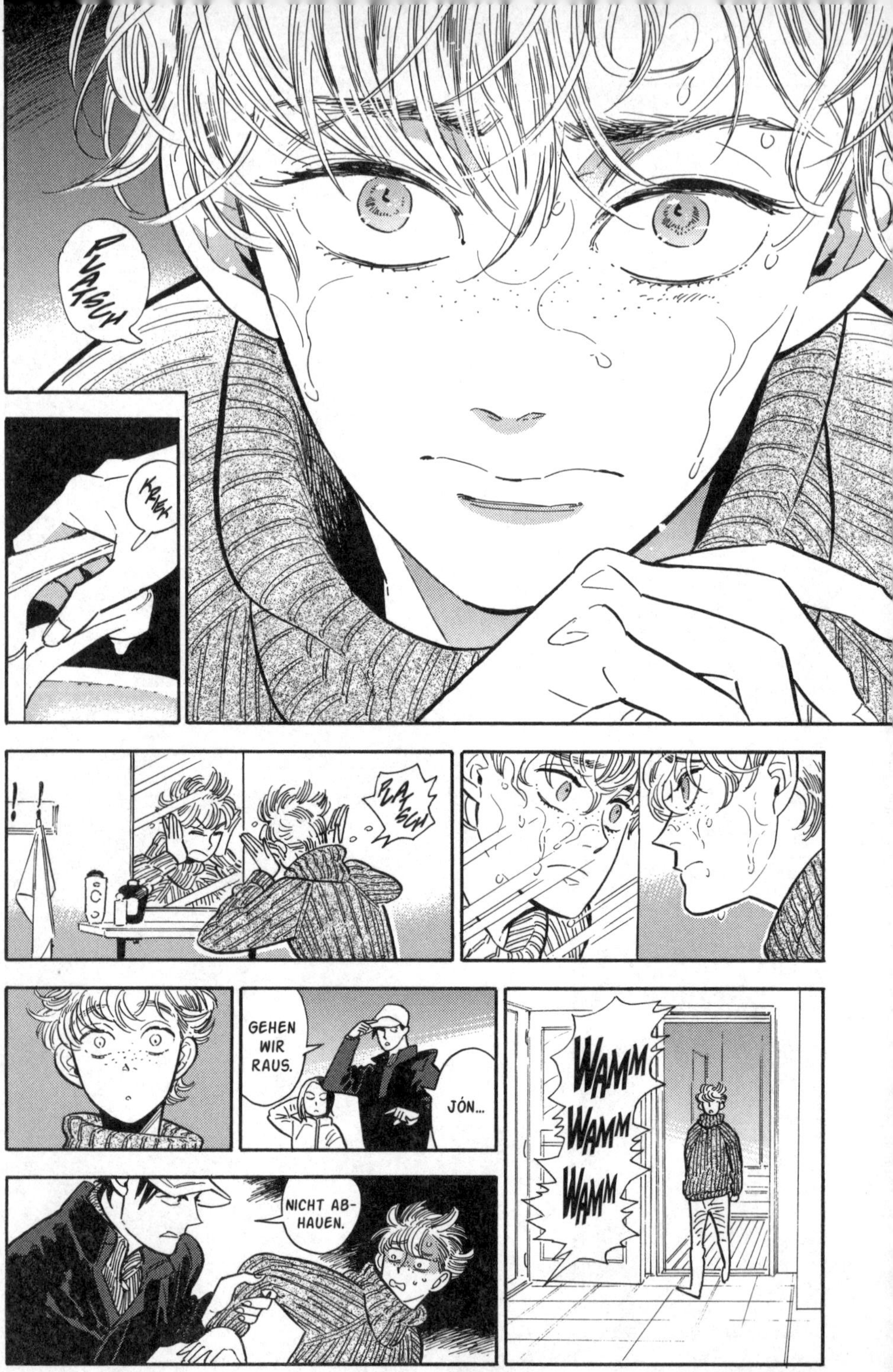
PLATSCH
! !
PLATSCH
GEHEN WIR RAUS.
JÓN...
WAMM WAMM WAMM
NICHT AB-HAUEN.

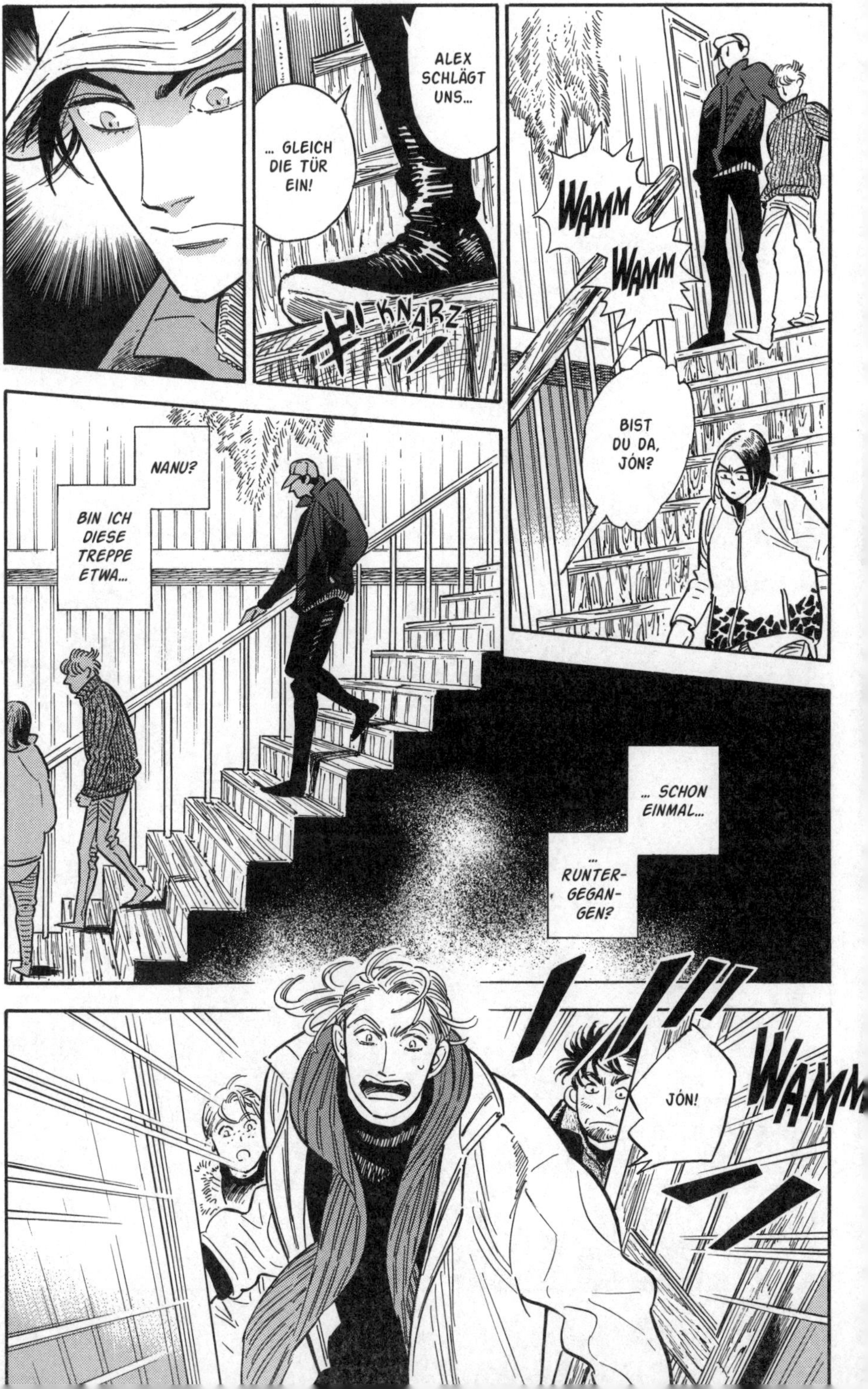

ALEX SCHLÄGT UNS…
… GLEICH DIE TÜR EIN!
KNARZ
WAMM
WAMM
BIST DU DA, JÓN?
NANU?
BIN ICH DIESE TREPPE ETWA…
… SCHON EINMAL…
… RUNTER-GEGAN-GEN?
WAMM
JÓN!

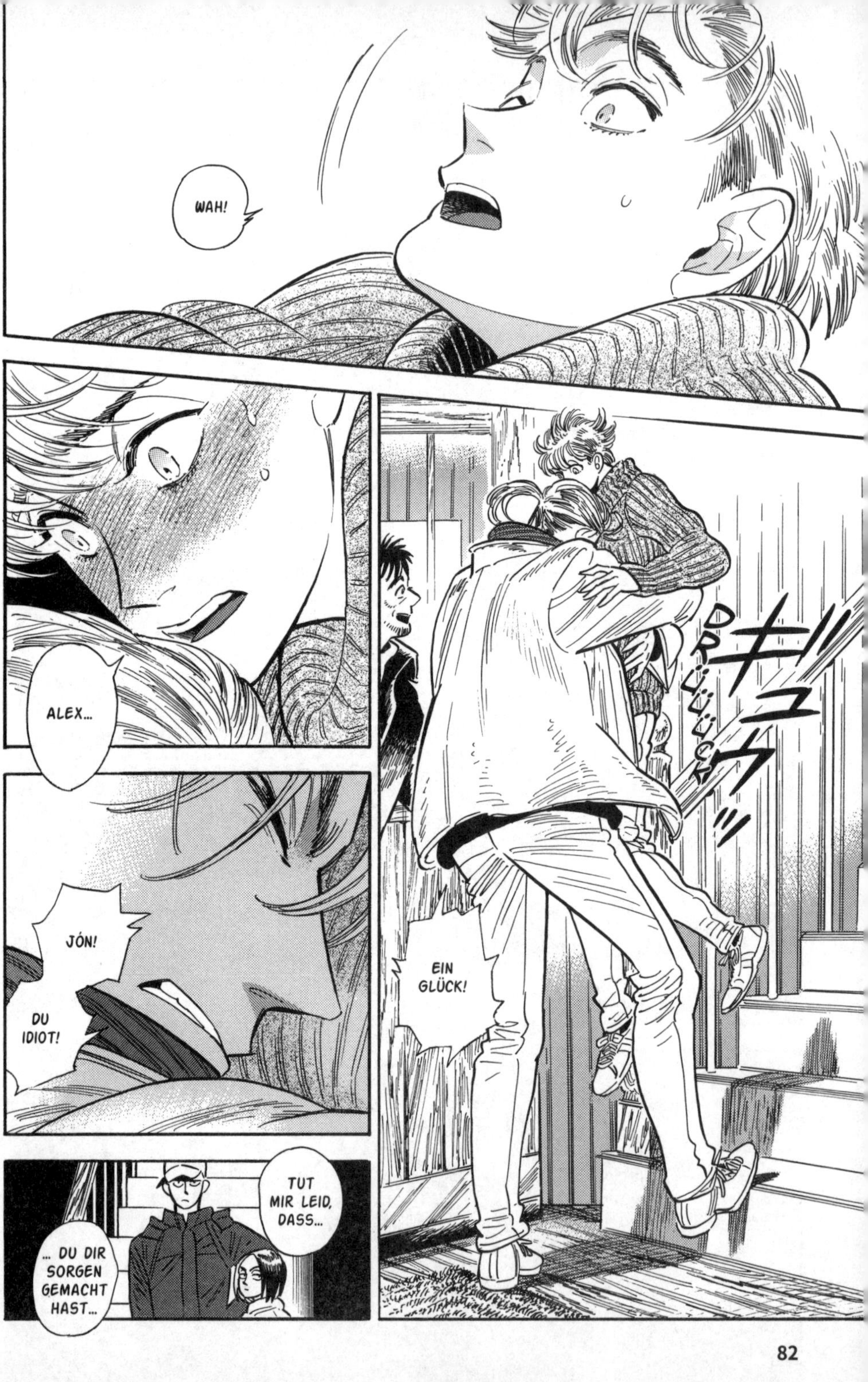
WAH!
DRÜCK
EIN GLÜCK!
ALEX...
JÓN!
DU IDIOT!
TUT MIR LEID, DASS...
... DU DIR SORGEN GEMACHT HAST...

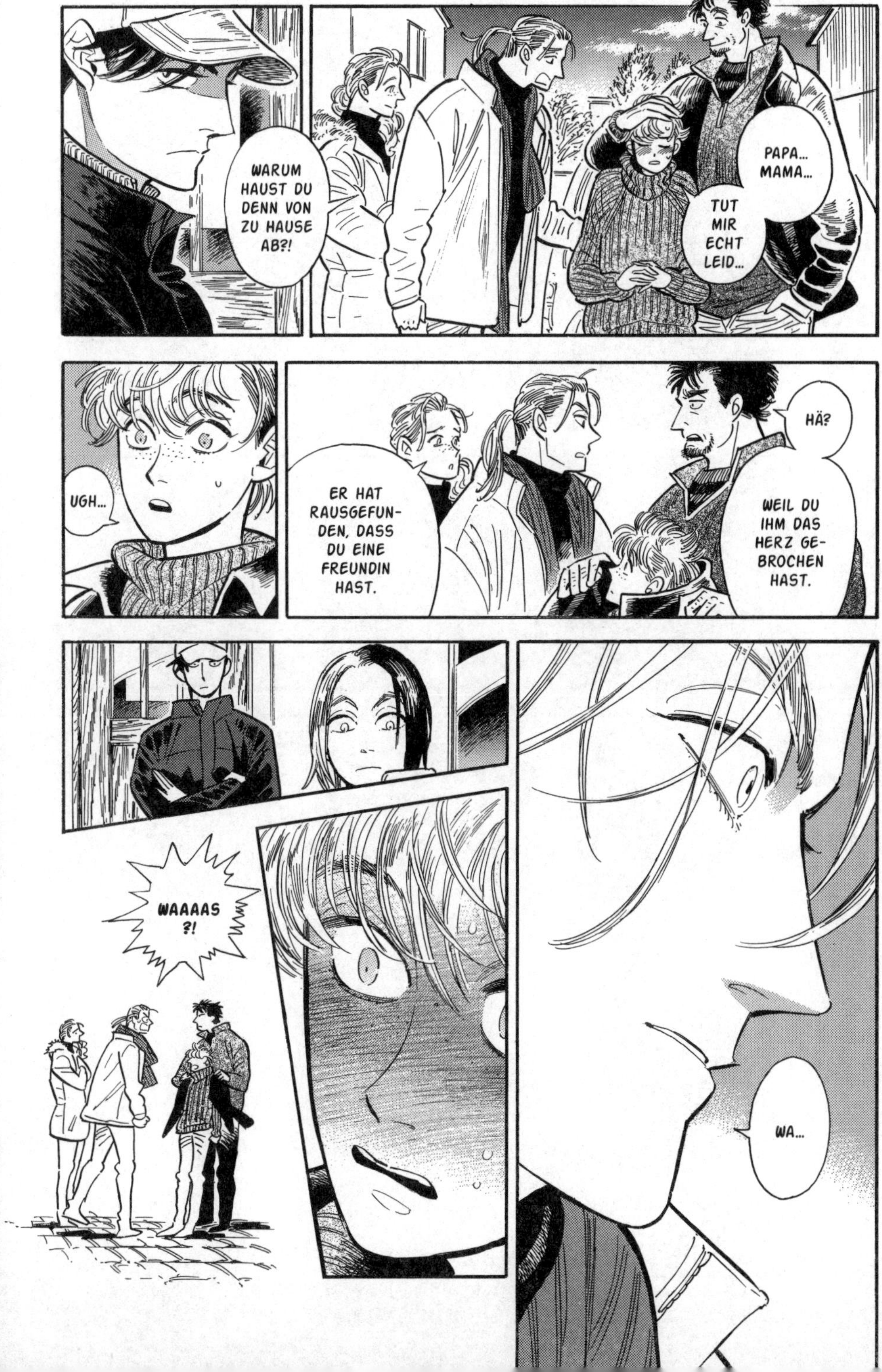
PAPA... MAMA...
TUT MIR ECHT LEID...
WARUM HAUST DU DENN VON ZU HAUSE AB?!
HÄ?
WEIL DU IHM DAS HERZ GE-BROCHEN HAST.
ER HAT RAUSGEFUN-DEN, DASS DU EINE FREUNDIN HAST.
UGH...
WA...
WAAAAS ?!

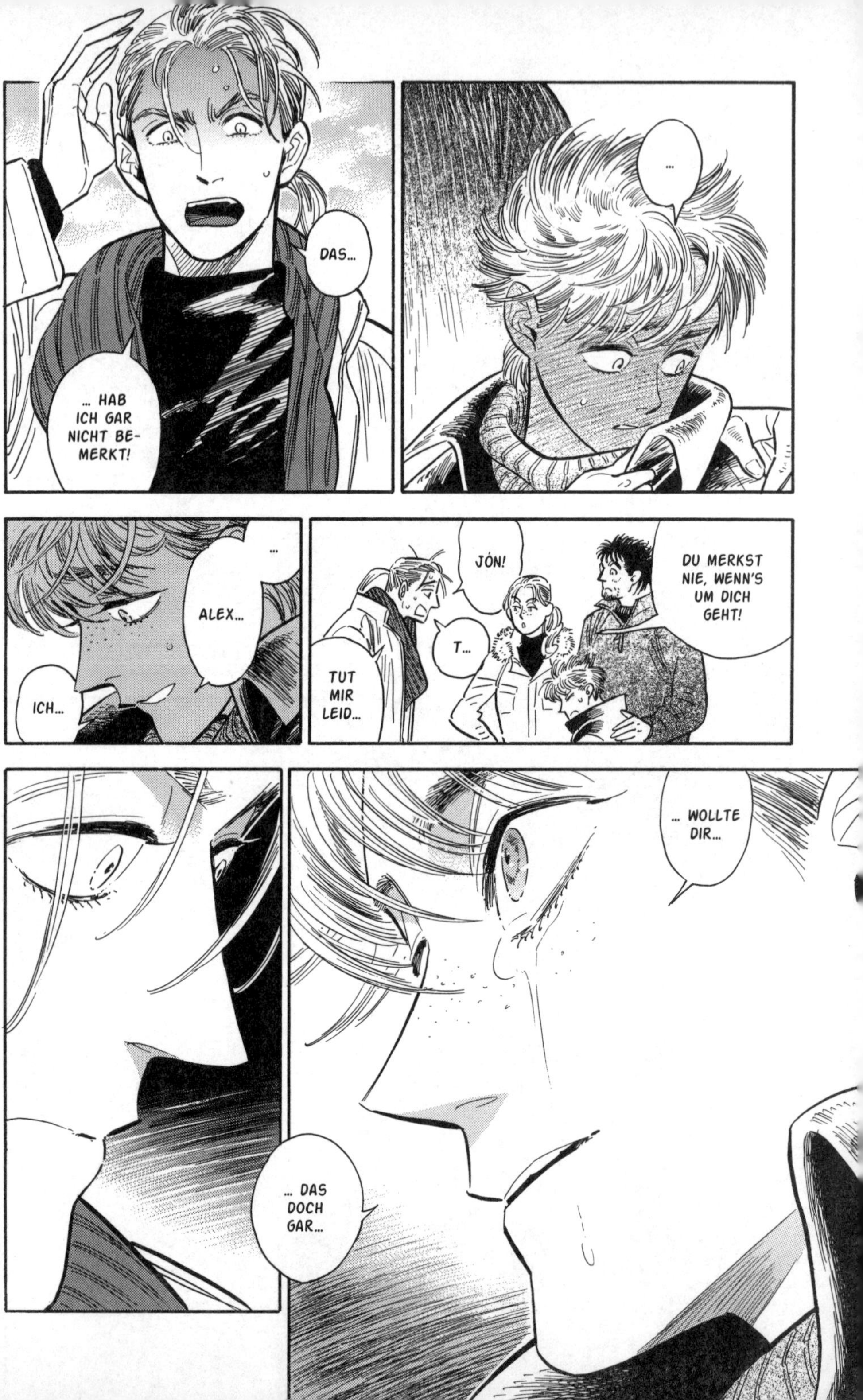
...
DAS...
... HAB ICH GAR NICHT BE-MERKT!
DU MERKST NIE, WENN'S UM DICH GEHT!
JÓN!
T...
TUT MIR LEID...
...
ALEX...
ICH...
... WOLLTE DIR...
... DAS DOCH GAR...

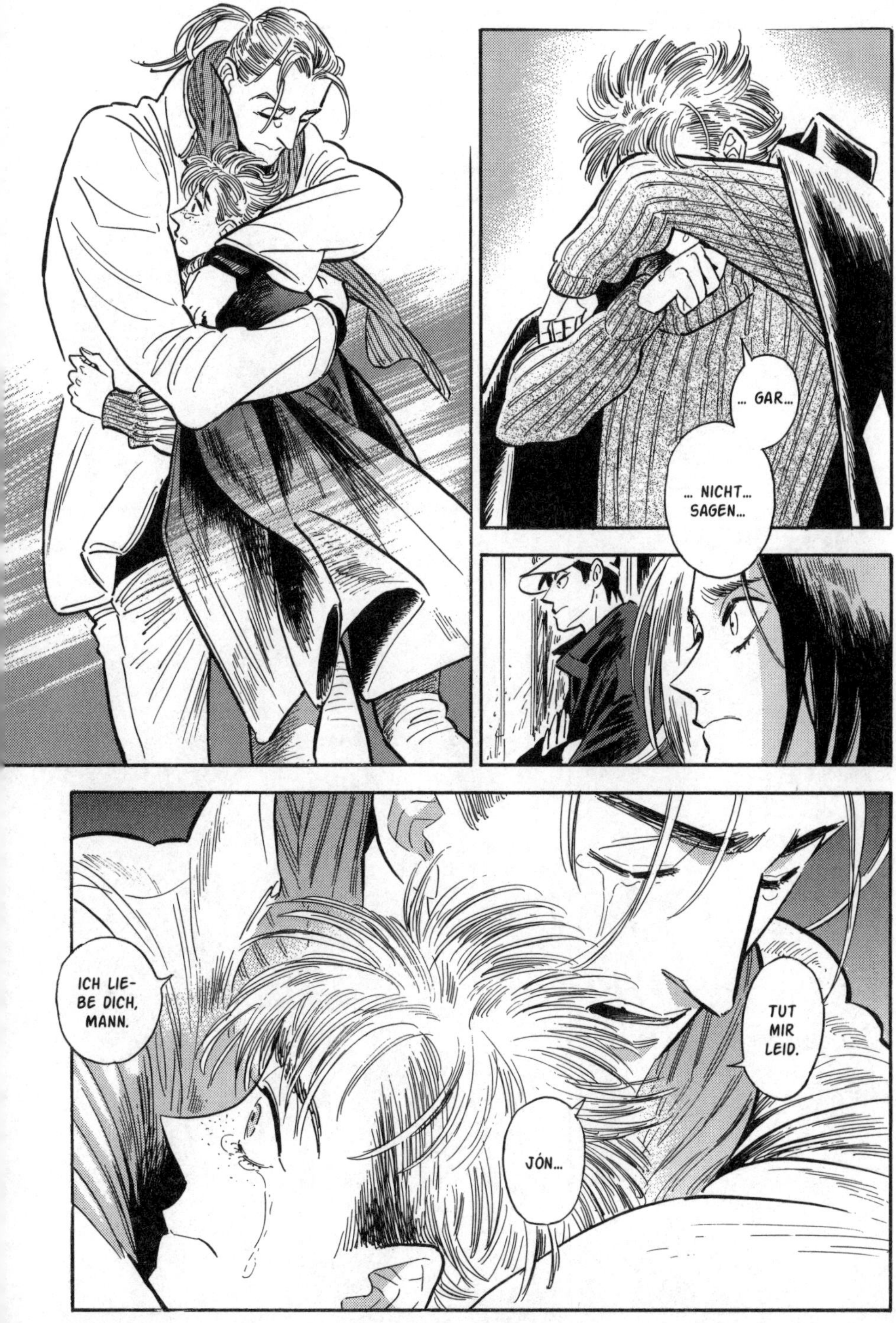
… GAR…
… NICHT… SAGEN…
TUT MIR LEID.
ICH LIE-BE DICH, MANN.
JÓN…

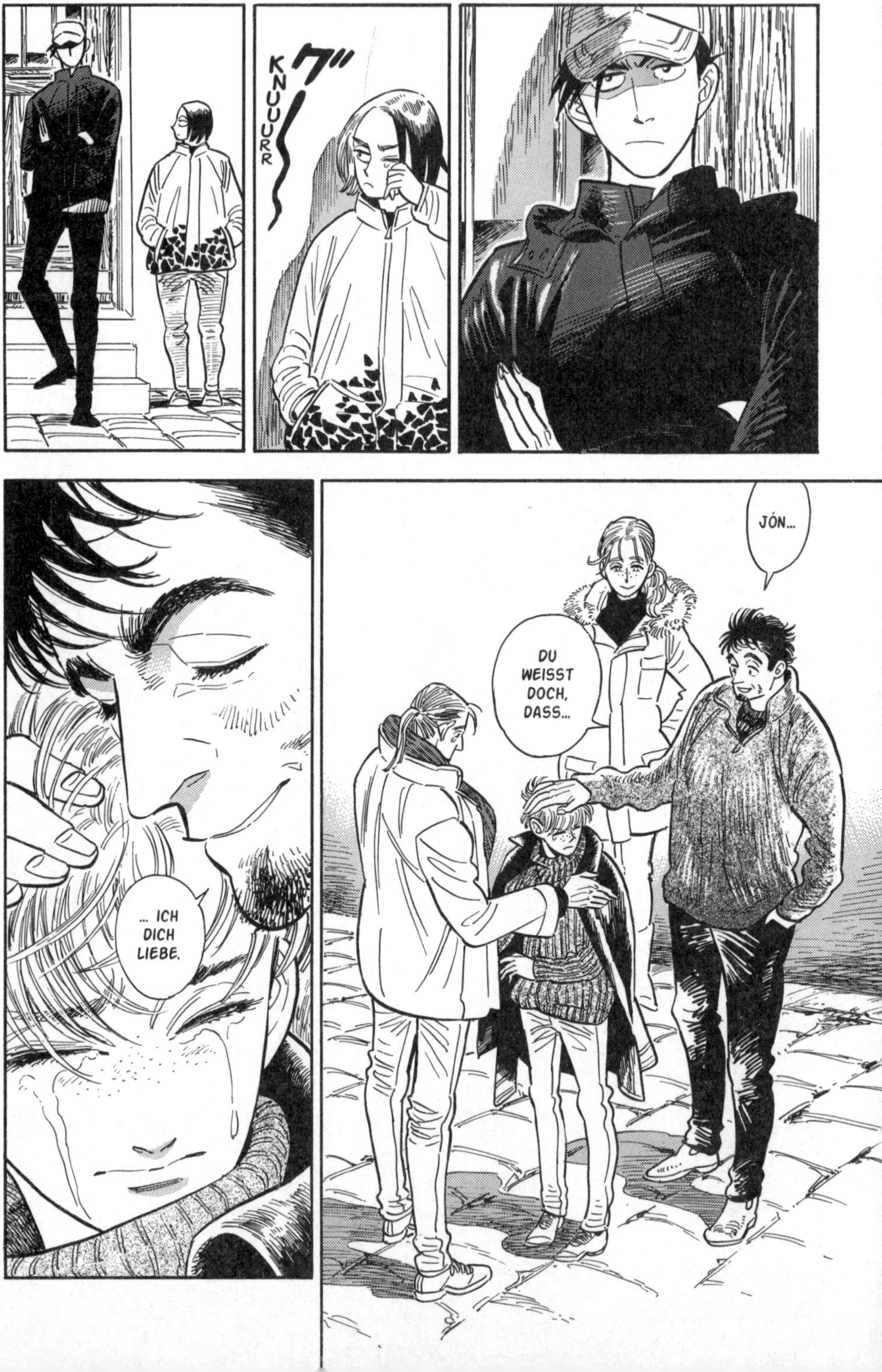
KNUUUURR
グ
JÓN...
DU WEISST DOCH, DASS...
... ICH DICH LIEBE.

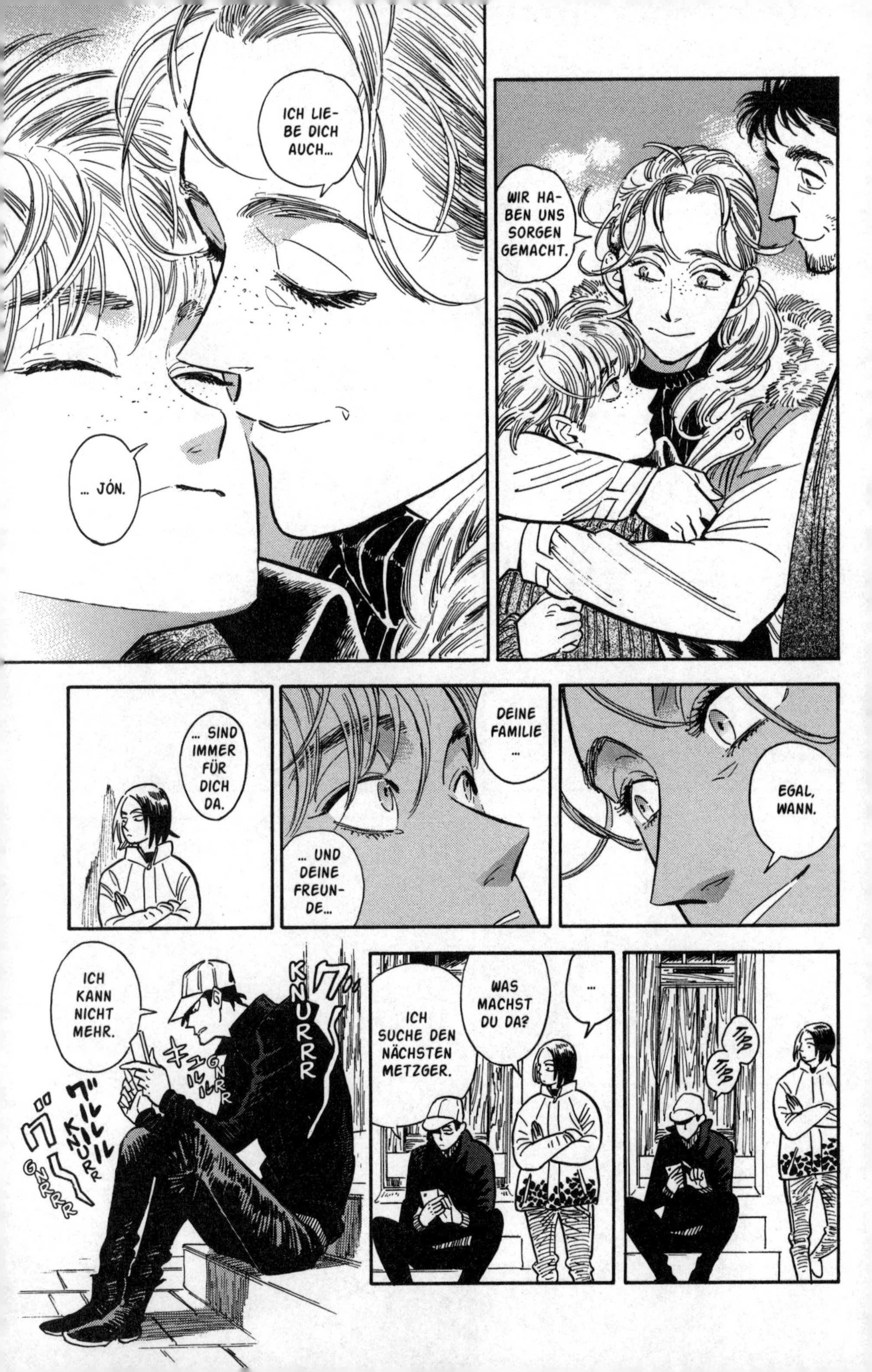
ICH LIEBE DICH AUCH...
... JÓN.
WIR HABEN UNS SORGEN GEMACHT.
... SIND IMMER FÜR DICH DA.
DEINE FAMILIE ...
... UND DEINE FREUNDE...
EGAL, WANN.
ICH KANN NICHT MEHR.
KNURRR
GNRR
KNURR
GNRRR
WAS MACHST DU DA?
ICH SUCHE DEN NÄCHSTEN METZGER.
...
TIPP
TIPP

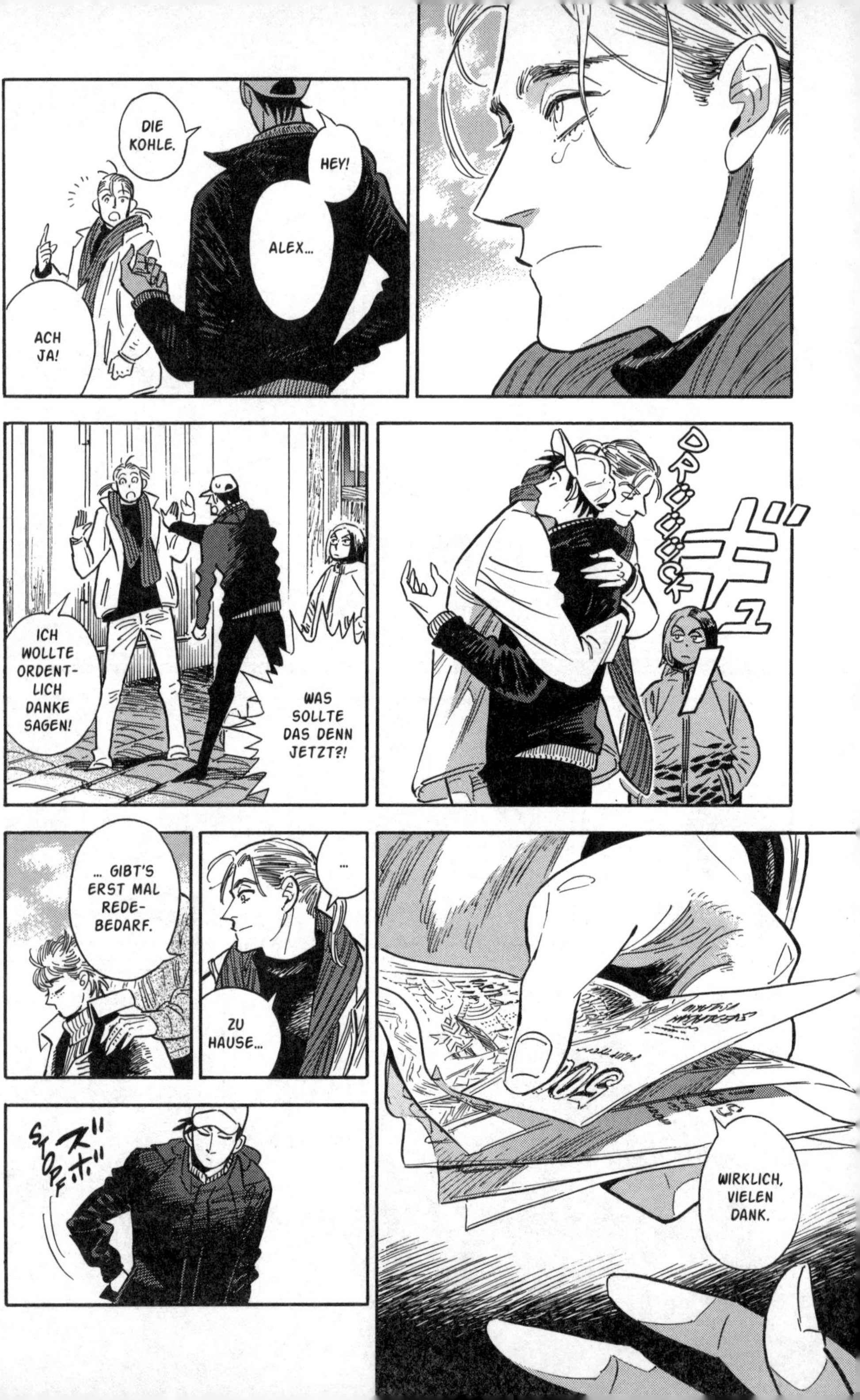

HEY!
ALEX...
DIE KOHLE.
ACH JA!
WAS SOLLTE DAS DENN JETZT?!
ICH WOLLTE ORDENTLICH DANKE SAGEN!
DRÜÜCK
ギュ
...
ZU HAUSE...
... GIBT'S ERST MAL REDEBEDARF.
WIRKLICH, VIELEN DANK.
STOPF

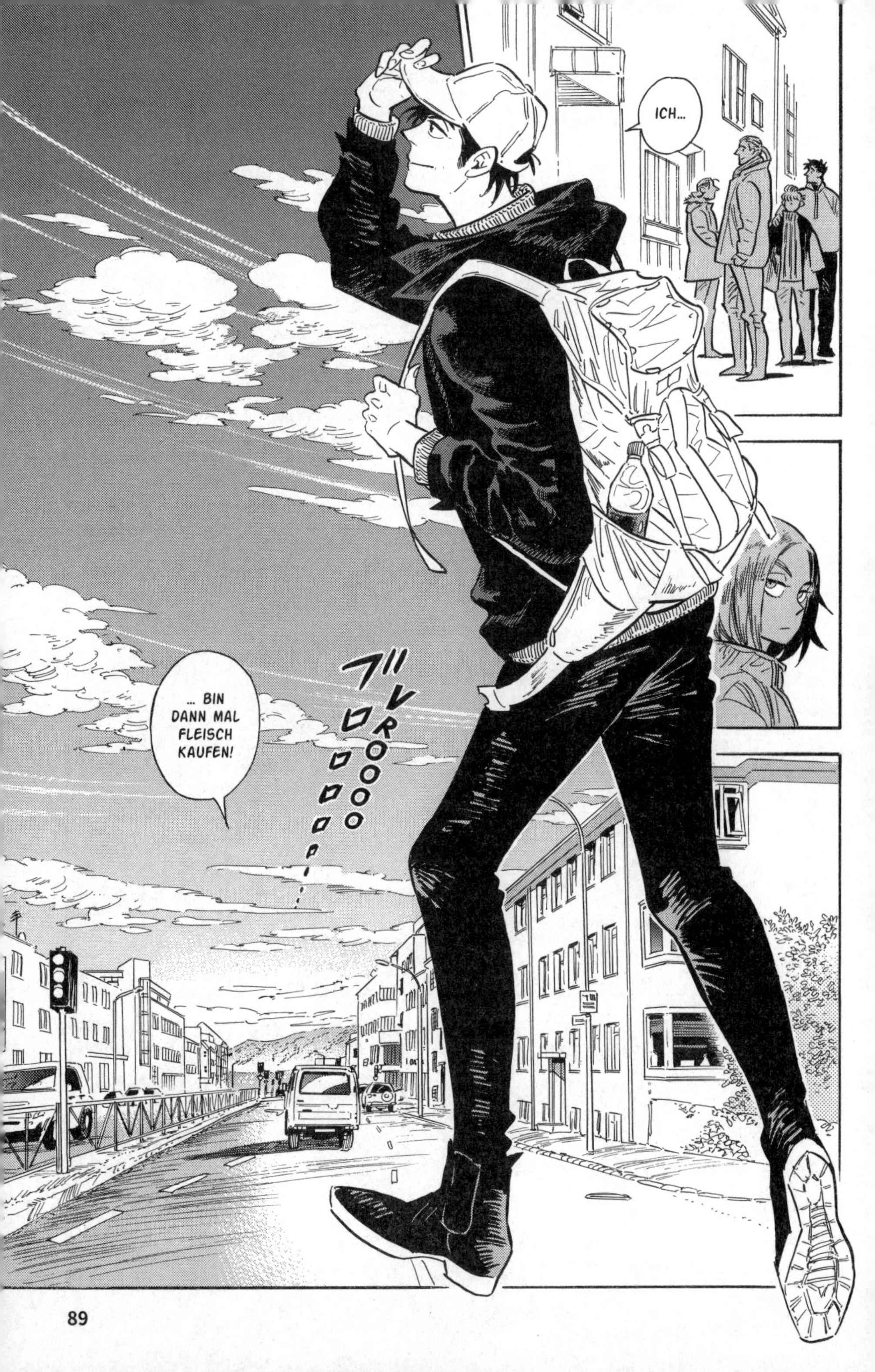
ICH...
... BIN DANN MAL FLEISCH KAUFEN!
ブロロロロロ...
VROOOOO

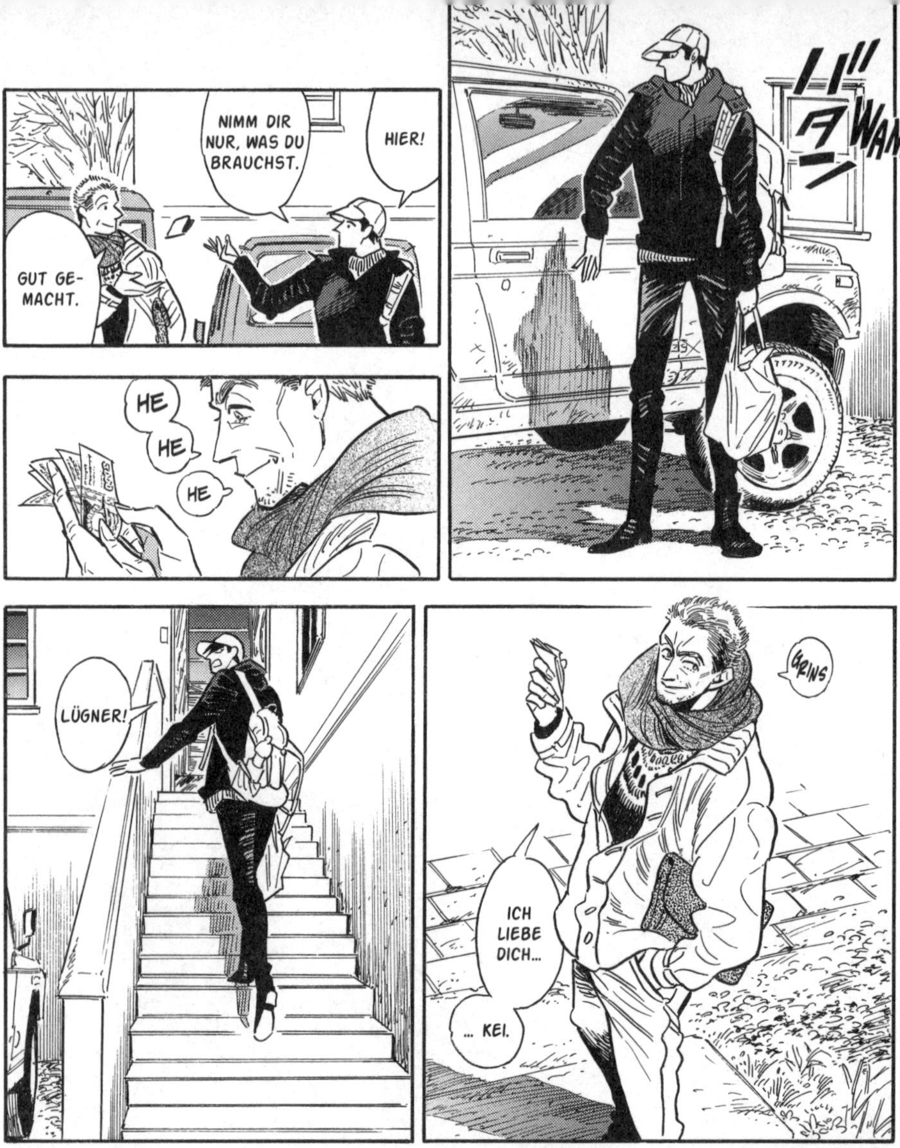

WAMM
HIER!
NIMM DIR NUR, WAS DU BRAUCHST.
GUT GE-MACHT.
HE
HE
HE
GRINS
ICH LIEBE DICH...
... KEI.
LÜGNER!
WAS IST DAS FÜR EIN KARTON?
EMS
FROM
KIYOSHI
Postal code
VON KIYOSHI!

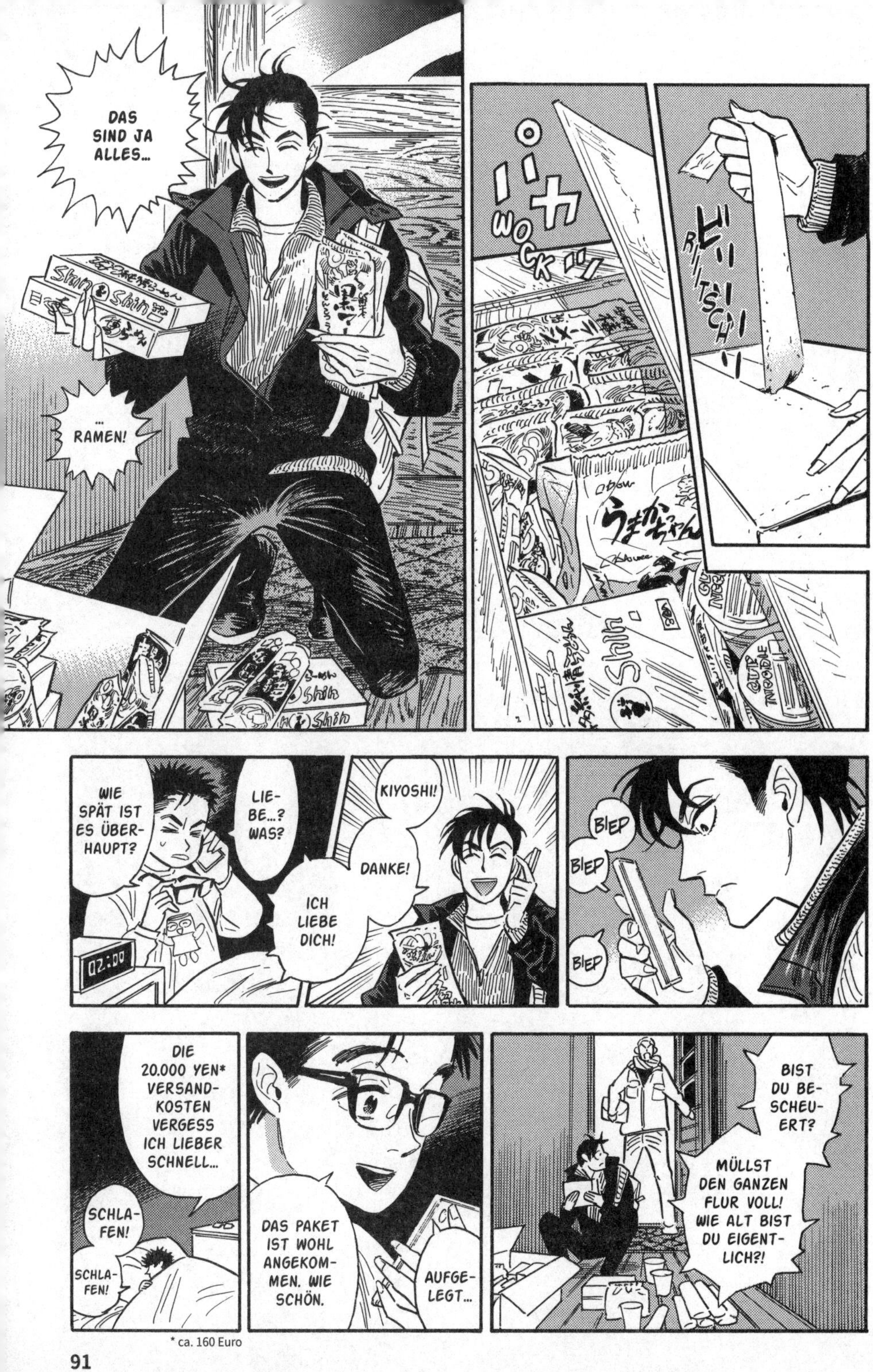
RIIITSCH
WOCK
DAS SIND JA ALLES…
… RAMEN!
BIEP
BIEP
BIEP
KIYOSHI!
DANKE!
ICH LIEBE DICH!
LIE-BE…? WAS?
WIE SPÄT IST ES ÜBER-HAUPT?
02:00
BIST DU BE-SCHEU-ERT?
MÜLLST DEN GANZEN FLUR VOLL! WIE ALT BIST DU EIGENT-LICH?!
DAS PAKET IST WOHL ANGEKOM-MEN. WIE SCHÖN.
AUFGE-LEGT…
DIE 20.000 YEN* VERSAND-KOSTEN VERGESS ICH LIEBER SCHNELL…
SCHLA-FEN!
SCHLA-FEN!

* ca. 160 Euro

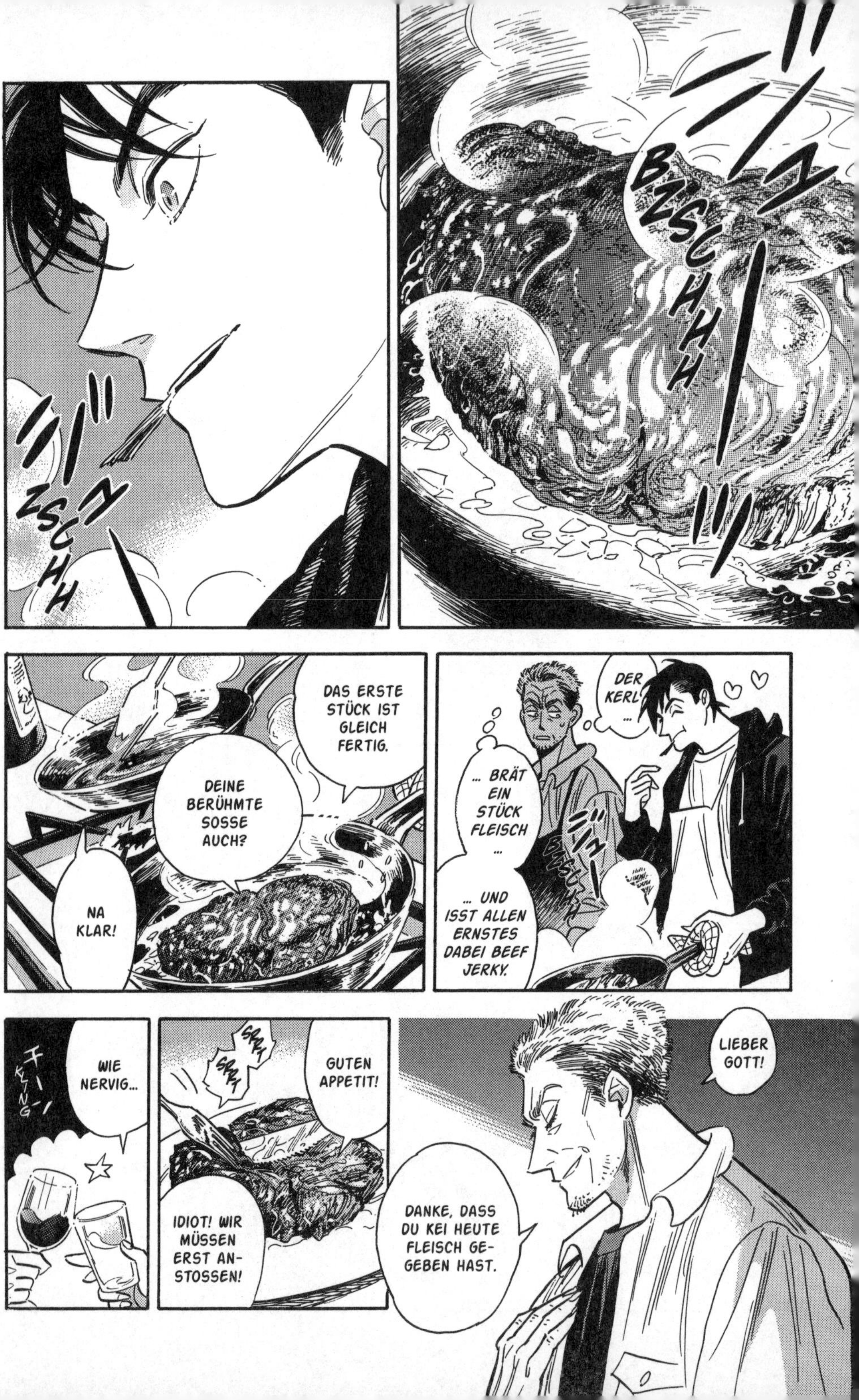
BZSCHHH
ZSCHH
DER KERL ...
... BRÄT EIN STÜCK FLEISCH ...
... UND ISST ALLEN ERNSTES DABEI BEEF JERKY.
DAS ERSTE STÜCK IST GLEICH FERTIG.
DEINE BERÜHMTE SOSSE AUCH?
NA KLAR!
LIEBER GOTT!
DANKE, DASS DU KEI HEUTE FLEISCH GEGEBEN HAST.
GUTEN APPETIT!
IDIOT! WIR MÜSSEN ERST ANSTOSSEN!
WIE NERVIG...
KLING

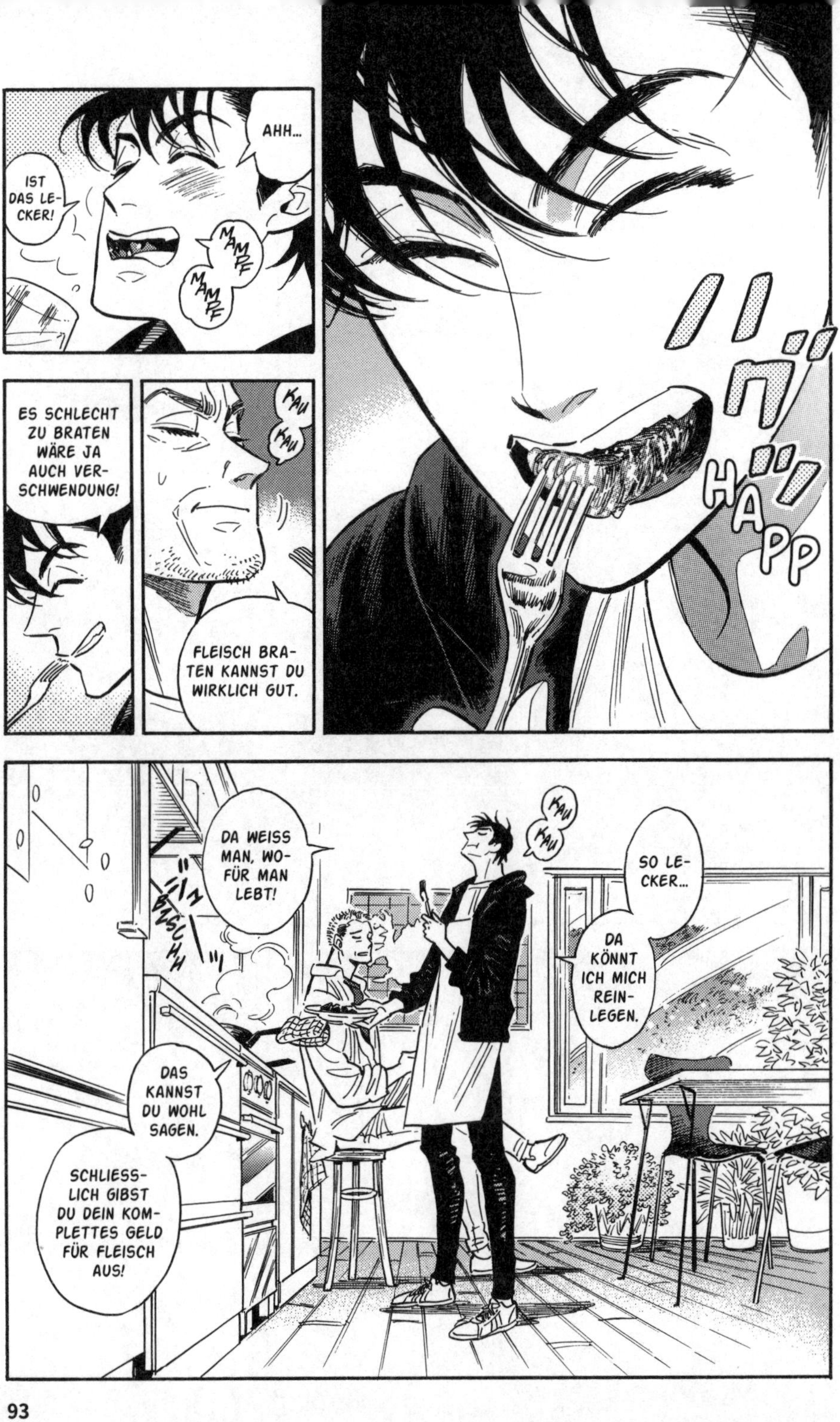
HAPP
AHH...
IST DAS LECKER!
MAMPF MAMPF
KAU KAU
FLEISCH BRATEN KANNST DU WIRKLICH GUT.
ES SCHLECHT ZU BRATEN WÄRE JA AUCH VERSCHWENDUNG!
KAU KAU
SO LECKER...
DA KÖNNT ICH MICH REINLEGEN.
DA WEISS MAN, WOFÜR MAN LEBT!
BZSCHH
DAS KANNST DU WOHL SAGEN.
SCHLIESSLICH GIBST DU DEIN KOMPLETTES GELD FÜR FLEISCH AUS!

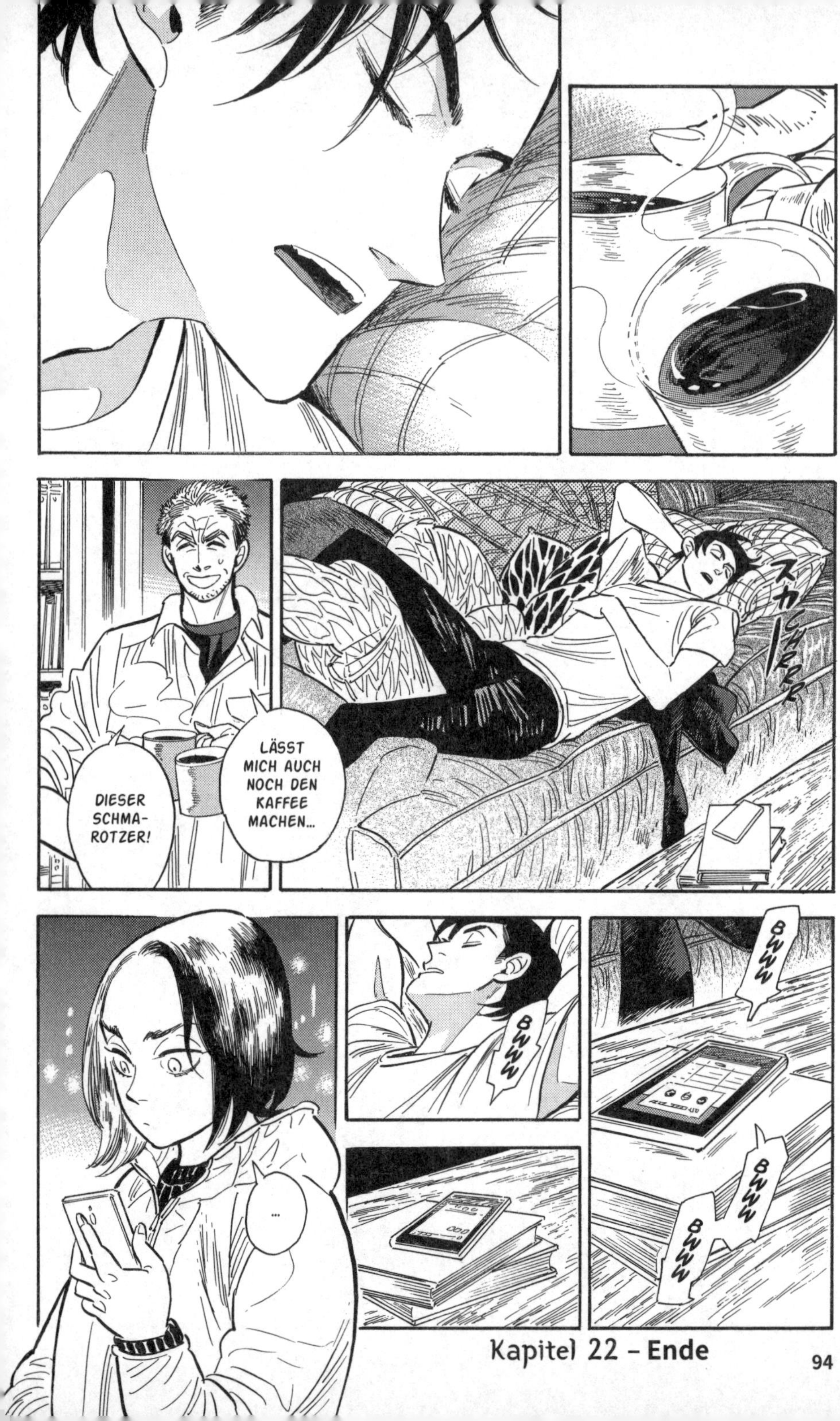

Kapitel 22 – Ende

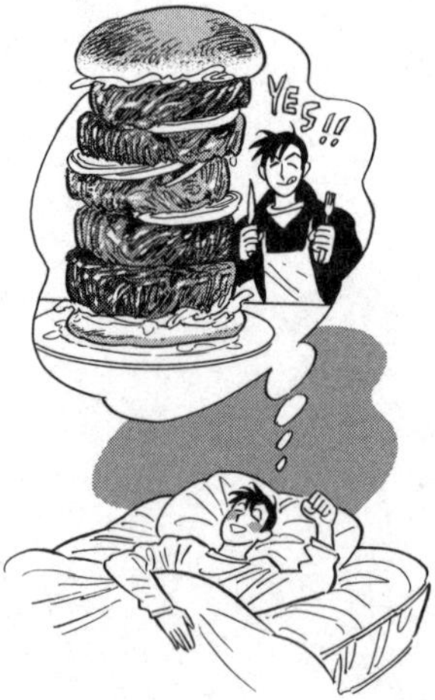
YES!!

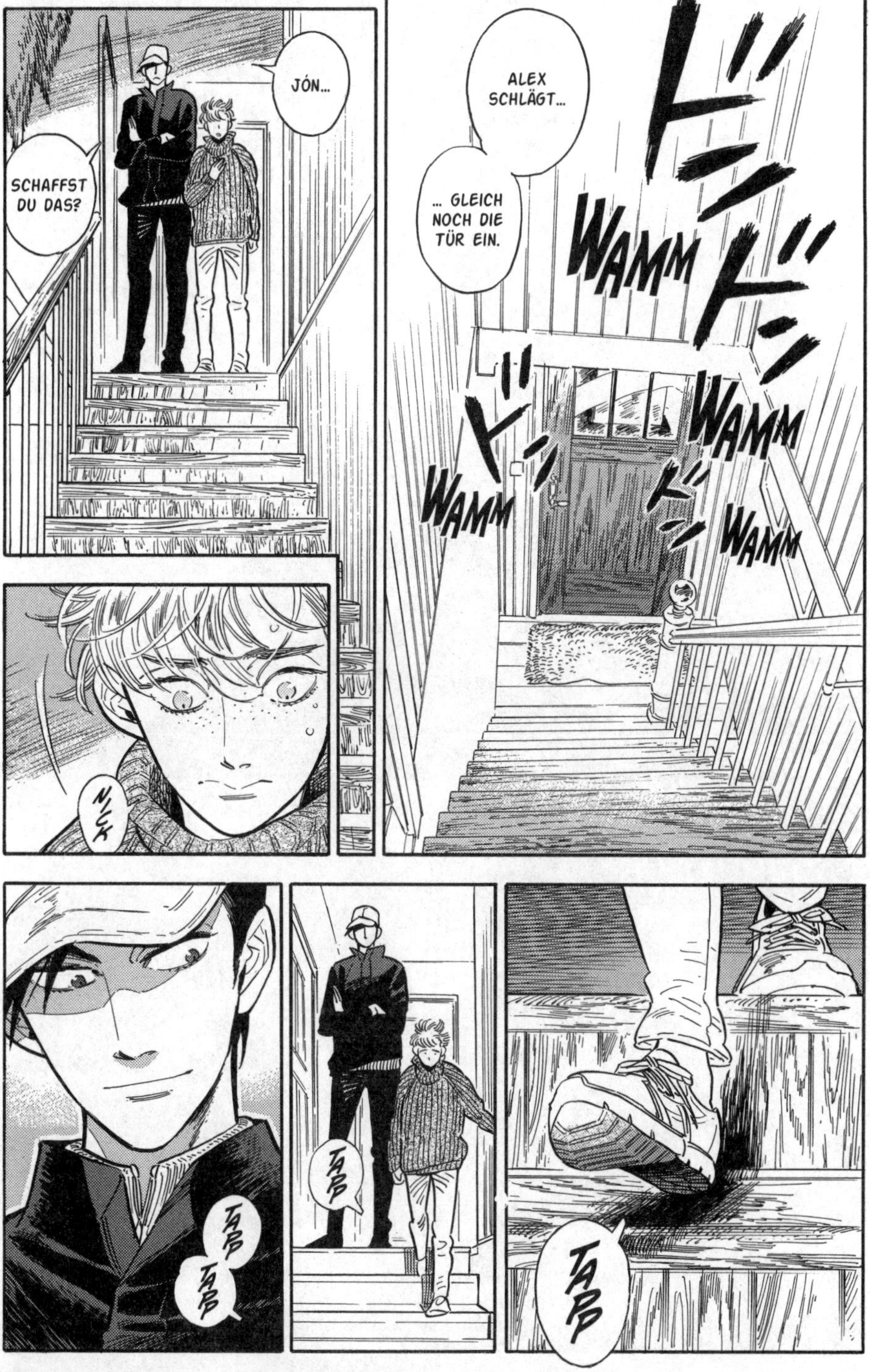
ALEX SCHLÄGT...
... GLEICH NOCH DIE TÜR EIN.
WAMM
WAMM
WAMM
WAMM
JÓN...
SCHAFFST DU DAS?
NICK
TAPP
TAPP
TAPP
TAPP

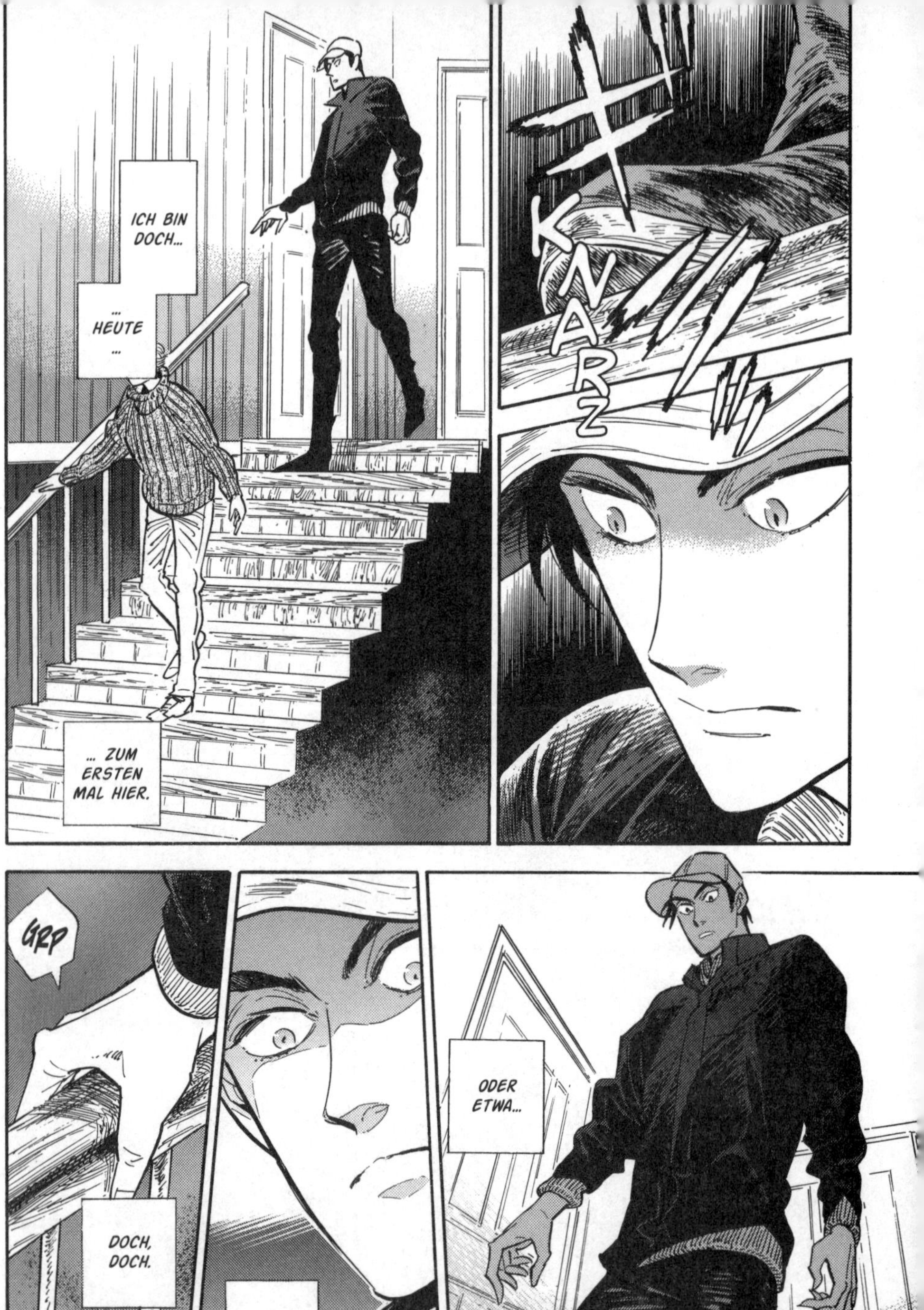
KNARZ
ICH BIN DOCH...
... HEUTE ...
... ZUM ERSTEN MAL HIER.
ODER ETWA...
... NICHT?
DOCH, DOCH.
GRP

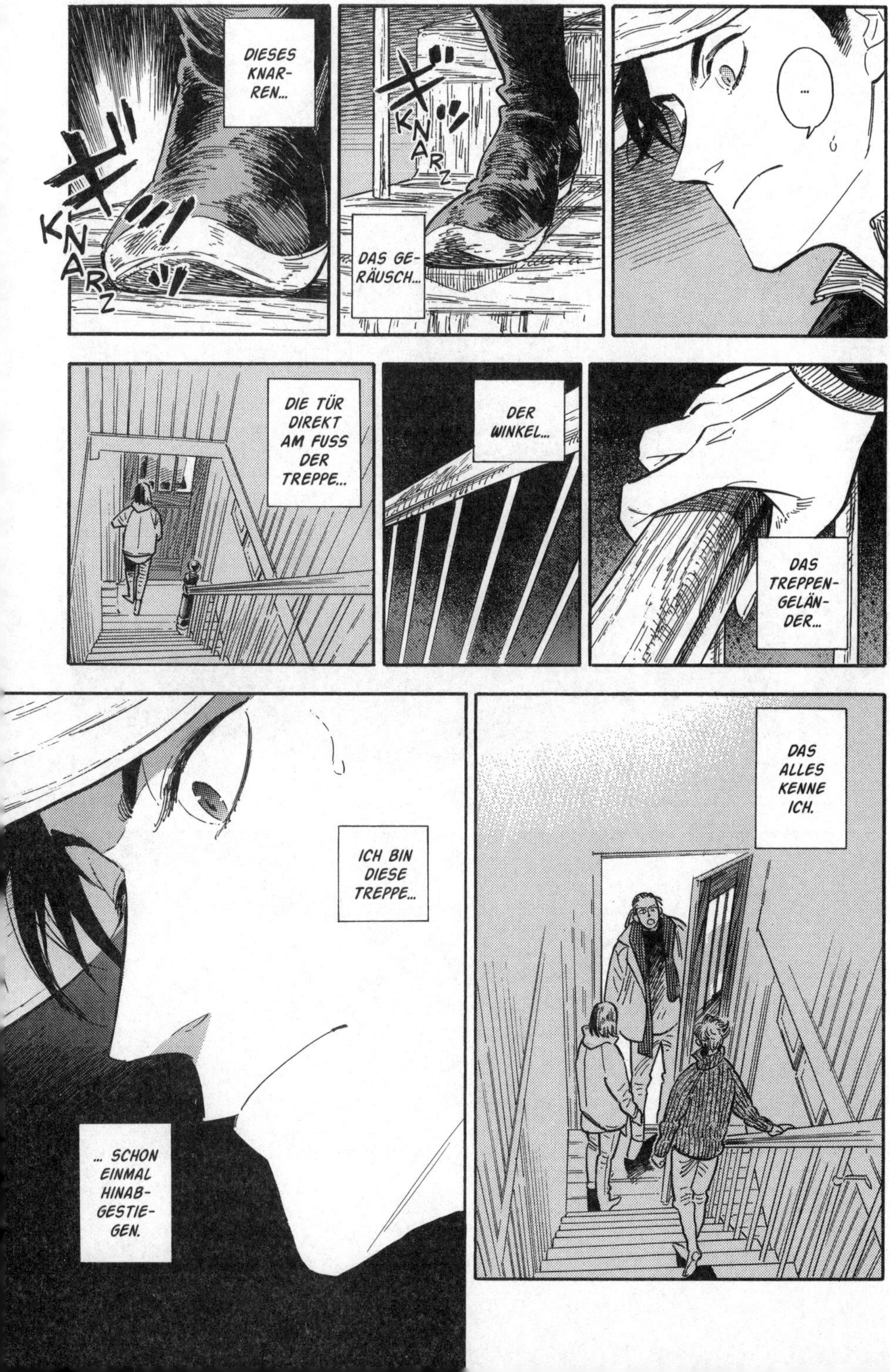
DIESES KNARREN...
KNARZ
KNARZ
DAS GERÄUSCH...
...
DIE TÜR DIREKT AM FUSS DER TREPPE...
DER WINKEL...
DAS TREPPENGELÄNDER...
DAS ALLES KENNE ICH.
ICH BIN DIESE TREPPE...
... SCHON EINMAL HINABGESTIEGEN.

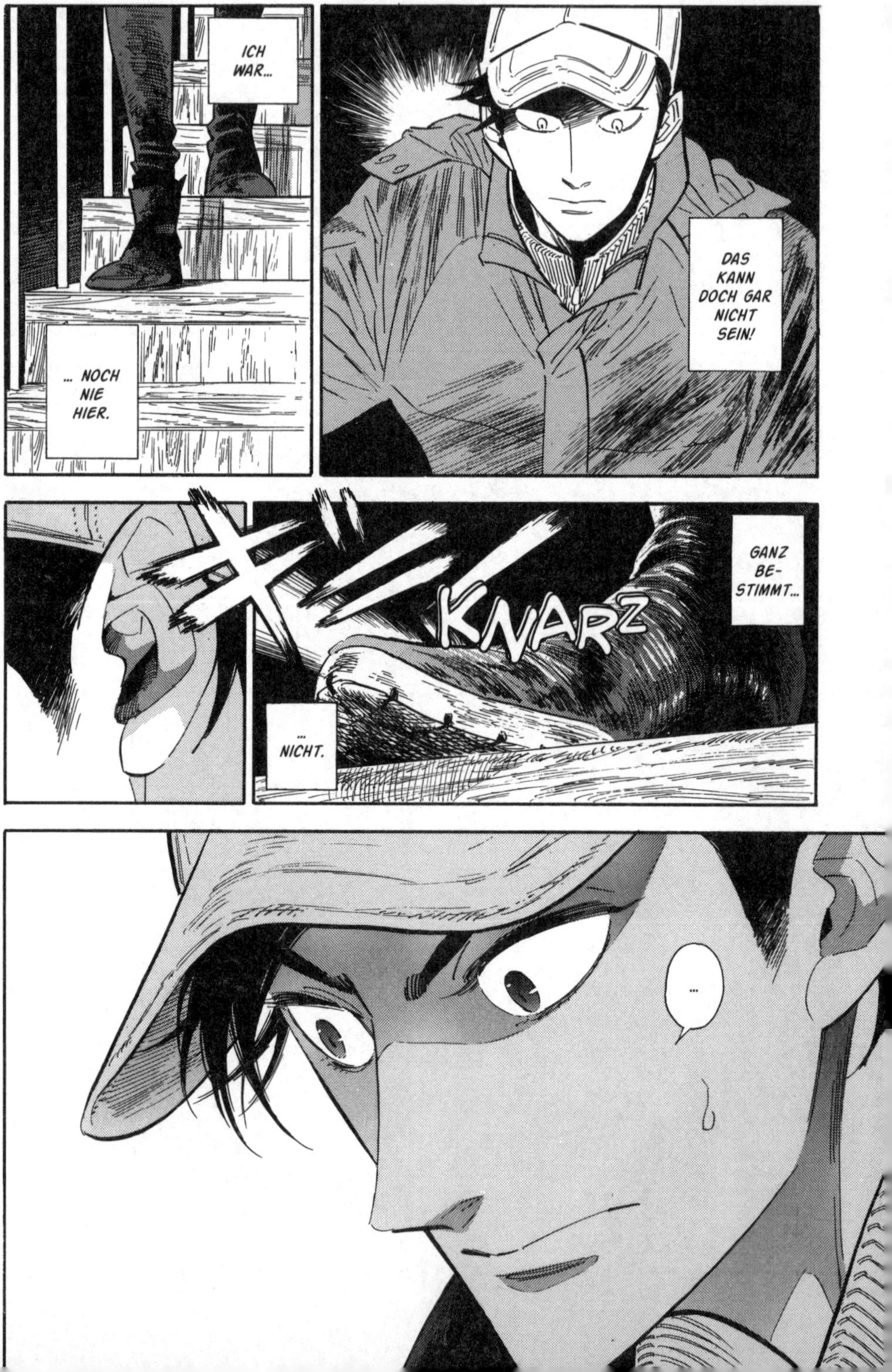
DAS KANN DOCH GAR NICHT SEIN!
ICH WAR…
… NOCH NIE HIER.
GANZ BE-STIMMT…
KNARZ
… NICHT.
…

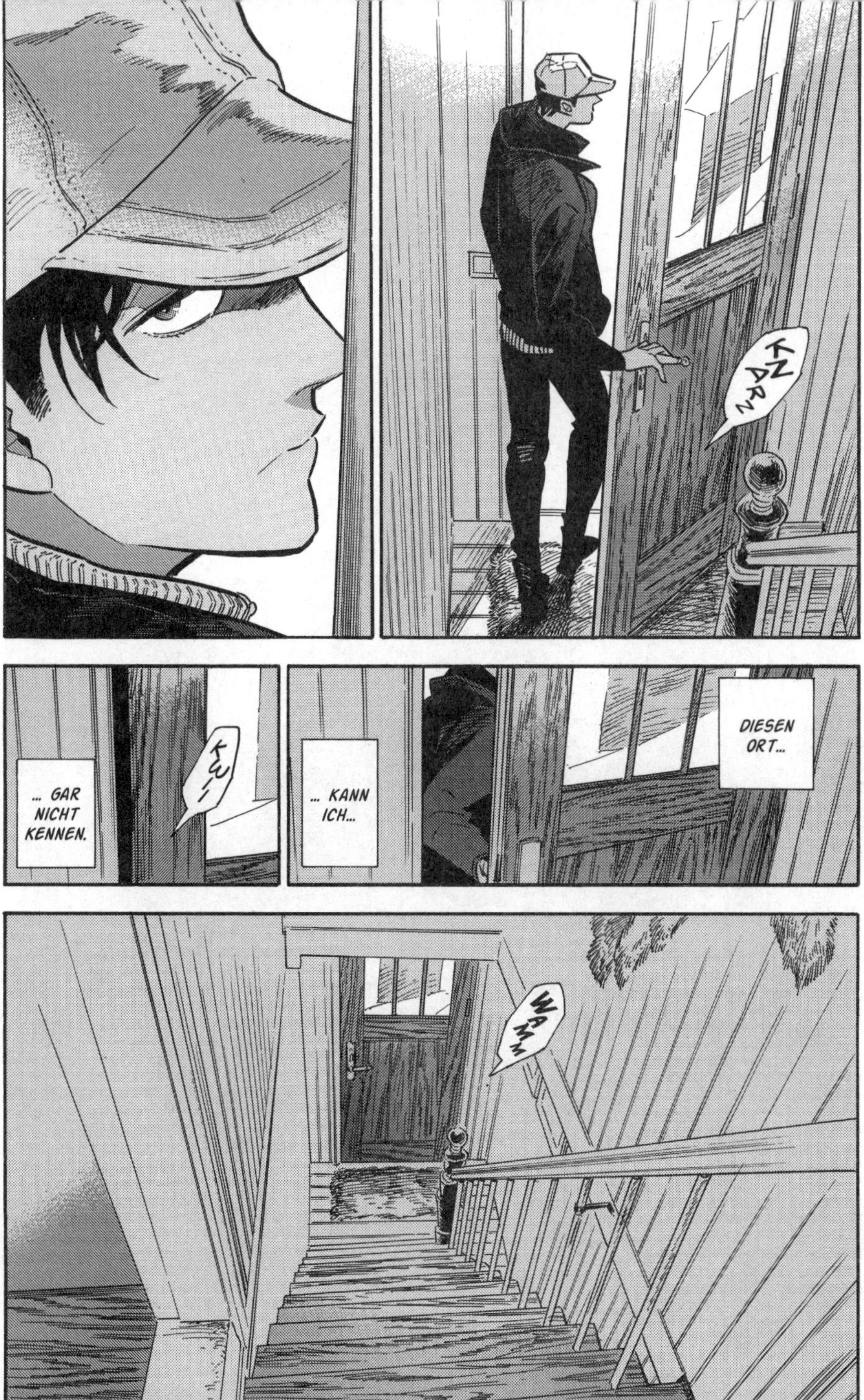
KNARZ
DIESEN ORT...
... KANN ICH...
KWII
... GAR NICHT KENNEN.
WAMM

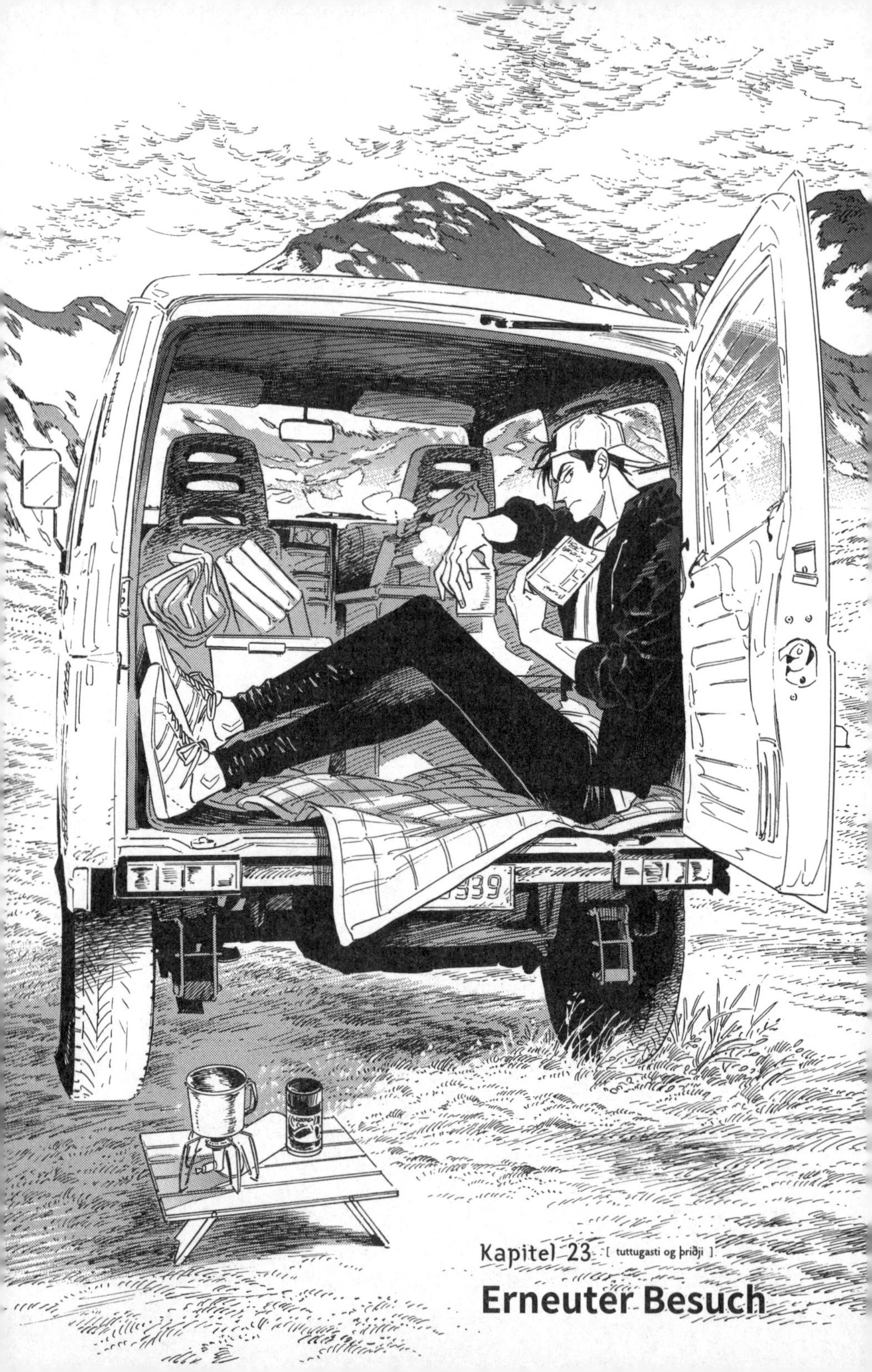

Kapitel 23 [tuttugasti og þriðji]

Erneuter Besuch

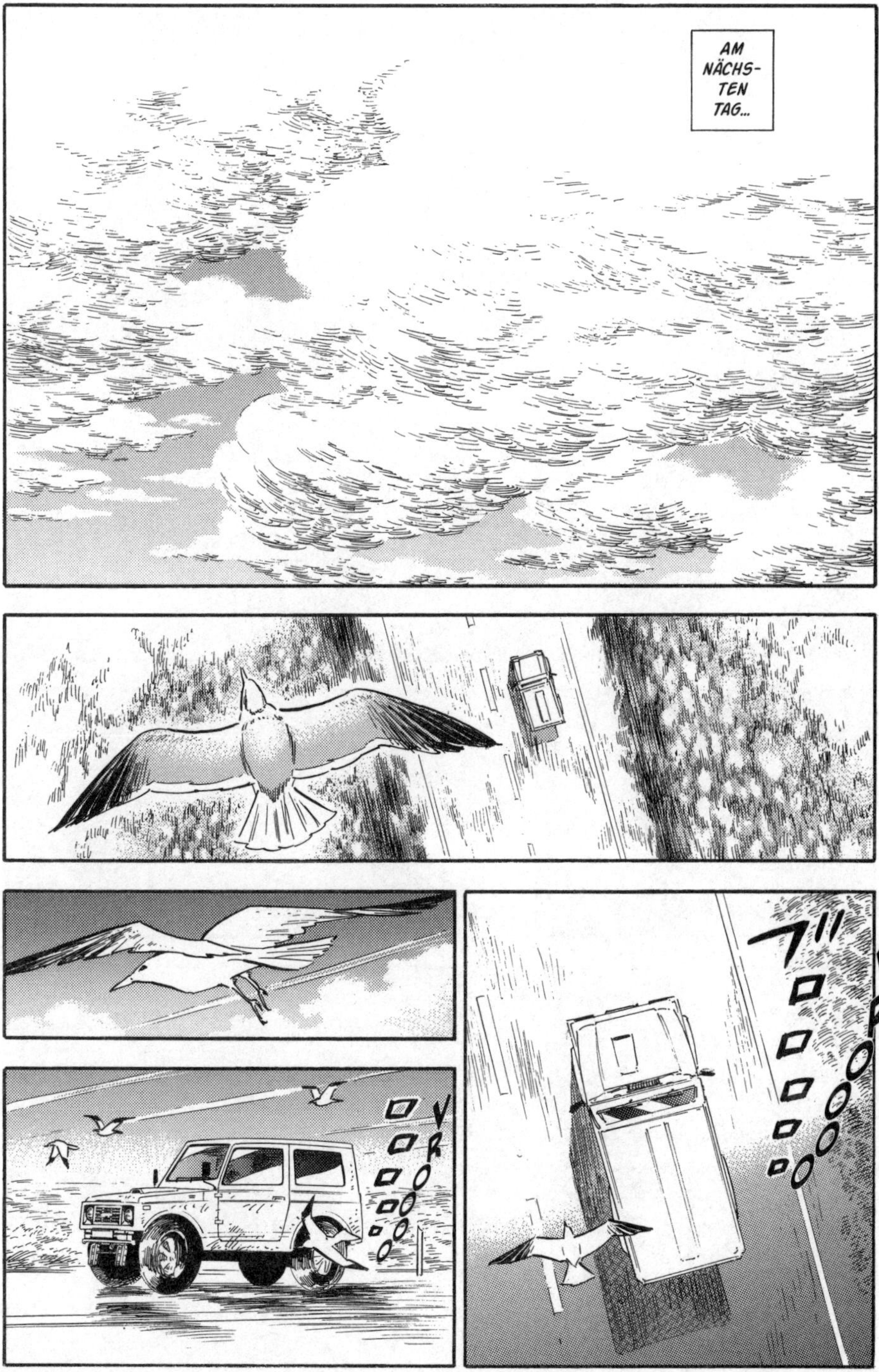
AM NÄCHS-TEN TAG…
VROOOOOOOO
VROOOOOOOO

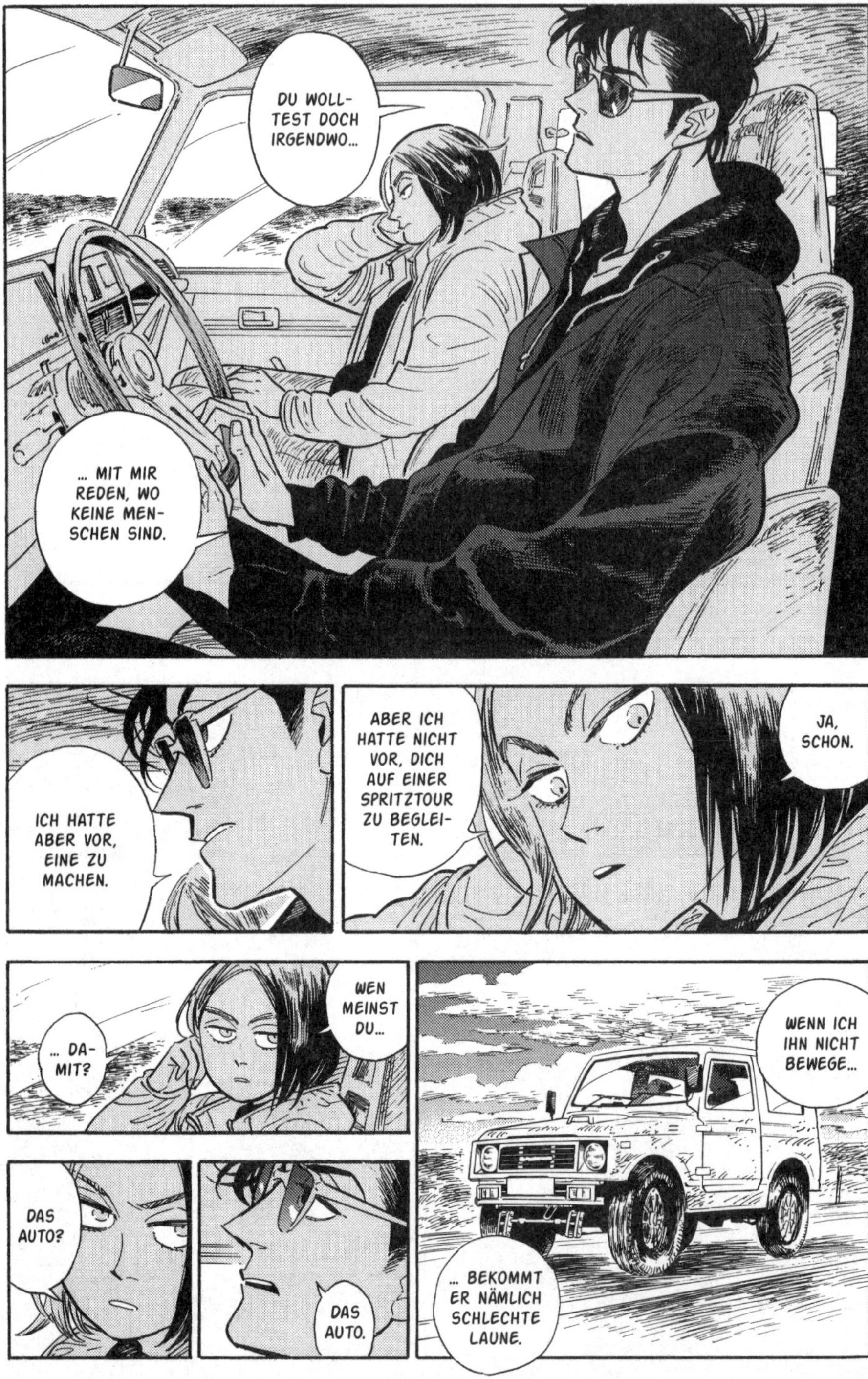
DU WOLLTEST DOCH IRGENDWO...
... MIT MIR REDEN, WO KEINE MENSCHEN SIND.
JA, SCHON.
ABER ICH HATTE NICHT VOR, DICH AUF EINER SPRITZTOUR ZU BEGLEITEN.
ICH HATTE ABER VOR, EINE ZU MACHEN.
WEN MEINST DU...
... DAMIT?
DAS AUTO?
DAS AUTO.
WENN ICH IHN NICHT BEWEGE...
... BEKOMMT ER NÄMLICH SCHLECHTE LAUNE.

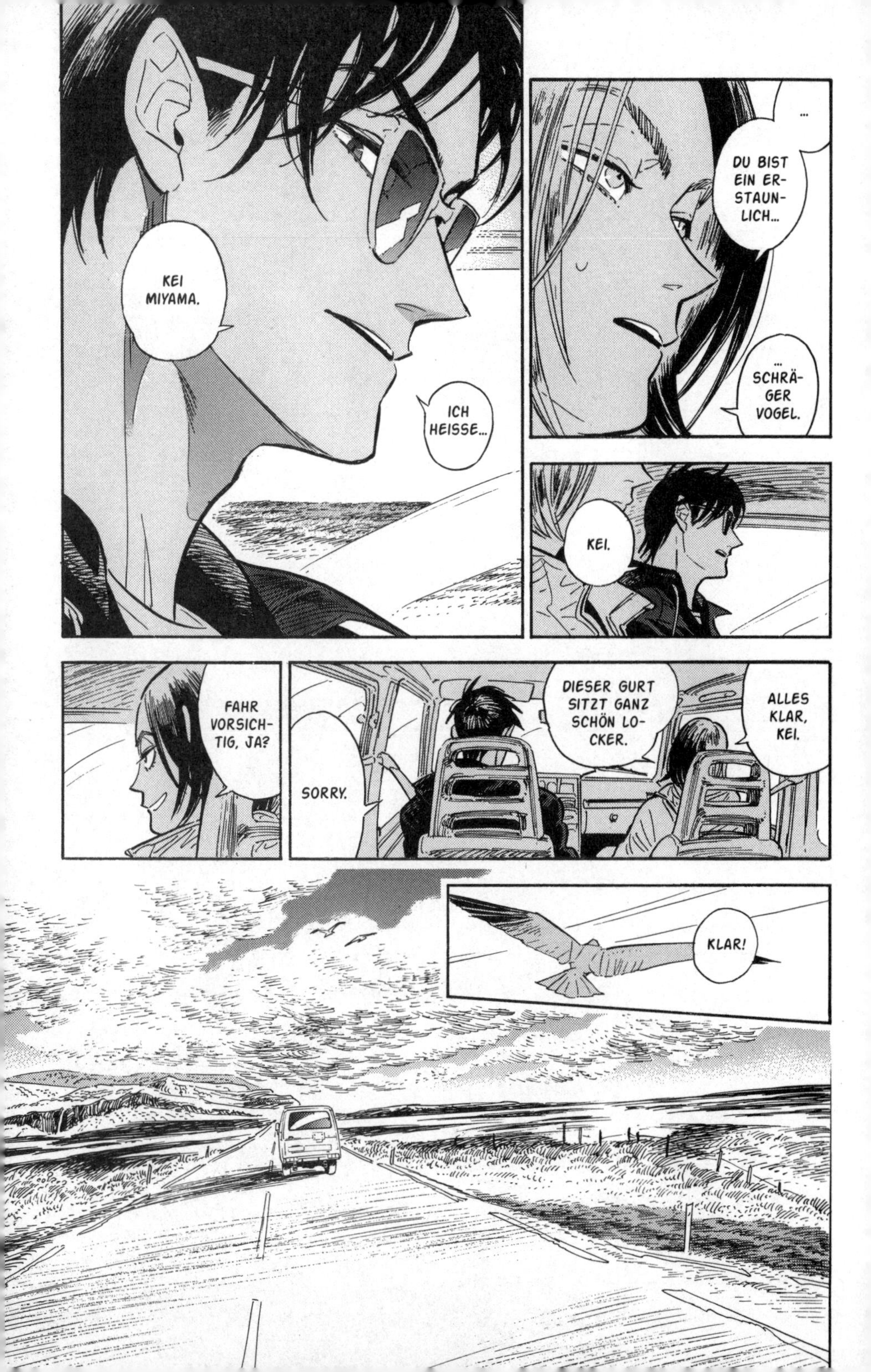
ICH HEISSE…
KEI MIYAMA.
…
DU BIST EIN ERSTAUNLICH…
… SCHRÄGER VOGEL.
KEI.
ALLES KLAR, KEI.
DIESER GURT SITZT GANZ SCHÖN LOCKER.
SORRY.
FAHR VORSICHTIG, JA?
KLAR!

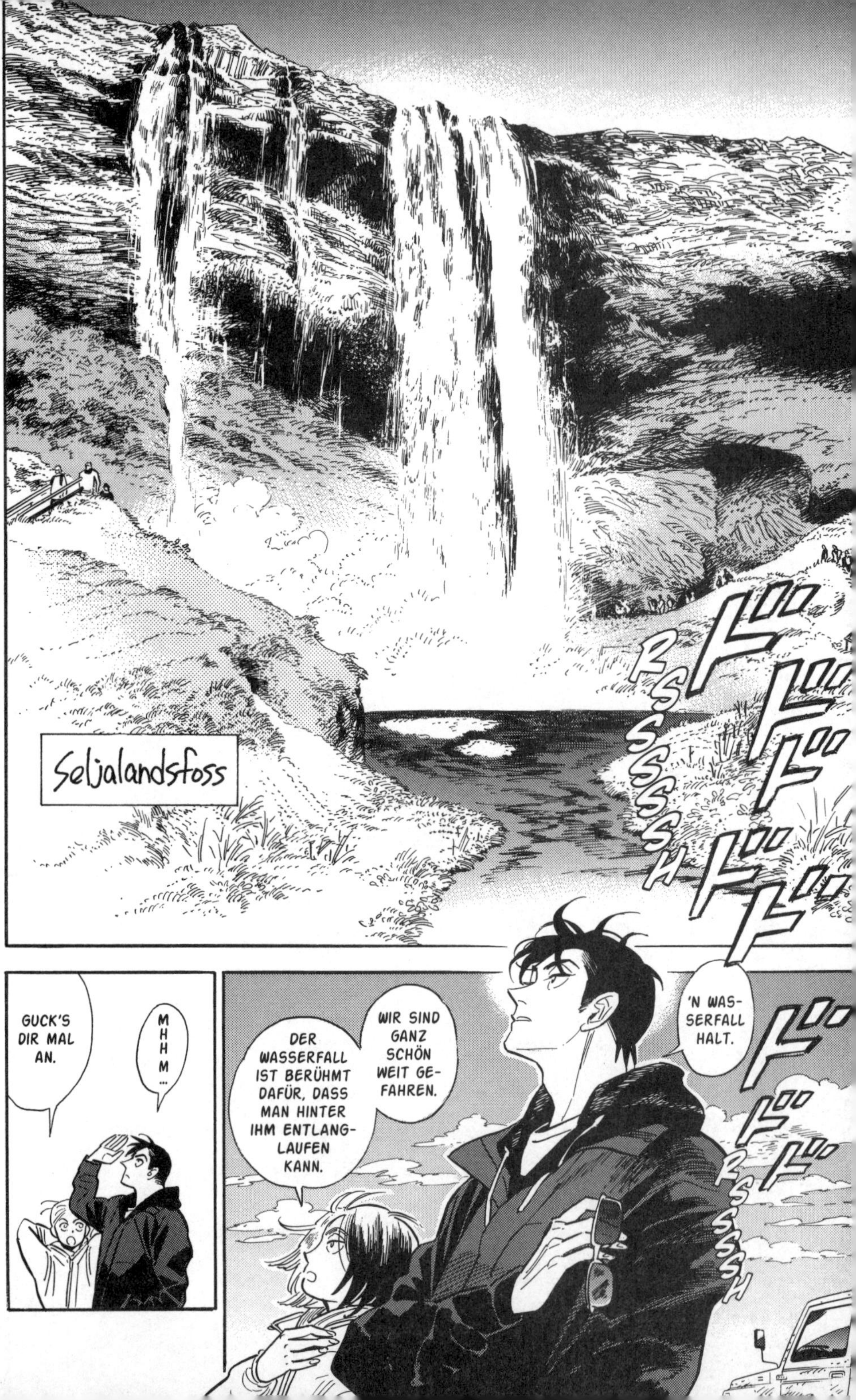
Seljalandsfoss
RSSSSH
'N WASSERFALL HALT.
WIR SIND GANZ SCHÖN WEIT GEFAHREN.
DER WASSERFALL IST BERÜHMT DAFÜR, DASS MAN HINTER IHM ENTLANGLAUFEN KANN.
RSSSSH
MHHM ...
GUCK'S DIR MAL AN.

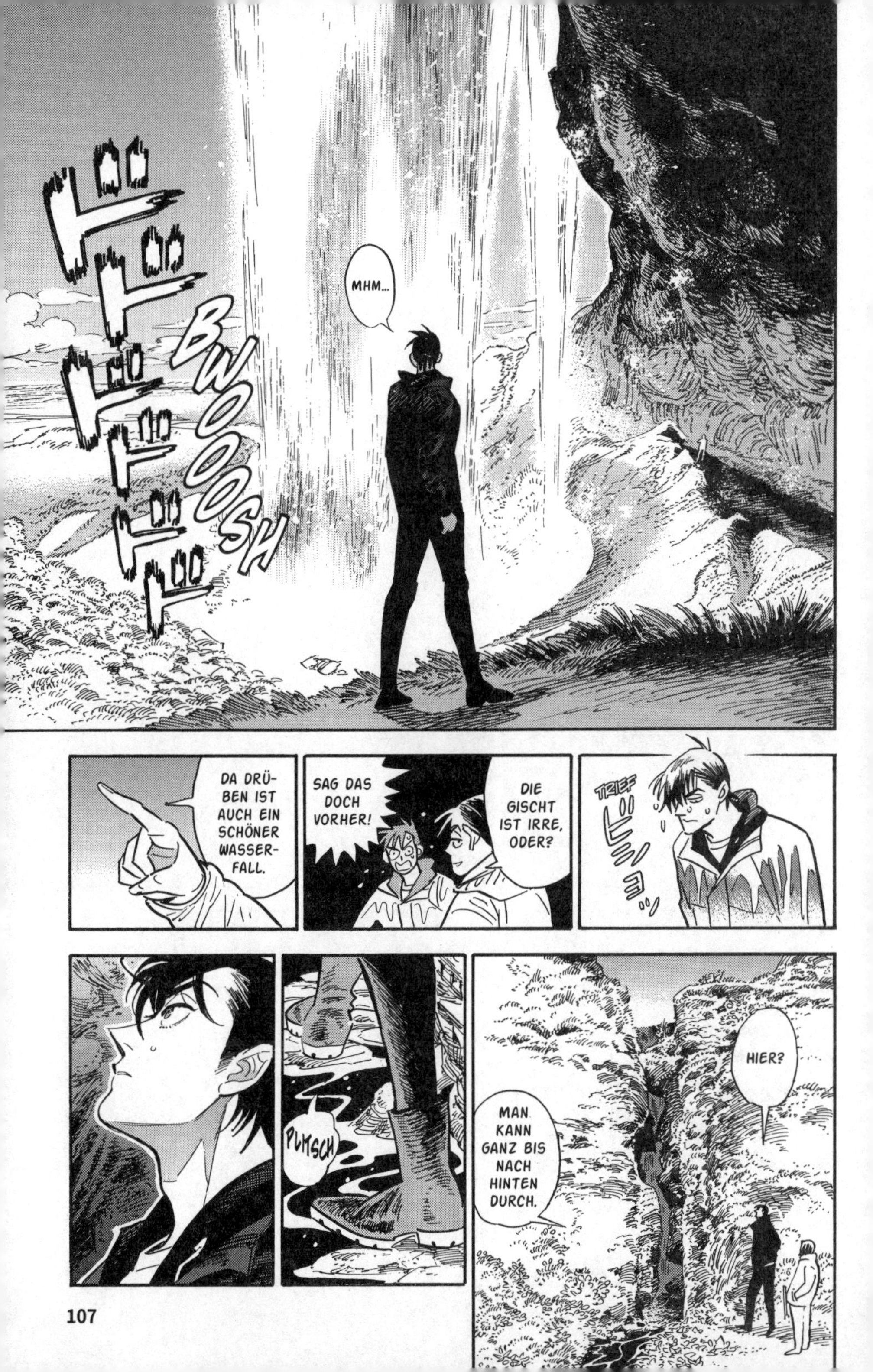
BWOOOOSH
MHM…
DA DRÜBEN IST AUCH EIN SCHÖNER WASSERFALL.
DIE GISCHT IST IRRE, ODER?
SAG DAS DOCH VORHER!
TRIEF
PLITSCH
HIER?
MAN KANN GANZ BIS NACH HINTEN DURCH.

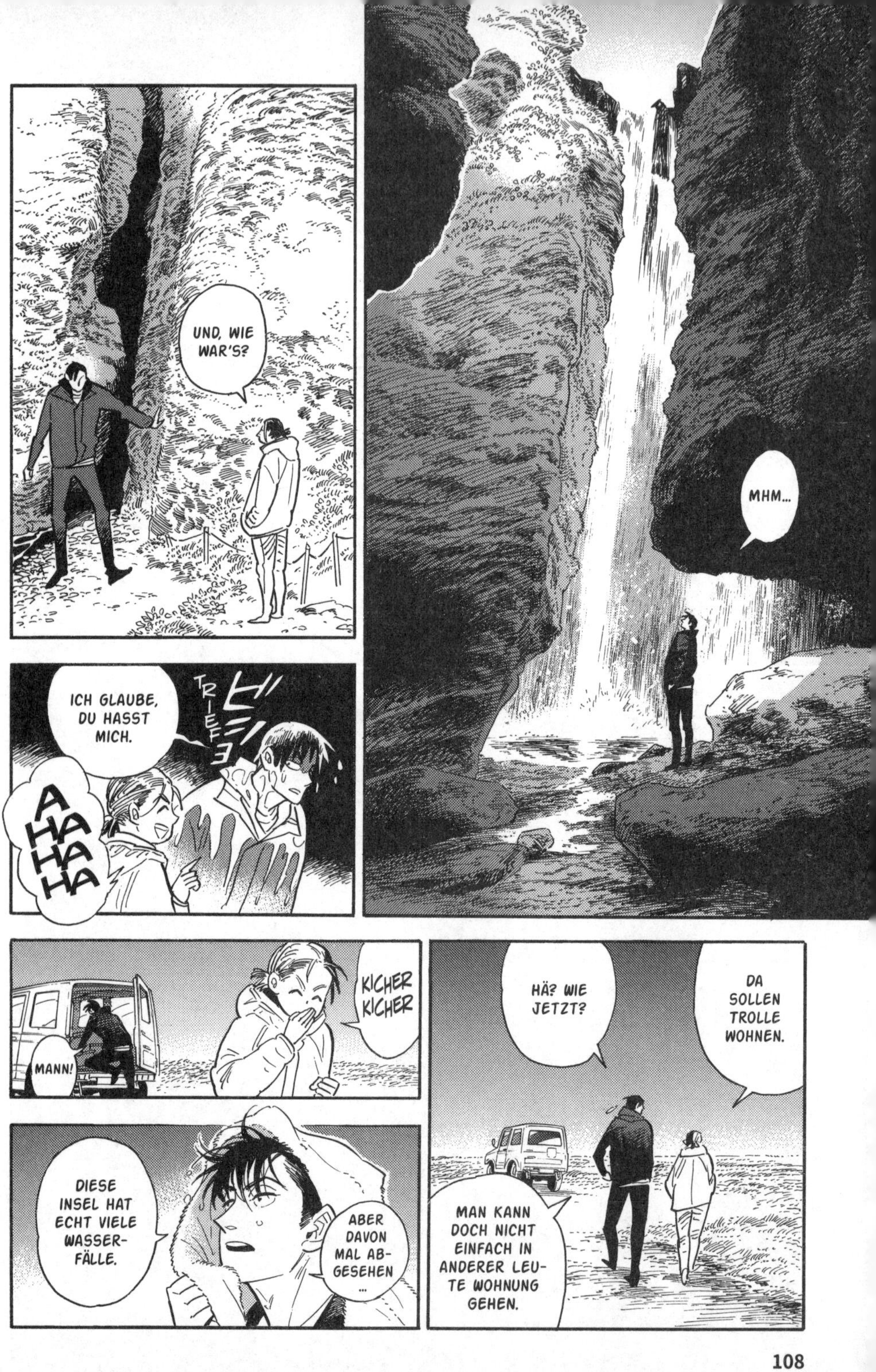
UND, WIE WAR'S?
MHM...
ICH GLAUBE, DU HASST MICH.
TRIEF
AHAHAHA
KICHER KICHER
MANN!
DA SOLLEN TROLLE WOHNEN.
HÄ? WIE JETZT?
DIESE INSEL HAT ECHT VIELE WASSER-FÄLLE.
ABER DAVON MAL AB-GESEHEN ...
MAN KANN DOCH NICHT EINFACH IN ANDERER LEU-TE WOHNUNG GEHEN.

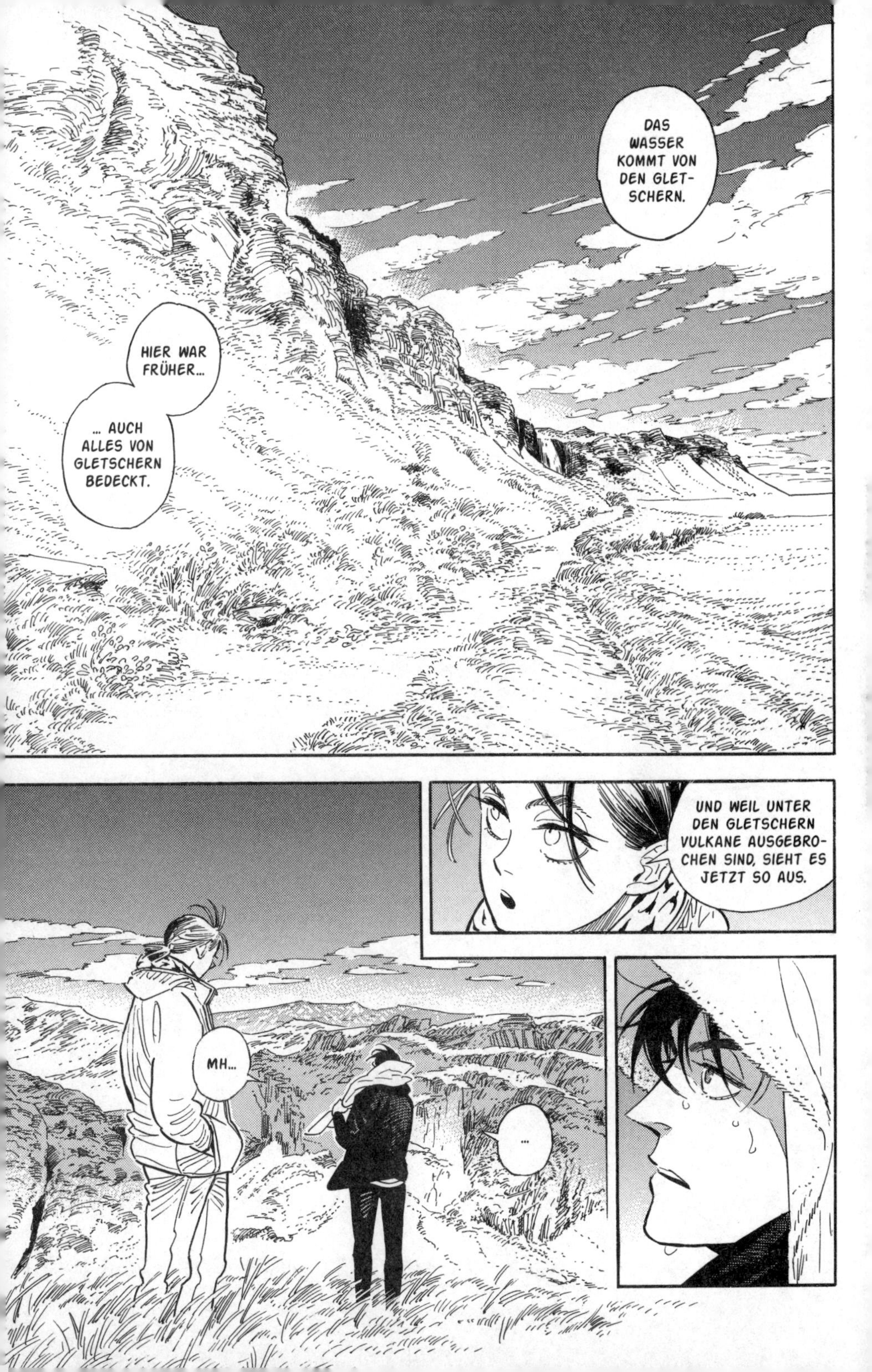
DAS WASSER KOMMT VON DEN GLET- SCHERN.
HIER WAR FRÜHER…
… AUCH ALLES VON GLETSCHERN BEDECKT.
UND WEIL UNTER DEN GLETSCHERN VULKANE AUSGEBRO- CHEN SIND, SIEHT ES JETZT SO AUS.
MH…
…

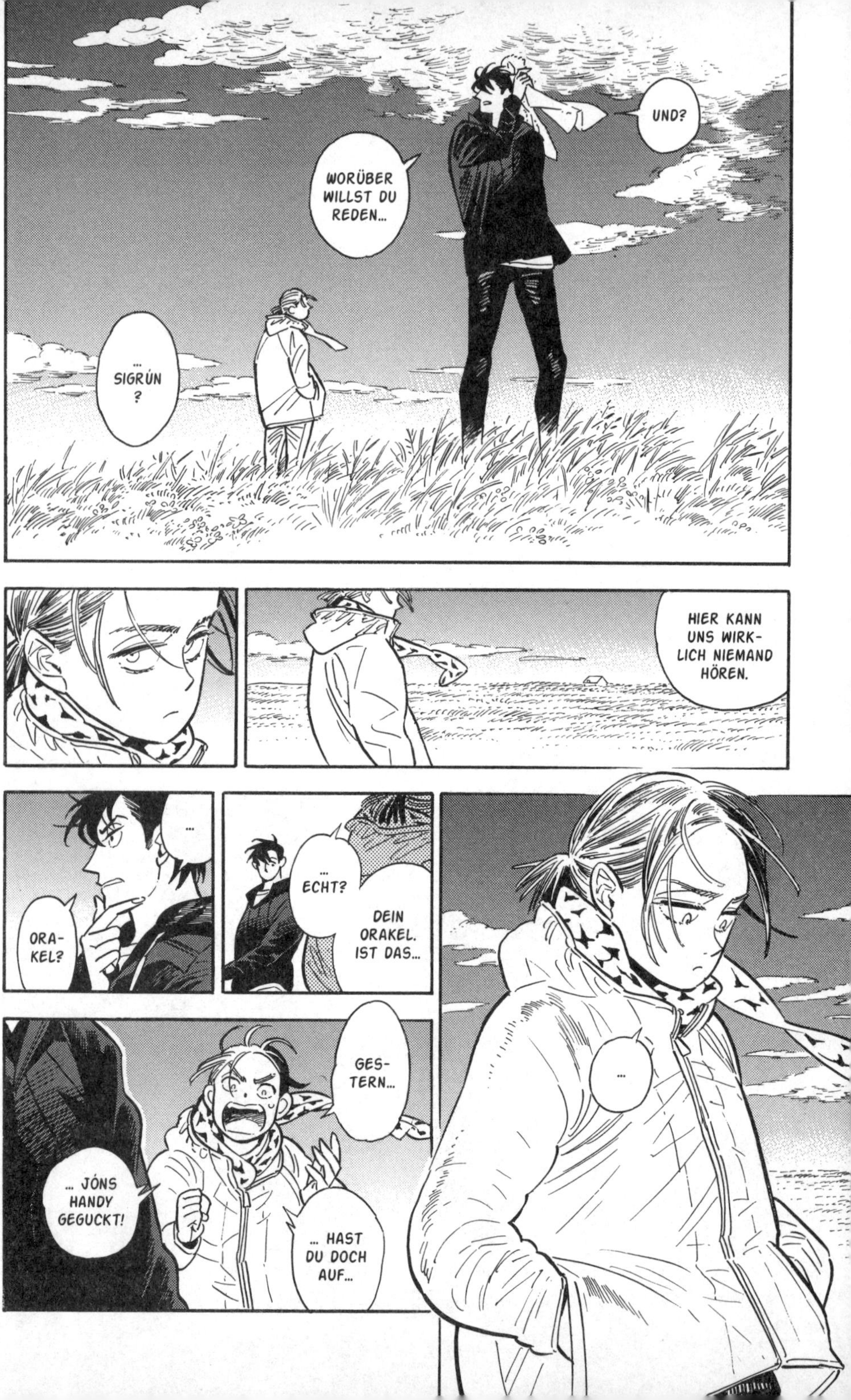
UND?
WORÜBER WILLST DU REDEN...
... SIGRÚN ?
HIER KANN UNS WIRKLICH NIEMAND HÖREN.
...
DEIN ORAKEL. IST DAS...
... ECHT?
...
ORAKEL?
GESTERN...
... HAST DU DOCH AUF...
... JÓNS HANDY GEGUCKT!

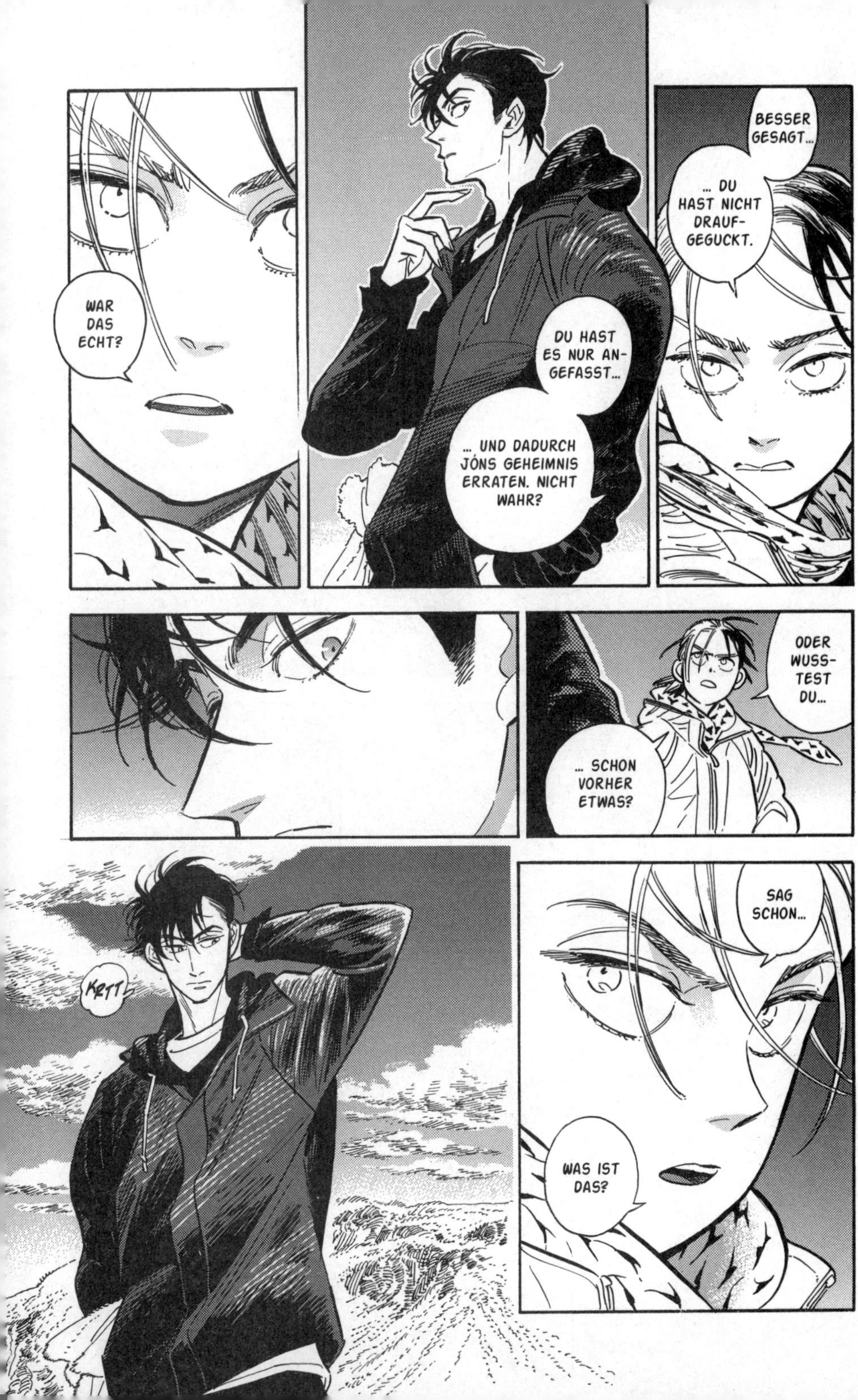
BESSER GESAGT...
... DU HAST NICHT DRAUF-GEGUCKT.
DU HAST ES NUR AN-GEFASST...
... UND DADURCH JÓNS GEHEIMNIS ERRATEN. NICHT WAHR?
WAR DAS ECHT?
ODER WUSS-TEST DU...
... SCHON VORHER ETWAS?
SAG SCHON...
WAS IST DAS?
KRTT

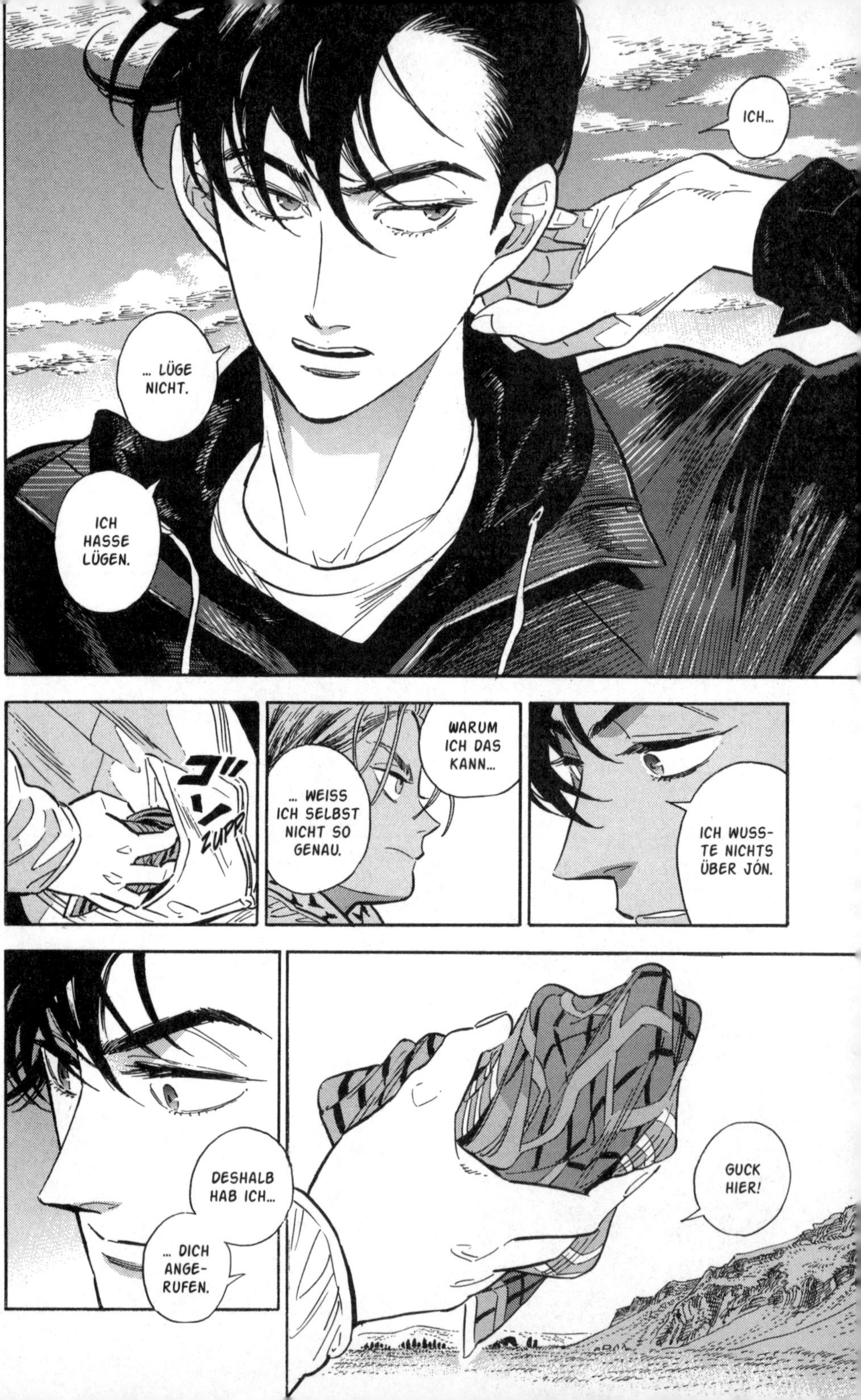
ICH…
… LÜGE NICHT.
ICH HASSE LÜGEN.
ICH WUSSTE NICHTS ÜBER JÓN.
WARUM ICH DAS KANN…
… WEISS ICH SELBST NICHT SO GENAU.
ZUPP
GUCK HIER!
DESHALB HAB ICH…
… DICH ANGERUFEN.

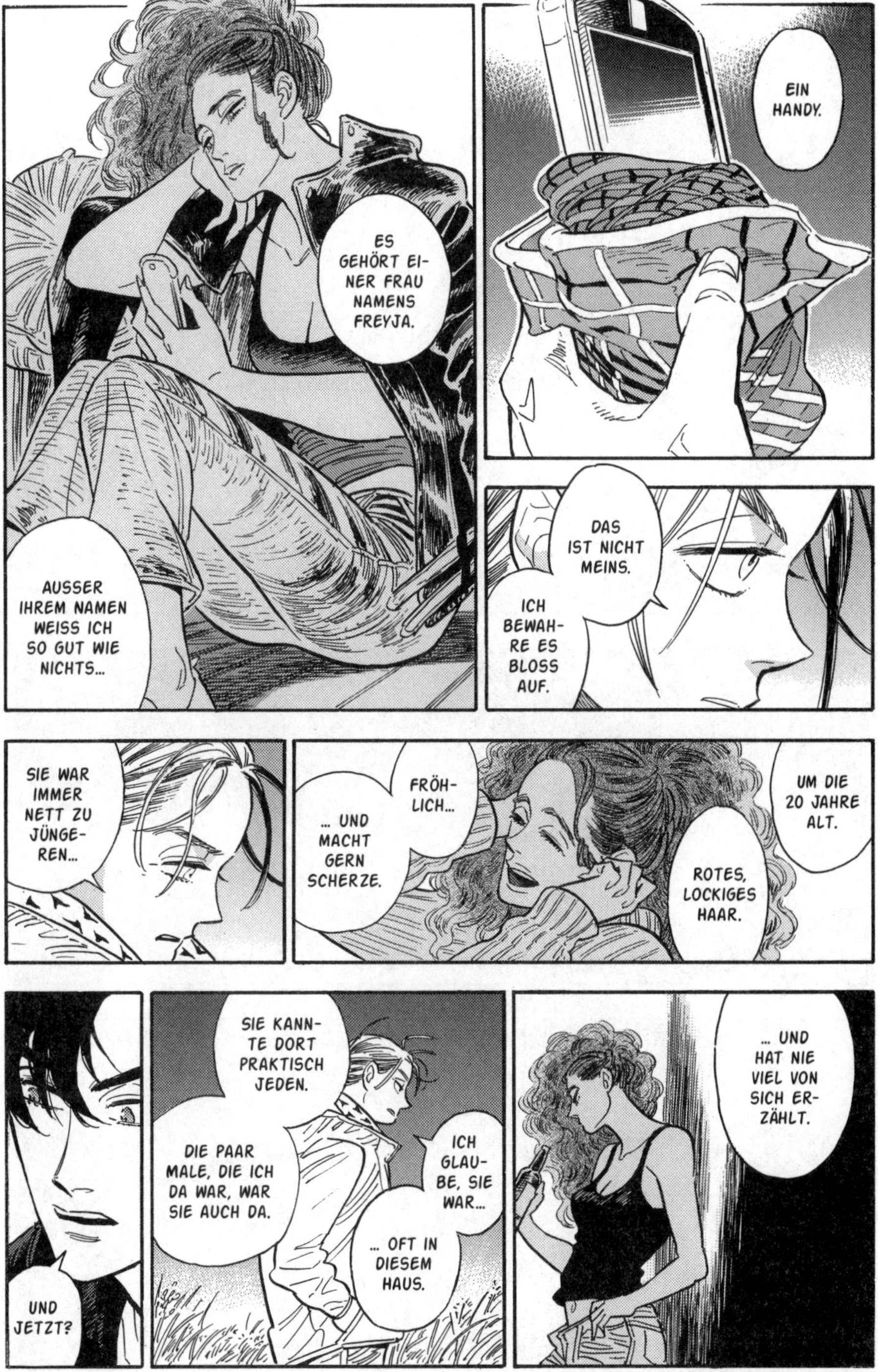
EIN HANDY.
DAS IST NICHT MEINS.
ICH BEWAHRE ES BLOSS AUF.
ES GEHÖRT EINER FRAU NAMENS FREYJA.
AUSSER IHREM NAMEN WEISS ICH SO GUT WIE NICHTS...
UM DIE 20 JAHRE ALT.
ROTES, LOCKIGES HAAR.
FRÖHLICH...
... UND MACHT GERN SCHERZE.
SIE WAR IMMER NETT ZU JÜNGEREN...
... UND HAT NIE VIEL VON SICH ERZÄHLT.
ICH GLAUBE, SIE WAR...
... OFT IN DIESEM HAUS.
SIE KANNTE DORT PRAKTISCH JEDEN.
DIE PAAR MALE, DIE ICH DA WAR, WAR SIE AUCH DA.
UND JETZT?

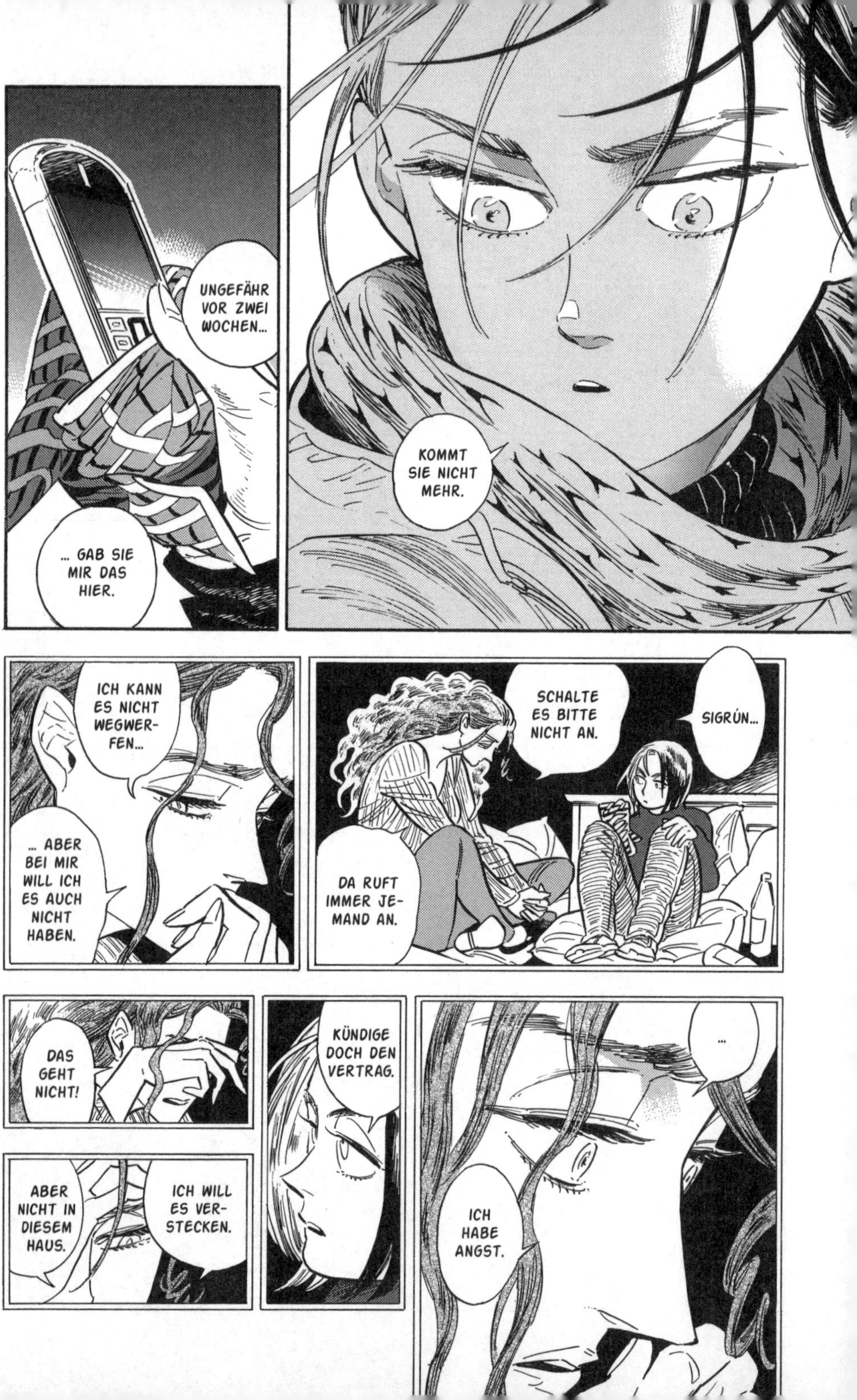
KOMMT SIE NICHT MEHR.
UNGEFÄHR VOR ZWEI WOCHEN...
... GAB SIE MIR DAS HIER.
SIGRÚN...
SCHALTE ES BITTE NICHT AN.
DA RUFT IMMER JEMAND AN.
ICH KANN ES NICHT WEGWERFEN...
... ABER BEI MIR WILL ICH ES AUCH NICHT HABEN.
...
ICH HABE ANGST.
KÜNDIGE DOCH DEN VERTRAG.
DAS GEHT NICHT!
ICH WILL ES VERSTECKEN.
ABER NICHT IN DIESEM HAUS.

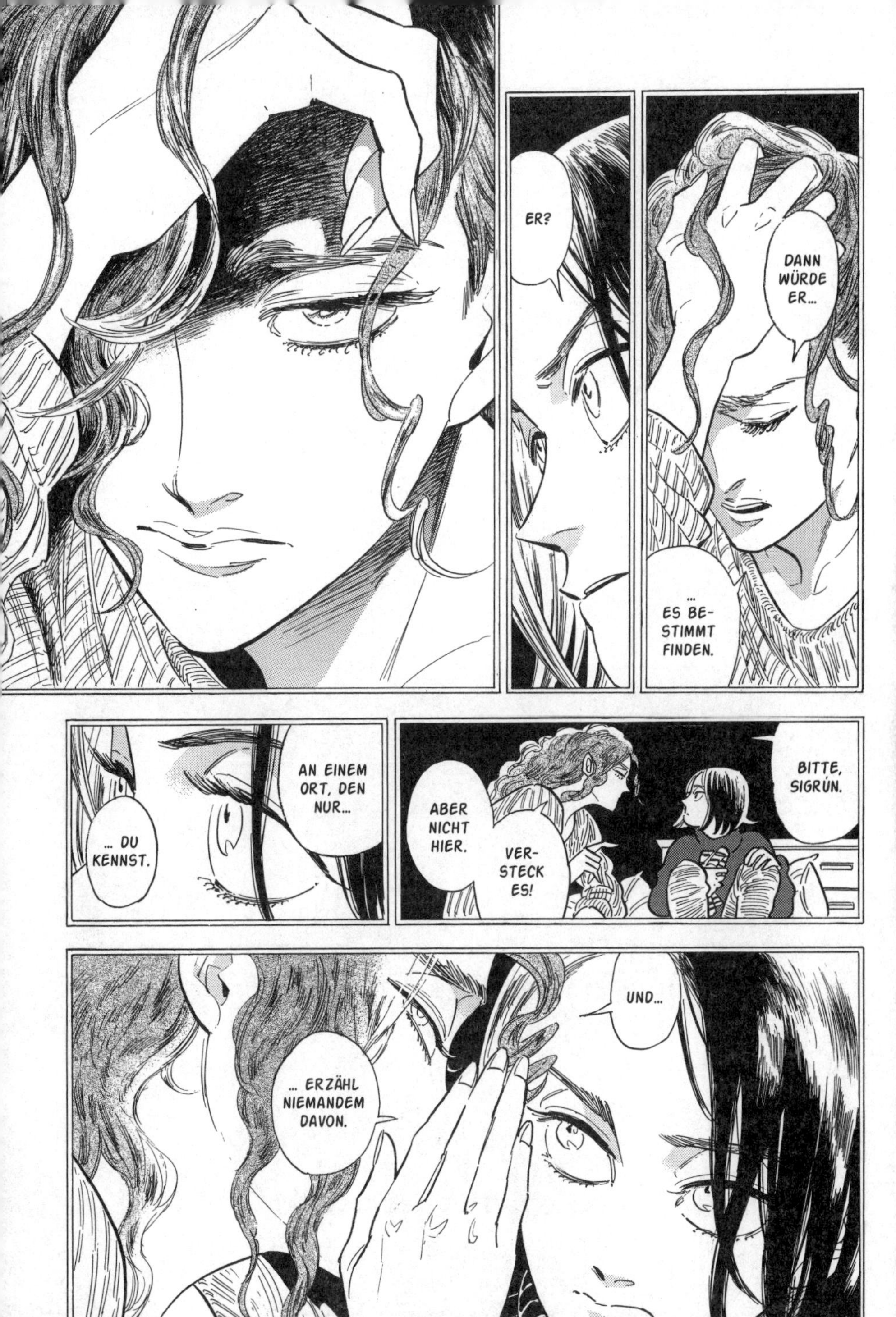
DANN WÜRDE ER...
... ES BESTIMMT FINDEN.
ER?
BITTE, SIGRÚN.
VERSTECK ES!
ABER NICHT HIER.
AN EINEM ORT, DEN NUR...
... DU KENNST.
UND...
... ERZÄHL NIEMANDEM DAVON.

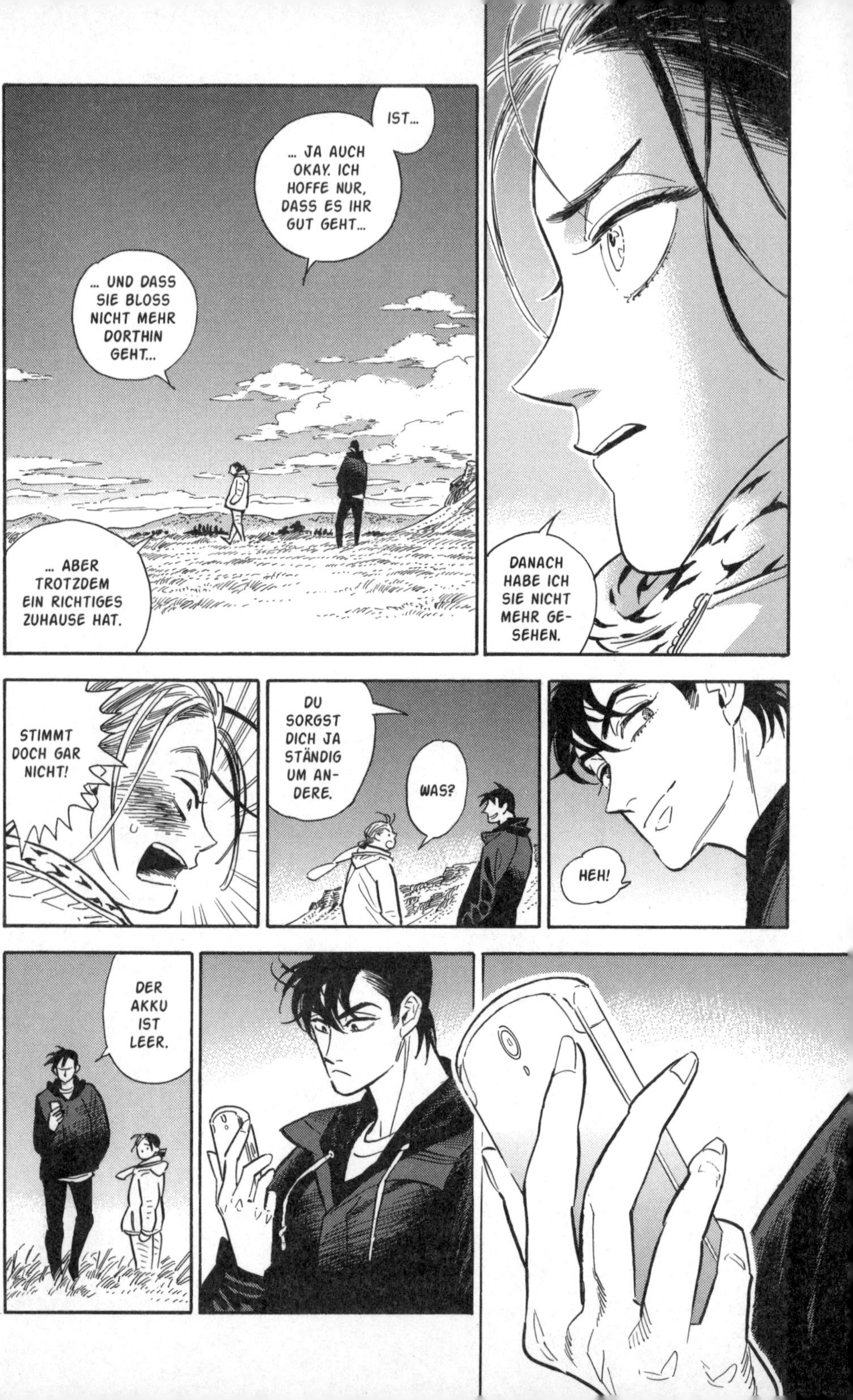
IST...
... JA AUCH OKAY. ICH HOFFE NUR, DASS ES IHR GUT GEHT...
... UND DASS SIE BLOSS NICHT MEHR DORTHIN GEHT...
... ABER TROTZDEM EIN RICHTIGES ZUHAUSE HAT.
DANACH HABE ICH SIE NICHT MEHR GE-SEHEN.
HEH!
WAS?
DU SORGST DICH JA STÄNDIG UM AN-DERE.
STIMMT DOCH GAR NICHT!
DER AKKU IST LEER.

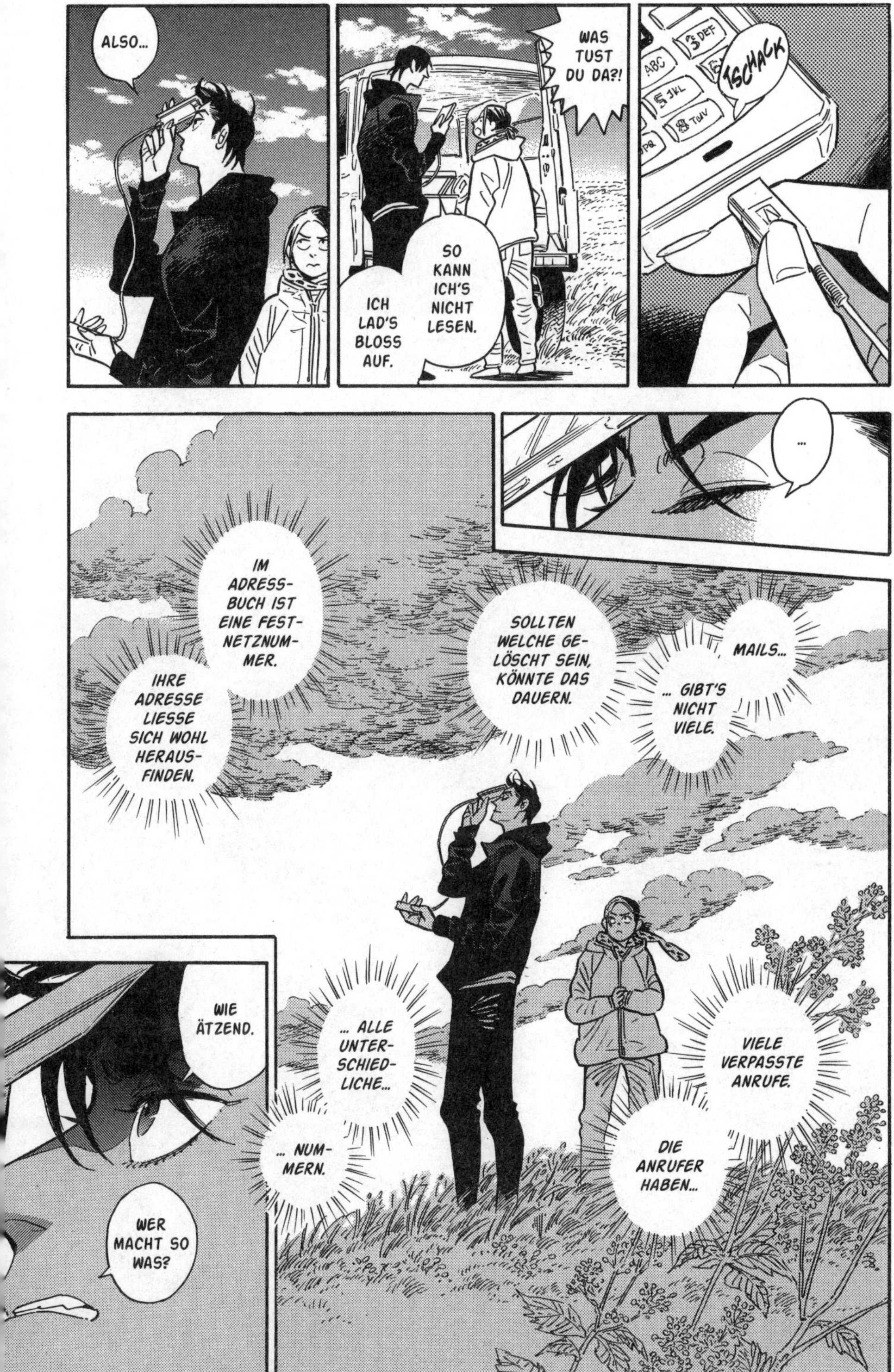
TSCHACK
WAS TUST DU DA?!
SO KANN ICH'S NICHT LESEN.
ICH LAD'S BLOSS AUF.
ALSO...
...
MAILS...
... GIBT'S NICHT VIELE.
SOLLTEN WELCHE GELÖSCHT SEIN, KÖNNTE DAS DAUERN.
IM ADRESSBUCH IST EINE FESTNETZNUMMER.
IHRE ADRESSE LIESSE SICH WOHL HERAUSFINDEN.
VIELE VERPASSTE ANRUFE.
DIE ANRUFER HABEN...
... ALLE UNTERSCHIEDLICHE...
... NUMMERN.
WIE ÄTZEND.
WER MACHT SO WAS?

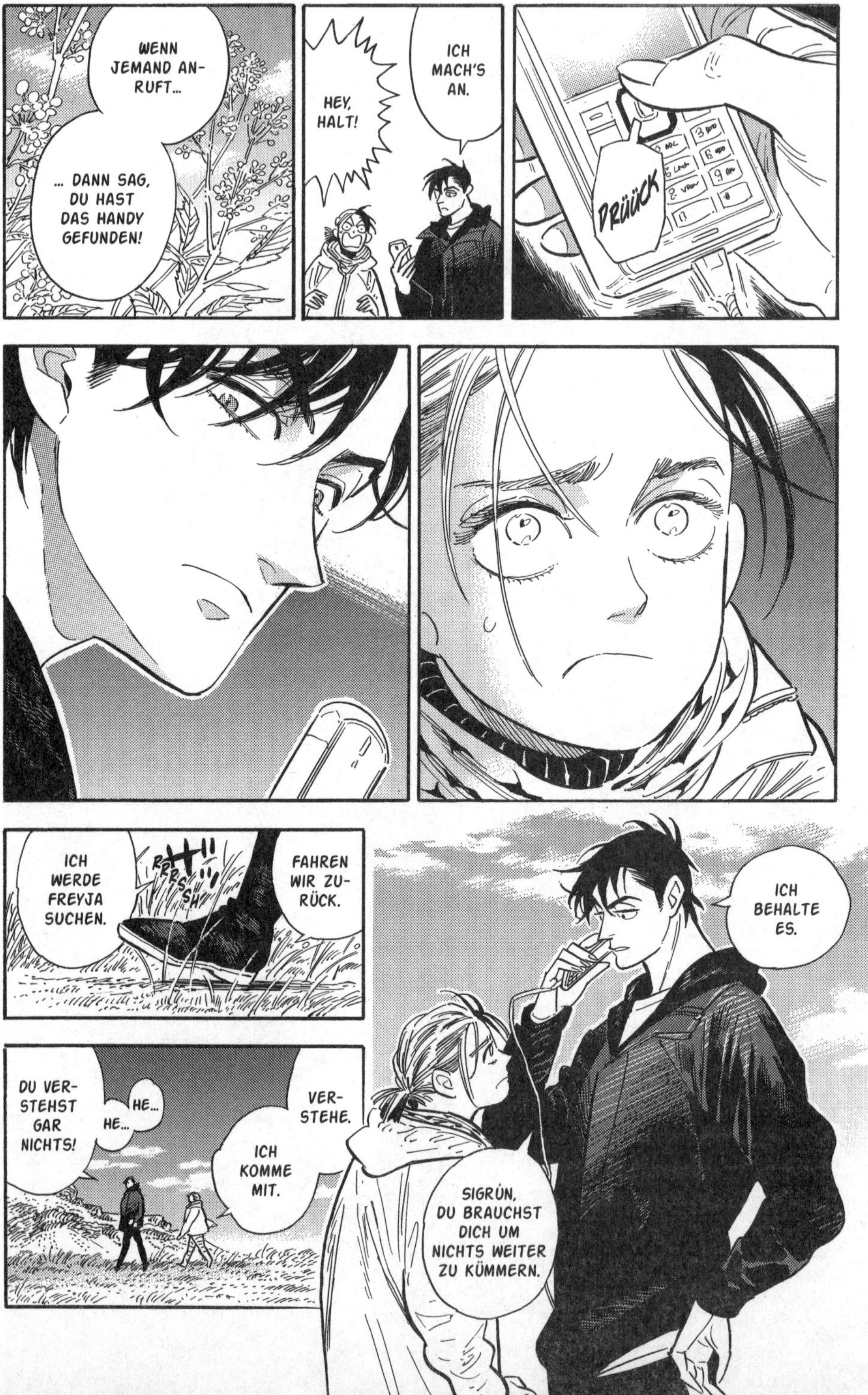
WENN JEMAND AN-RUFT…
… DANN SAG, DU HAST DAS HANDY GEFUNDEN!
ICH MACH'S AN.
HEY, HALT!
DRÜÜCK
ICH BEHALTE ES.
SIGRÚN, DU BRAUCHST DICH UM NICHTS WEITER ZU KÜMMERN.
FAHREN WIR ZU-RÜCK.
RRRSSH
ICH WERDE FREYJA SUCHEN.
VER-STEHE.
ICH KOMME MIT.
HE…
HE…
DU VER-STEHST GAR NICHTS!

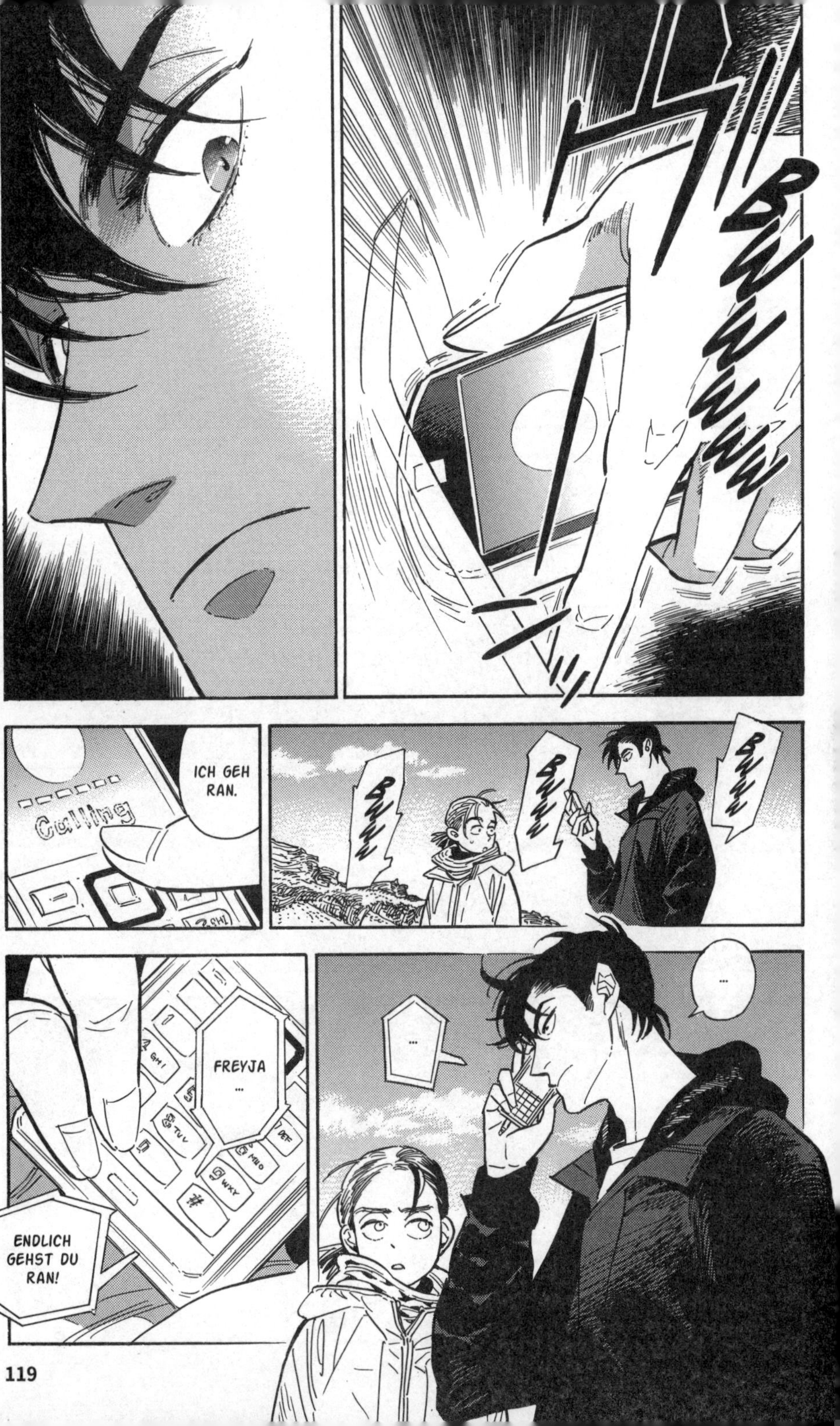
BWWWWWW
BWWW
BWWW
BWWW
ICH GEH RAN.
...
...
FREYJA ...
ENDLICH GEHST DU RAN!

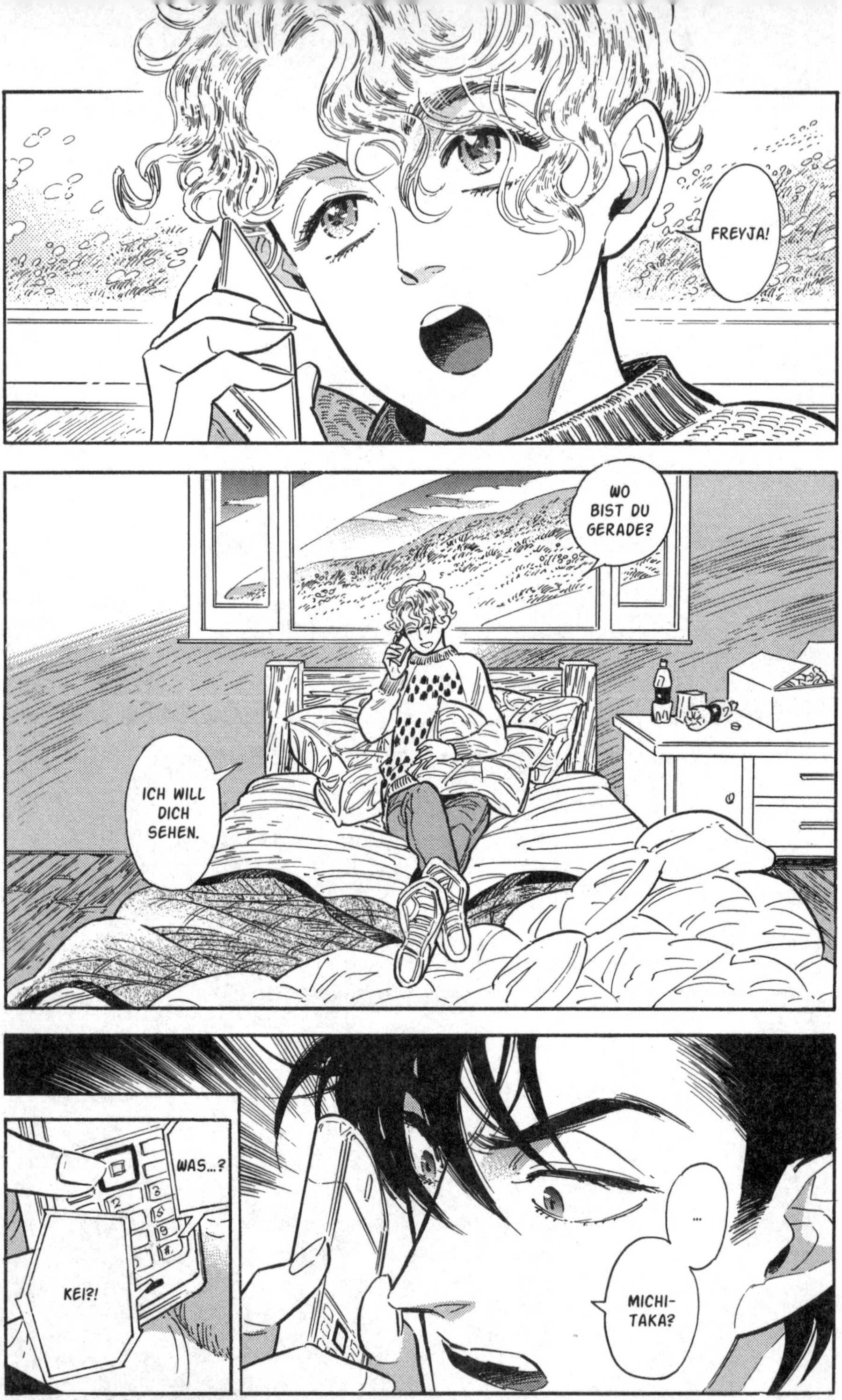

Kapitel 23 – Ende

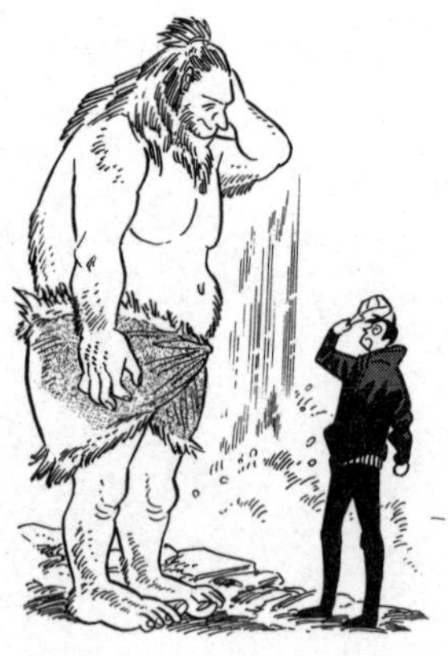

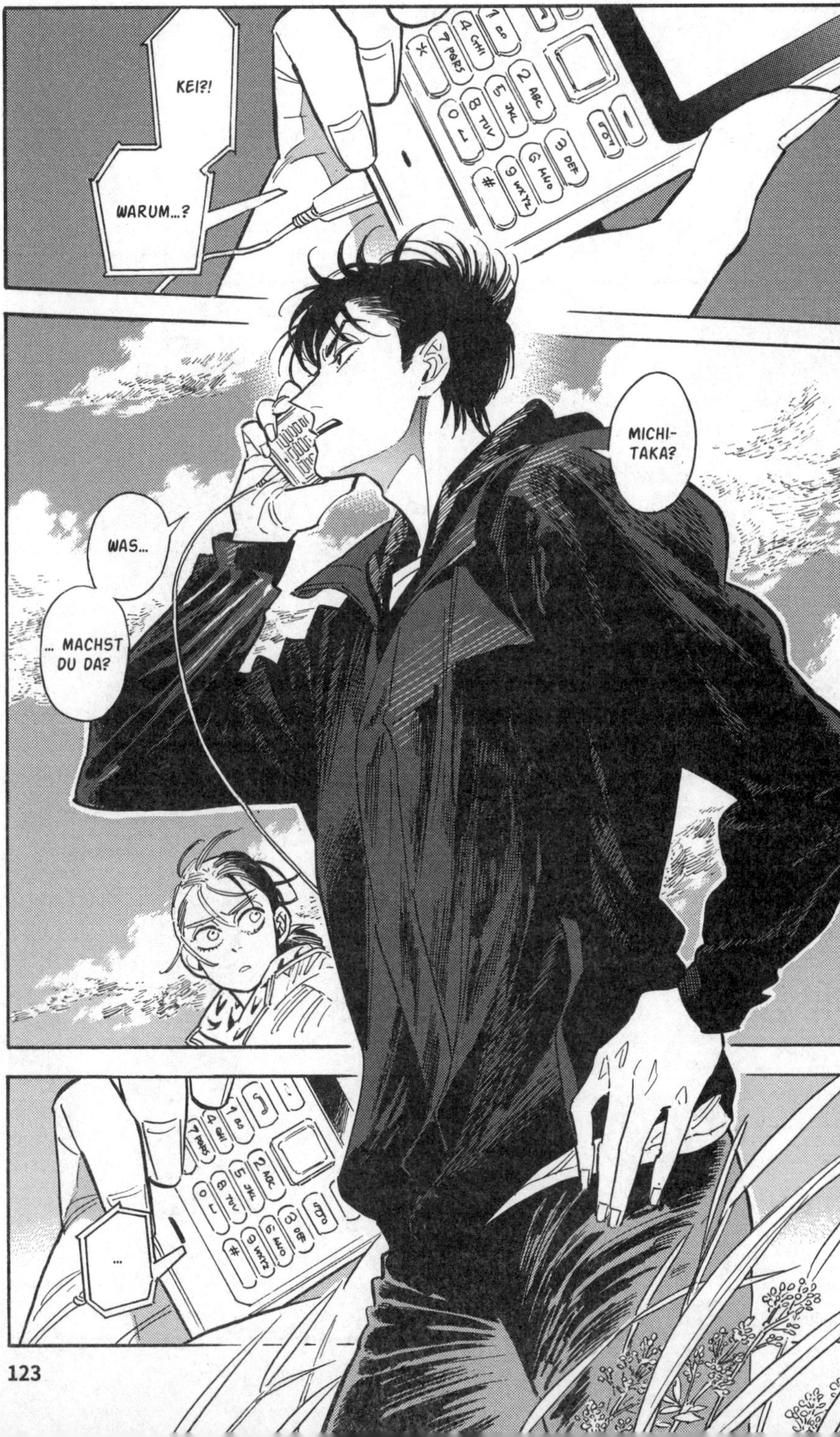
KEI?!
WARUM…?
MICHI-TAKA?
WAS…
… MACHST DU DA?
…

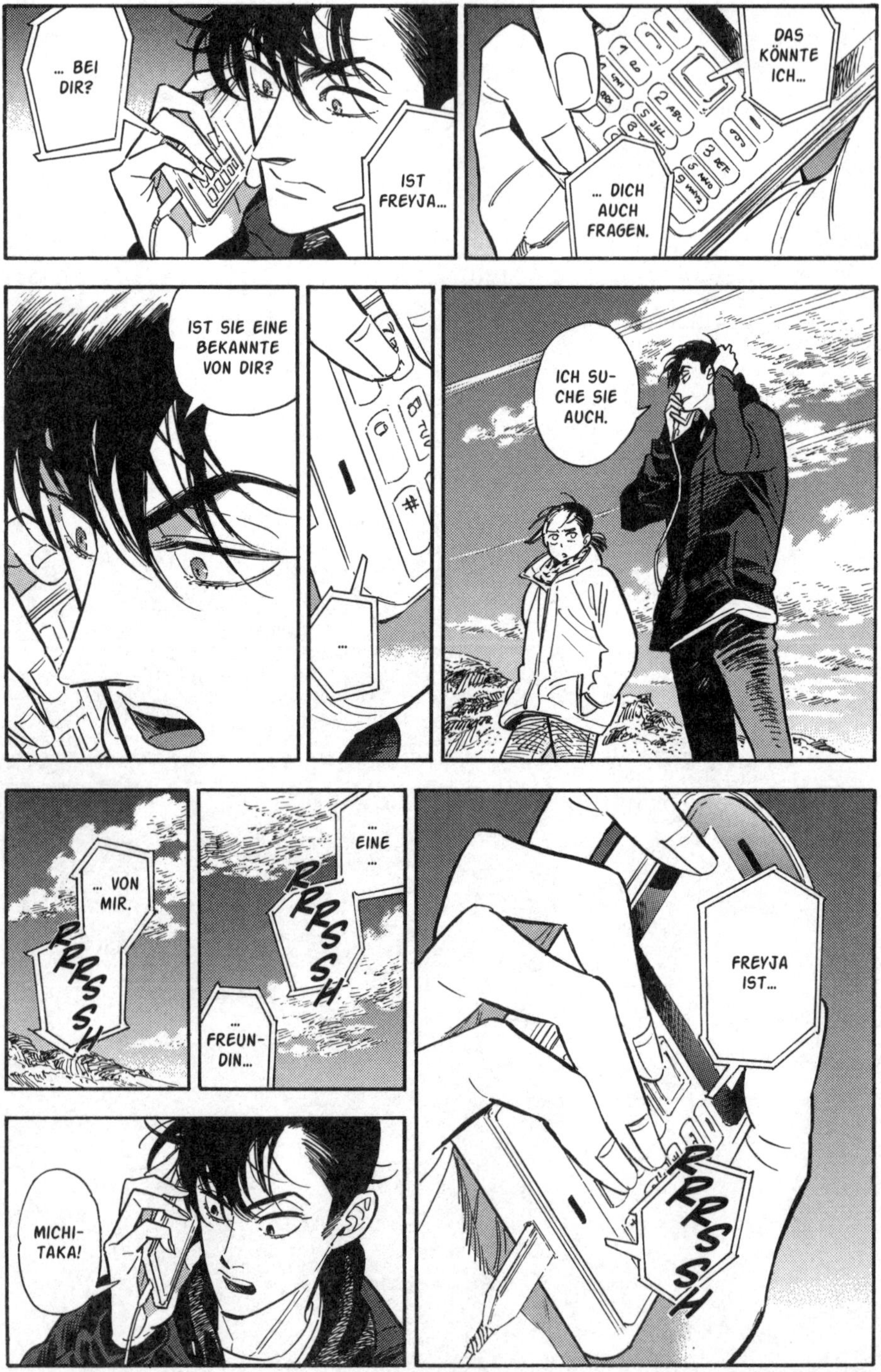

DAS KÖNNTE ICH…
… DICH AUCH FRAGEN.
IST FREYJA…
… BEI DIR?
ICH SU-CHE SIE AUCH.
…
IST SIE EINE BEKANNTE VON DIR?
FREYJA IST…
RRRSSSH
… EINE …
RRRSSH
… FREUN-DIN…
… VON MIR.
RRRSSH
MICHI-TAKA!

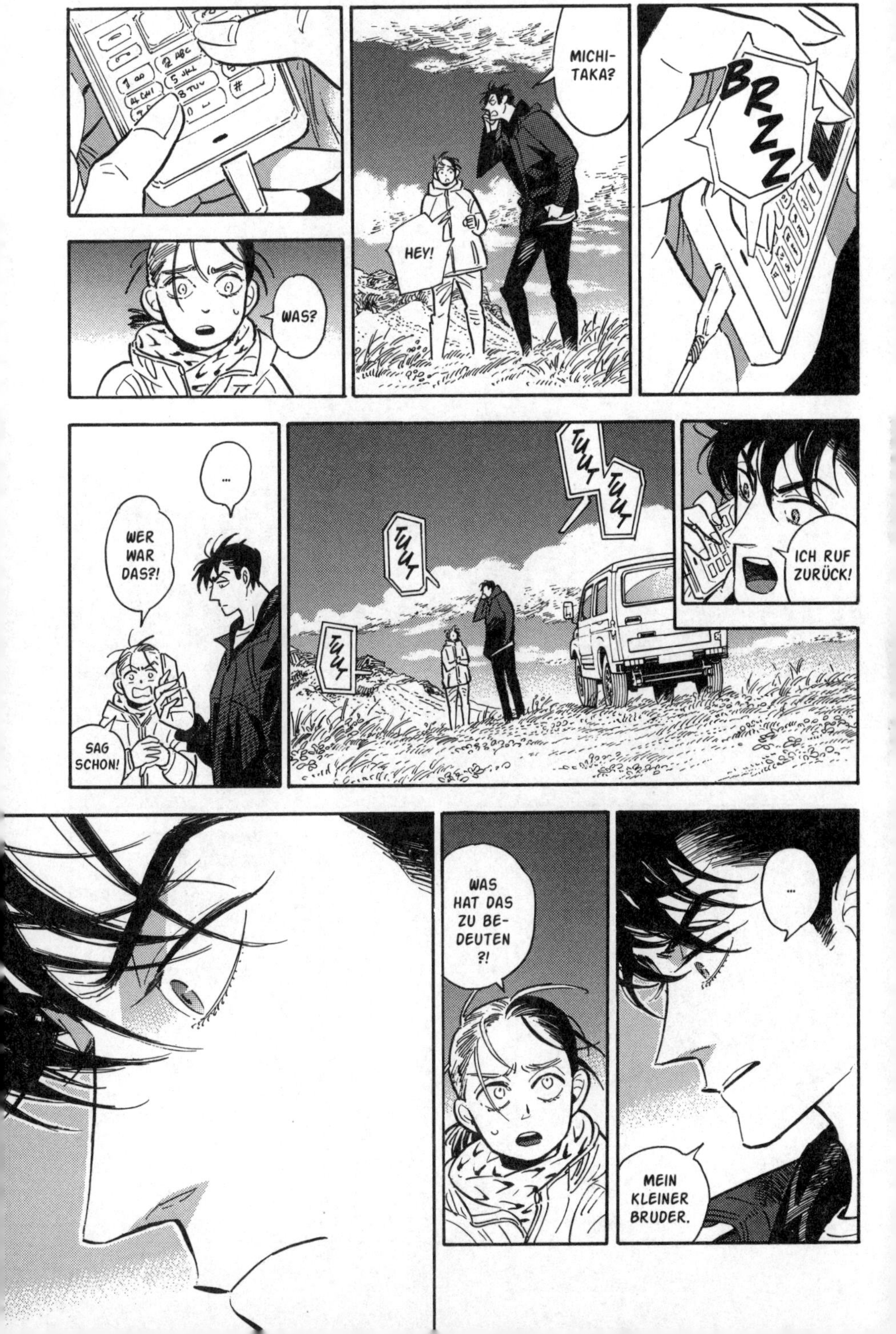
BRZZ
MICHI-TAKA?
HEY!
WAS?
ICH RUF ZURÜCK!
TUUT
TUUT
TUUT
TUUT
...
WER WAR DAS?!
SAG SCHON!
...
MEIN KLEINER BRUDER.
WAS HAT DAS ZU BEDEUTEN?!

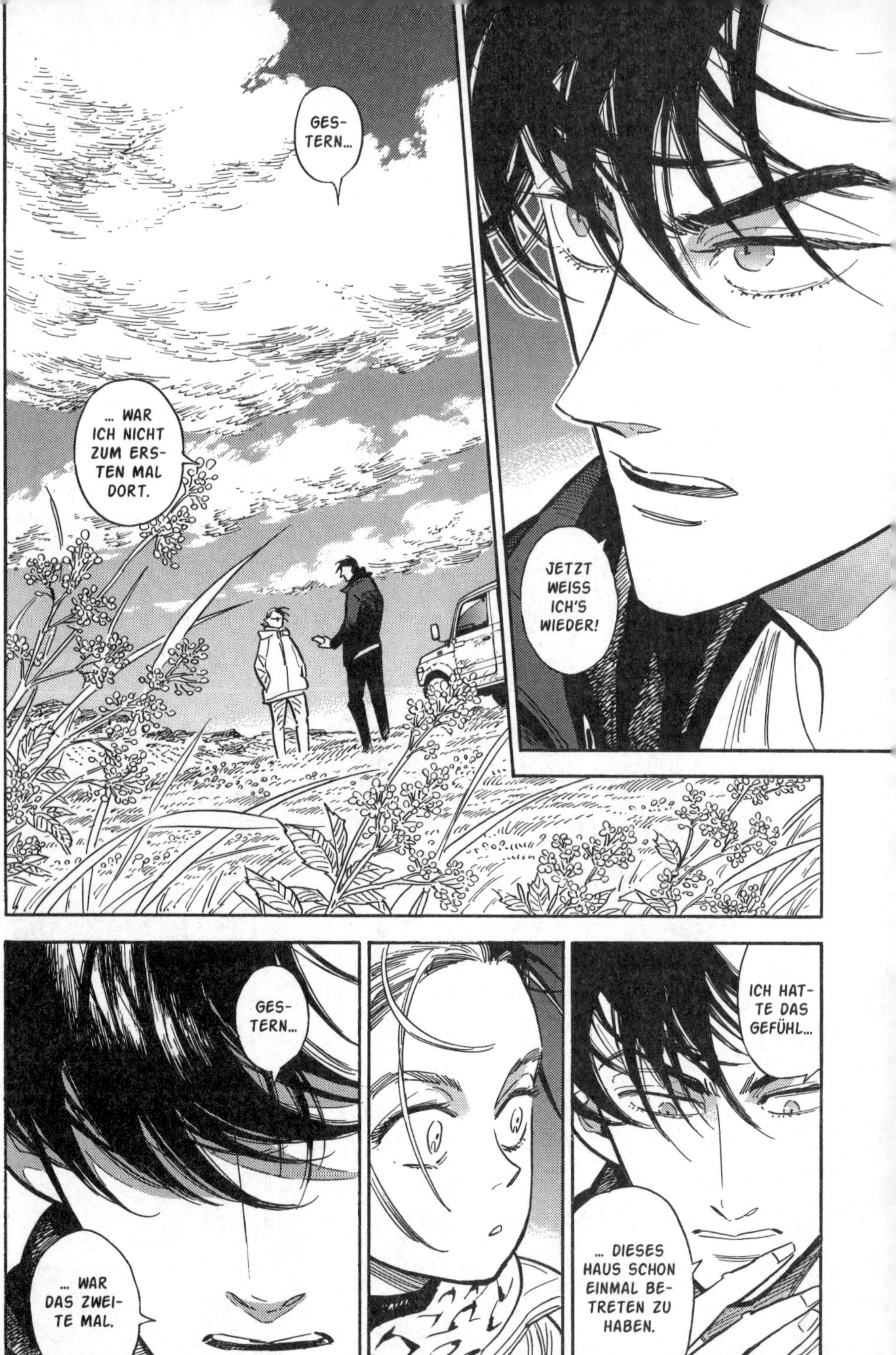
JETZT WEISS ICH'S WIEDER!
GESTERN…
… WAR ICH NICHT ZUM ERSTEN MAL DORT.
ICH HATTE DAS GEFÜHL…
… DIESES HAUS SCHON EINMAL BETRETEN ZU HABEN.
GESTERN…
… WAR DAS ZWEITE MAL.

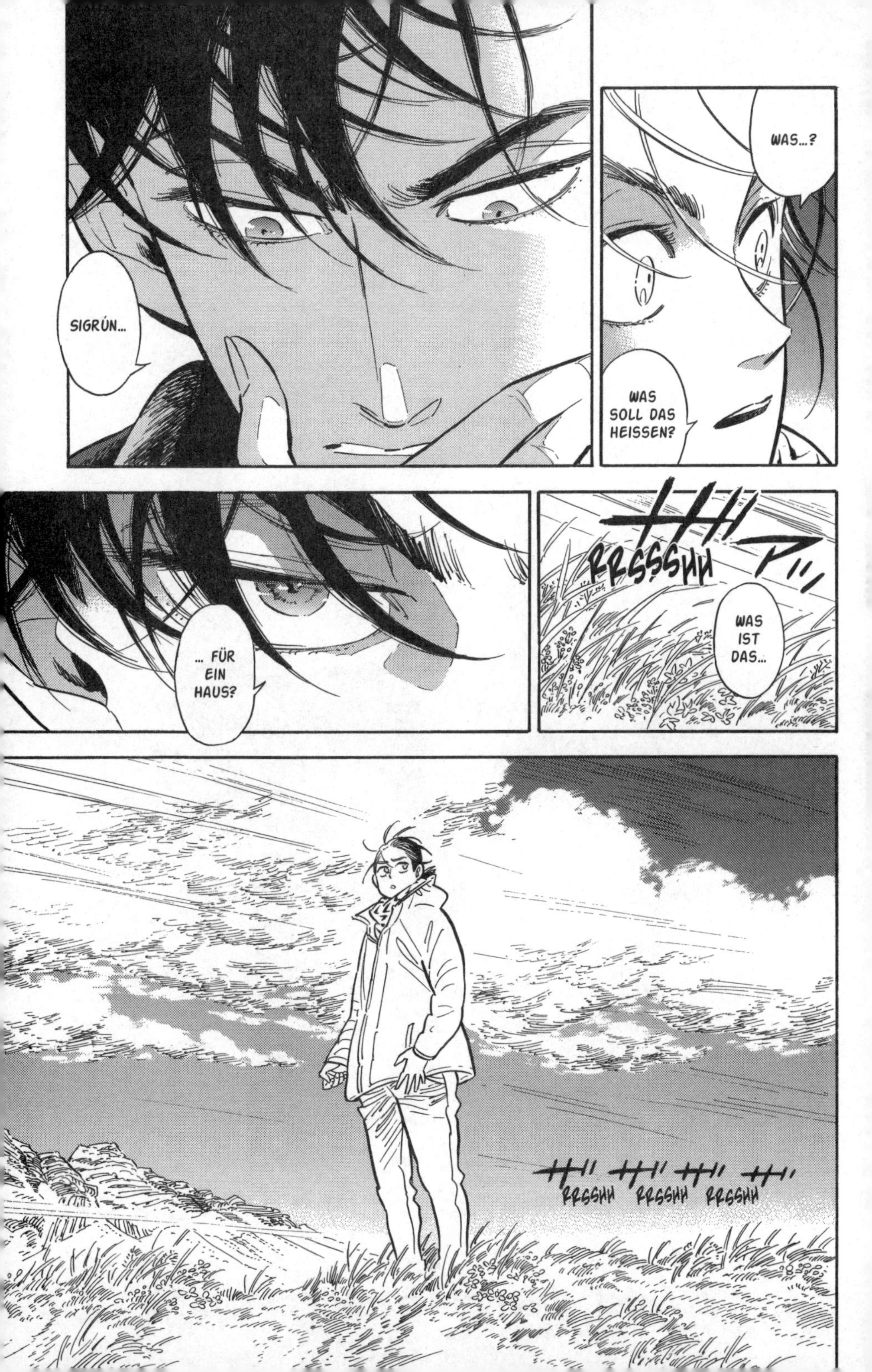
WAS...?
WAS SOLL DAS HEISSEN?
SIGRÚN...
RRSSSHH
WAS IST DAS...
... FÜR EIN HAUS?
RRSSHH RRSSHH RRSSHH

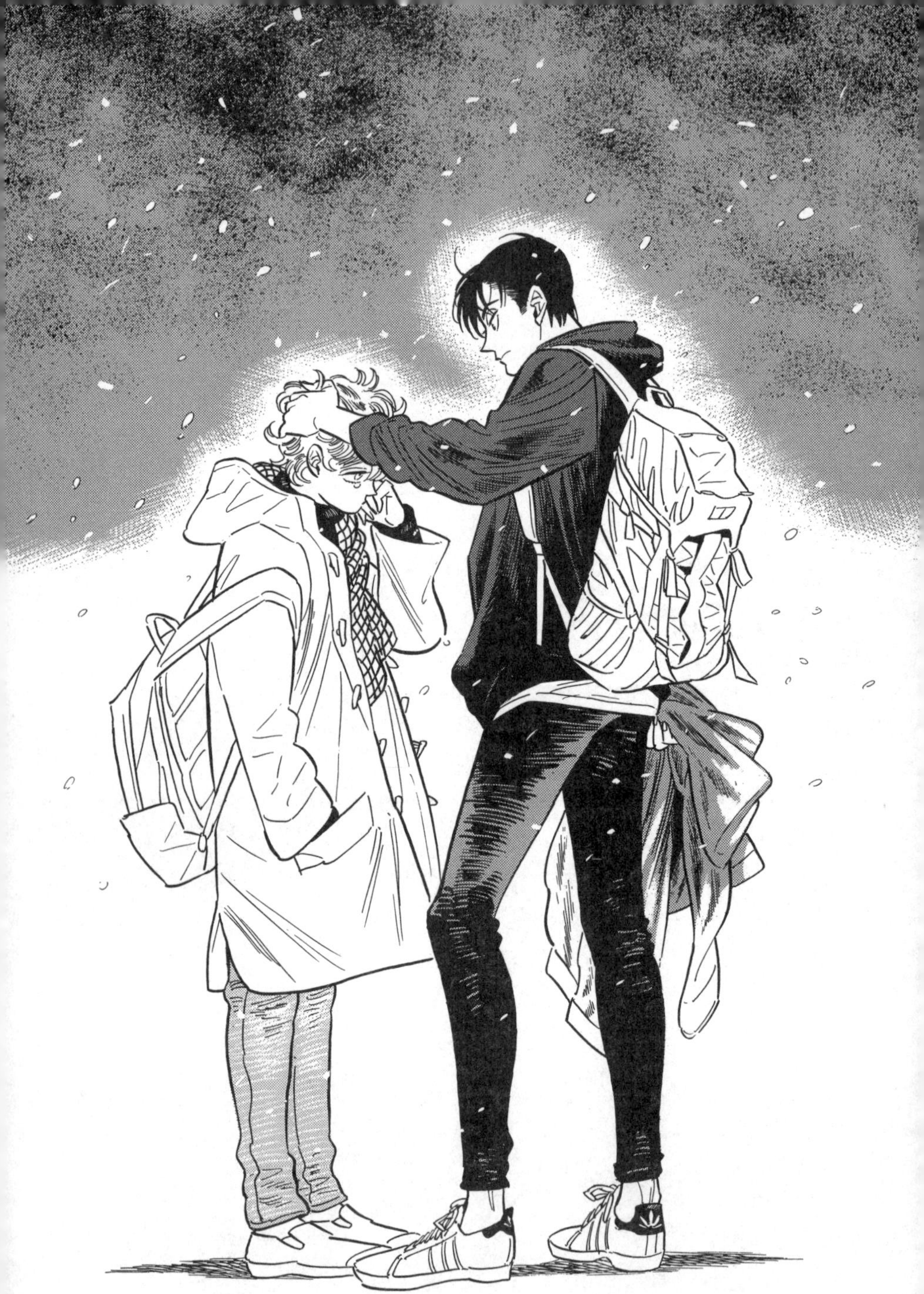

Kapitel 24 [tuttugasti og fjórði]

Zufall, Zweifel, oder doch nur der Wind?

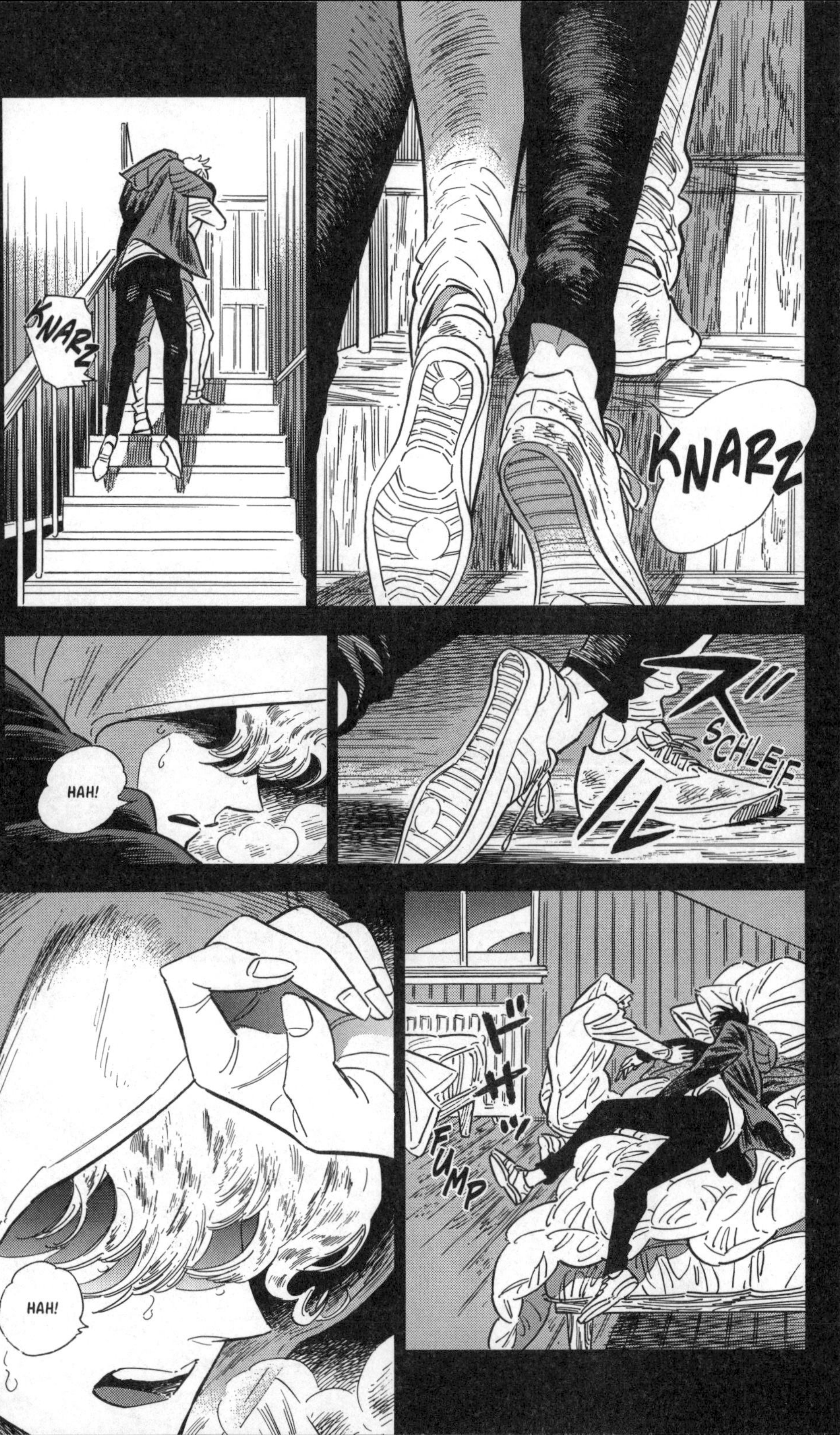
KNARZ
KNARZ
HAH!
SCHLEIF
HAH!
FUMP

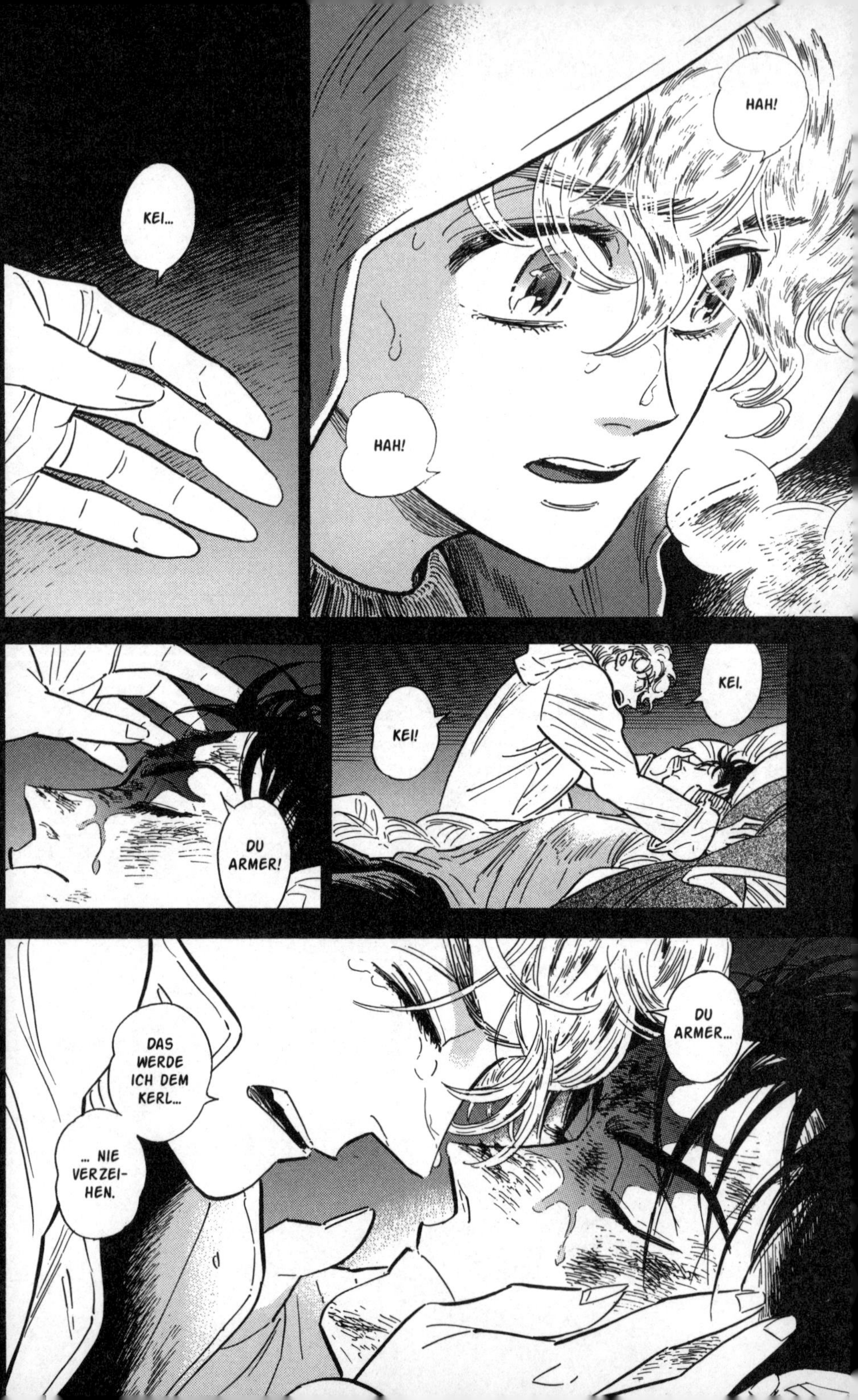
HAH!
HAH!
KEI…
KEI.
KEI!
DU ARMER!
DU ARMER…
DAS WERDE ICH DEM KERL…
… NIE VERZEIHEN.

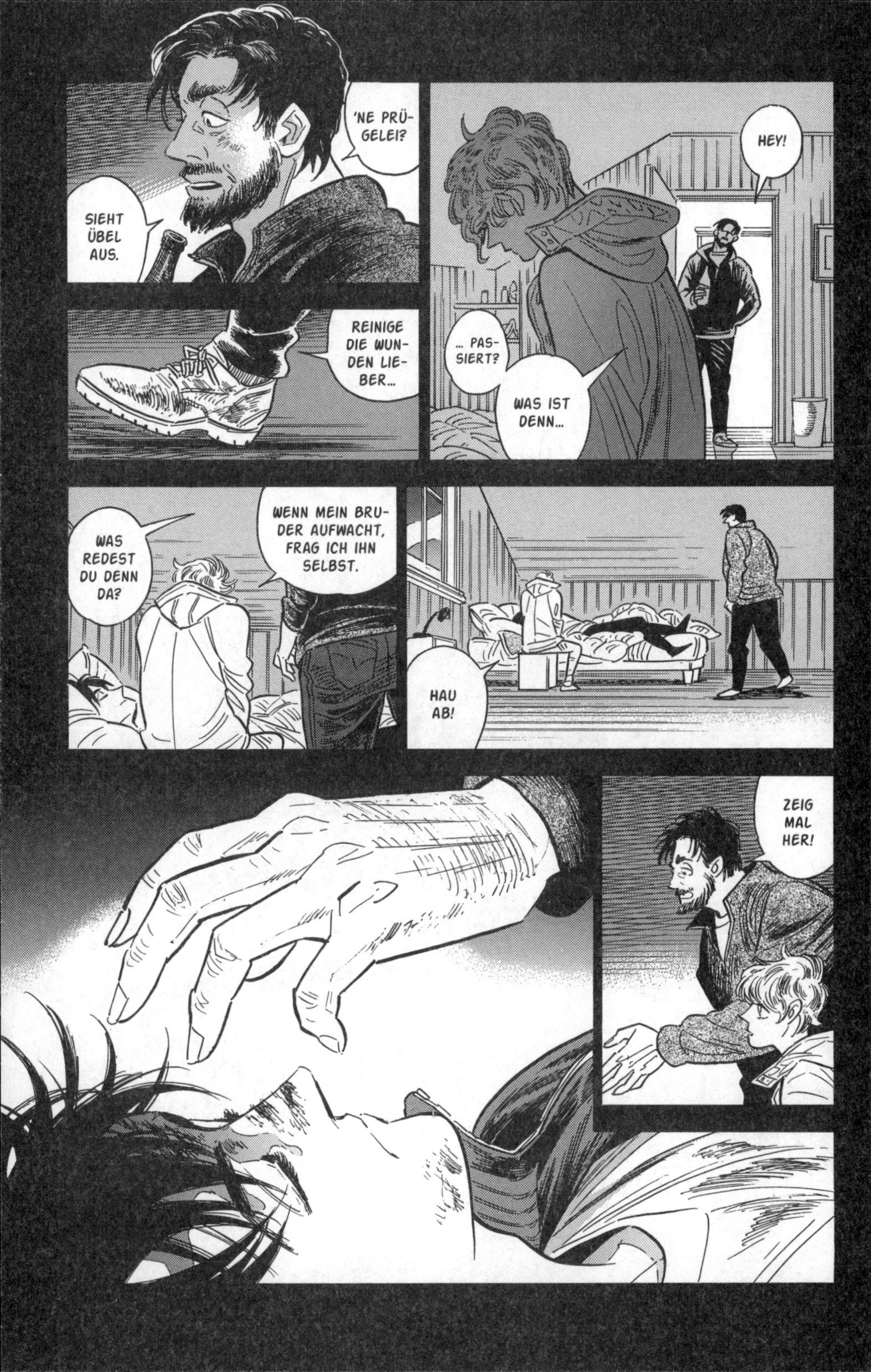
HEY!
WAS IST DENN…
… PASSIERT?
SIEHT ÜBEL AUS.
'NE PRÜGELEI?
REINIGE DIE WUNDEN LIEBER…
WAS REDEST DU DENN DA?
WENN MEIN BRUDER AUFWACHT, FRAG ICH IHN SELBST.
HAU AB!
ZEIG MAL HER!

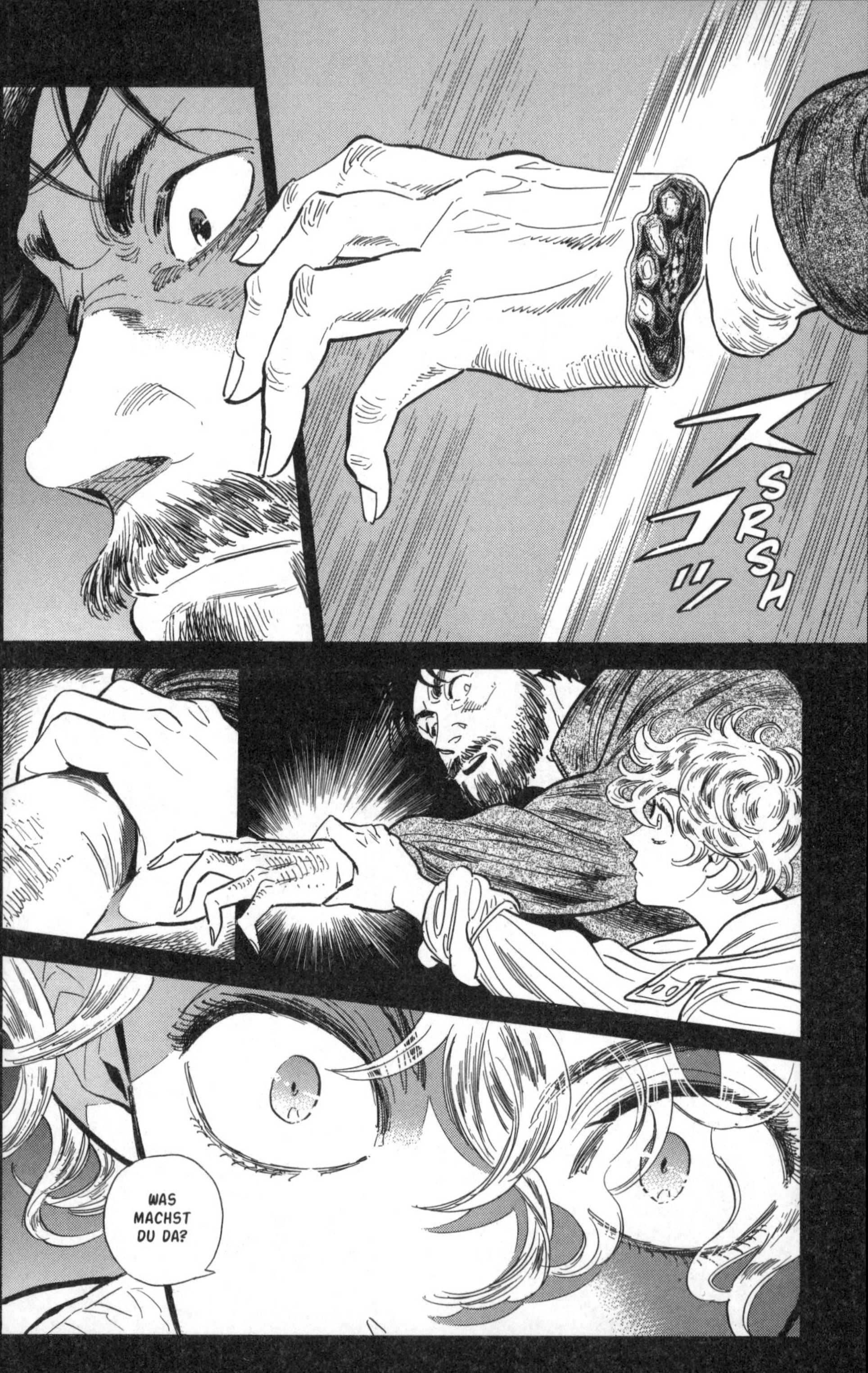
SRSH
スコッ
WAS MACHST DU DA?

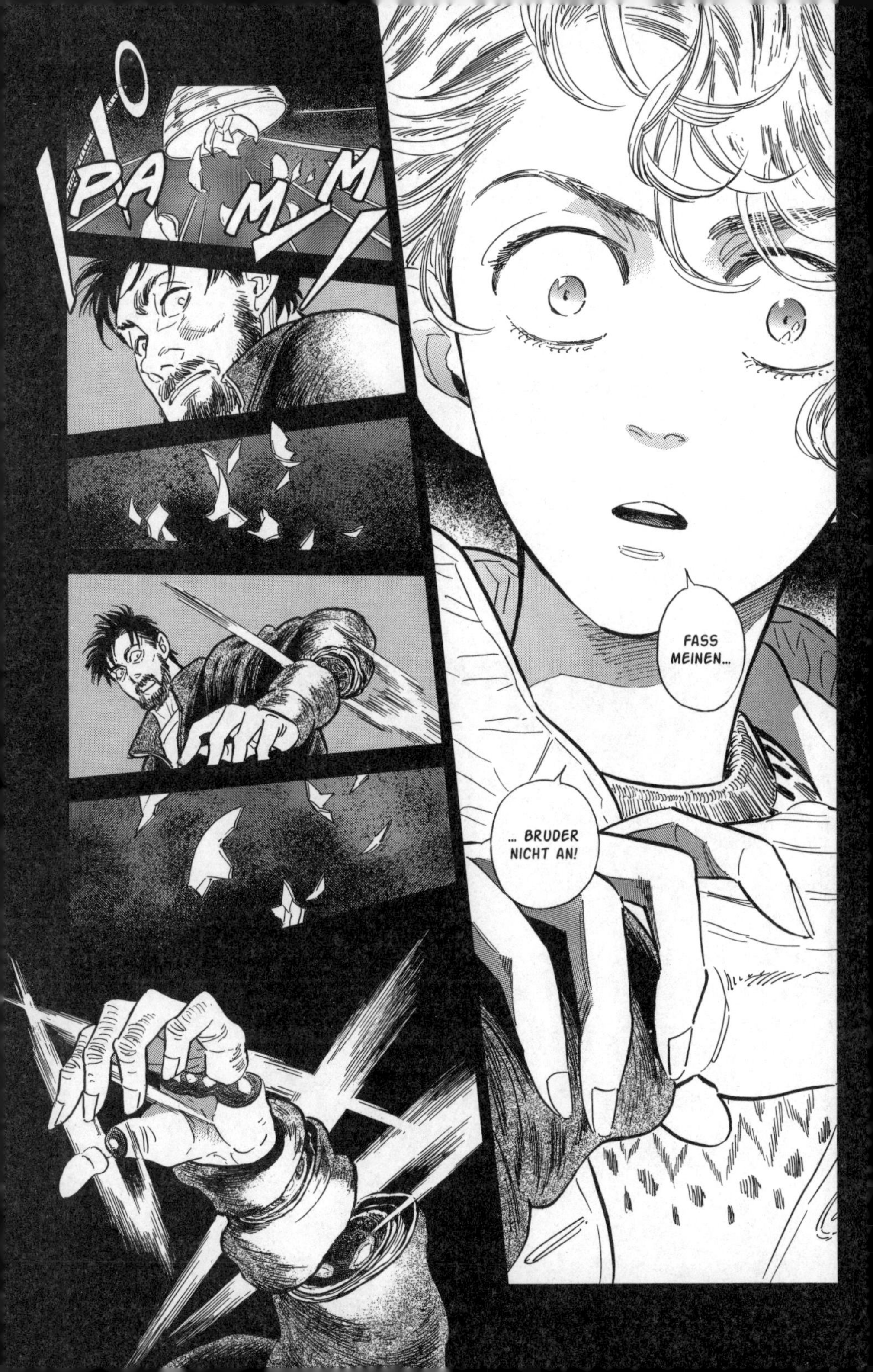
PAMM
FASS MEINEN…
… BRUDER NICHT AN!

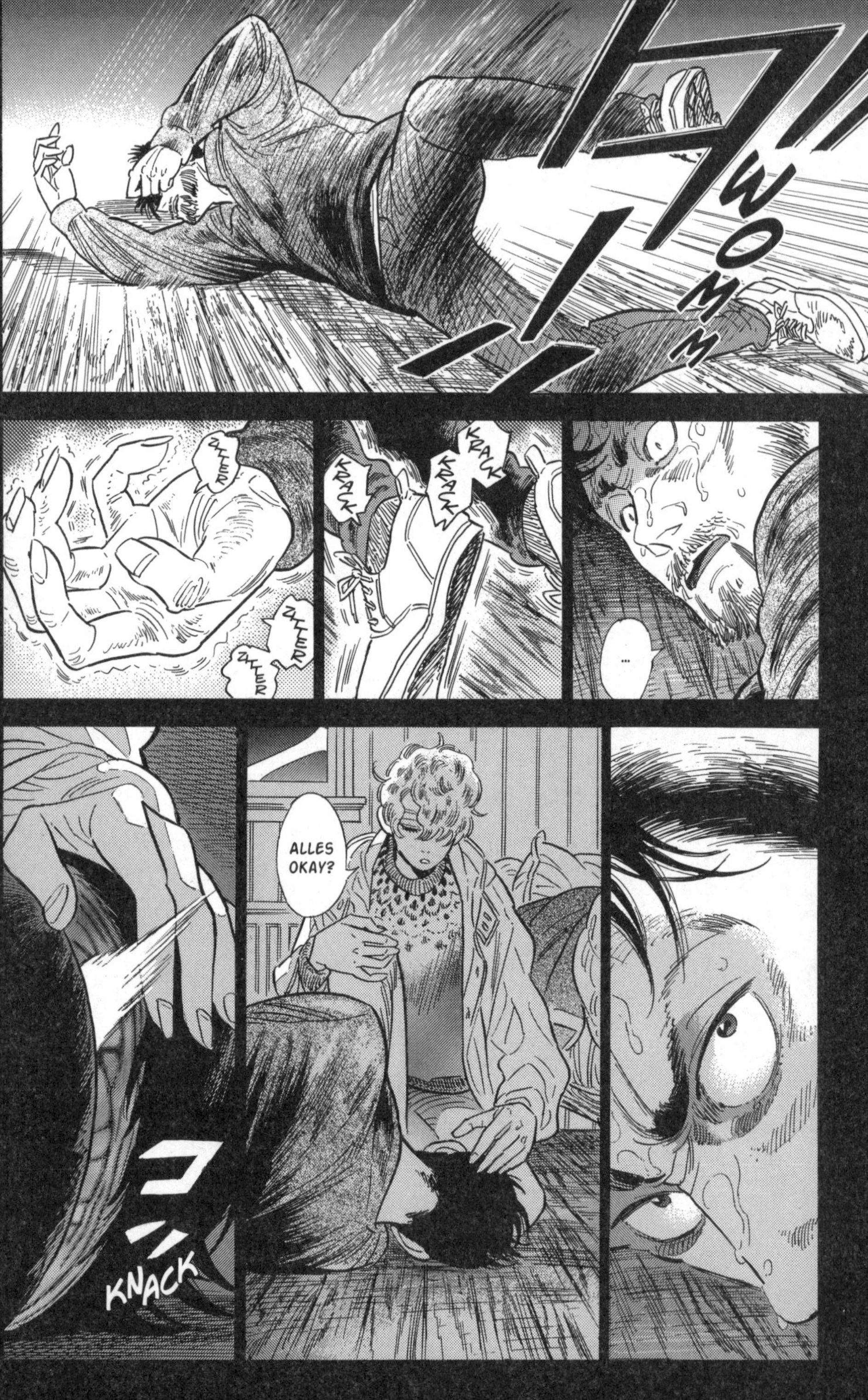
WOMMM
ZITTER
ZITTER
ZITTER
KRACK
KRACK
KRACK
...
KNACK
ALLES OKAY?

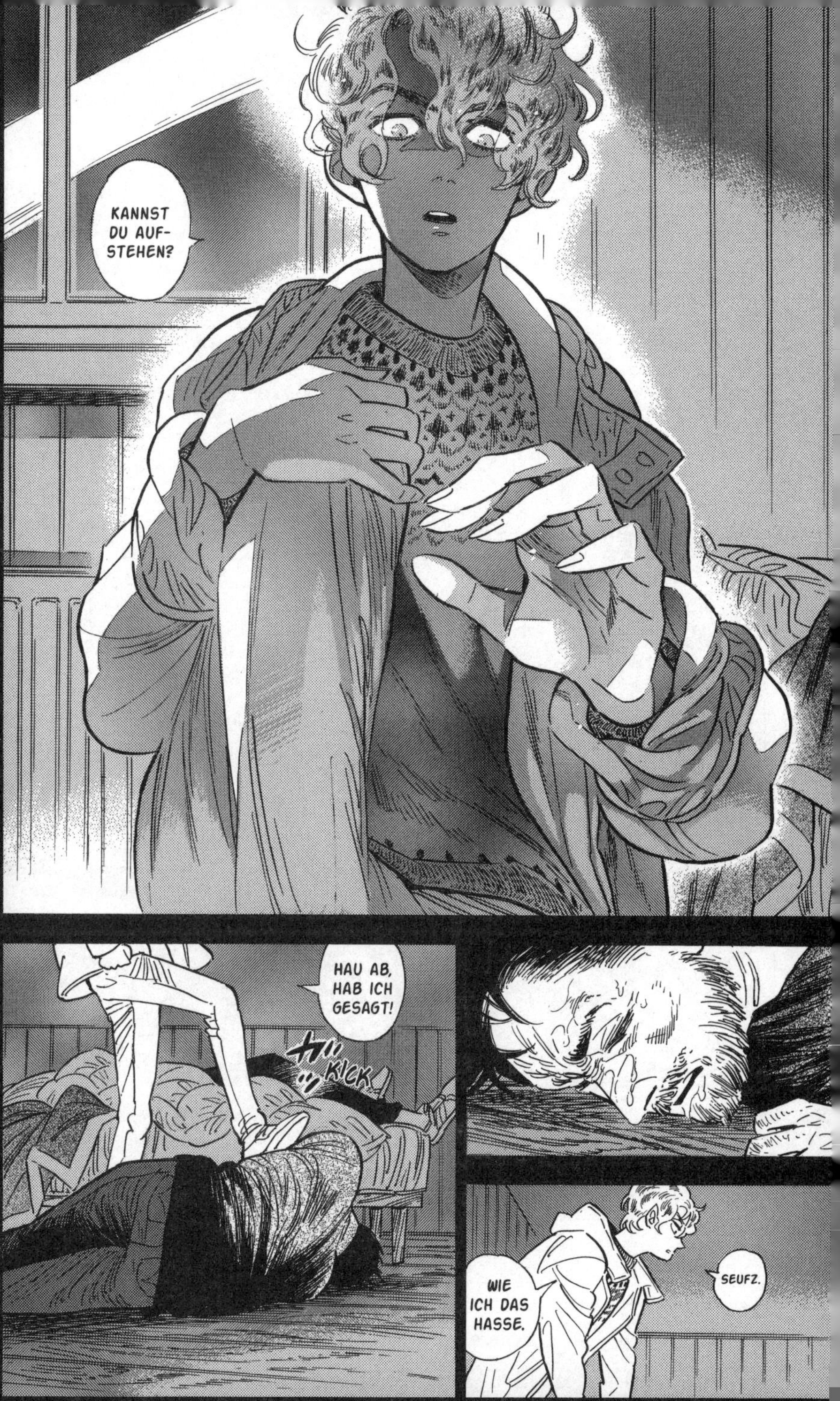
KANNST DU AUF-STEHEN?
HAU AB, HAB ICH GESAGT!
KICK
WIE ICH DAS HASSE.
SEUFZ.

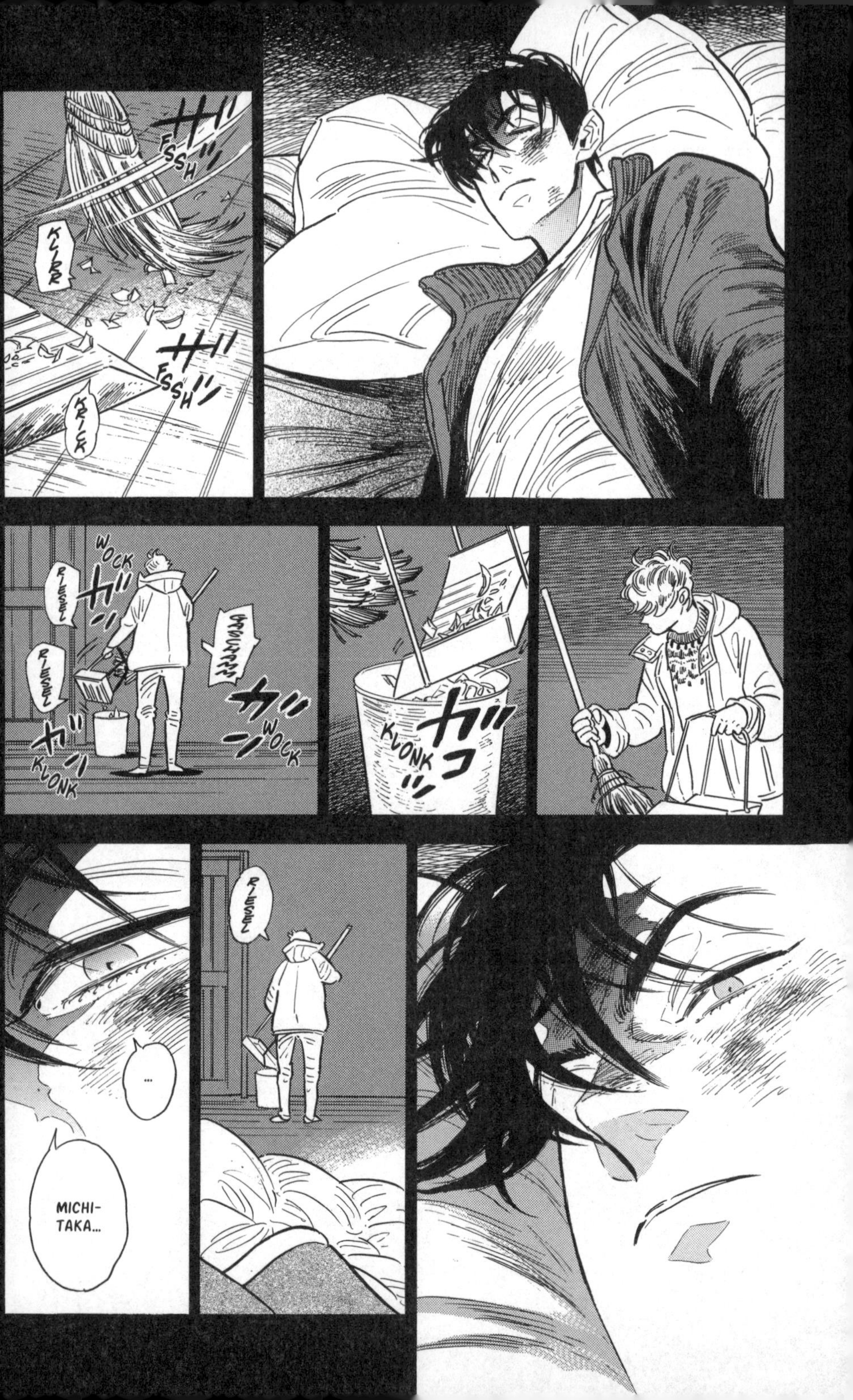

FSSH
KCIRR
FSSH
KRICK
KLONK
WOCK
RIESEL
RIESEL
WOCK
KLONK
RIESEL
...
MICHI-
TAKA...

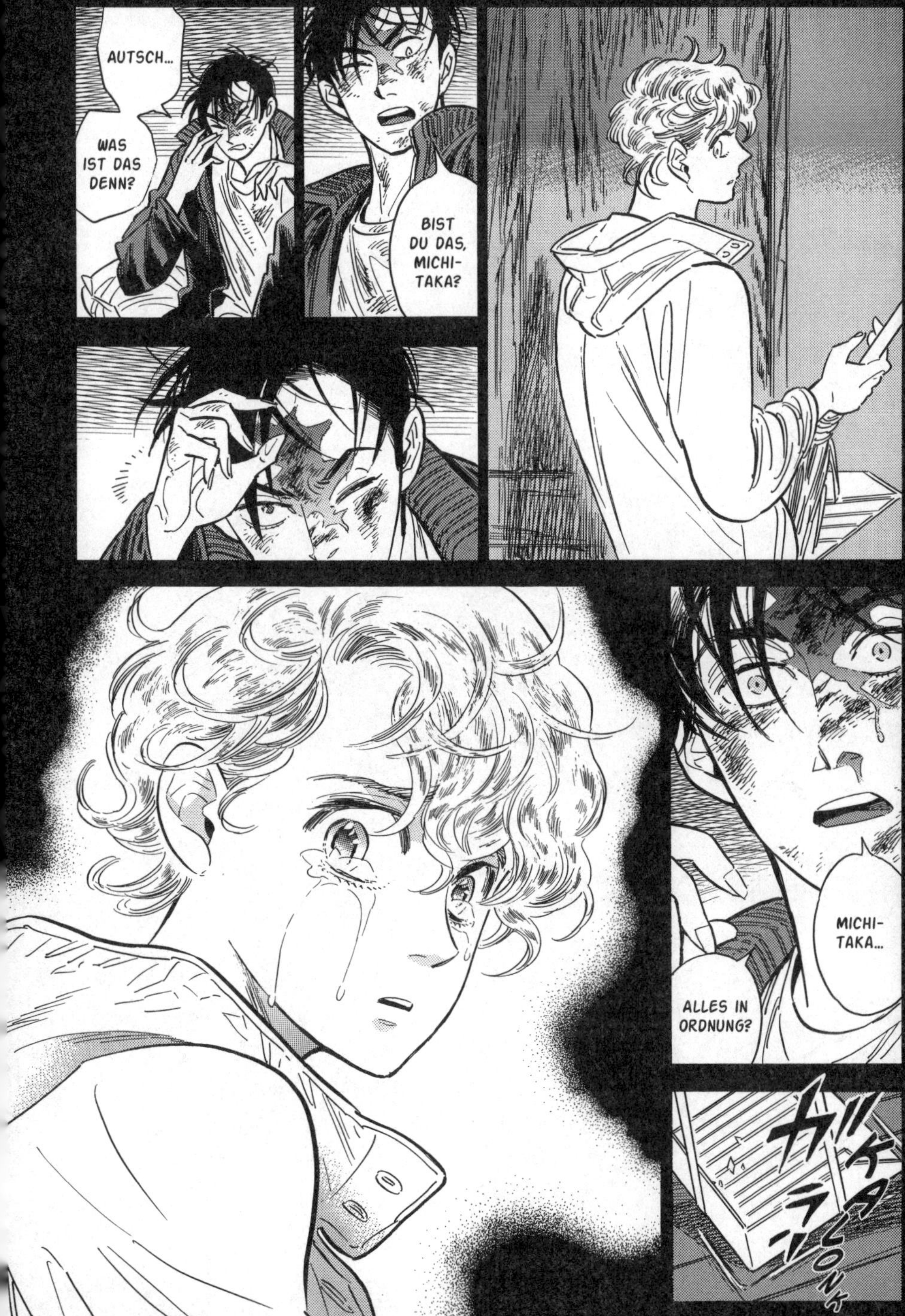
AUTSCH...
WAS IST DAS DENN?
BIST DU DAS, MICHI-TAKA?
MICHI-TAKA...
ALLES IN ORDNUNG?
KLONK

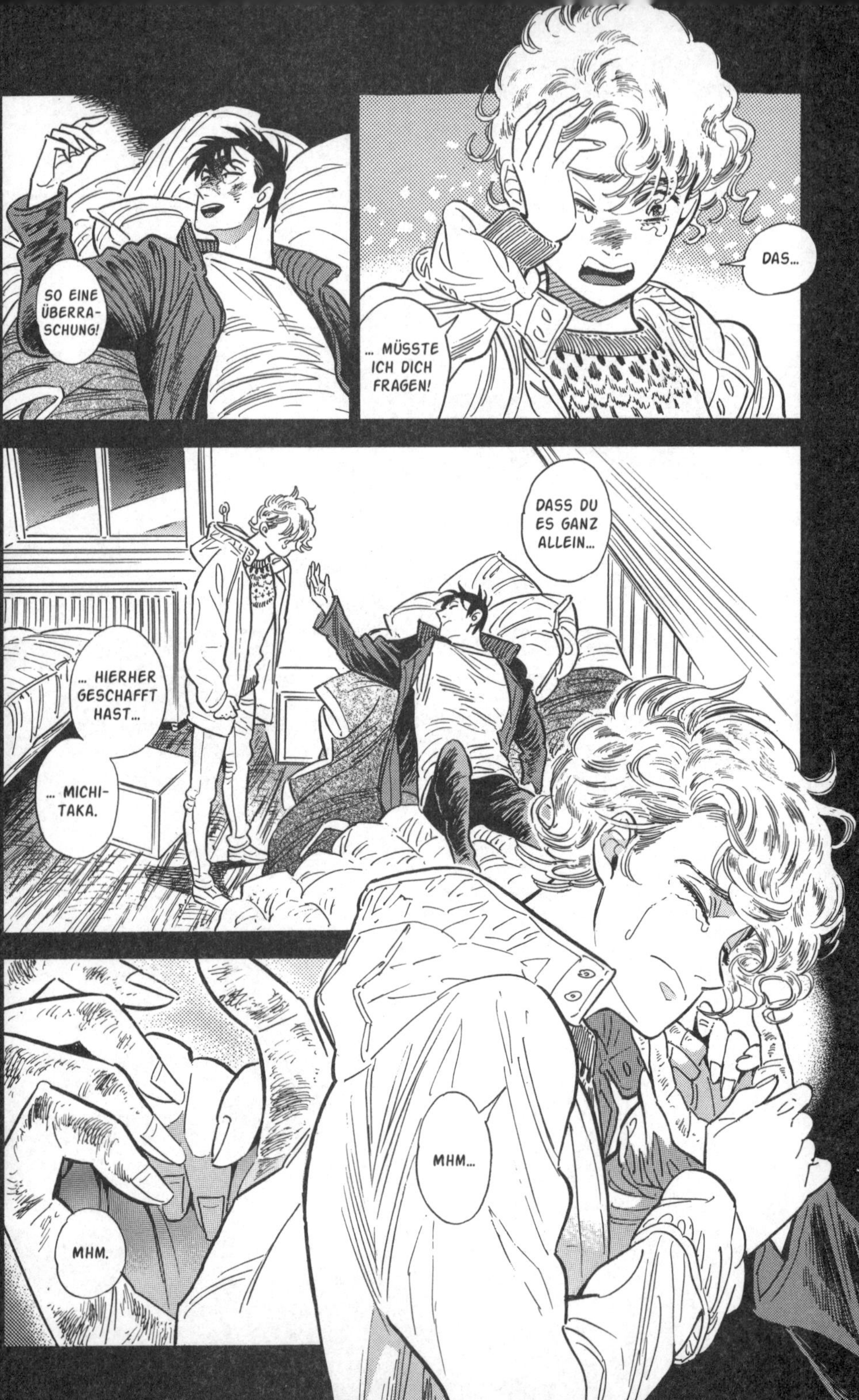
SO EINE ÜBERRASCHUNG!
DAS...
... MÜSSTE ICH DICH FRAGEN!
DASS DU ES GANZ ALLEIN...
... HIERHER GESCHAFFT HAST...
... MICHITAKA.
MHM...
MHM.

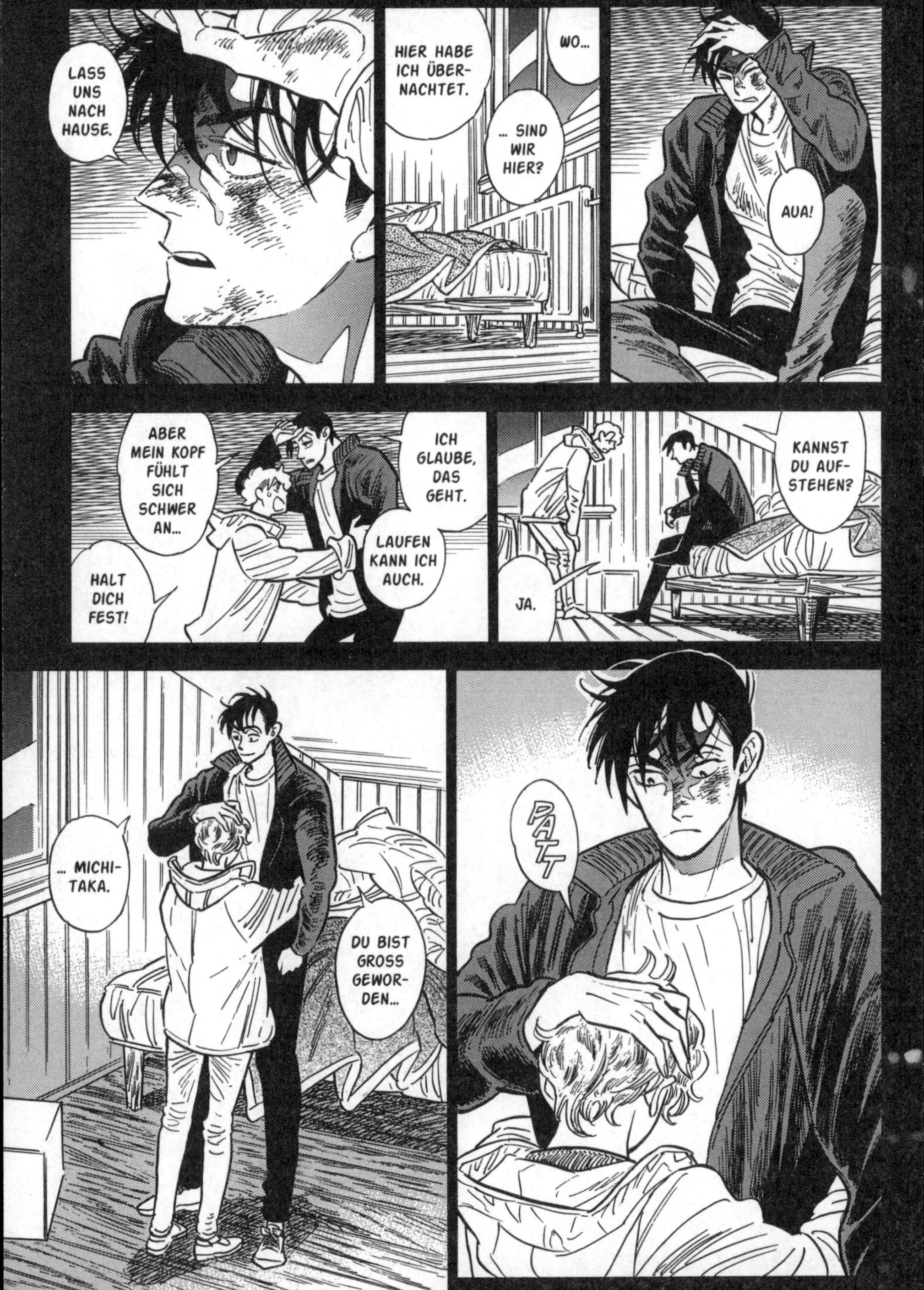
AUA!
WO...
... SIND WIR HIER?
HIER HABE ICH ÜBERNACHTET.
LASS UNS NACH HAUSE.
KANNST DU AUFSTEHEN?
JA.
ICH GLAUBE, DAS GEHT.
LAUFEN KANN ICH AUCH.
ABER MEIN KOPF FÜHLT SICH SCHWER AN...
HALT DICH FEST!
PATT
DU BIST GROSS GEWORDEN...
... MICHITAKA.

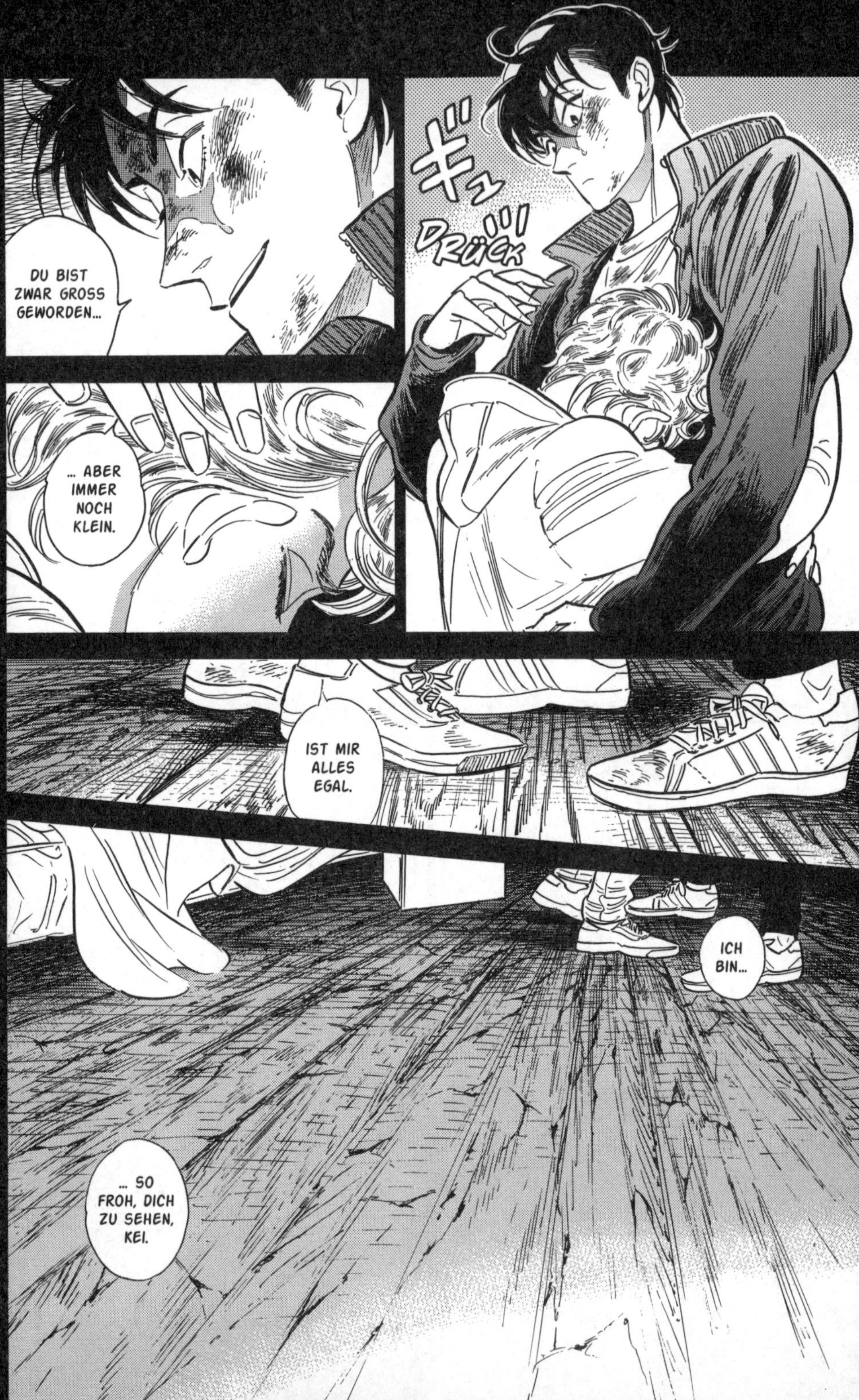
ギュ
DRÜCK
DU BIST ZWAR GROSS GEWORDEN...
... ABER IMMER NOCH KLEIN.
IST MIR ALLES EGAL.
ICH BIN...
... SO FROH, DICH ZU SEHEN, KEI.

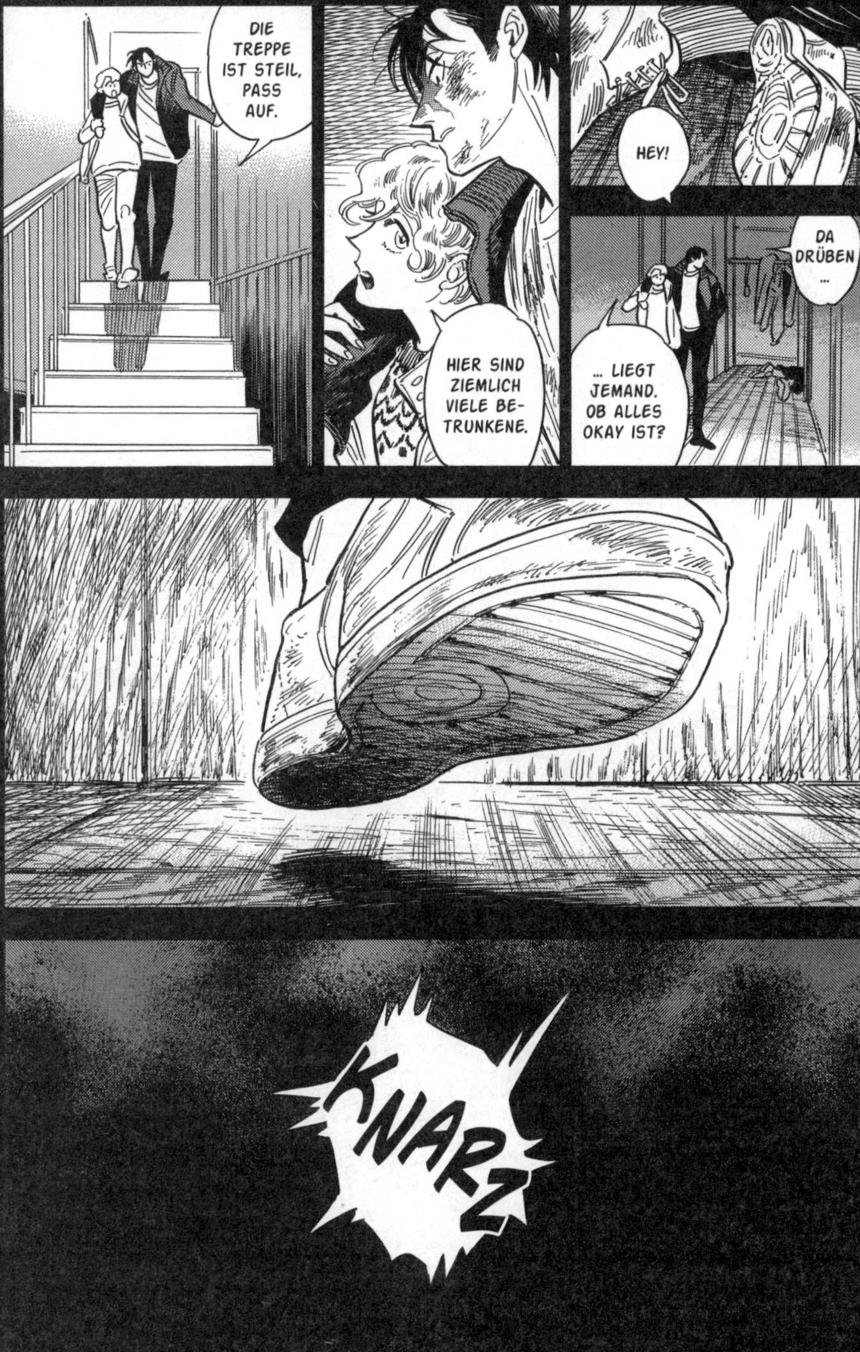
DIE TREPPE IST STEIL, PASS AUF.
HIER SIND ZIEMLICH VIELE BE-TRUNKENE.
HEY!
DA DRÜBEN …
… LIEGT JEMAND. OB ALLES OKAY IST?
KNARZ

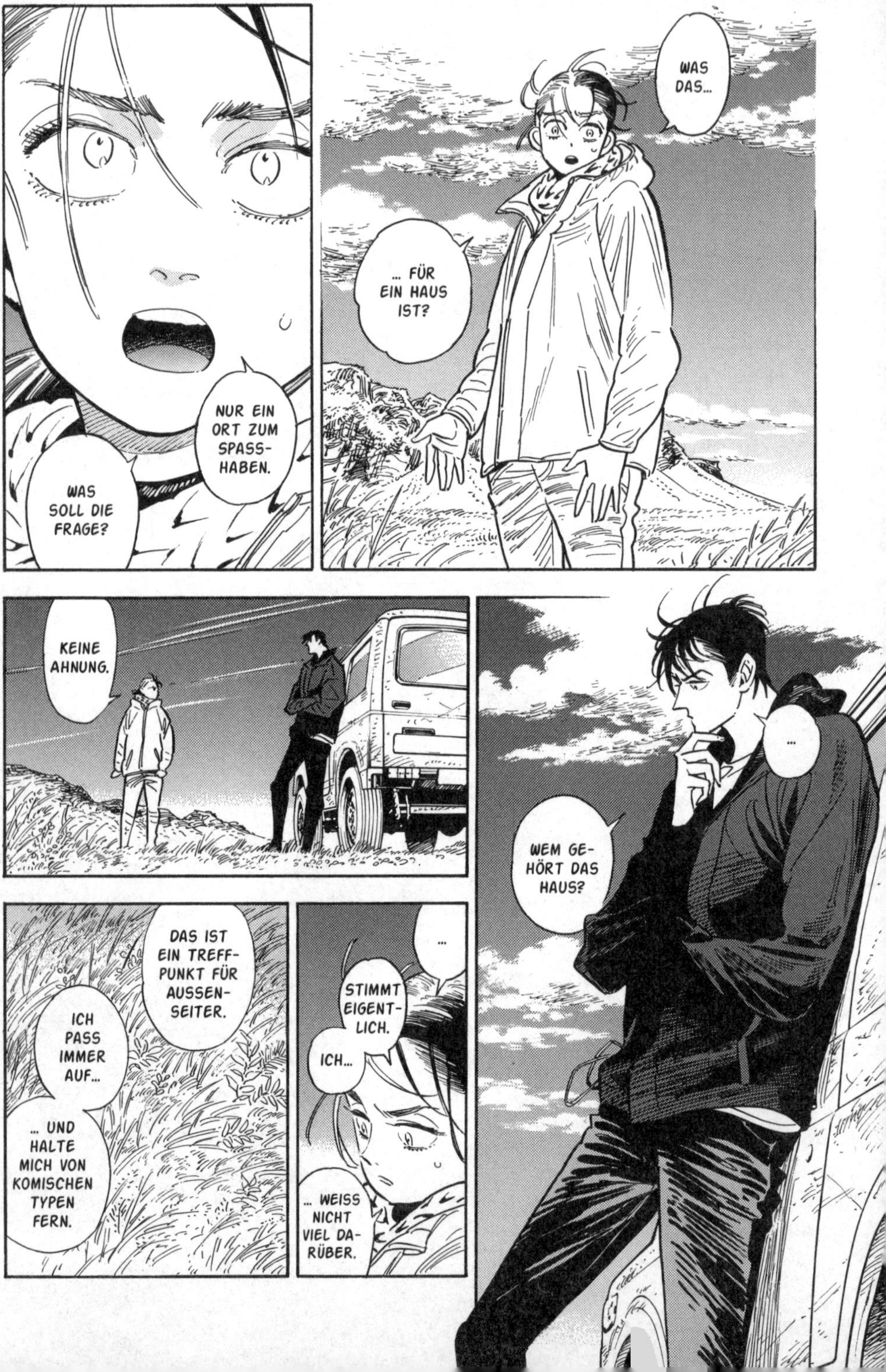
WAS DAS...
... FÜR EIN HAUS IST?
NUR EIN ORT ZUM SPASS-HABEN.
WAS SOLL DIE FRAGE?
...
WEM GEHÖRT DAS HAUS?
KEINE AHNUNG.
...
STIMMT EIGENTLICH.
ICH...
... WEISS NICHT VIEL DARÜBER.
DAS IST EIN TREFFPUNKT FÜR AUSSENSEITER.
ICH PASS IMMER AUF...
... UND HALTE MICH VON KOMISCHEN TYPEN FERN.

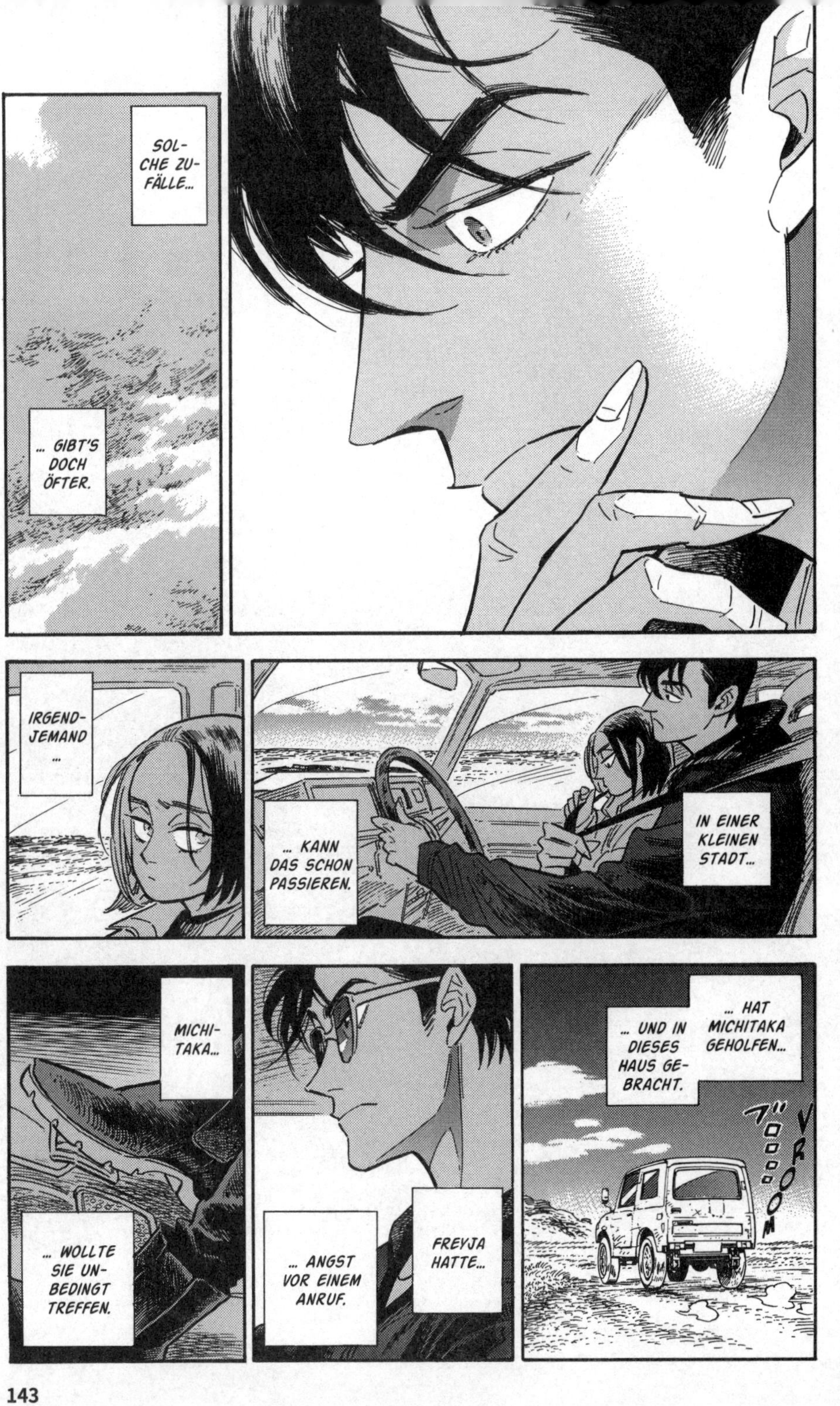
SOL-
CHE ZU-
FÄLLE...
... GIBT'S
DOCH
ÖFTER.
IN EINER
KLEINEN
STADT...
... KANN
DAS SCHON
PASSIEREN.
IRGEND-
JEMAND
...
... HAT
MICHITAKA
GEHOLFEN...
... UND IN
DIESES
HAUS GE-
BRACHT.
VROOOM
FREYJA
HATTE...
... ANGST
VOR EINEM
ANRUF.
MICHI-
TAKA...
... WOLLTE
SIE UN-
BEDINGT
TREFFEN.

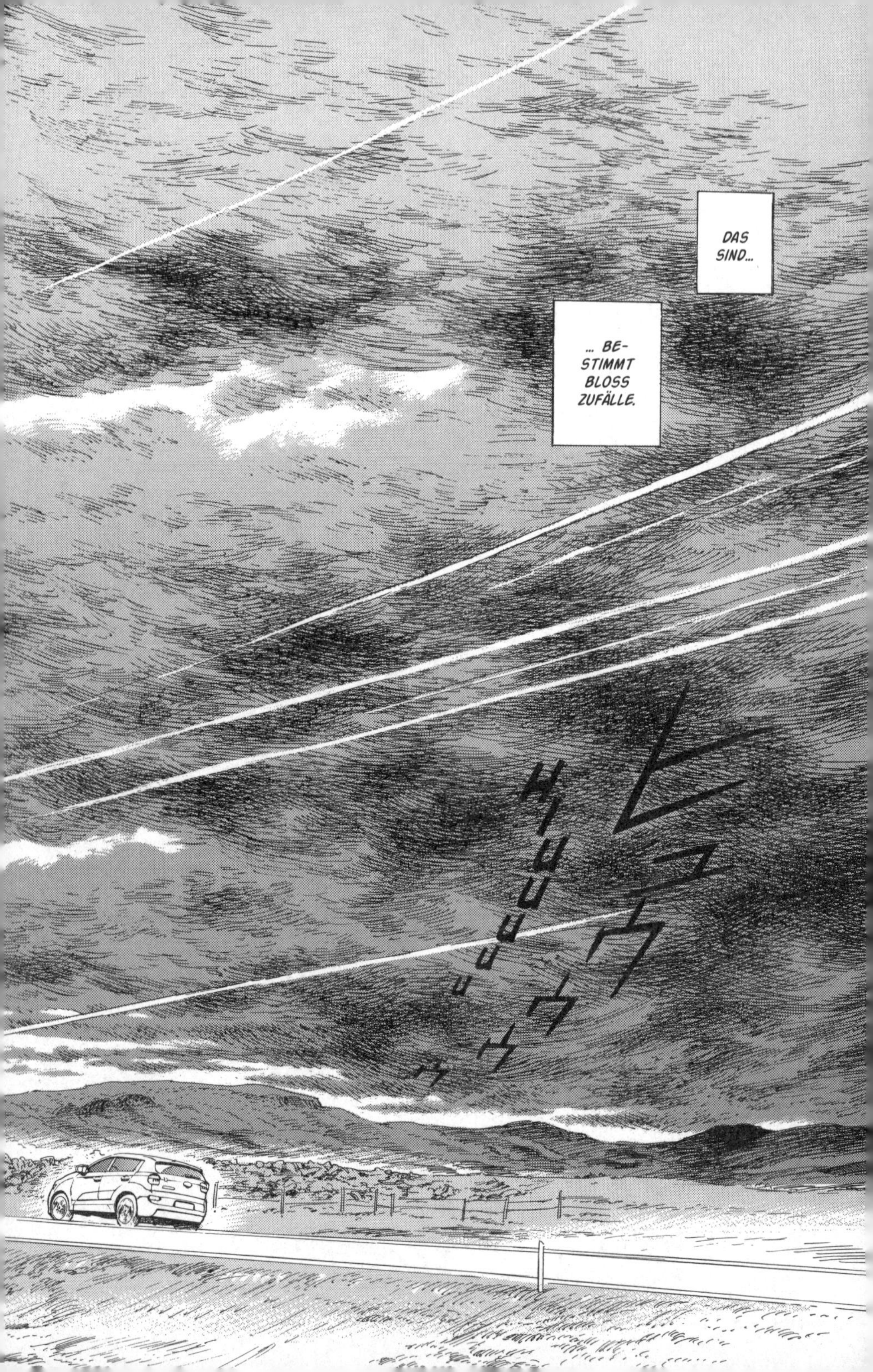
DAS SIND...
... BE-STIMMT BLOSS ZUFÄLLE.

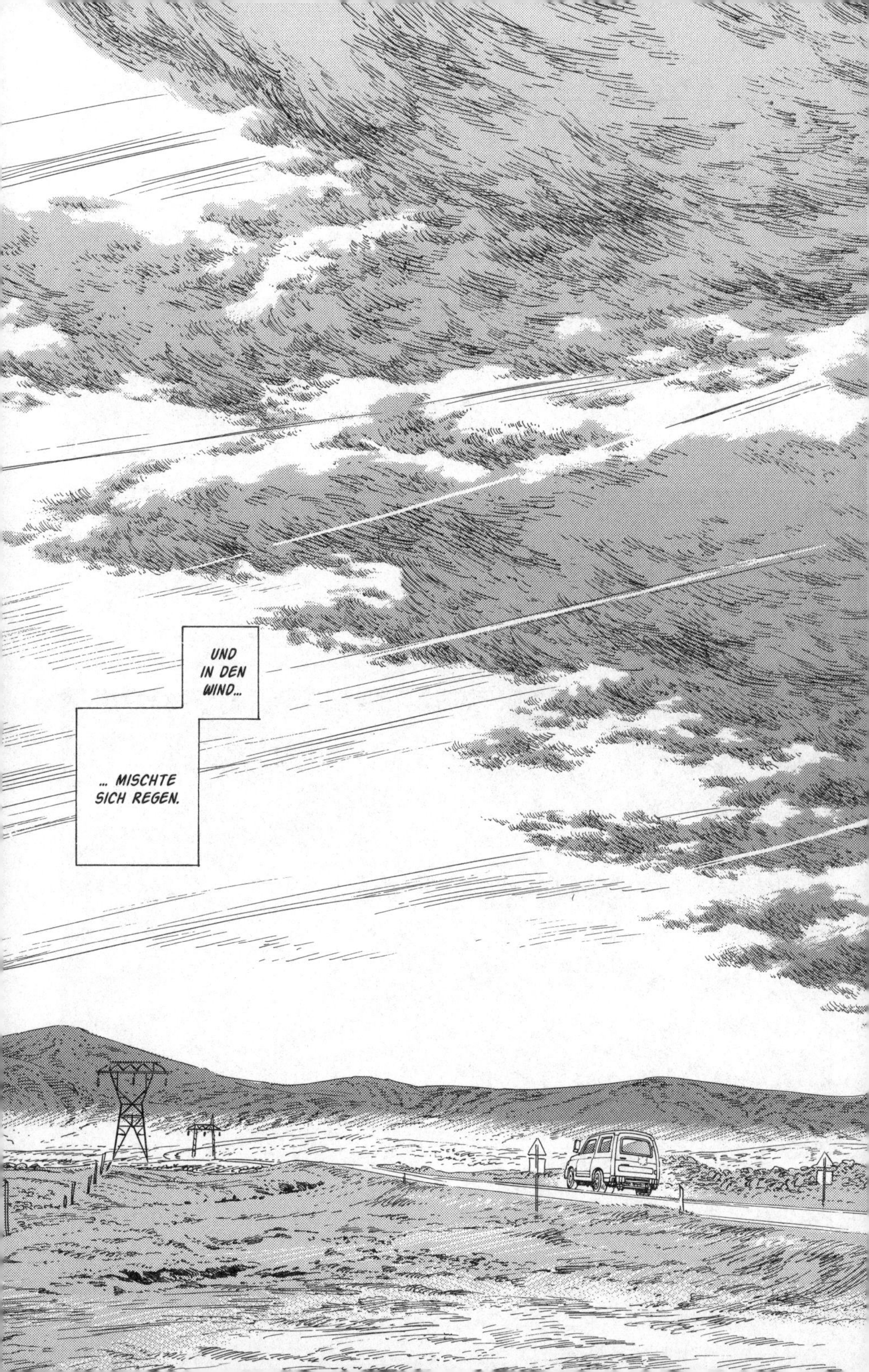
UND
IN DEN
WIND…
… MISCHTE
SICH REGEN.

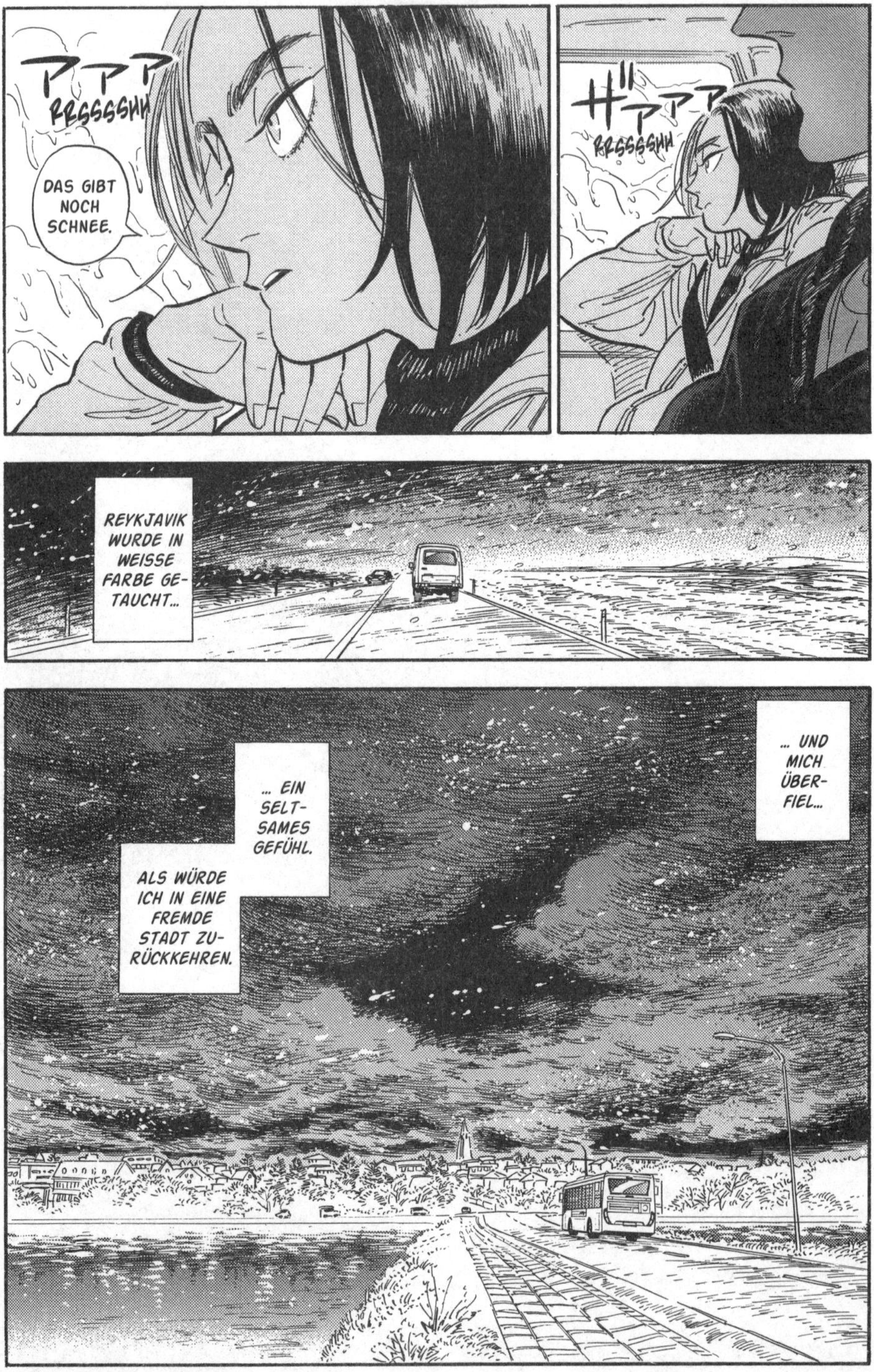

Kapitel 24 – Ende

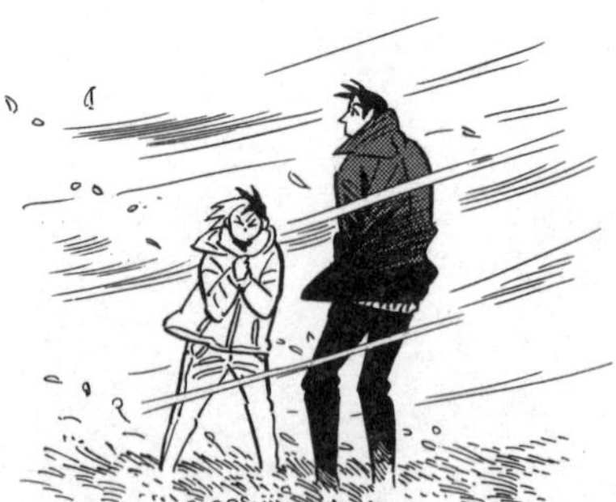

Kapitel 25 [tuttugasti og fimmti]

Freyja

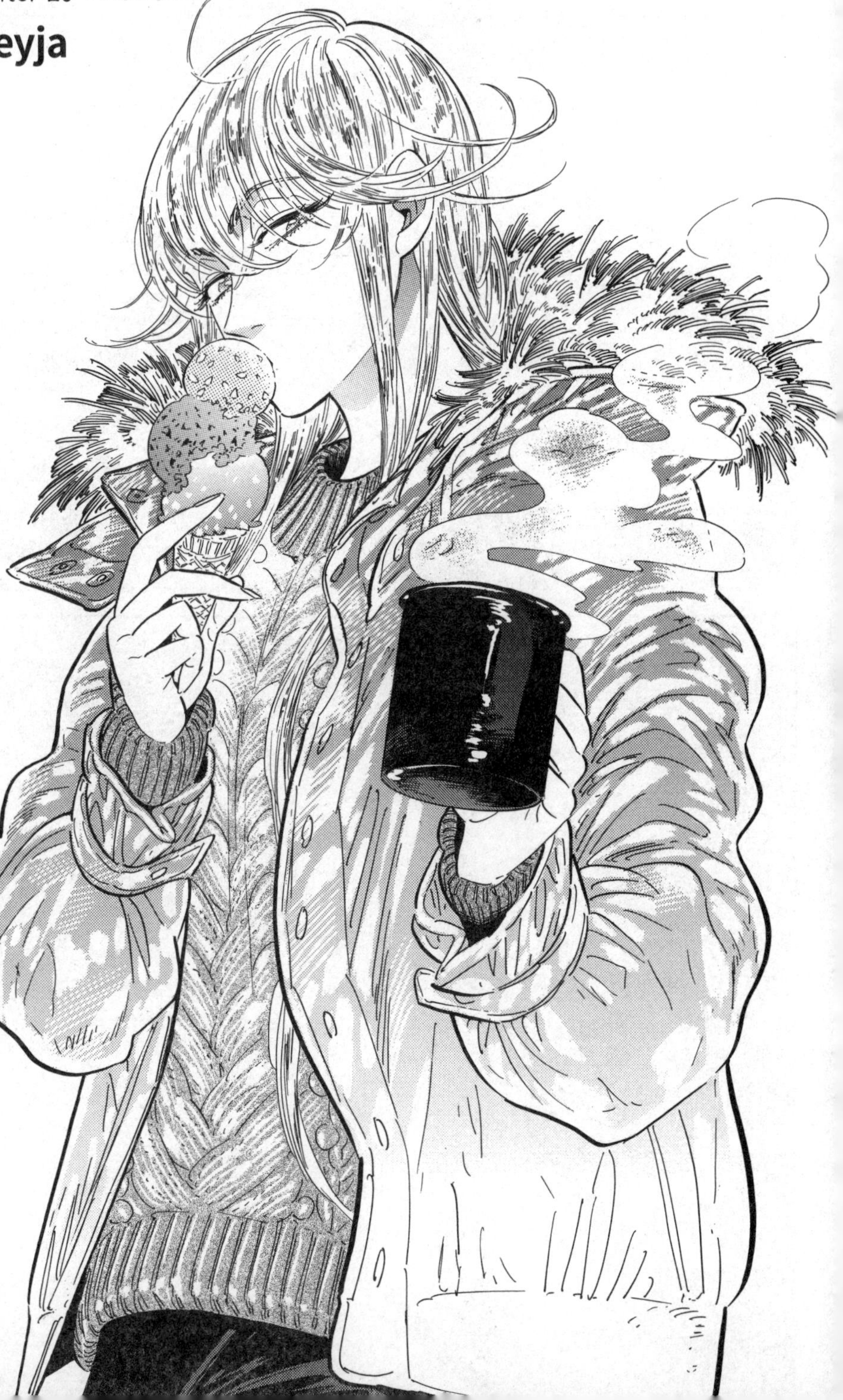

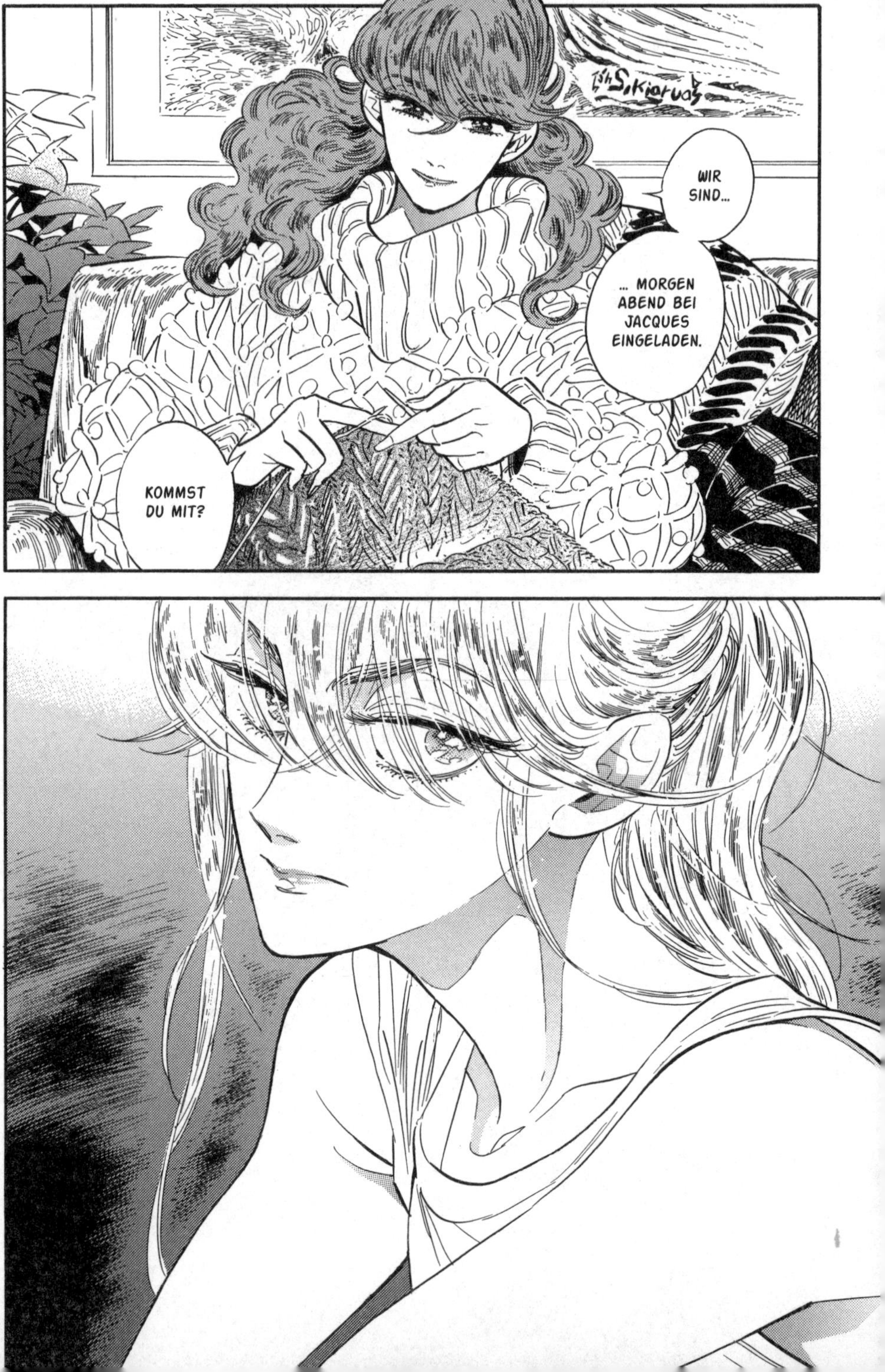
WIR SIND...
... MORGEN ABEND BEI JACQUES EINGELADEN.
KOMMST DU MIT?

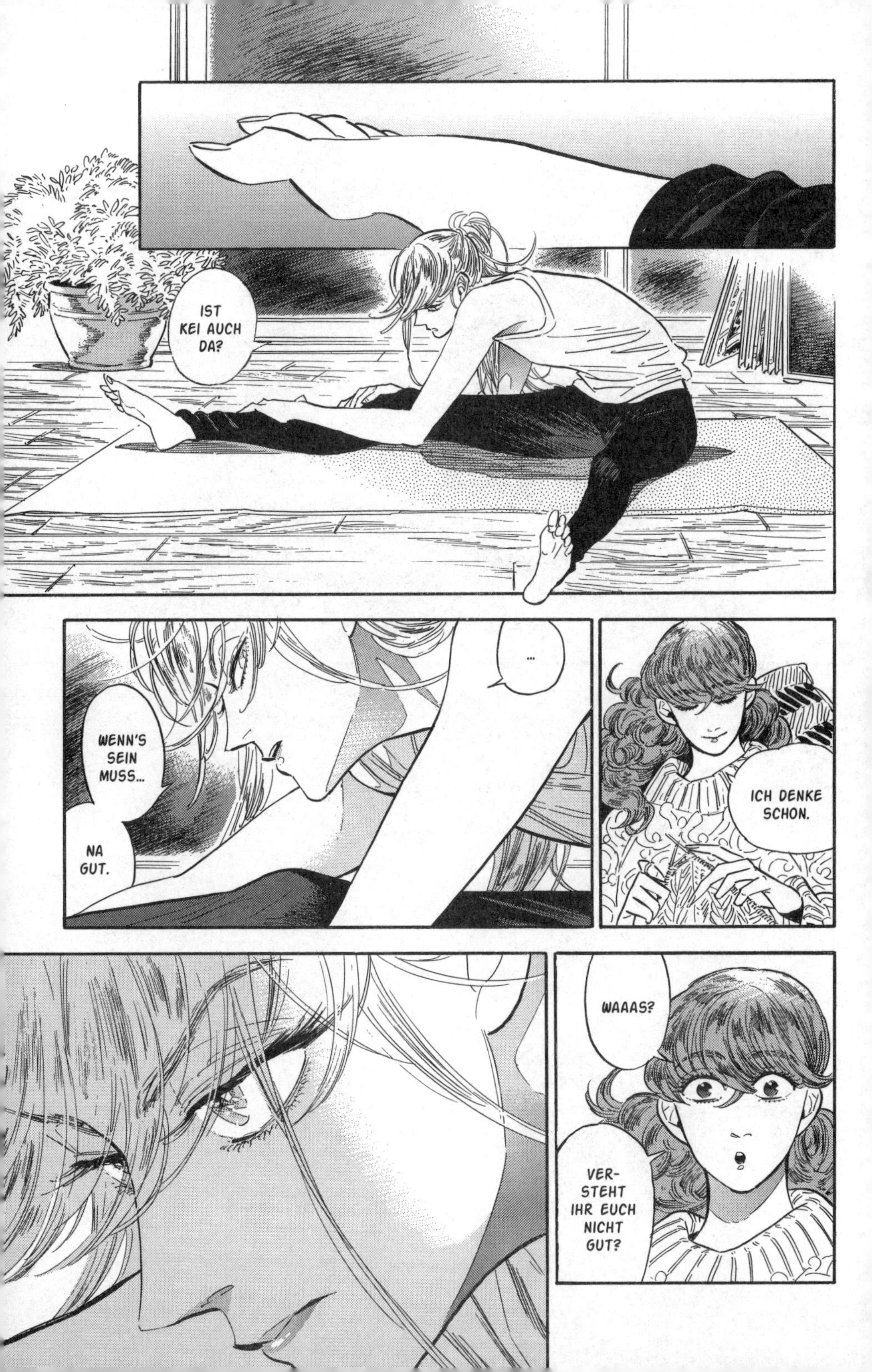
IST KEI AUCH DA?
...
WENN'S SEIN MUSS...
NA GUT.
ICH DENKE SCHON.
WAAAS?
VERSTEHT IHR EUCH NICHT GUT?

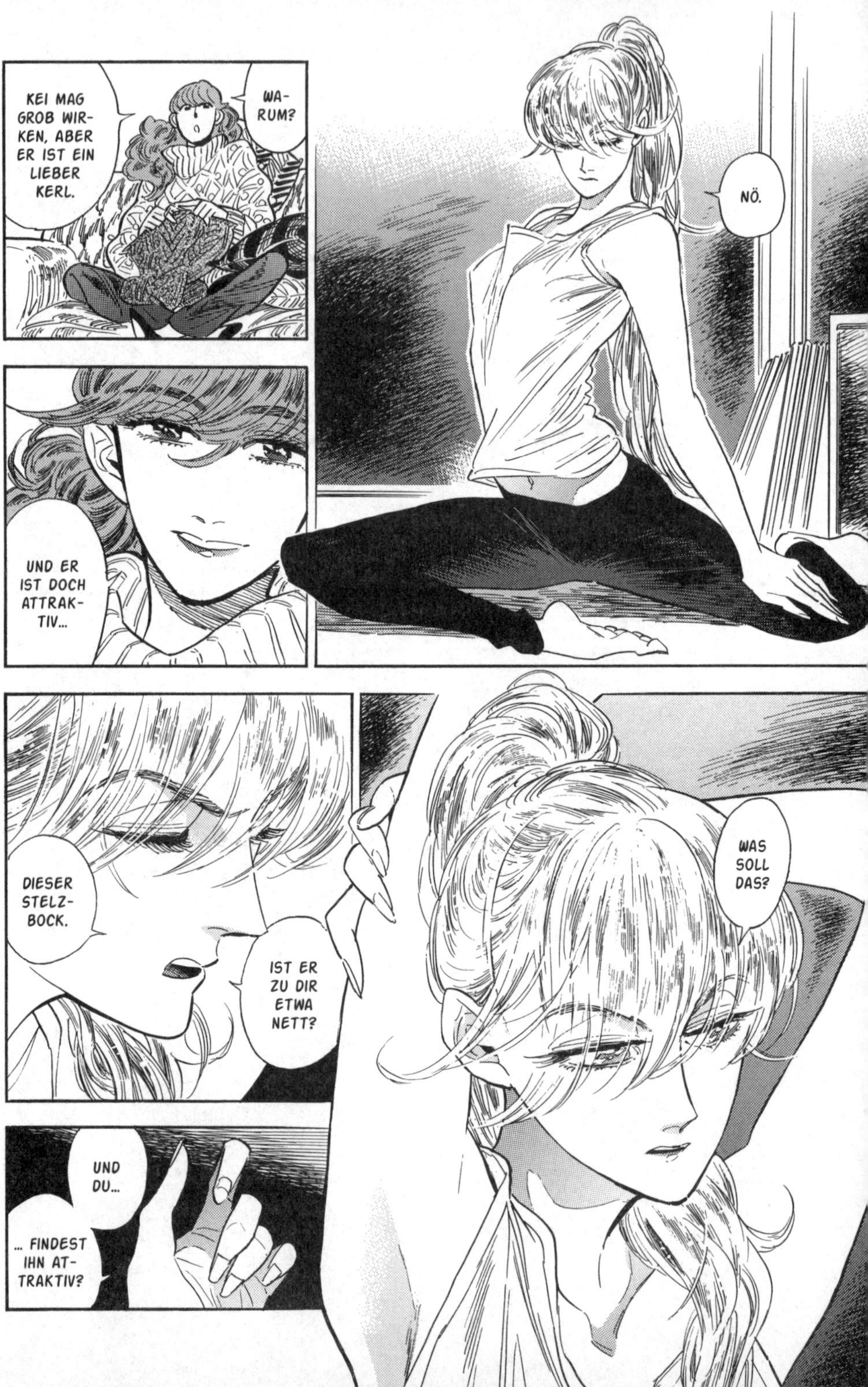
NÖ.
WA-RUM?
KEI MAG GROB WIRKEN, ABER ER IST EIN LIEBER KERL.
UND ER IST DOCH ATTRAK-TIV...
WAS SOLL DAS?
DIESER STELZ-BOCK.
IST ER ZU DIR ETWA NETT?
UND DU...
... FINDEST IHN AT-TRAKTIV?

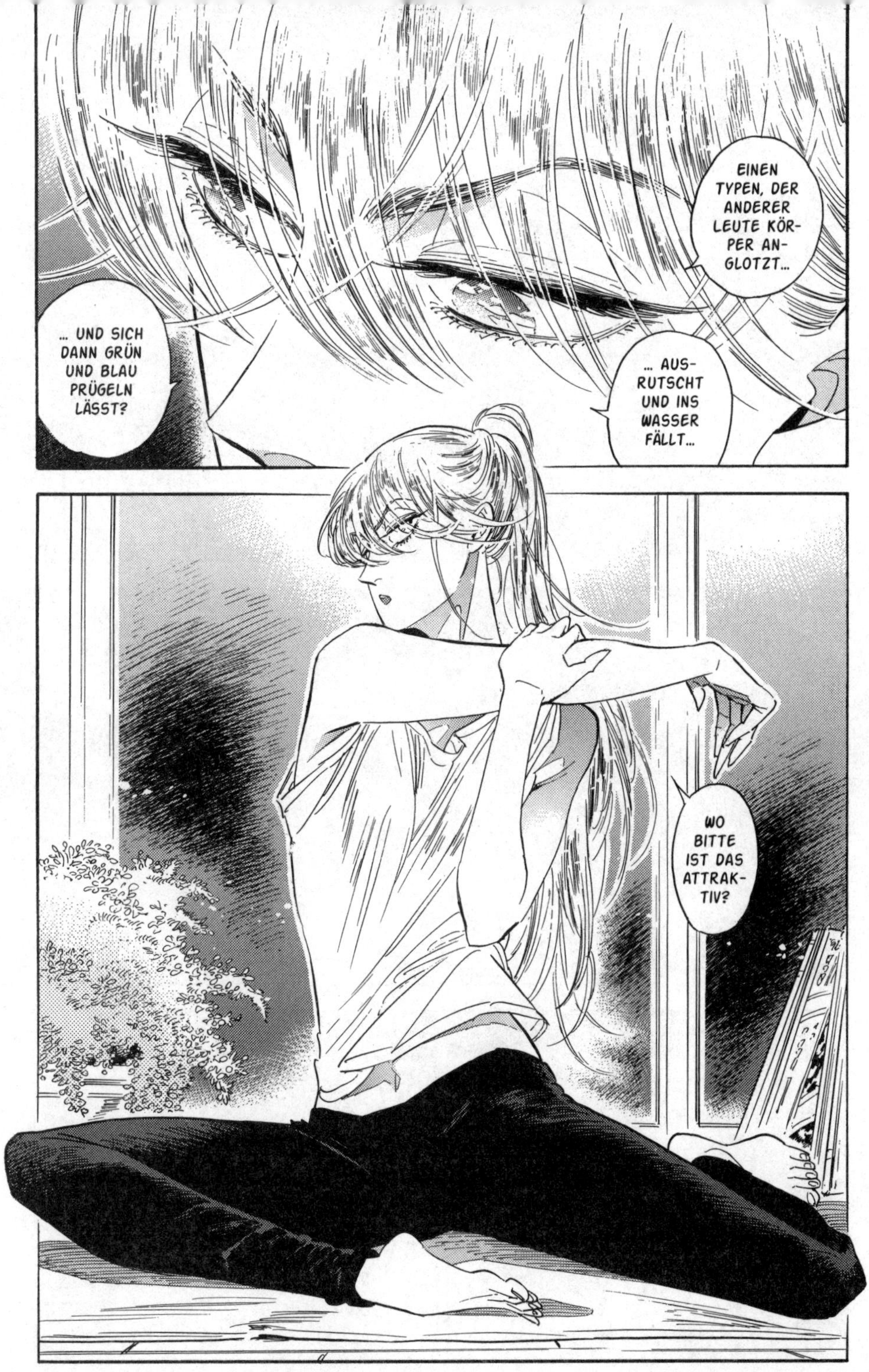
EINEN TYPEN, DER ANDERER LEUTE KÖRPER ANGLOTZT...
... AUSRUTSCHT UND INS WASSER FÄLLT...
... UND SICH DANN GRÜN UND BLAU PRÜGELN LÄSST?
WO BITTE IST DAS ATTRAKTIV?

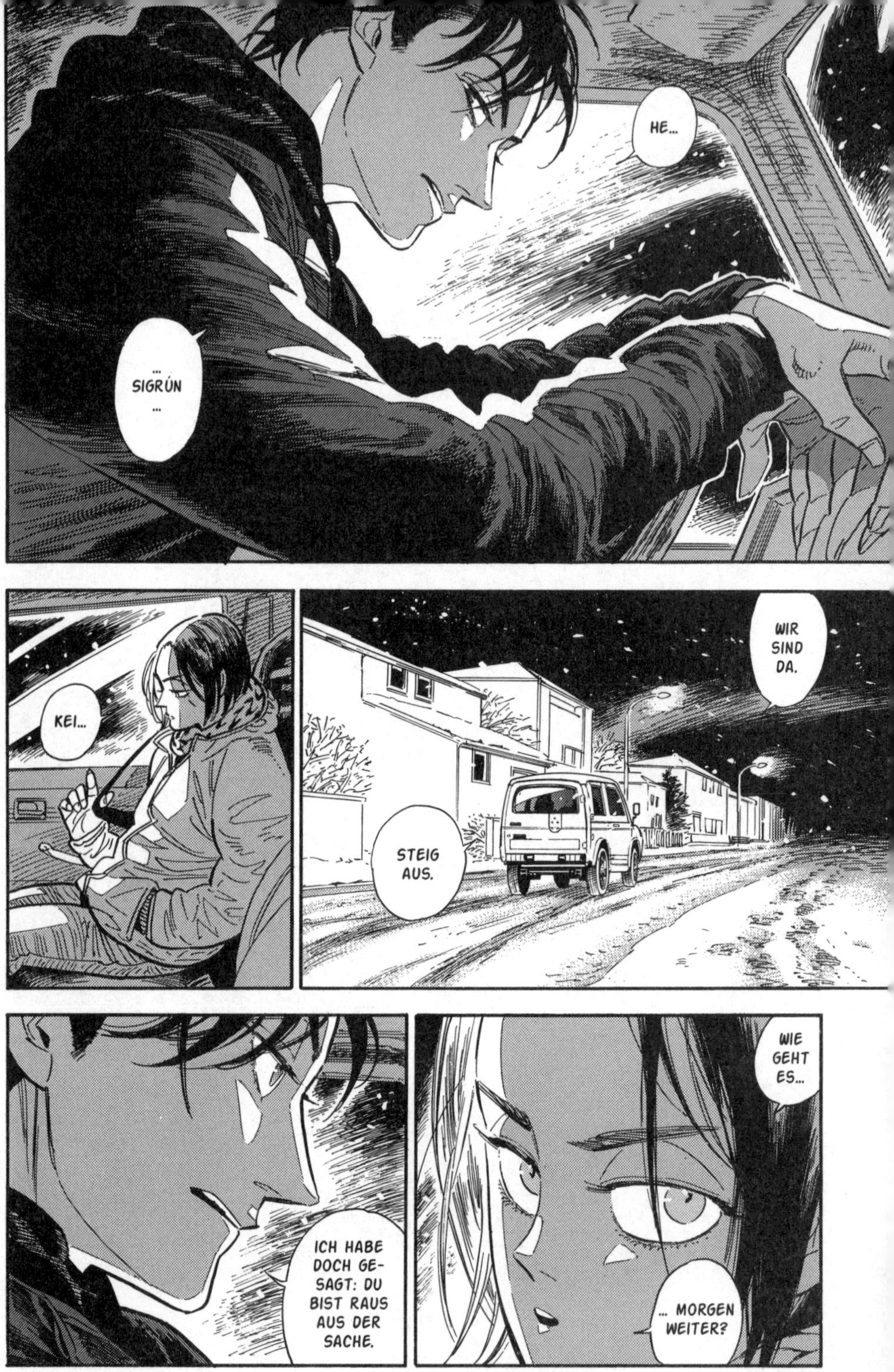
HE...
... SIGRÚN ...
WIR SIND DA.
STEIG AUS.
KEI...
WIE GEHT ES...
... MORGEN WEITER?
ICH HABE DOCH GE-SAGT: DU BIST RAUS AUS DER SACHE.

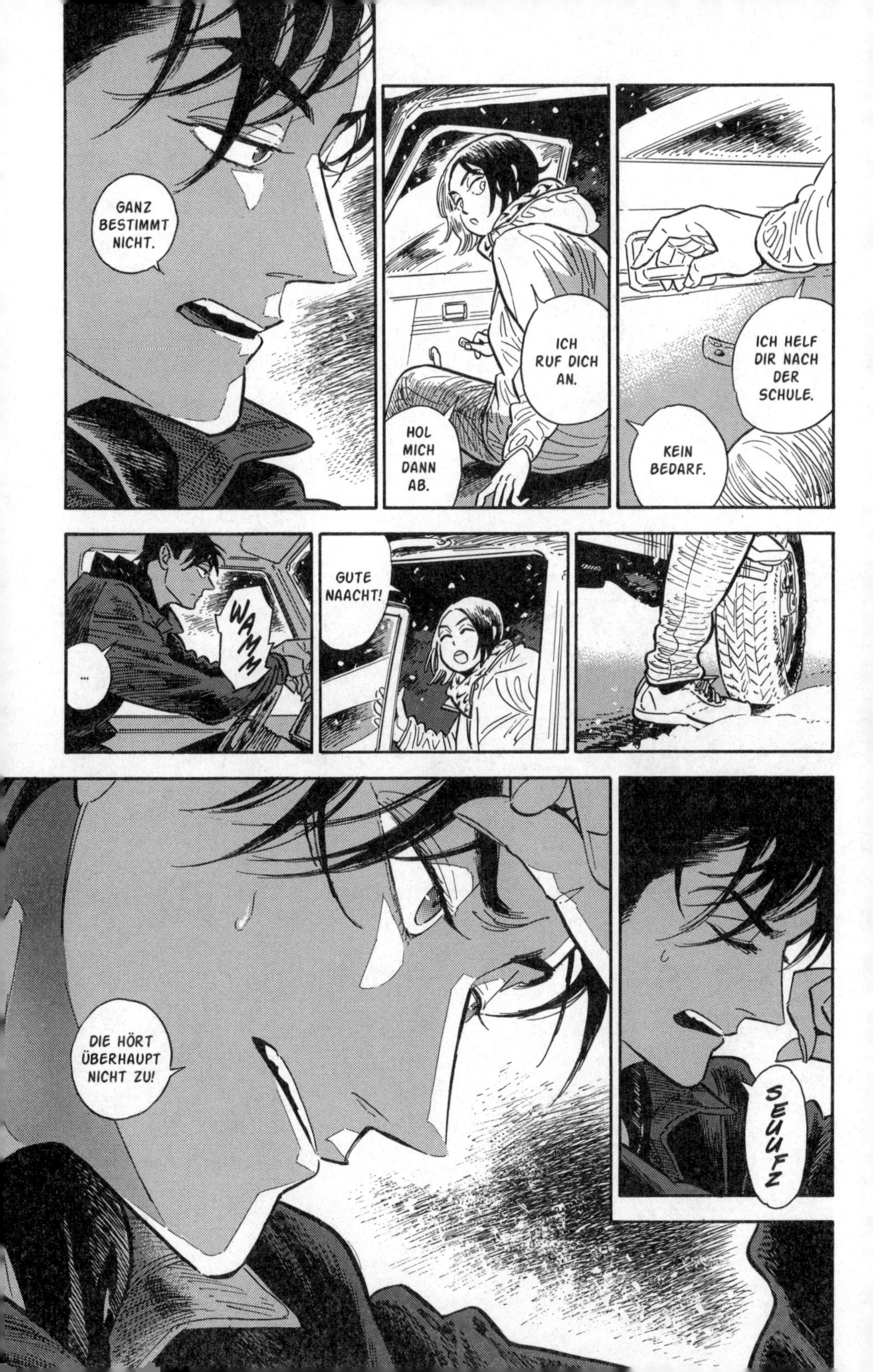
Ganz bestimmt nicht.
Ich ruf dich an.
Hol mich dann ab.
Ich helf dir nach der Schule.
Kein Bedarf.
Gute Naacht!
Wamm
...
Die hört überhaupt nicht zu!
Seuufz

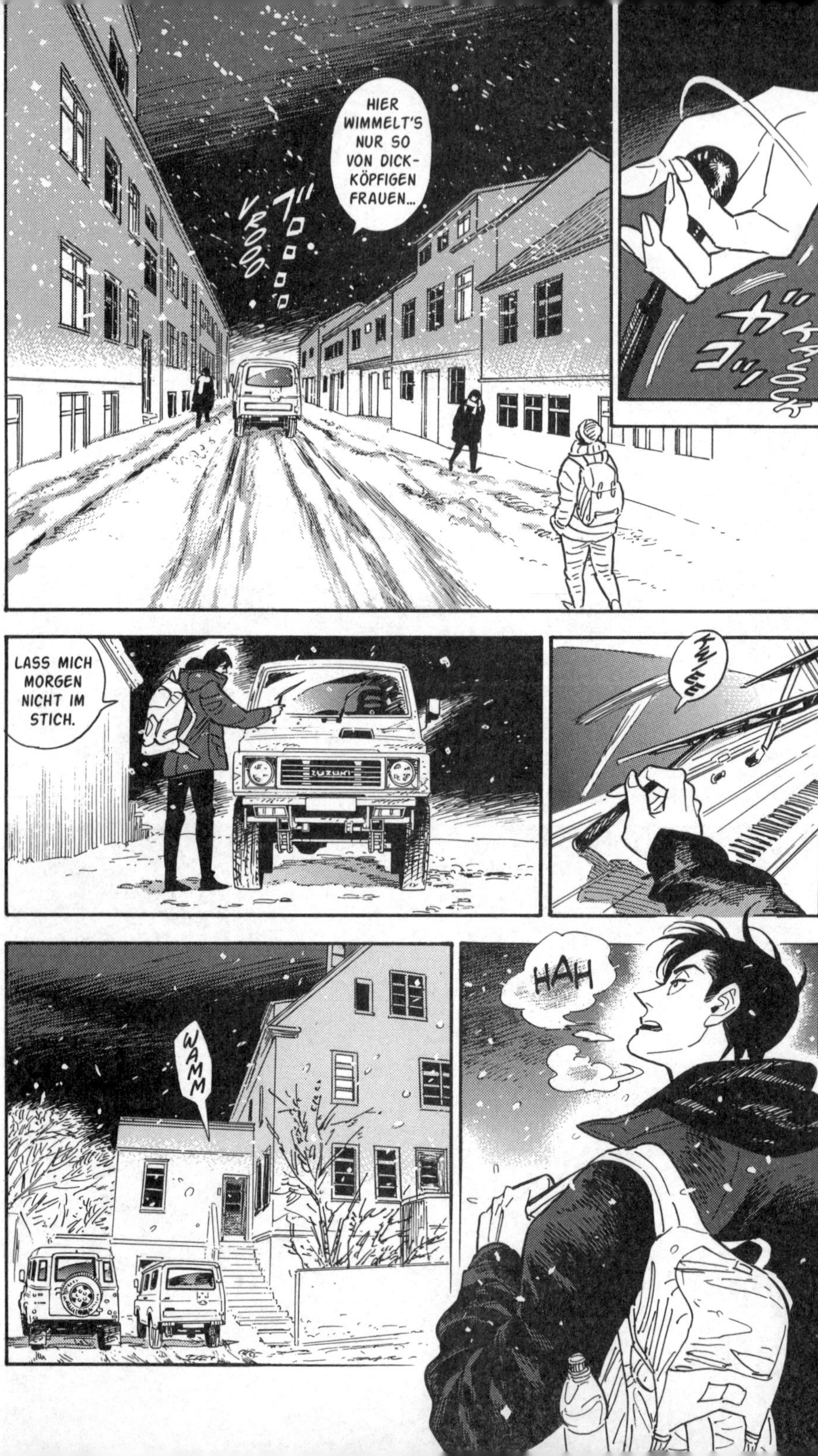

HIER WIMMELT'S NUR SO VON DICK-KÖPFIGEN FRAUEN...
VROOO
KAVOUK
LASS MICH MORGEN NICHT IM STICH.
KWIEE
WAMM
HAH

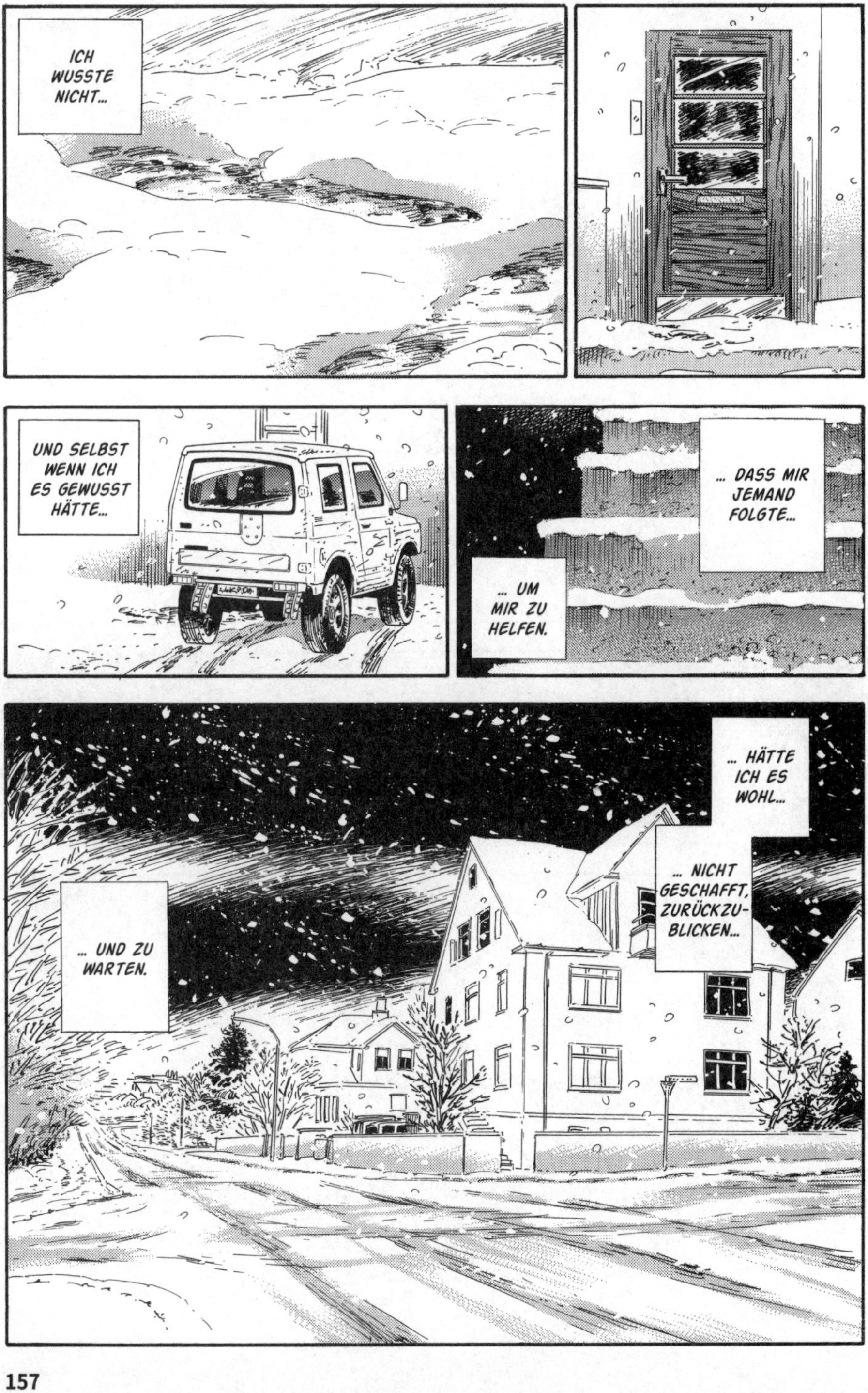
ICH WUSSTE NICHT...
... DASS MIR JEMAND FOLGTE...
UND SELBST WENN ICH ES GEWUSST HÄTTE...
... UM MIR ZU HELFEN.
... HÄTTE ICH ES WOHL...
... NICHT GESCHAFFT, ZURÜCKZU-BLICKEN...
... UND ZU WARTEN.

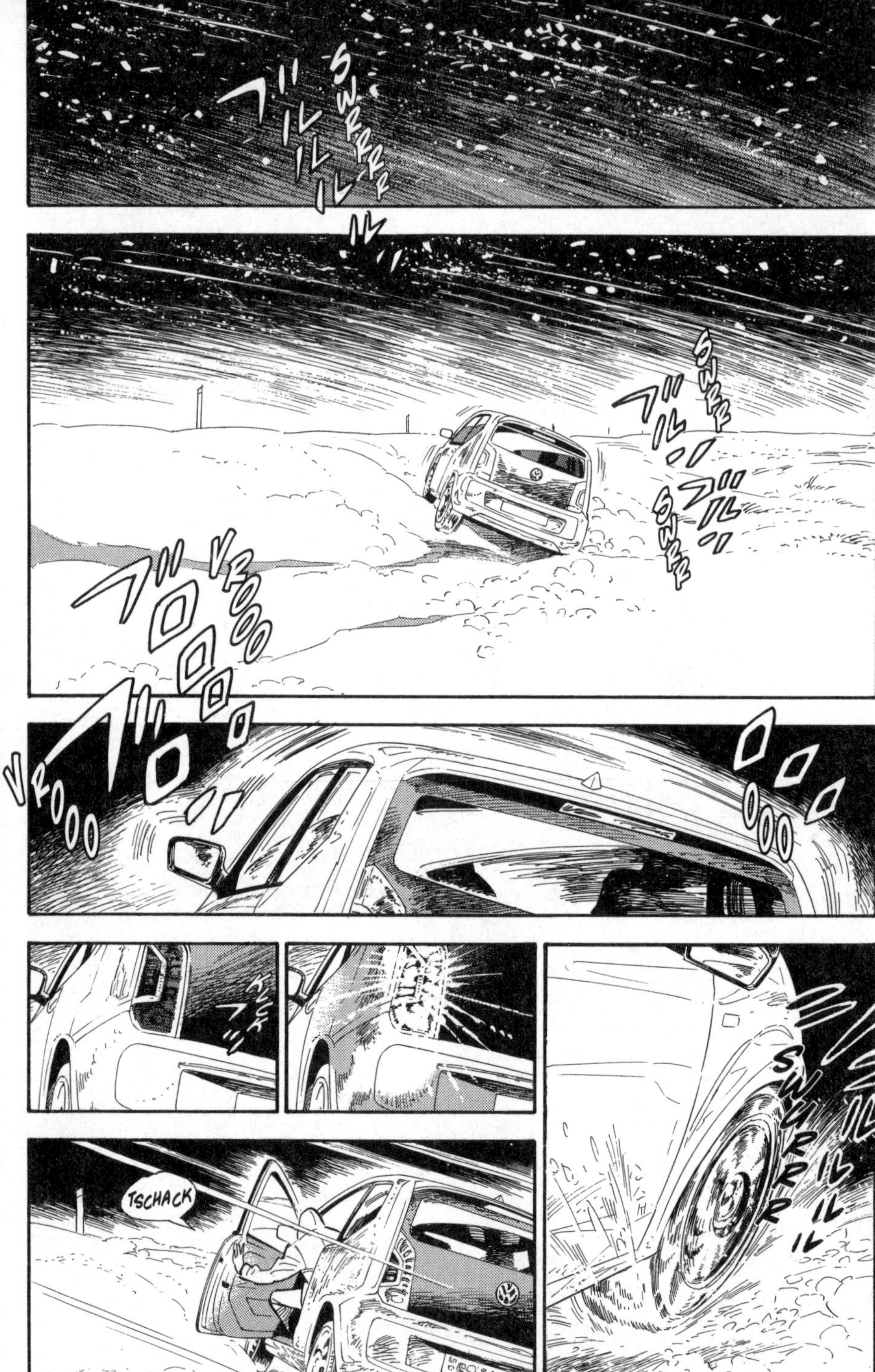
SWRRRRR
SWRR
SWRR
VROOO
VROOO
OOO
KLICK
SWURRRR
TSCHACK

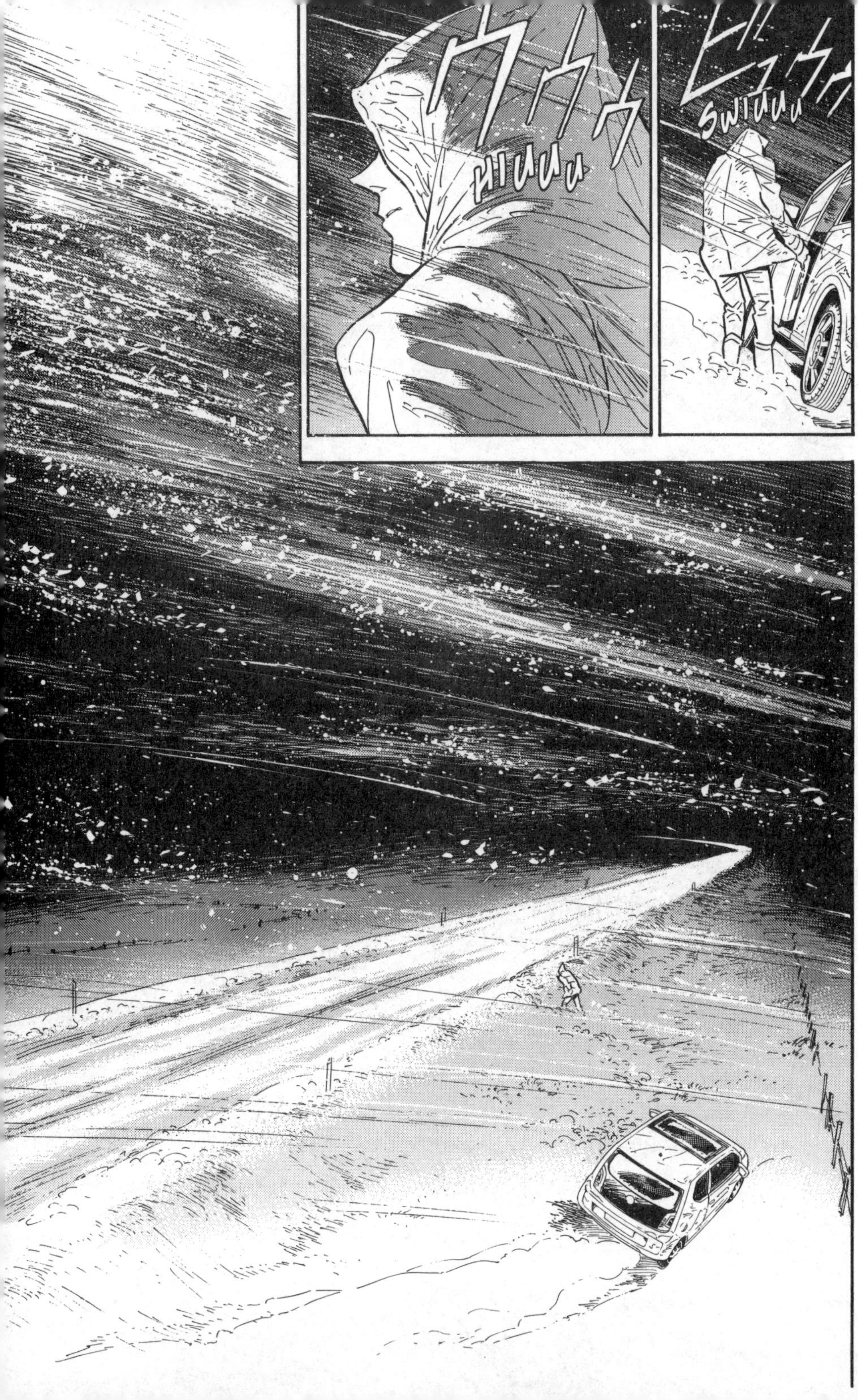
SWIUUUU
HIUUUU

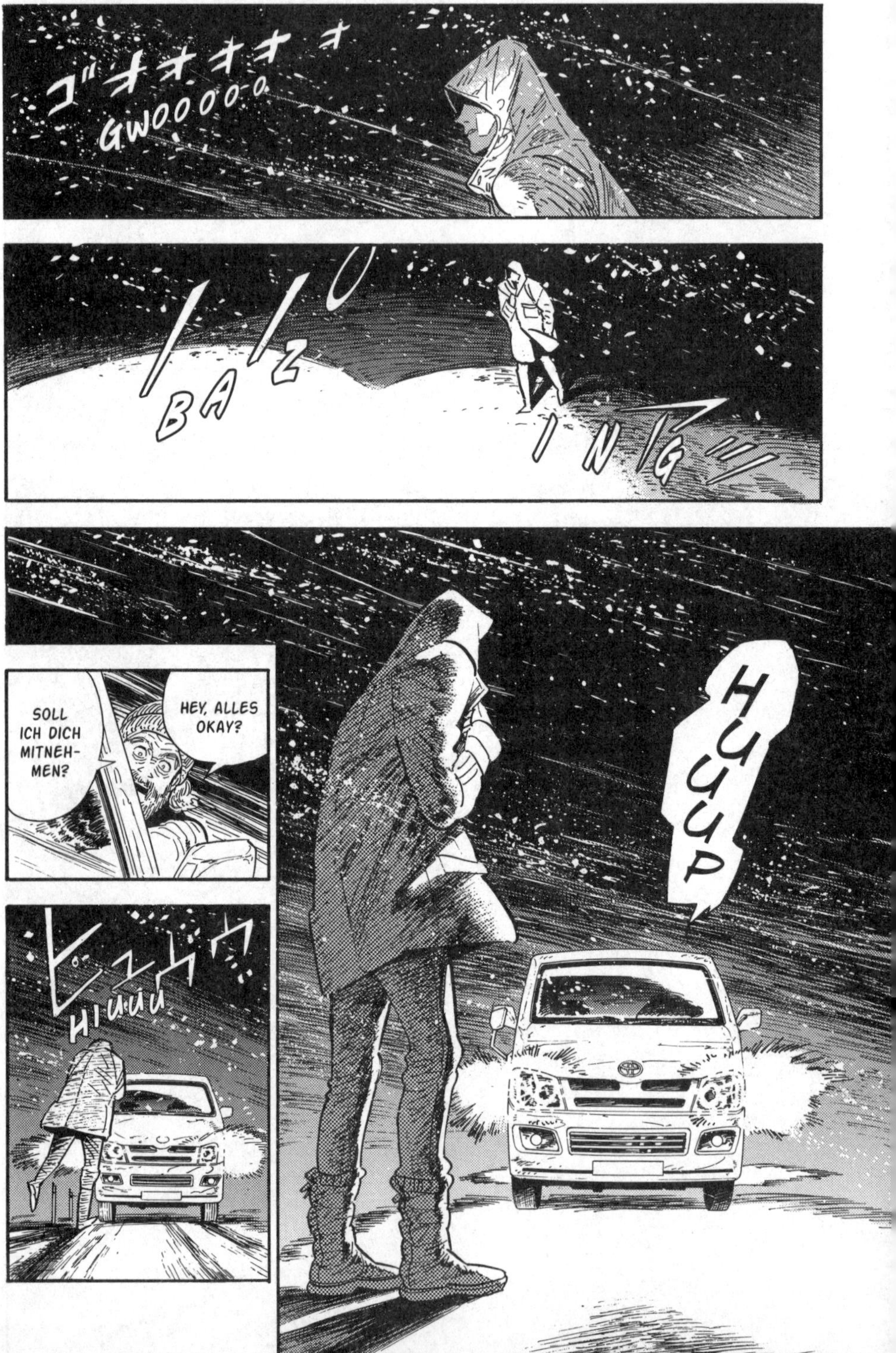

ゴオオオオオ
GWOOOOO
BAZOING
HUUUP
HEY, ALLES OKAY?
SOLL ICH DICH MITNEH-MEN?
ヒュウウ
HIUUU

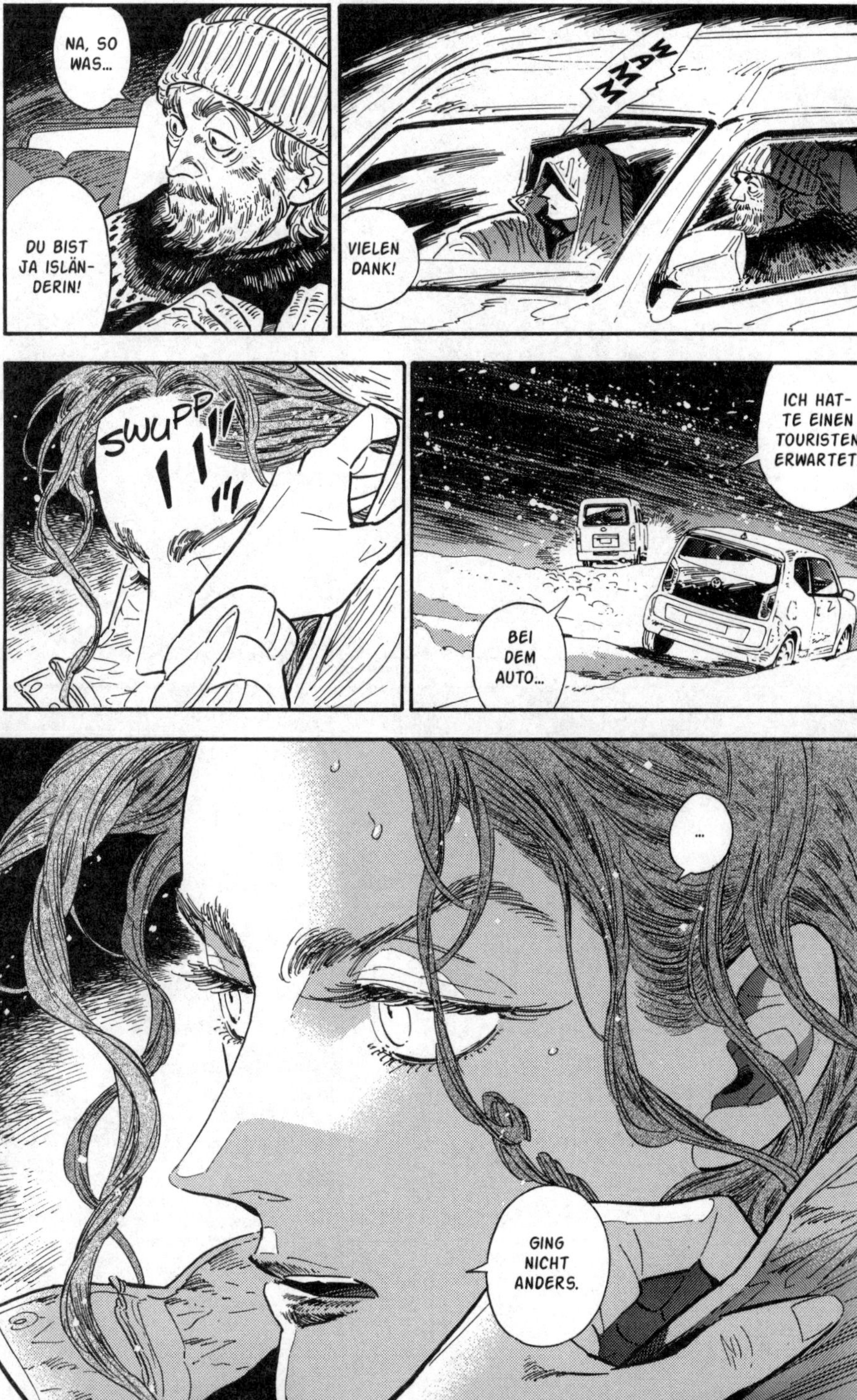
WAMM
VIELEN DANK!
NA, SO WAS...
DU BIST JA ISLÄNDERIN!
ICH HATTE EINEN TOURISTEN ERWARTET.
BEI DEM AUTO...
SWUPP
...
GING NICHT ANDERS.

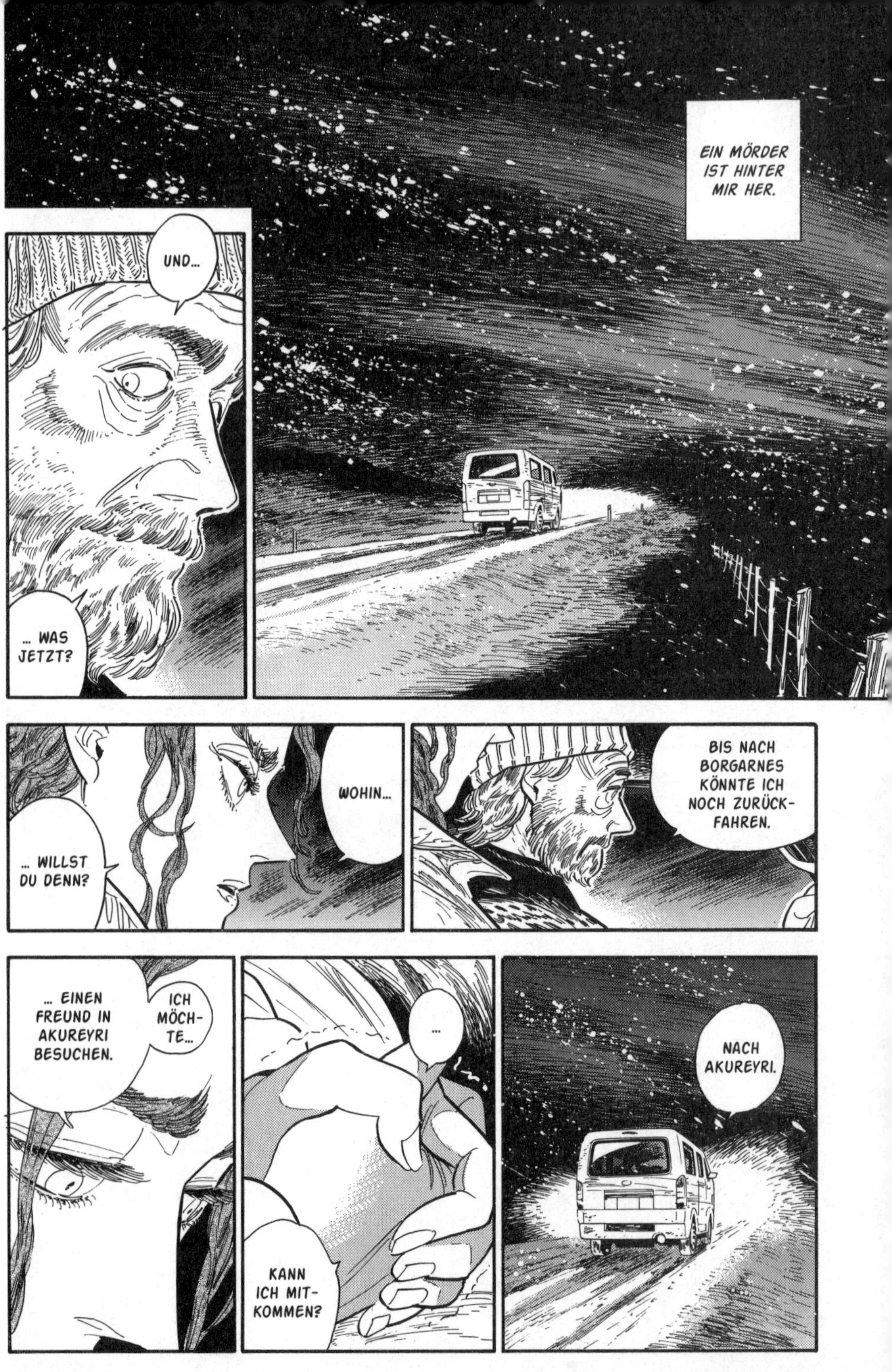
EIN MÖRDER IST HINTER MIR HER.
UND...
... WAS JETZT?
WOHIN...
... WILLST DU DENN?
BIS NACH BORGARNES KÖNNTE ICH NOCH ZURÜCK-FAHREN.
ICH MÖCHTE-TE...
... EINEN FREUND IN AKUREYRI BESUCHEN.
...
KANN ICH MIT-KOMMEN?
NACH AKUREYRI.

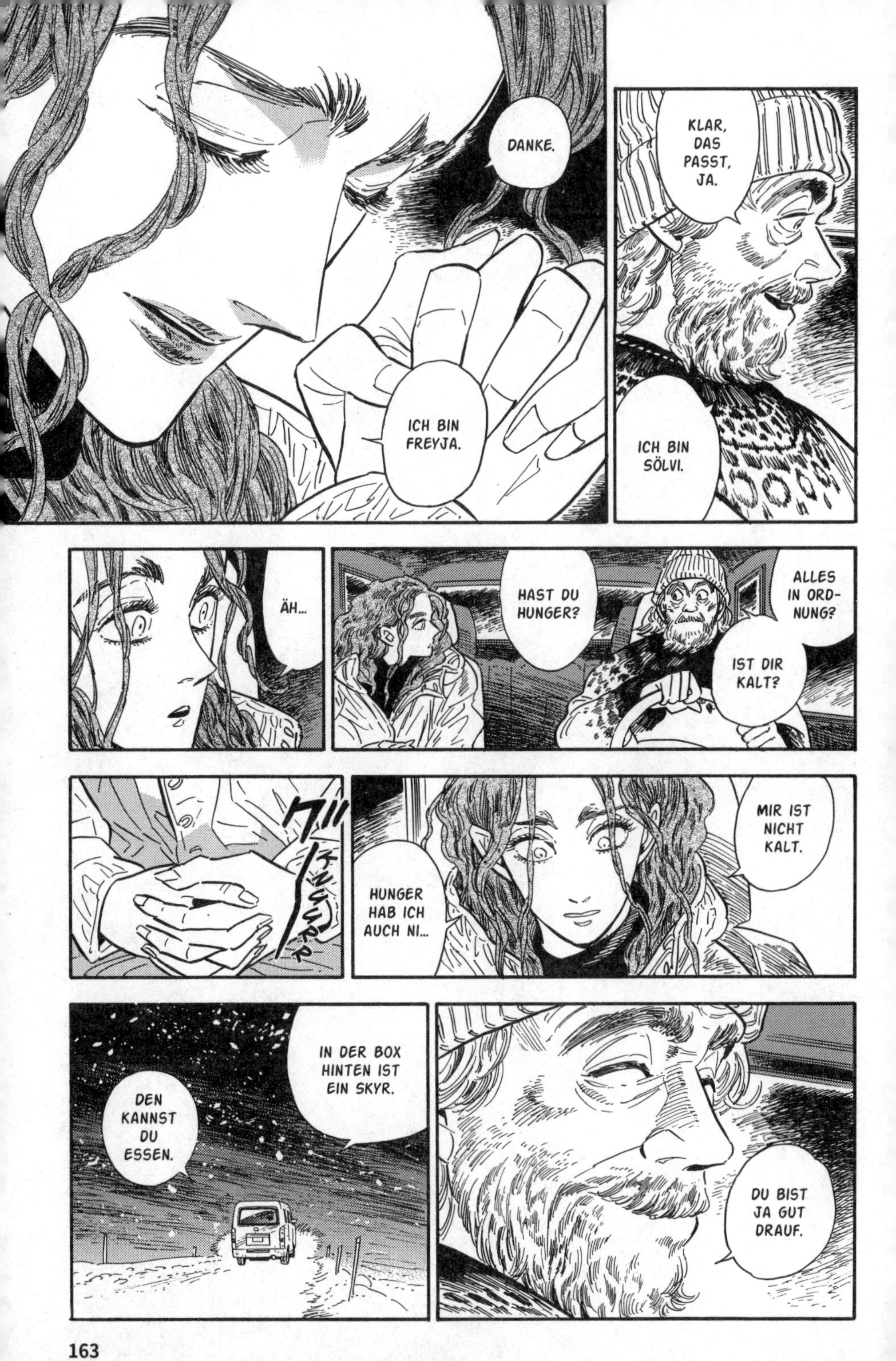

DANKE.
ICH BIN FREYJA.
KLAR, DAS PASST, JA.
ICH BIN SÖLVI.
ÄH...
HAST DU HUNGER?
ALLES IN ORDNUNG?
IST DIR KALT?
グゥ
KNUURR
HUNGER HAB ICH AUCH NI...
MIR IST NICHT KALT.
IN DER BOX HINTEN IST EIN SKYR.
DEN KANNST DU ESSEN.
DU BIST JA GUT DRAUF.

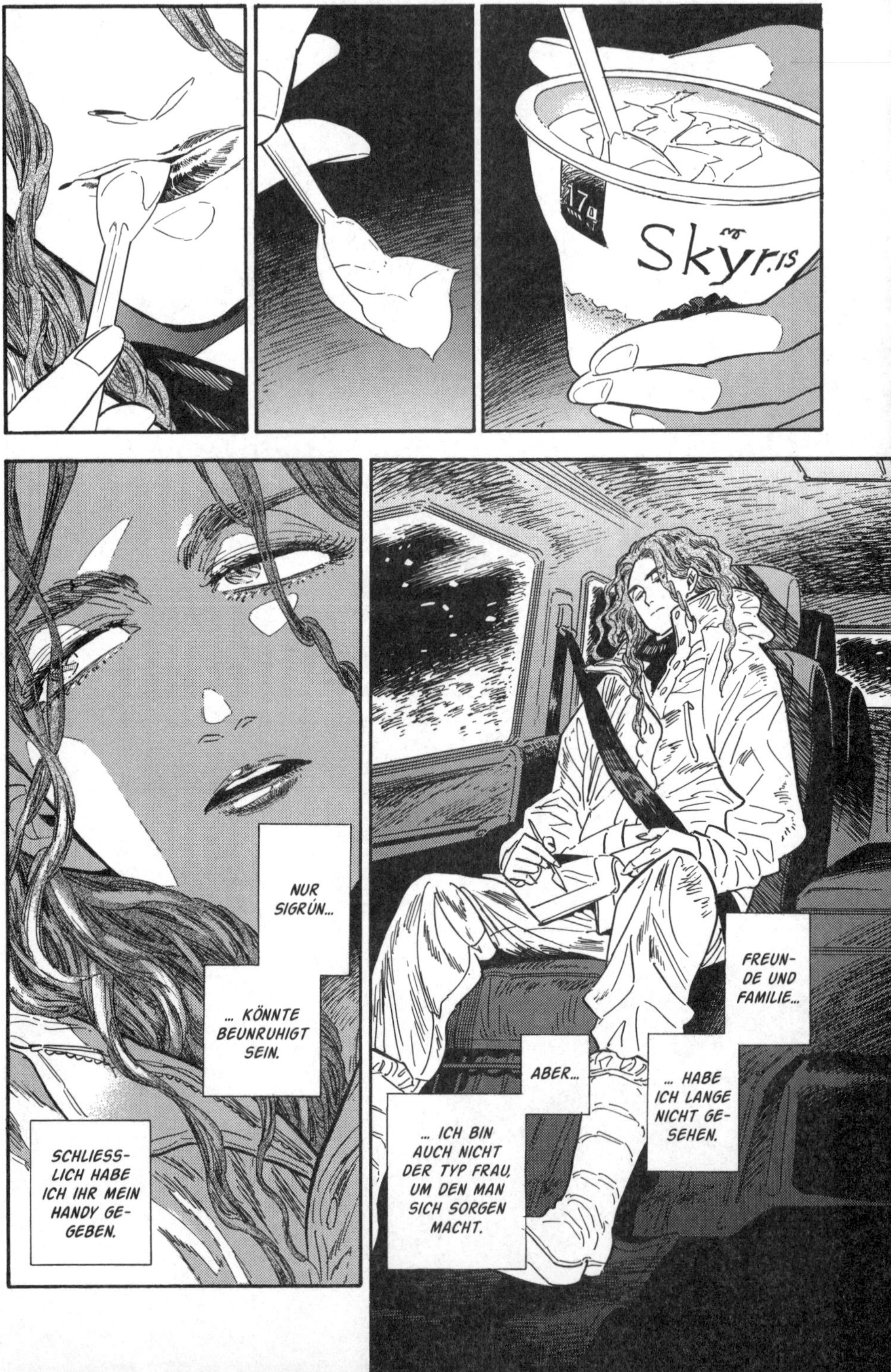
Skyr.is
NUR SIGRÚN…
… KÖNNTE BEUNRUHIGT SEIN.
SCHLIESS-LICH HABE ICH IHR MEIN HANDY GE-GEBEN.
FREUN-DE UND FAMILIE…
… HABE ICH LANGE NICHT GE-SEHEN.
ABER…
… ICH BIN AUCH NICHT DER TYP FRAU, UM DEN MAN SICH SORGEN MACHT.

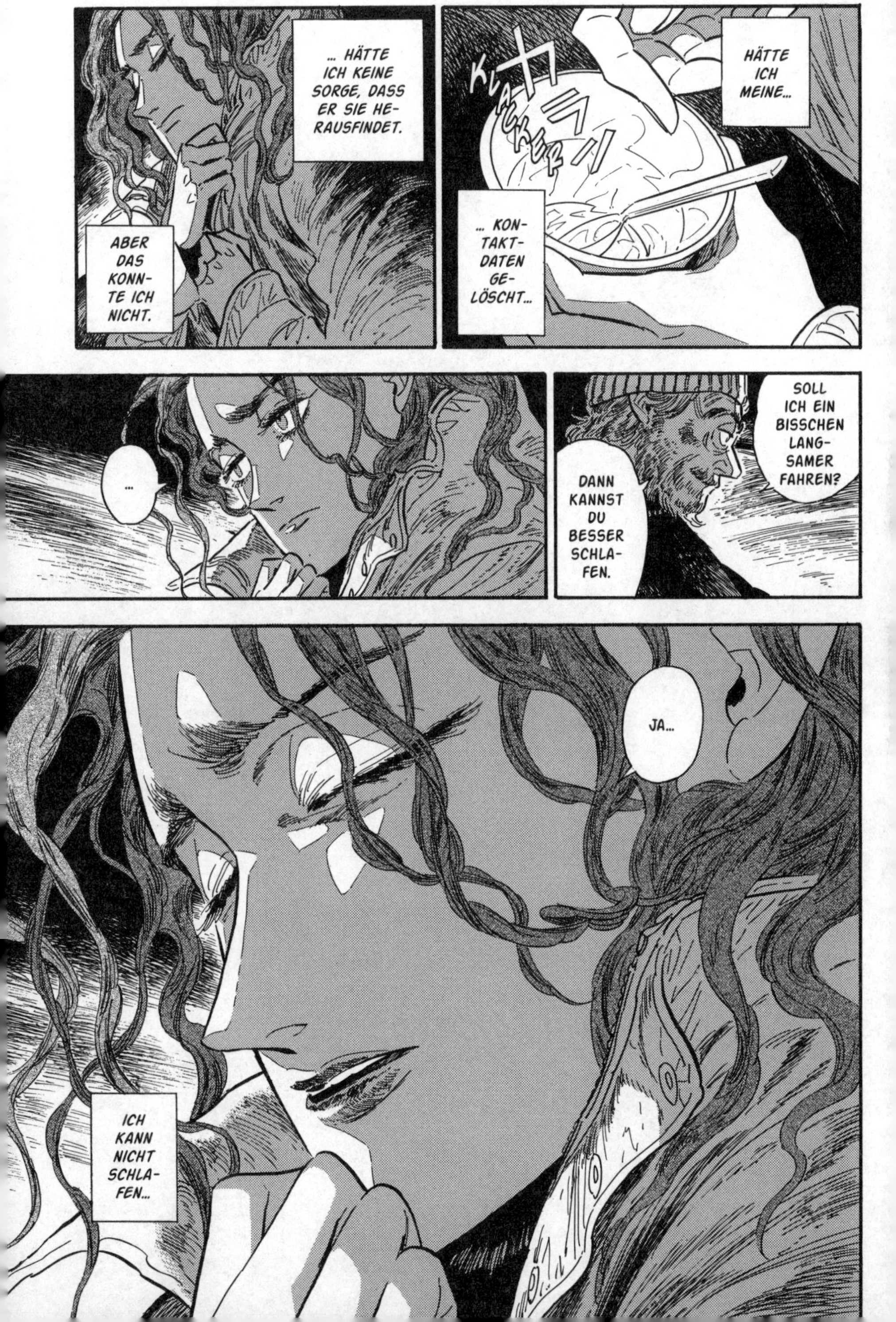
Hätte ich meine...
... Kontaktdaten gelöscht...
KLACKER
... hätte ich keine Sorge, dass er sie herausfindet.
Aber das konnte ich nicht.
Soll ich ein bisschen langsamer fahren?
Dann kannst du besser schlafen.
...
Ja...
Ich kann nicht schlafen...

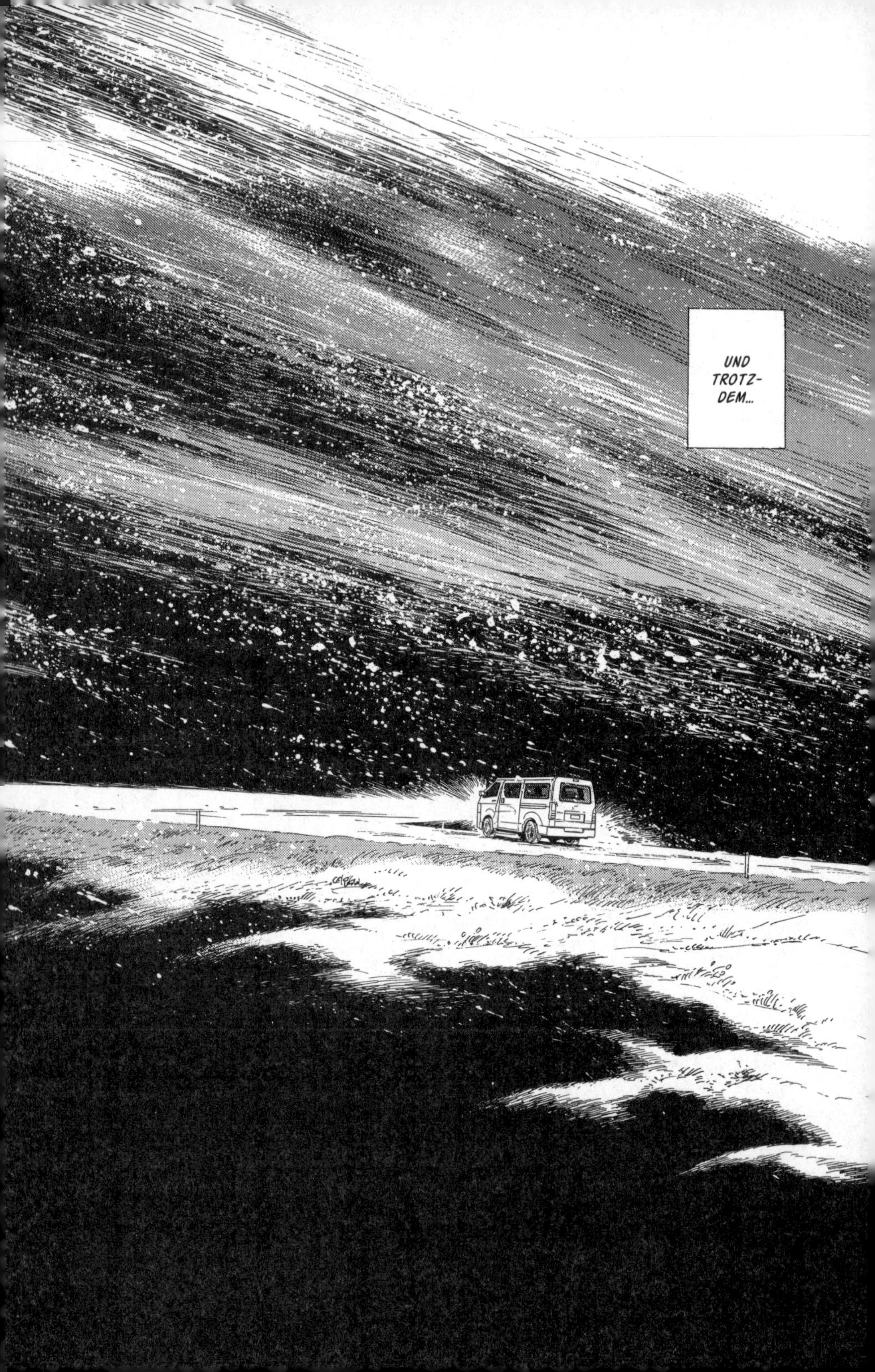
UND TROTZ-DEM...

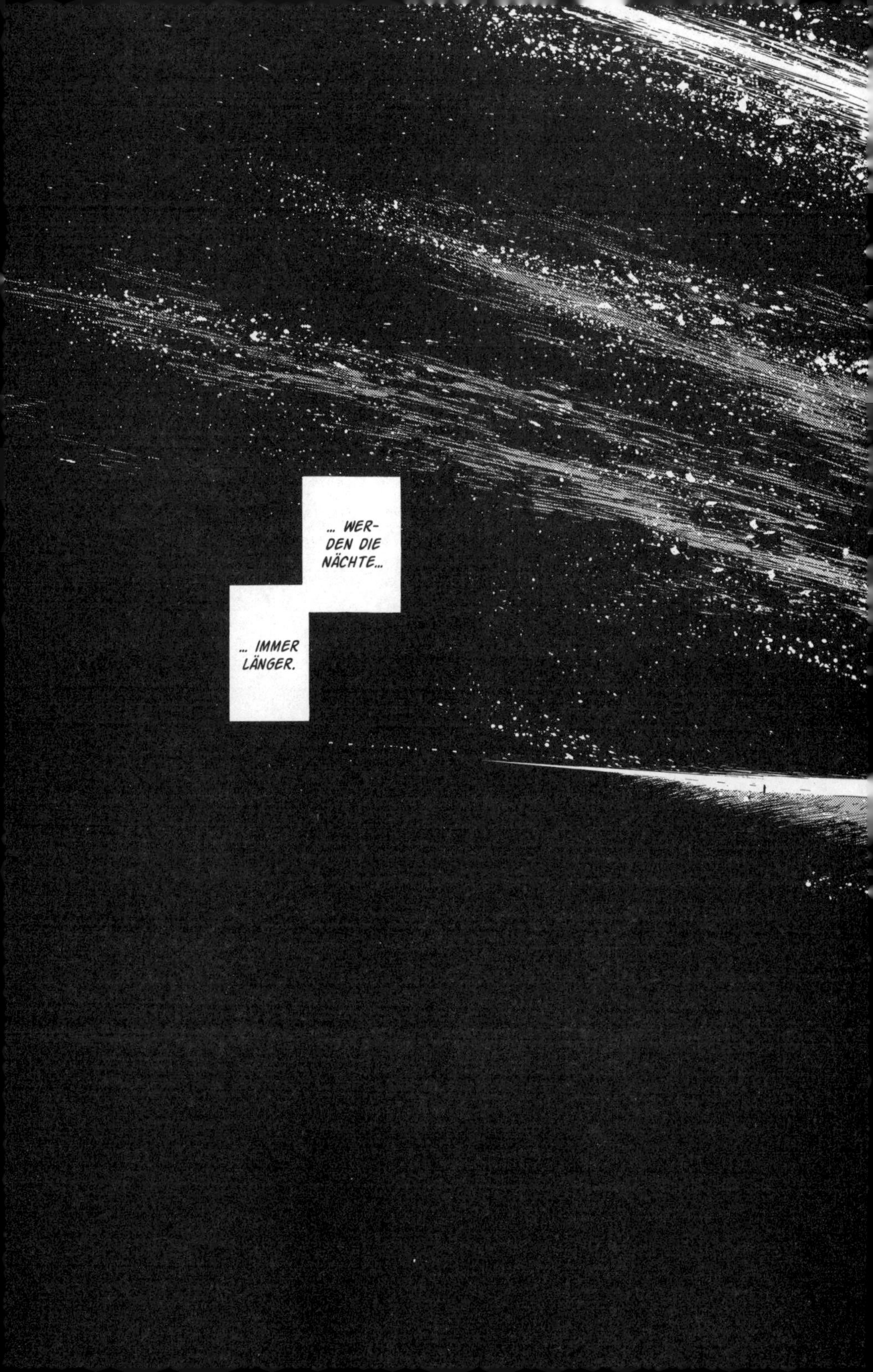
... WER-
DEN DIE
NÄCHTE...
... IMMER
LÄNGER.

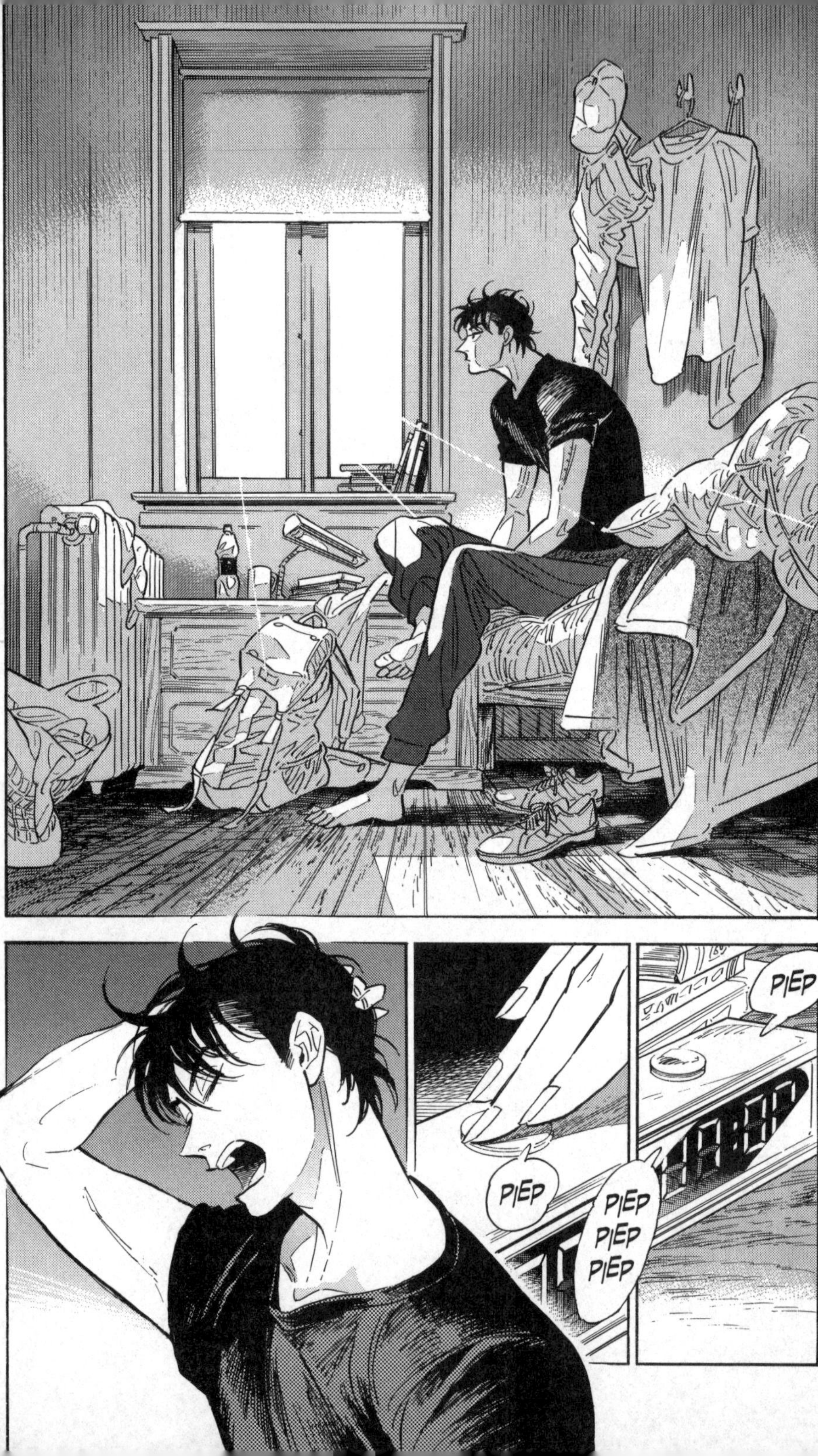
PIEP
PIEP
PIEP
PIEP
PIEP

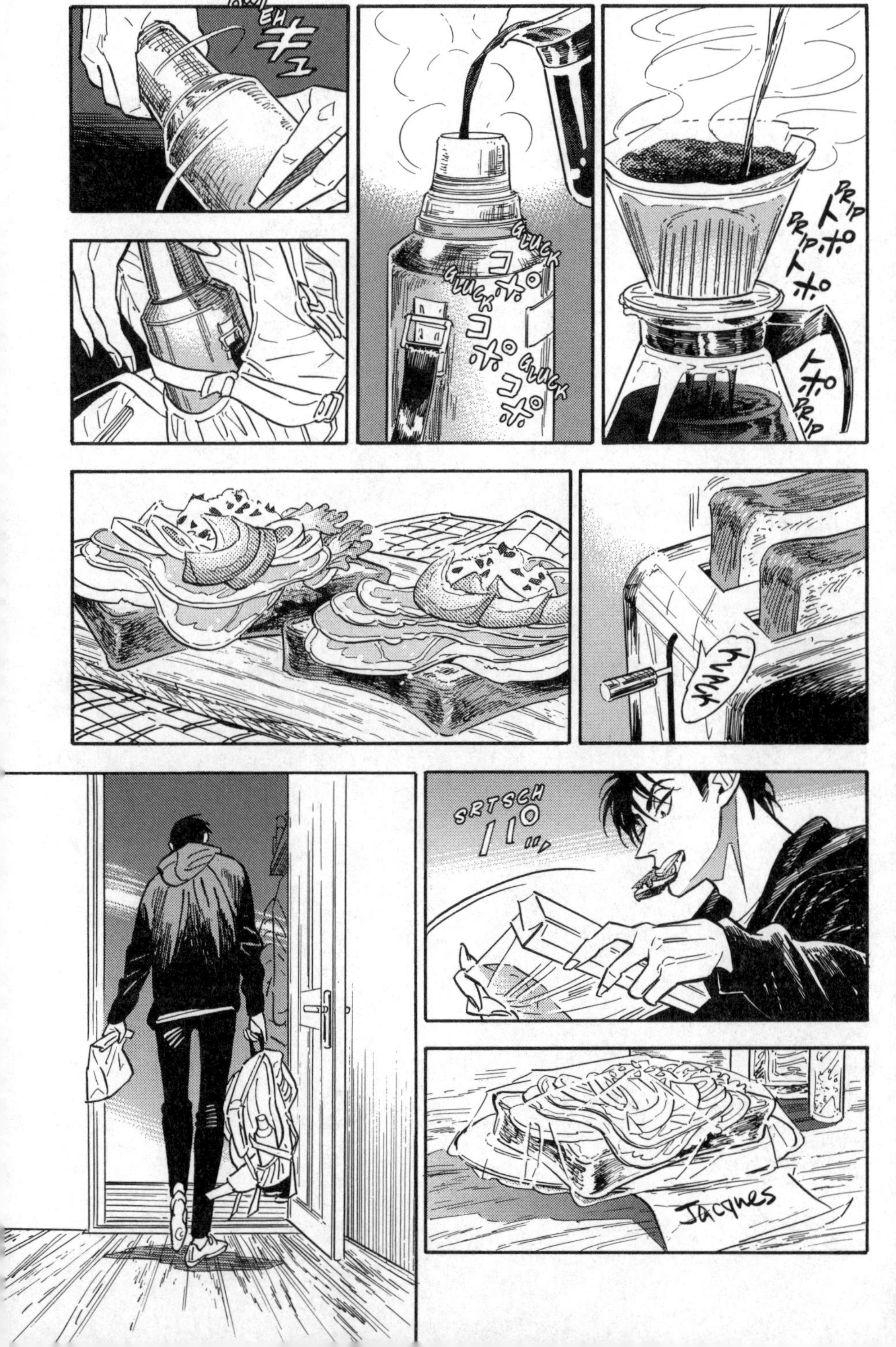
DRIP ト ポ
DRIP ト ポ
ト ポ DRIP
GLUCK コポ
GLUCK コポ
GLUCK コポ
KWIEH キュ
KLACK
SRTSCH
Jacques

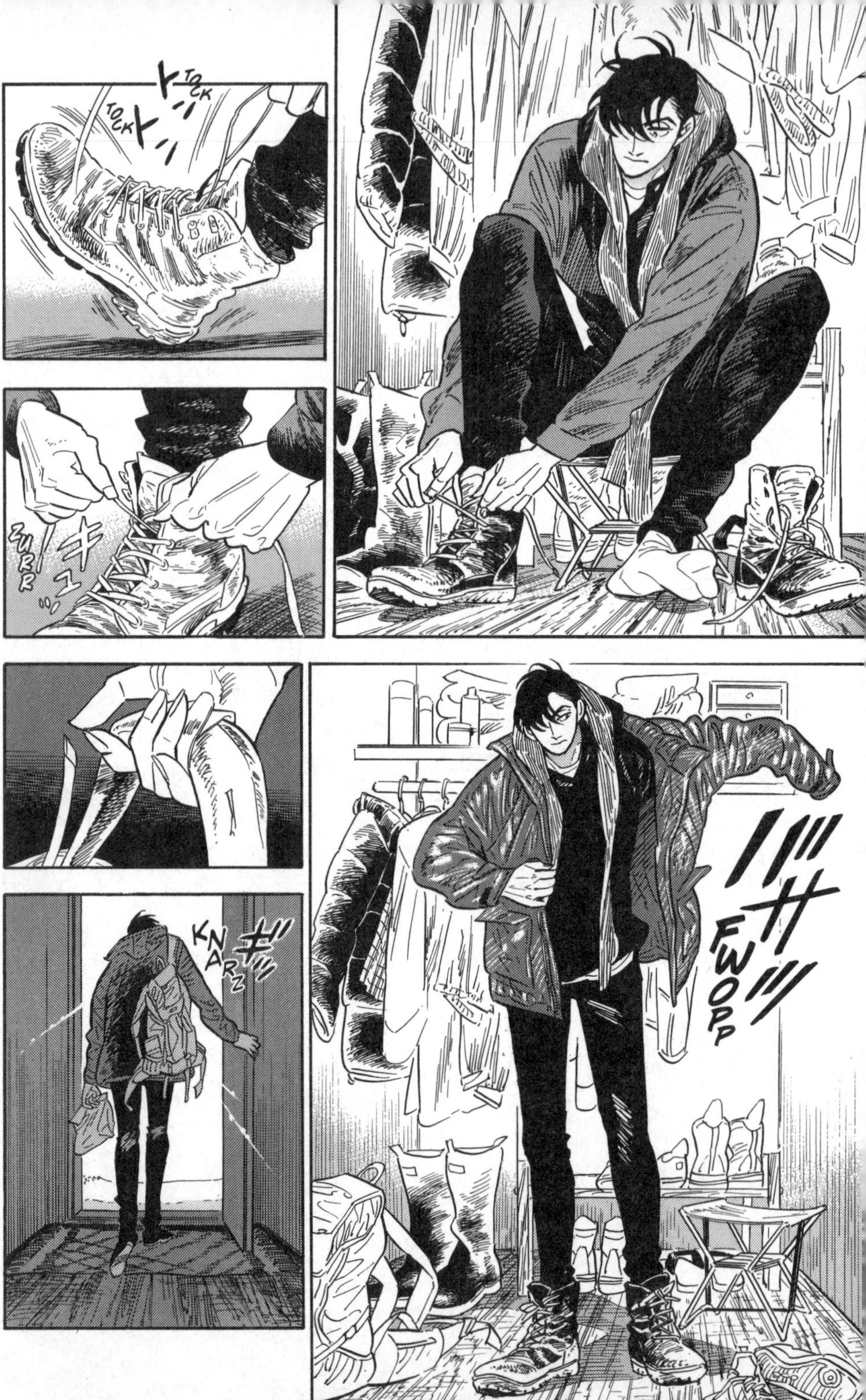
TOCK
TOCK
ZURR
FWOPP
KNARZ

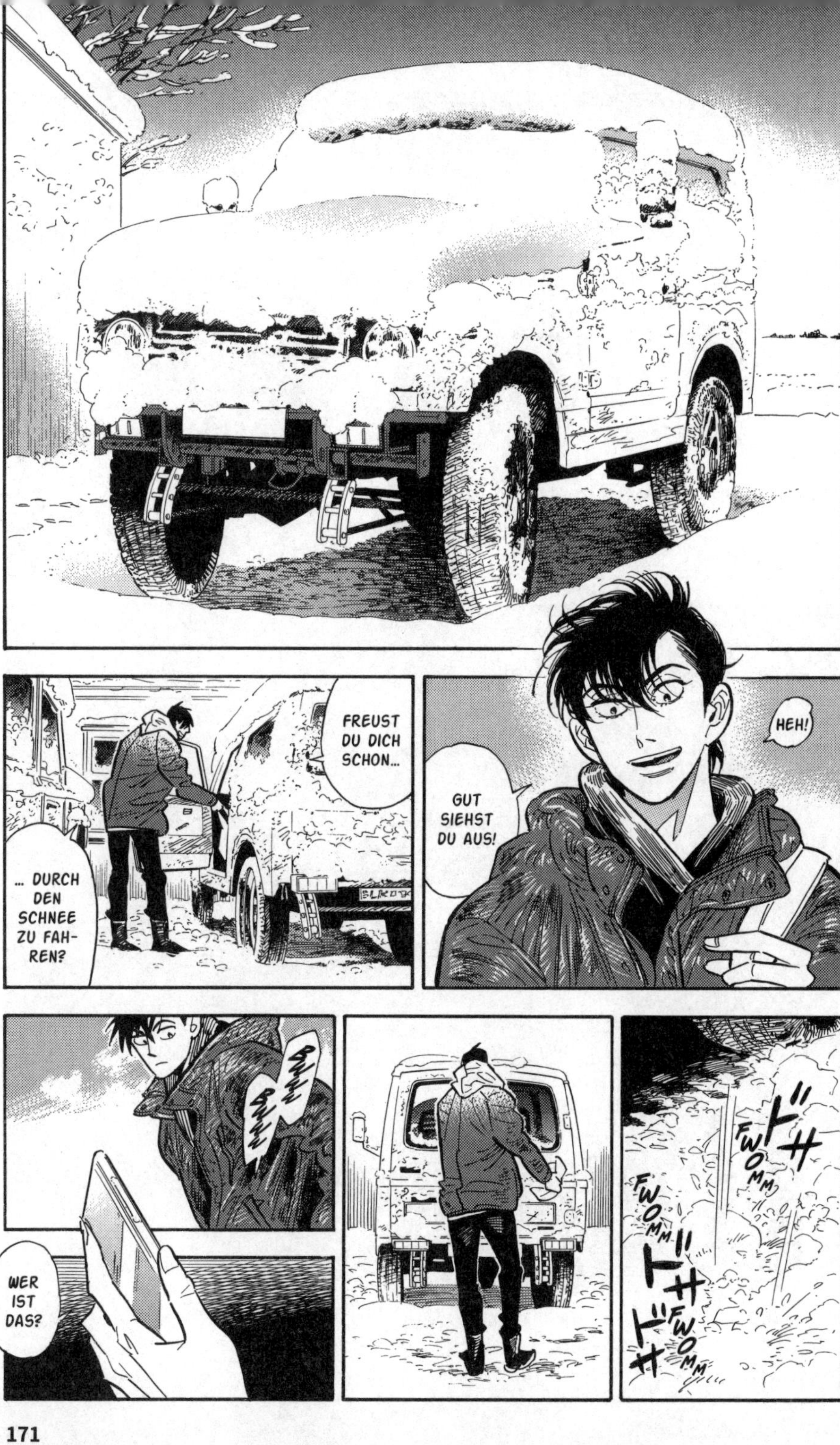
HEH!
GUT SIEHST DU AUS!
FREUST DU DICH SCHON...
... DURCH DEN SCHNEE ZU FAHREN?
FWOMM
FWOMM
FWOMM
WER IST DAS?

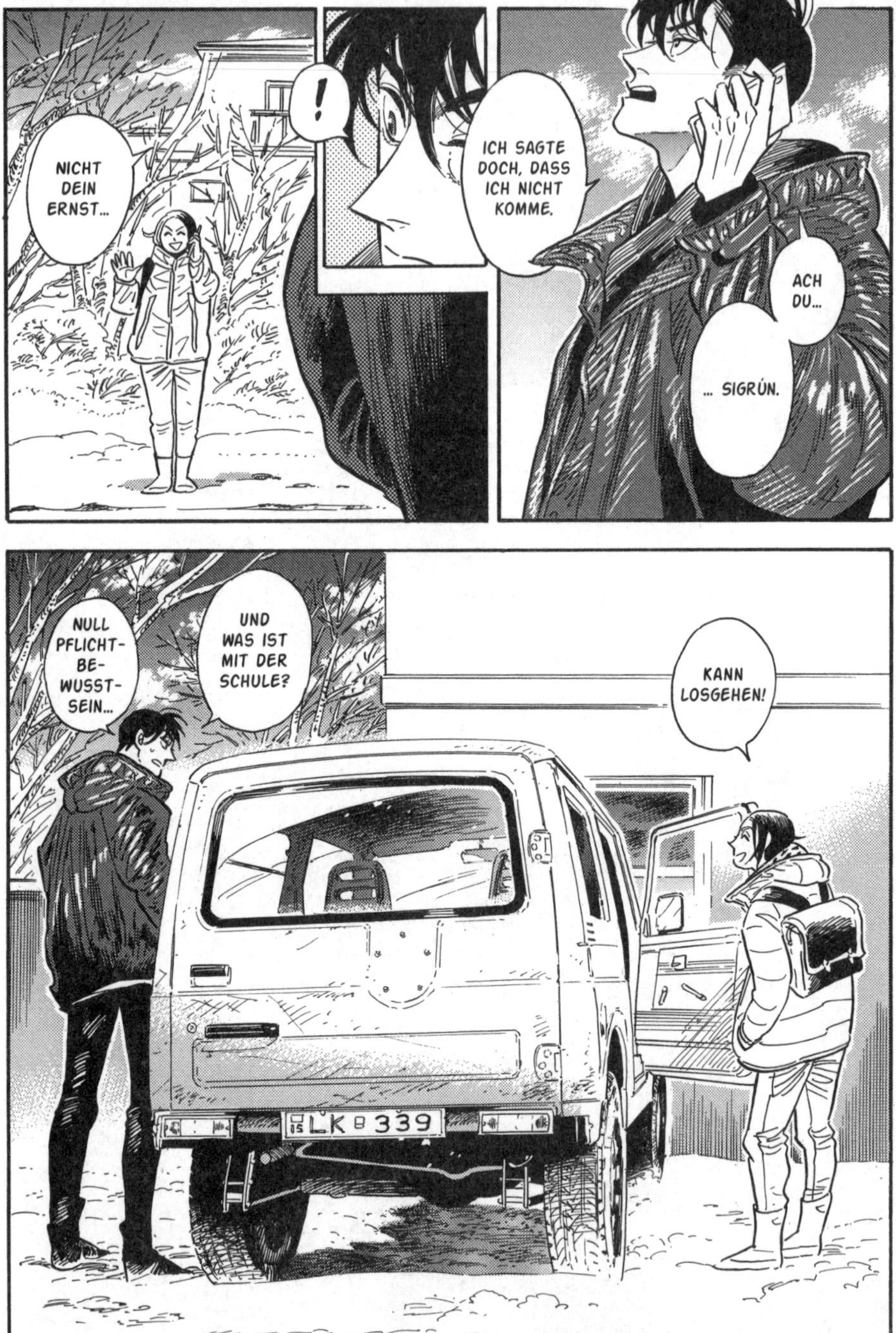

Kapitel 25 – Ende

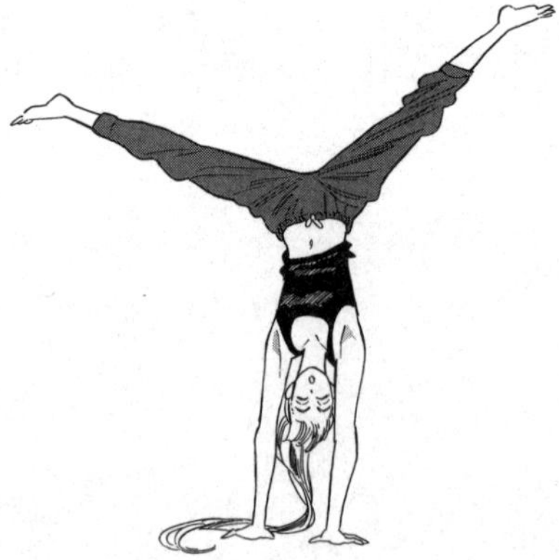

Kapitel 26 [tuttugasti og sjötti]

Eine Klinge aus Eis

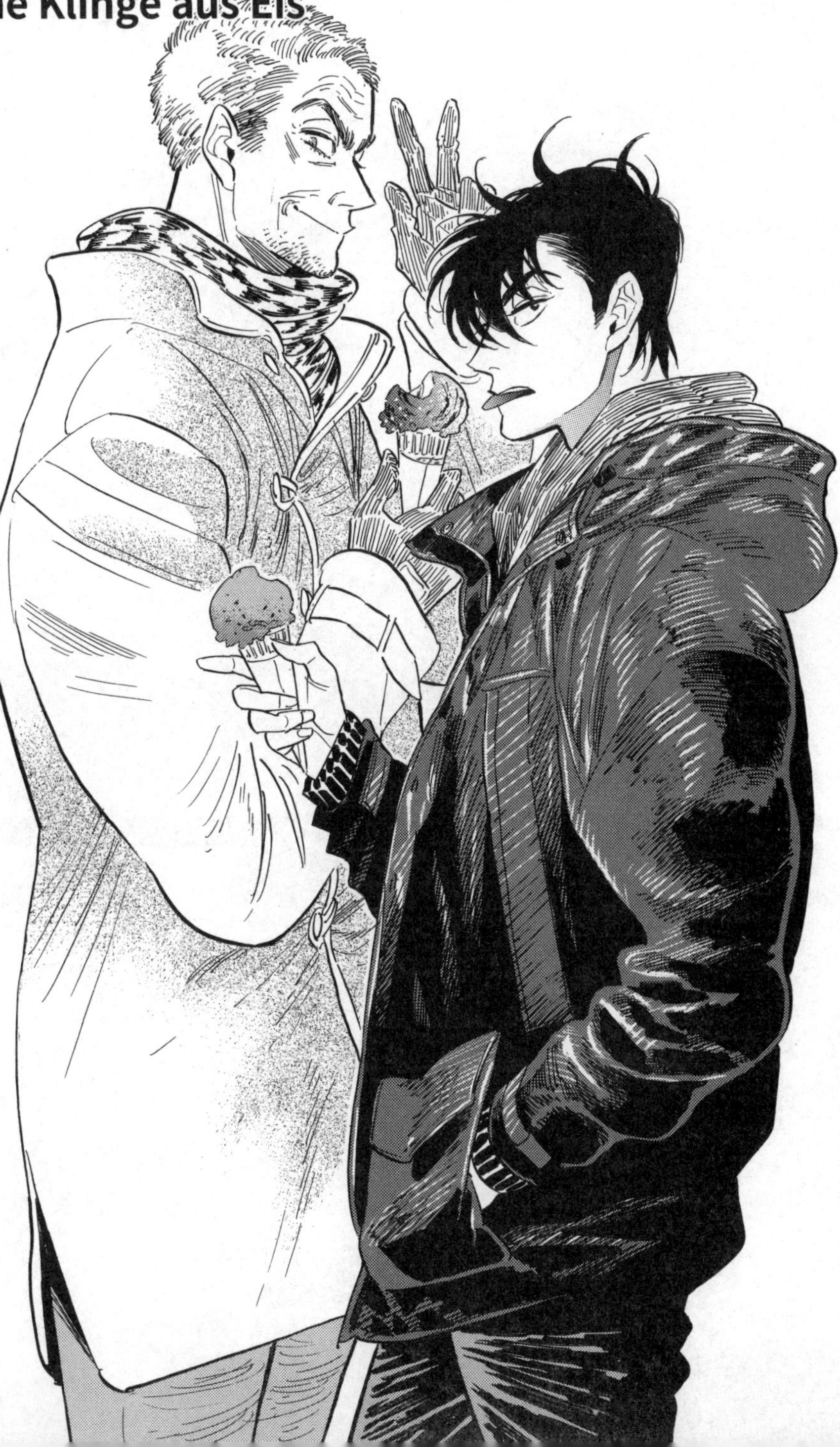

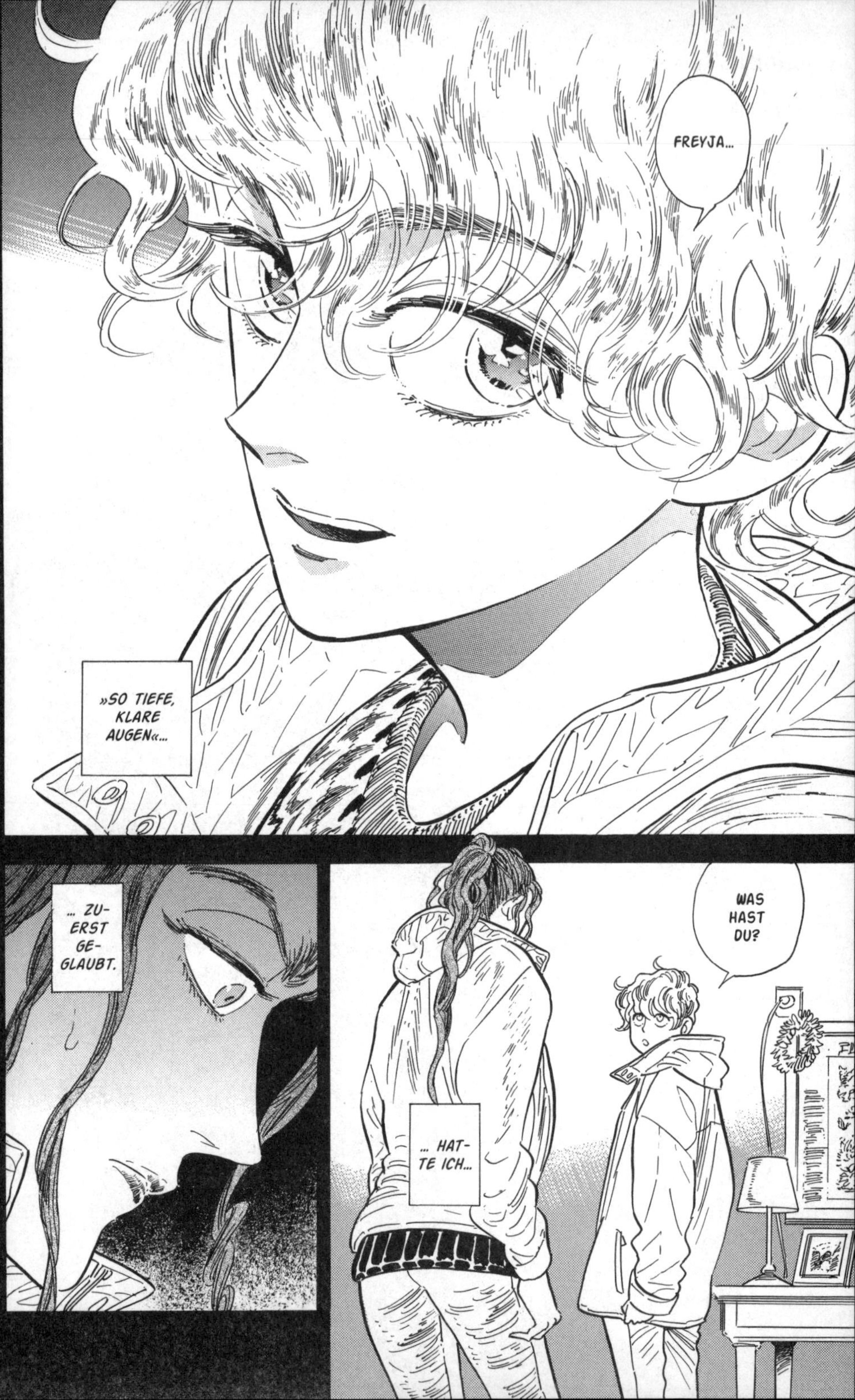
FREYJA...
»SO TIEFE, KLARE AUGEN«...
WAS HAST DU?
... HAT-TE ICH...
... ZU-ERST GE-GLAUBT.

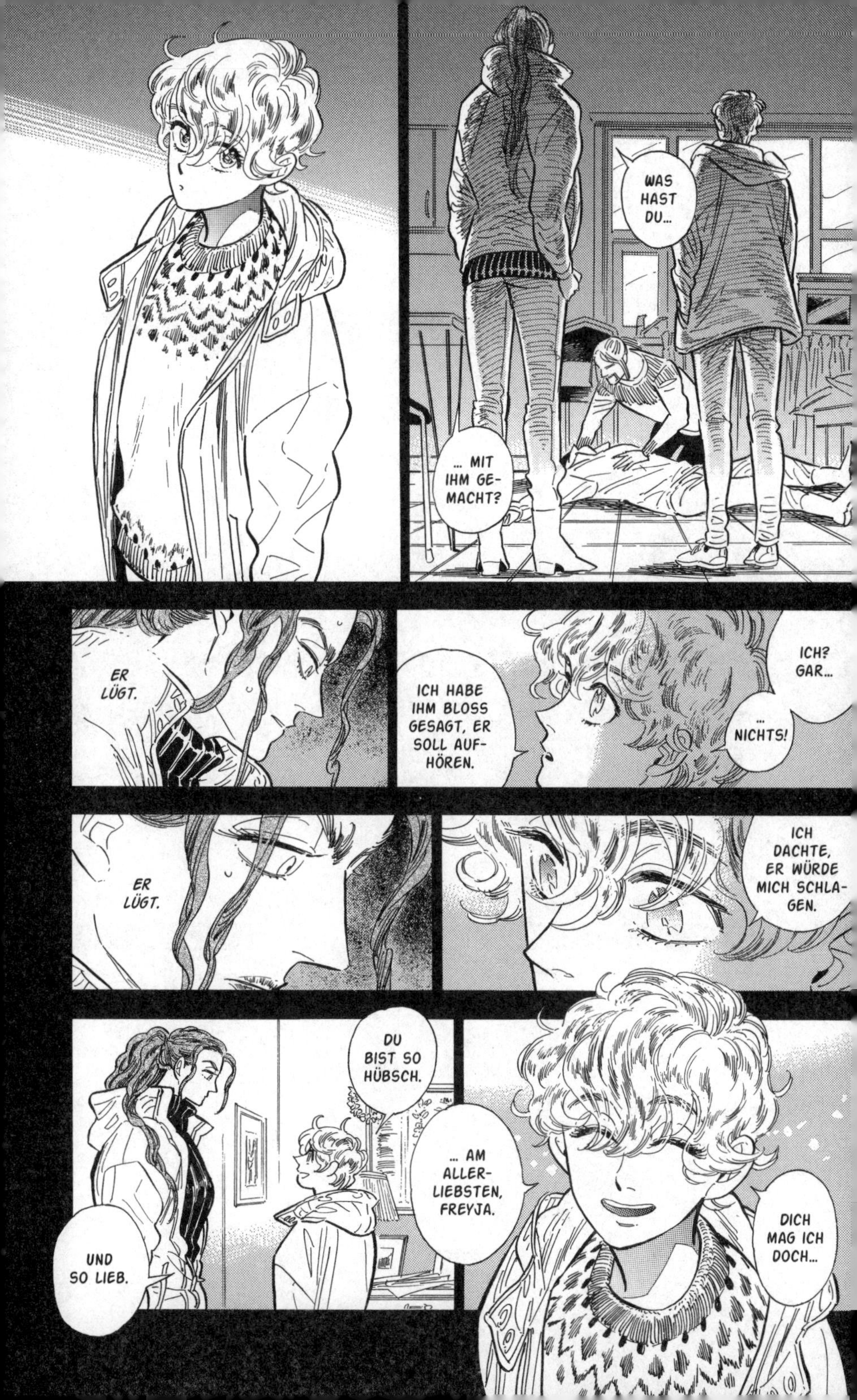
WAS HAST DU…
… MIT IHM GEMACHT?
ER LÜGT.
ICH HABE IHM BLOSS GESAGT, ER SOLL AUFHÖREN.
ICH? GAR…
… NICHTS!
ER LÜGT.
ICH DACHTE, ER WÜRDE MICH SCHLAGEN.
DU BIST SO HÜBSCH.
UND SO LIEB.
… AM ALLERLIEBSTEN, FREYJA.
DICH MAG ICH DOCH…

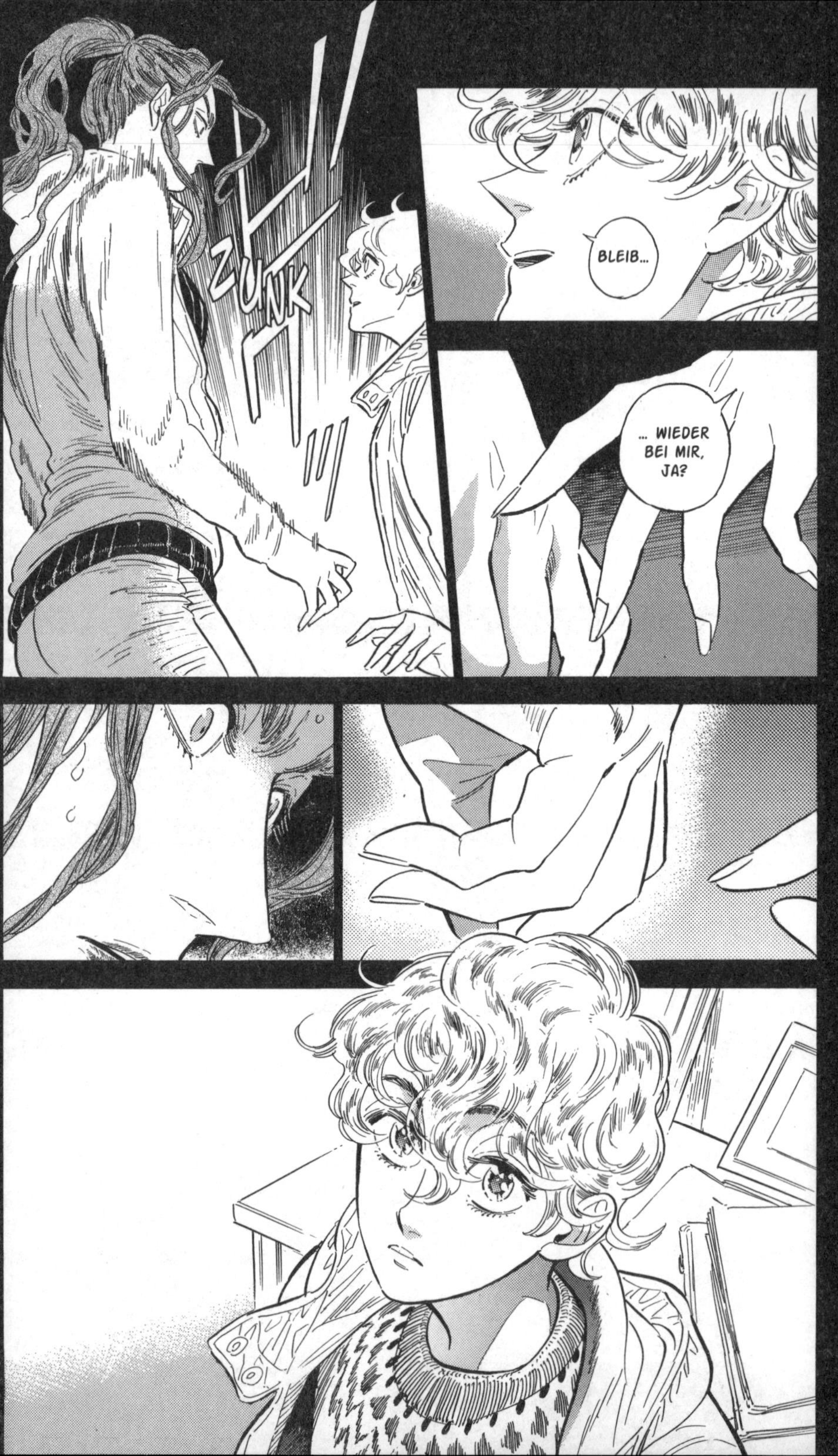
ZUNK
BLEIB...
... WIEDER BEI MIR, JA?

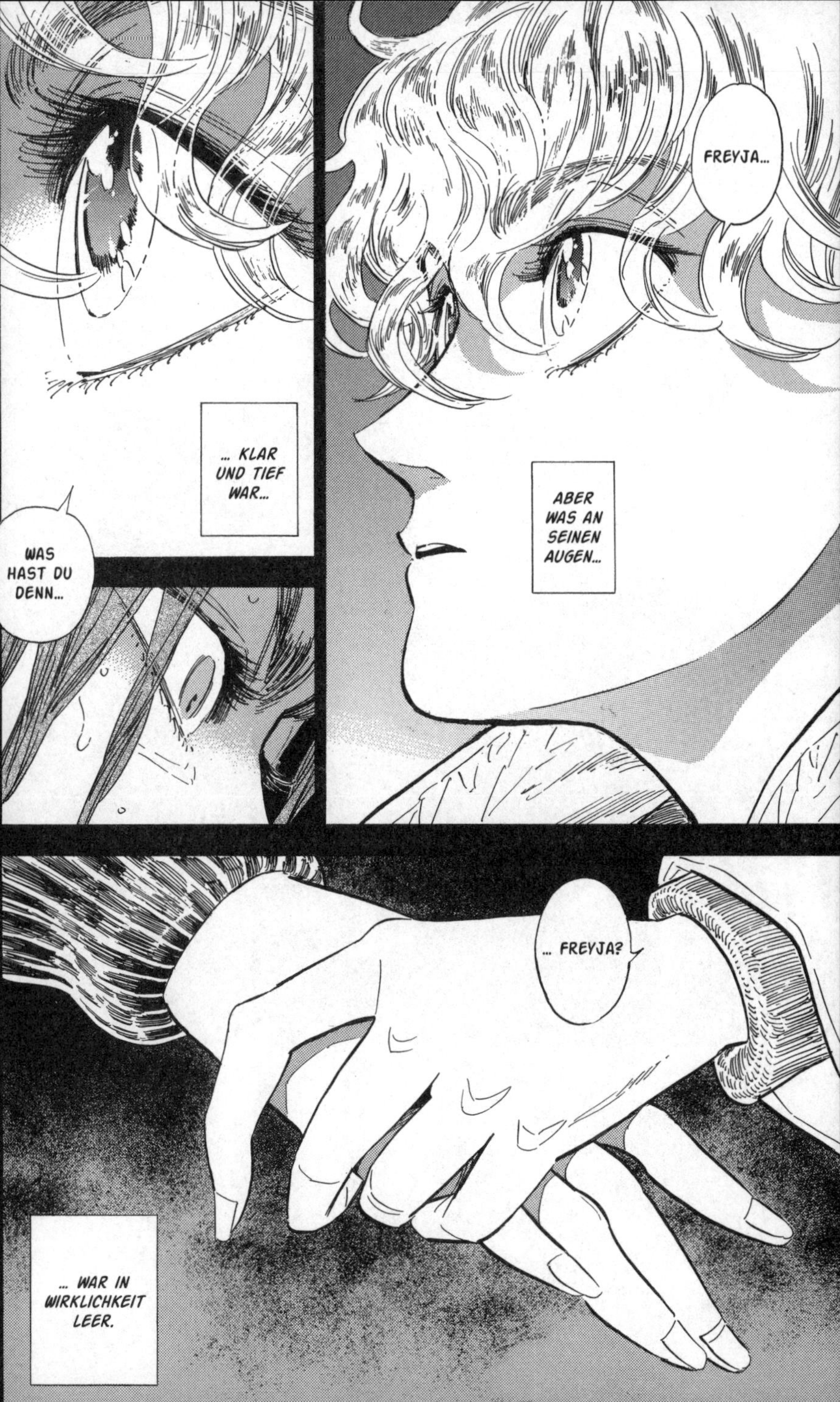
FREYJA…
ABER WAS AN SEINEN AUGEN…
… KLAR UND TIEF WAR…
WAS HAST DU DENN…
… FREYJA?
… WAR IN WIRKLICHKEIT LEER.

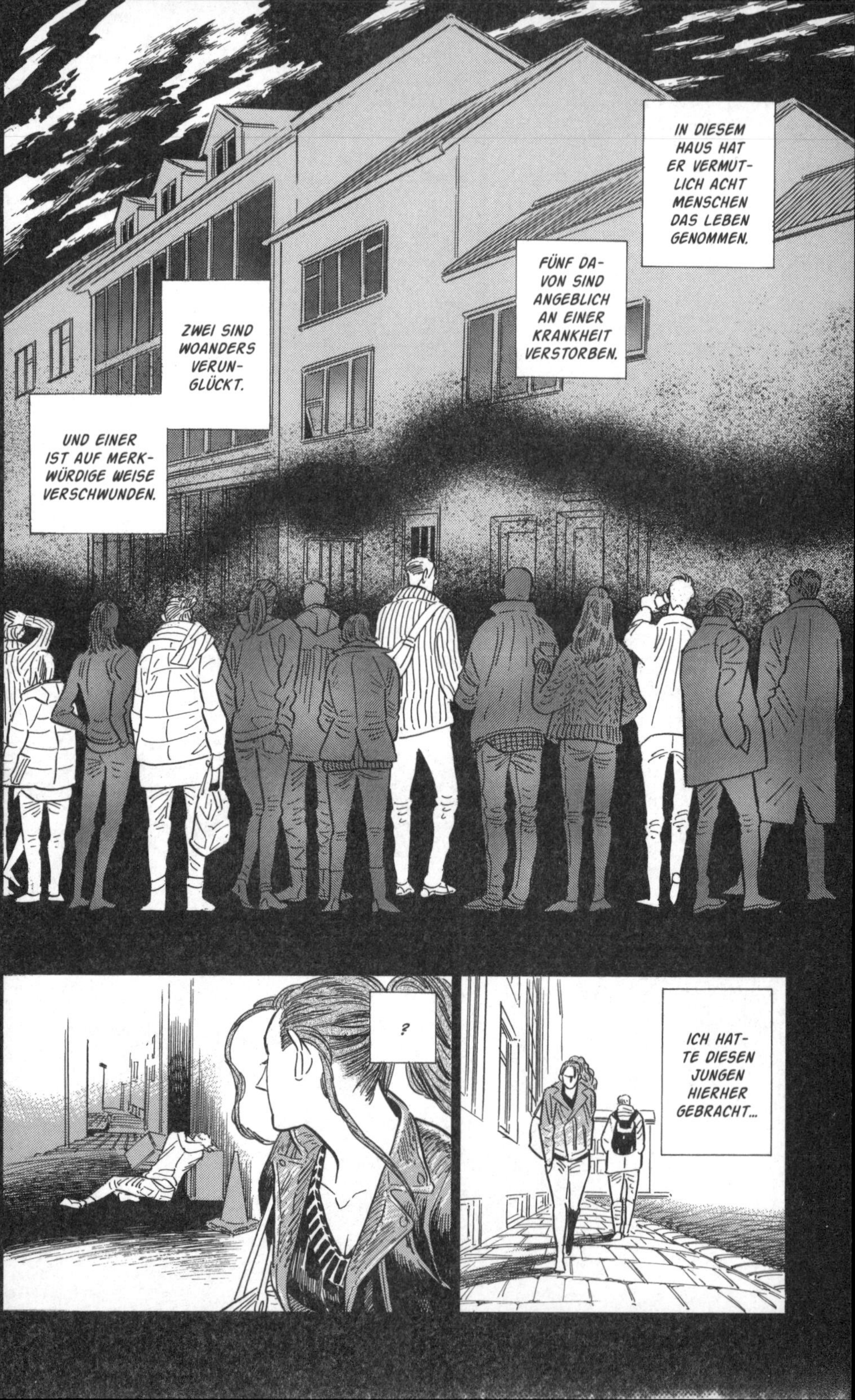
IN DIESEM HAUS HAT ER VERMUTLICH ACHT MENSCHEN DAS LEBEN GENOMMEN.
FÜNF DAVON SIND ANGEBLICH AN EINER KRANKHEIT VERSTORBEN.
ZWEI SIND WOANDERS VERUNGLÜCKT.
UND EINER IST AUF MERKWÜRDIGE WEISE VERSCHWUNDEN.
?
ICH HATTE DIESEN JUNGEN HIERHER GEBRACHT...

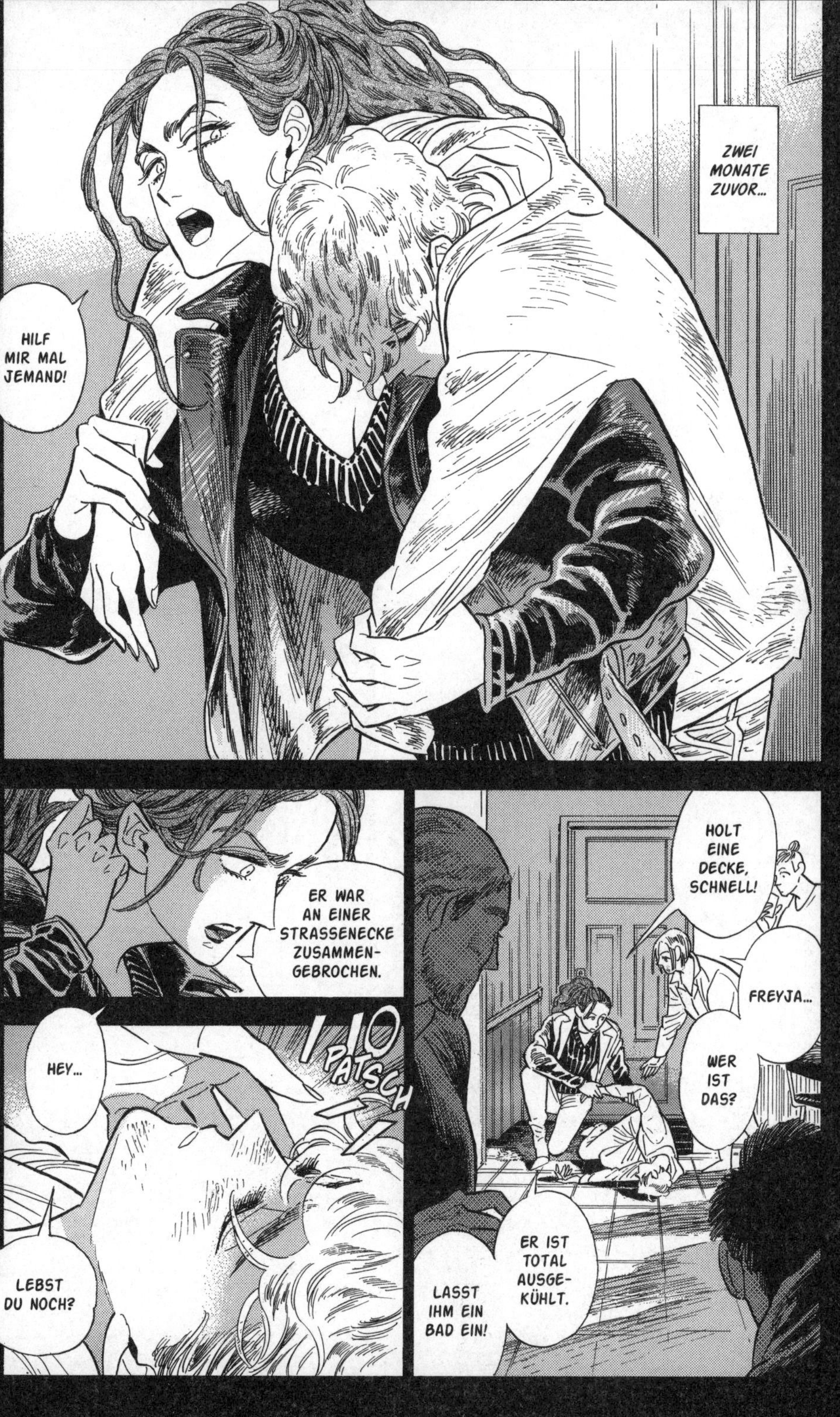

ZWEI MONATE ZUVOR...
HILF MIR MAL JEMAND!
HOLT EINE DECKE, SCHNELL!
FREYJA...
WER IST DAS?
ER IST TOTAL AUSGEKÜHLT.
LASST IHM EIN BAD EIN!
ER WAR AN EINER STRASSENECKE ZUSAMMENGEBROCHEN.
HEY...
PATSCH
LEBST DU NOCH?

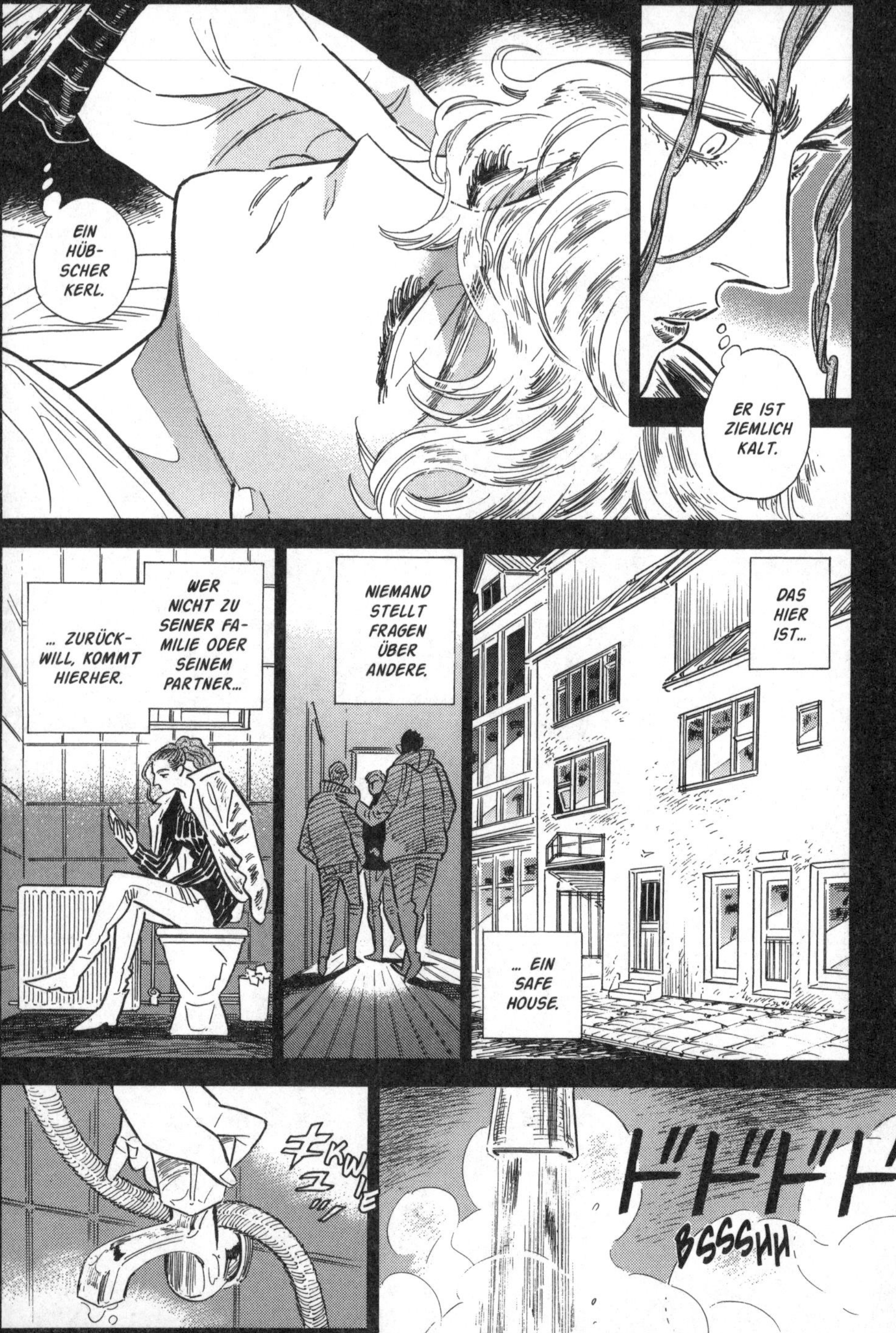
EIN HÜB-SCHER KERL.
ER IST ZIEMLICH KALT.
WER NICHT ZU SEINER FA-MILIE ODER SEINEM PARTNER...
... ZURÜCK-WILL, KOMMT HIERHER.
NIEMAND STELLT FRAGEN ÜBER ANDERE.
DAS HIER IST...
... EIN SAFE HOUSE.
キュッ
KWIE
ドドドドドド
BSSSHH

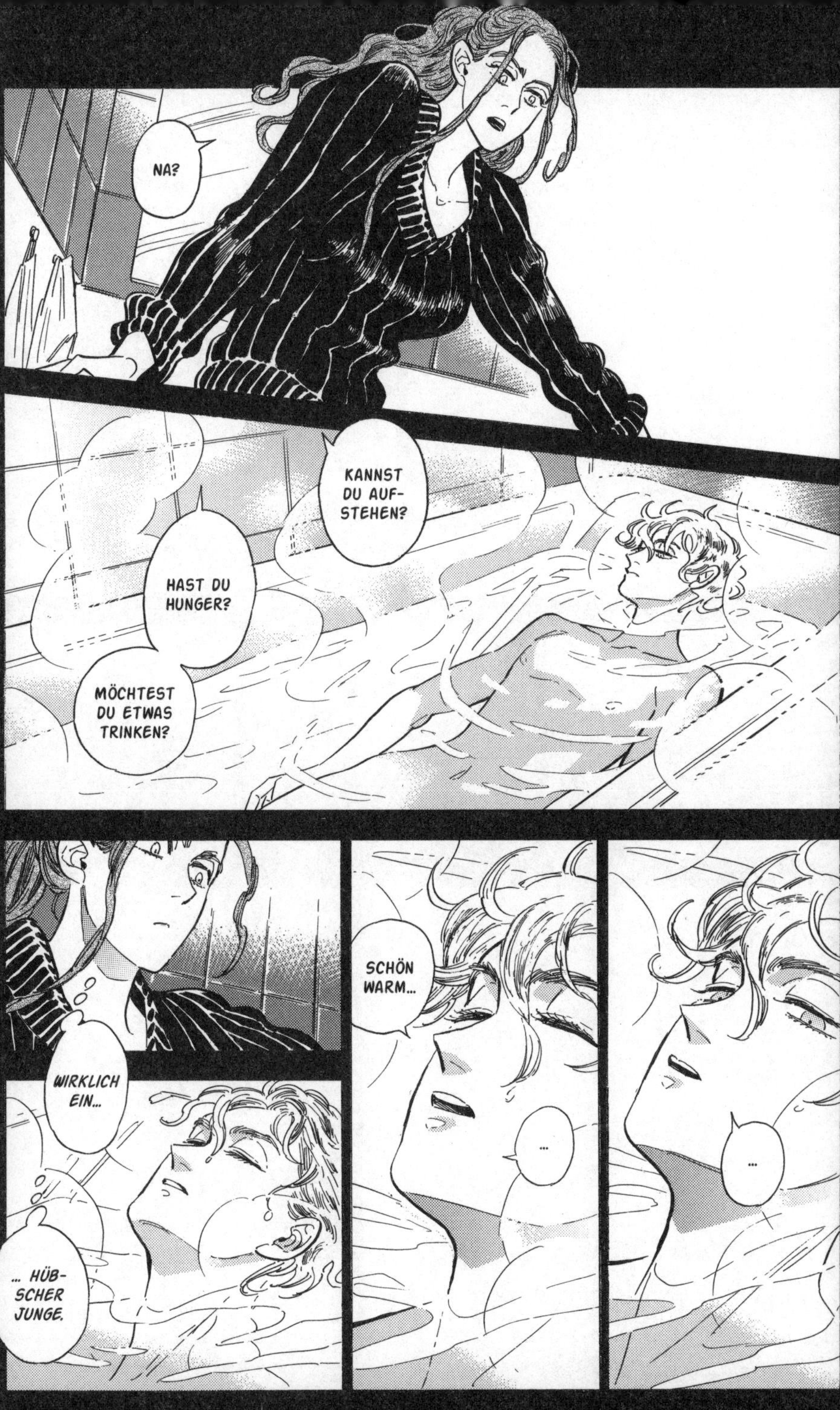
NA?
KANNST DU AUF-STEHEN?
HAST DU HUNGER?
MÖCHTEST DU ETWAS TRINKEN?
WIRKLICH EIN...
... HÜB-SCHER JUNGE.
SCHÖN WARM...
...
...

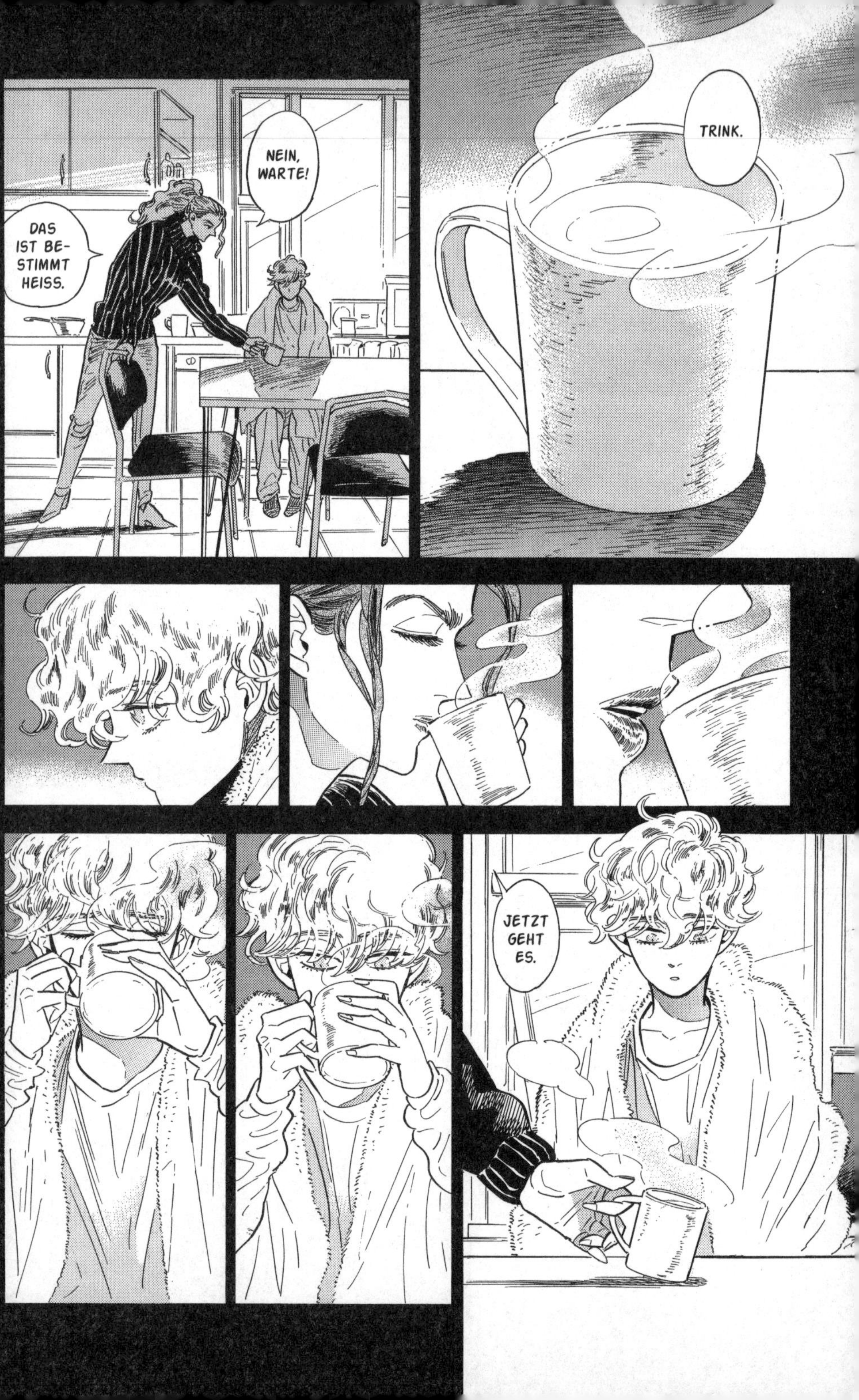
DAS IST BE-STIMMT HEISS.
NEIN, WARTE!
TRINK.
JETZT GEHT ES.

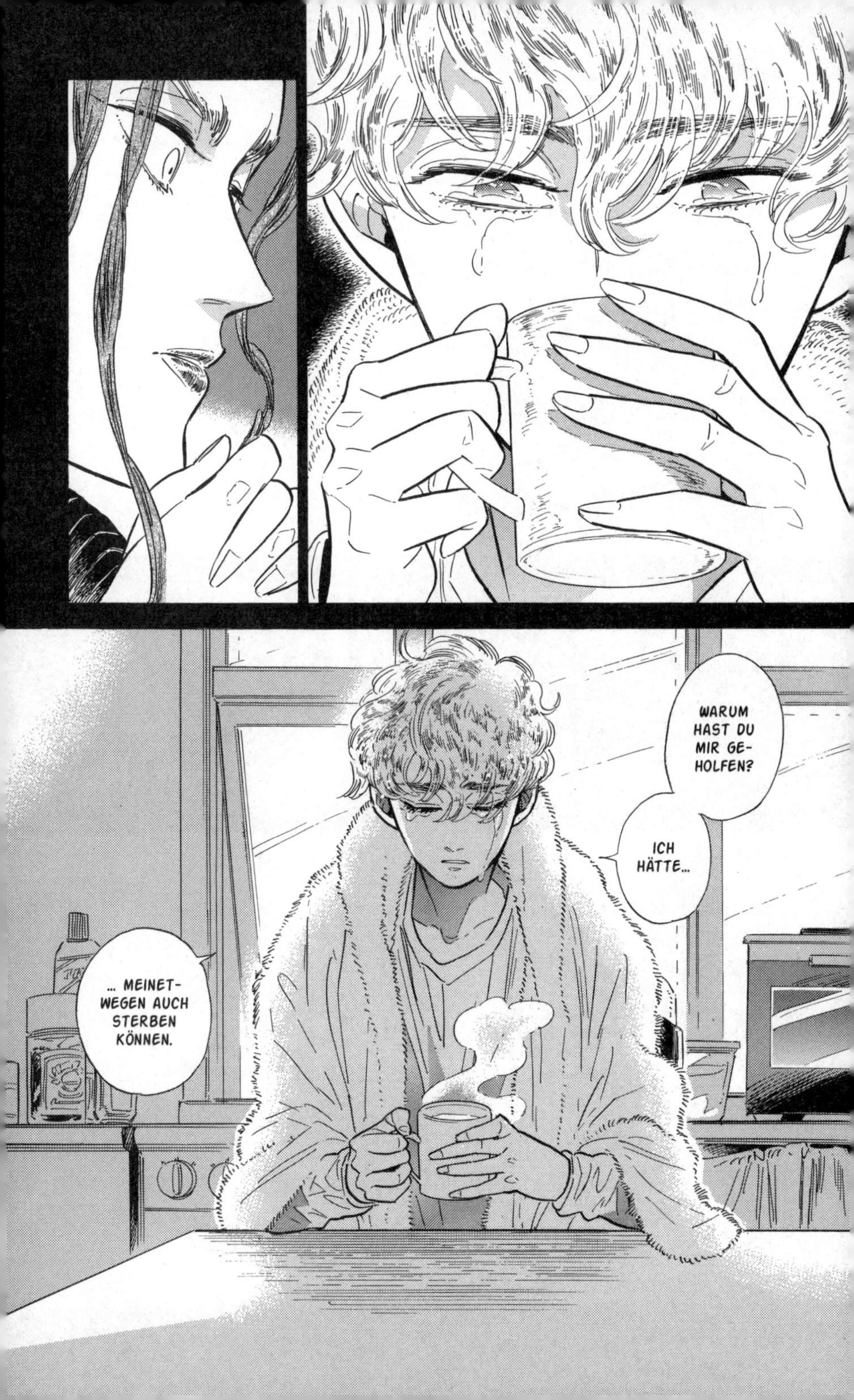
WARUM HAST DU MIR GE-HOLFEN?
ICH HÄTTE...
... MEINET-WEGEN AUCH STERBEN KÖNNEN.

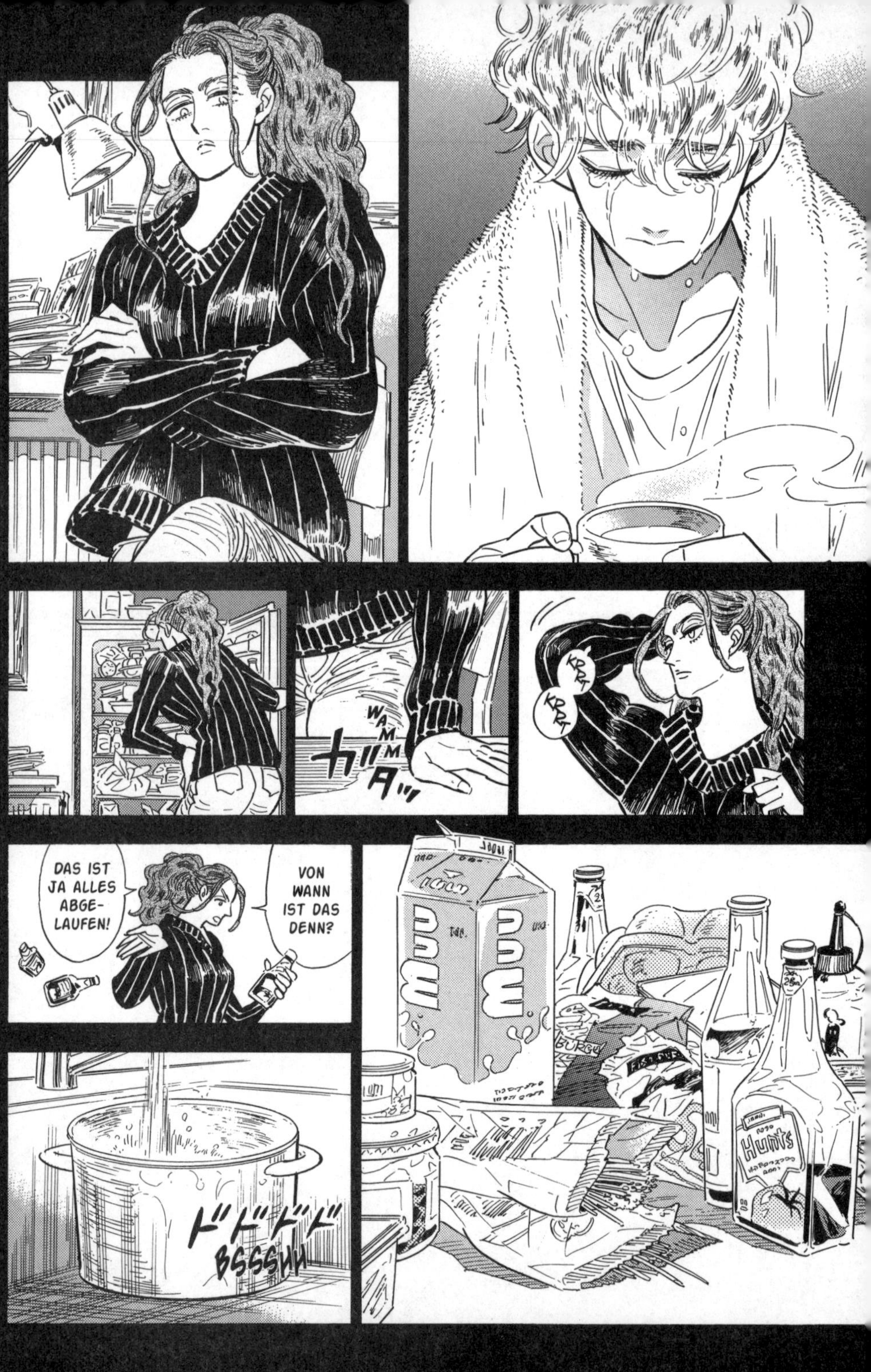
WAMM
KRK
KRK
DAS IST JA ALLES ABGE- LAUFEN!
VON WANN IST DAS DENN?
BSSSHH

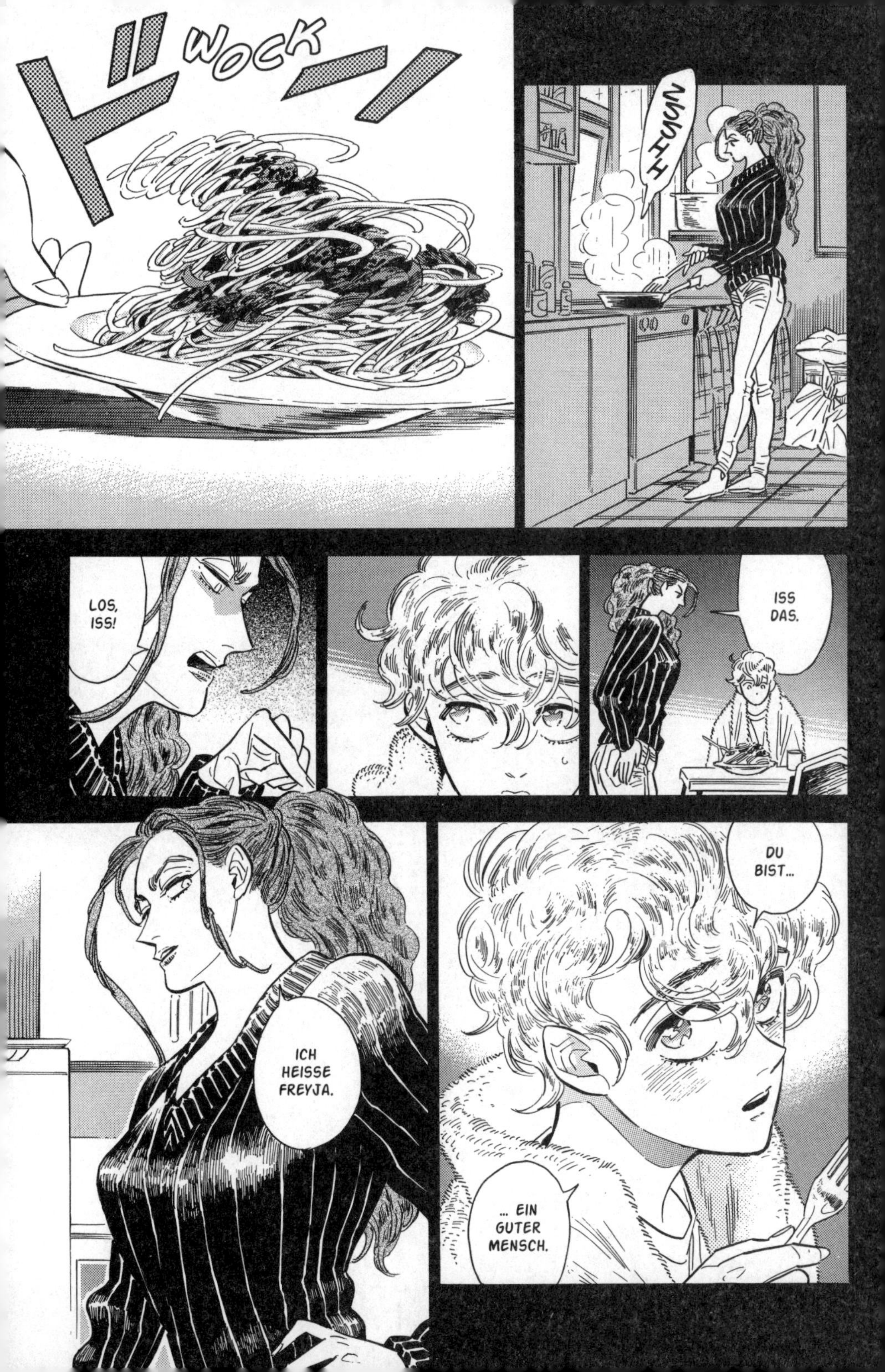

WUSHH
WOCK
ISS DAS.
LOS, ISS!
DU BIST...
... EIN GUTER MENSCH.
ICH HEISSE FREYJA.

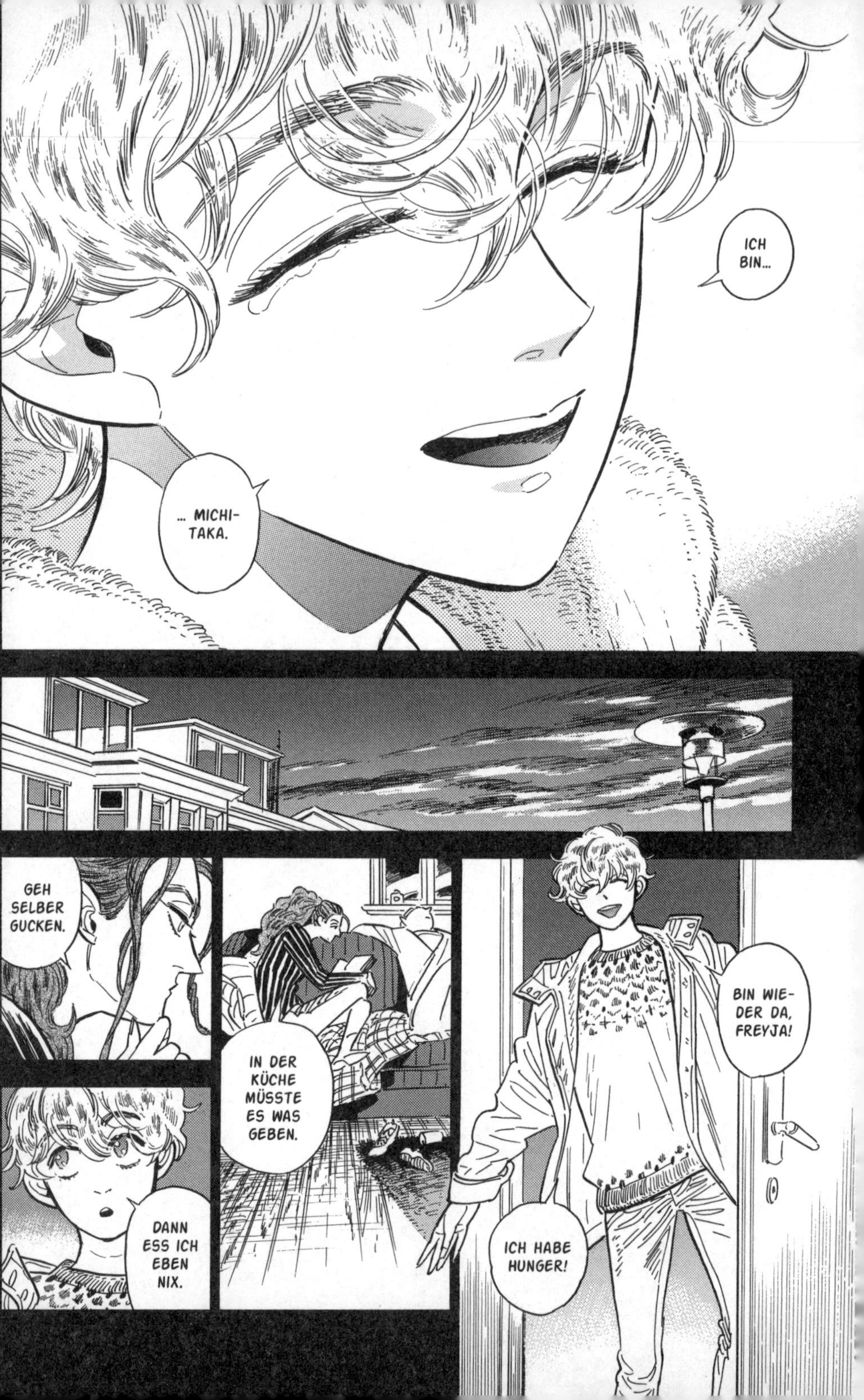
ICH BIN…
… MICHI-TAKA.
BIN WIE-DER DA, FREYJA!
ICH HABE HUNGER!
IN DER KÜCHE MÜSSTE ES WAS GEBEN.
GEH SELBER GUCKEN.
DANN ESS ICH EBEN NIX.

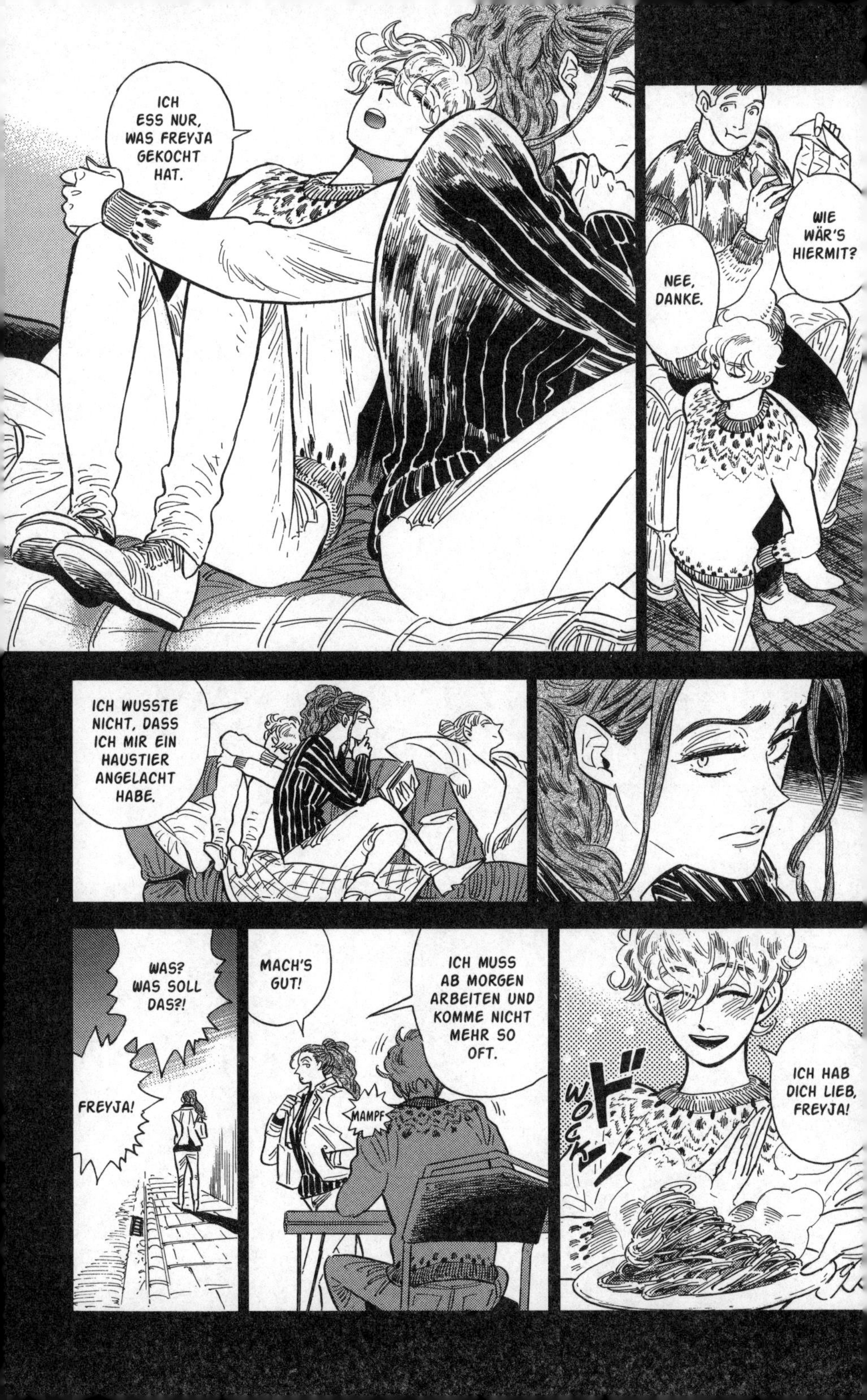
WIE WÄR'S HIERMIT?
NEE, DANKE.
ICH ESS NUR, WAS FREYJA GEKOCHT HAT.
ICH WUSSTE NICHT, DASS ICH MIR EIN HAUSTIER ANGELACHT HABE.
ICH HAB DICH LIEB, FREYJA!
WOCK
ICH MUSS AB MORGEN ARBEITEN UND KOMME NICHT MEHR SO OFT.
MACH'S GUT!
MAMPF
WAS? WAS SOLL DAS?!
FREYJA!

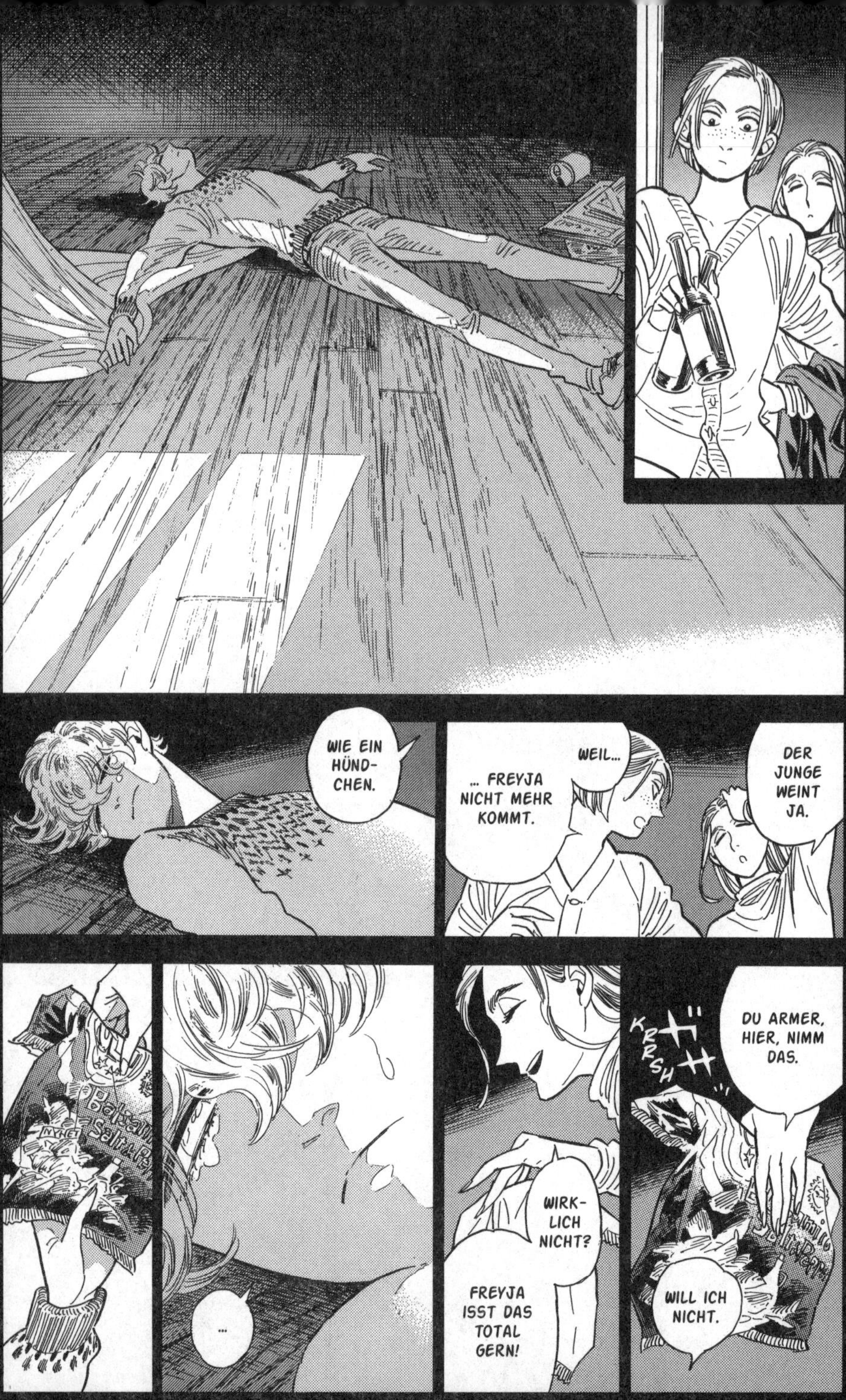

DER JUNGE WEINT JA.
WEIL...
... FREYJA NICHT MEHR KOMMT.
WIE EIN HÜNDCHEN.
KRRSH
DU ARMER, HIER, NIMM DAS.
WILL ICH NICHT.
WIRK-LICH NICHT?
FREYJA ISST DAS TOTAL GERN!
...

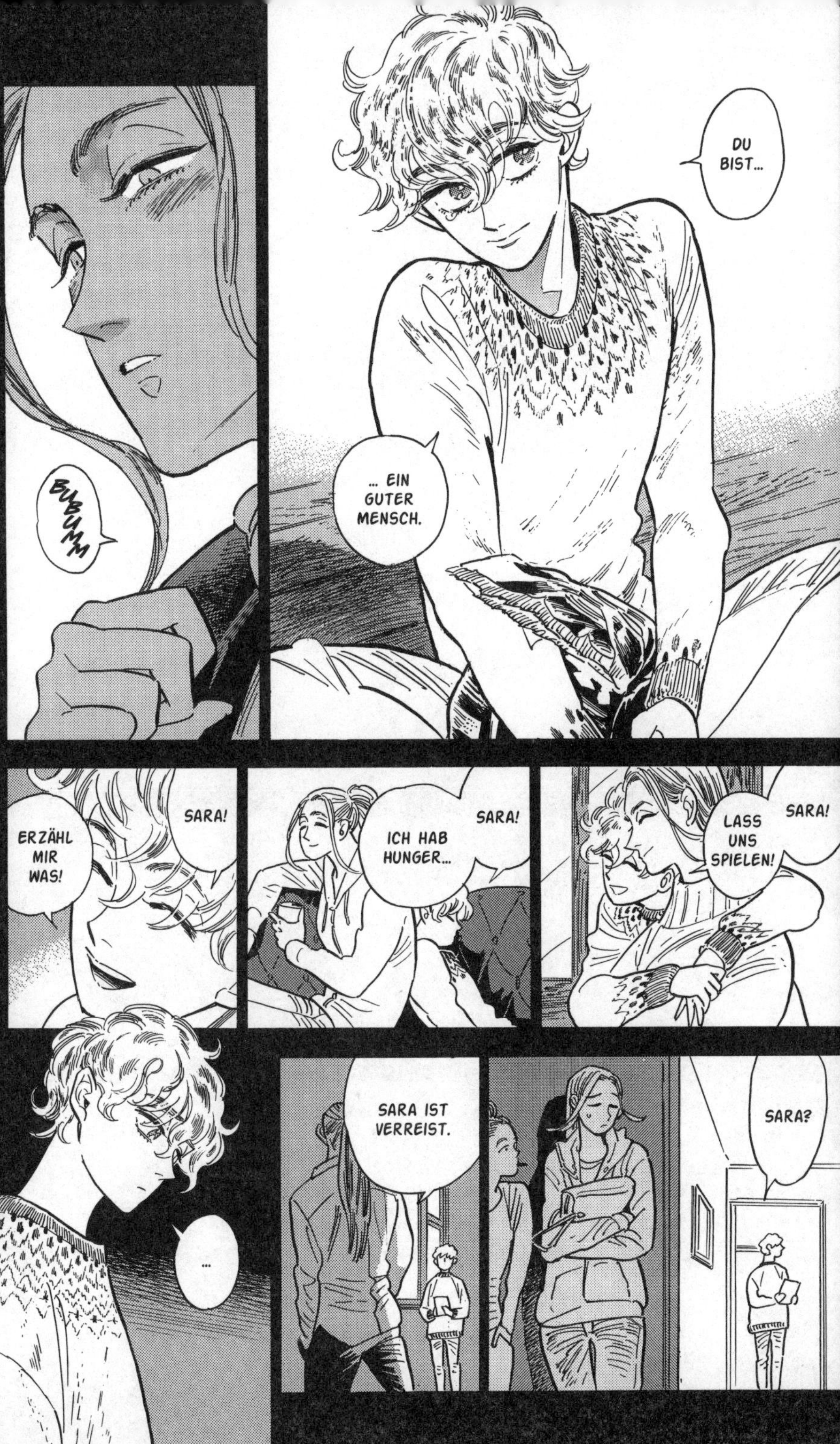
DU BIST...
... EIN GUTER MENSCH.
BUBUMM
SARA!
LASS UNS SPIELEN!
SARA!
ICH HAB HUNGER...
SARA!
ERZÄHL MIR WAS!
SARA?
SARA IST VERREIST.
...

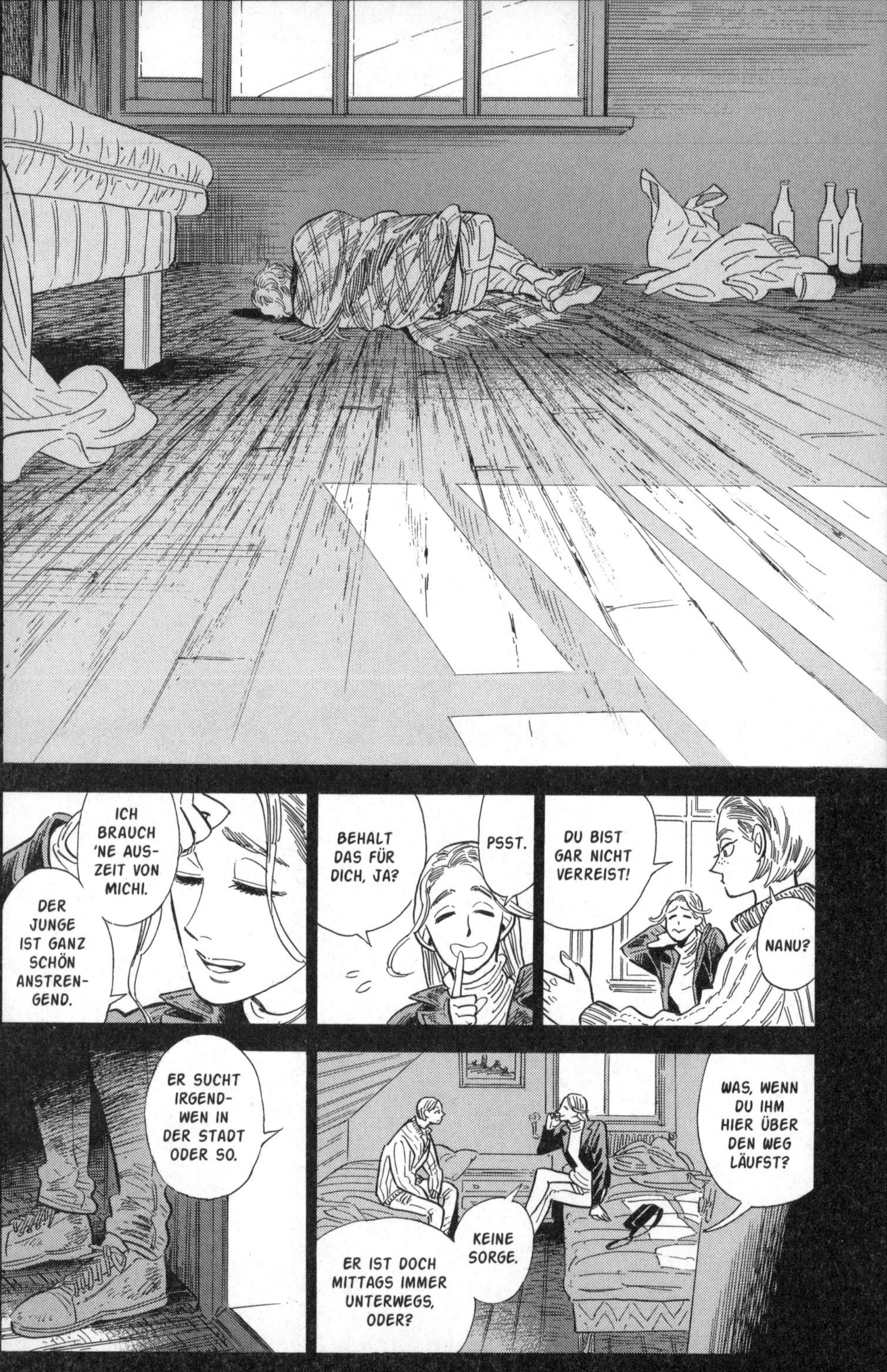
NANU?
DU BIST GAR NICHT VERREIST!
PSST.
BEHALT DAS FÜR DICH, JA?
ICH BRAUCH 'NE AUSZEIT VON MICHI.
DER JUNGE IST GANZ SCHÖN ANSTRENGEND.
WAS, WENN DU IHM HIER ÜBER DEN WEG LÄUFST?
KEINE SORGE.
ER IST DOCH MITTAGS IMMER UNTERWEGS, ODER?
ER SUCHT IRGENDWEN IN DER STADT ODER SO.

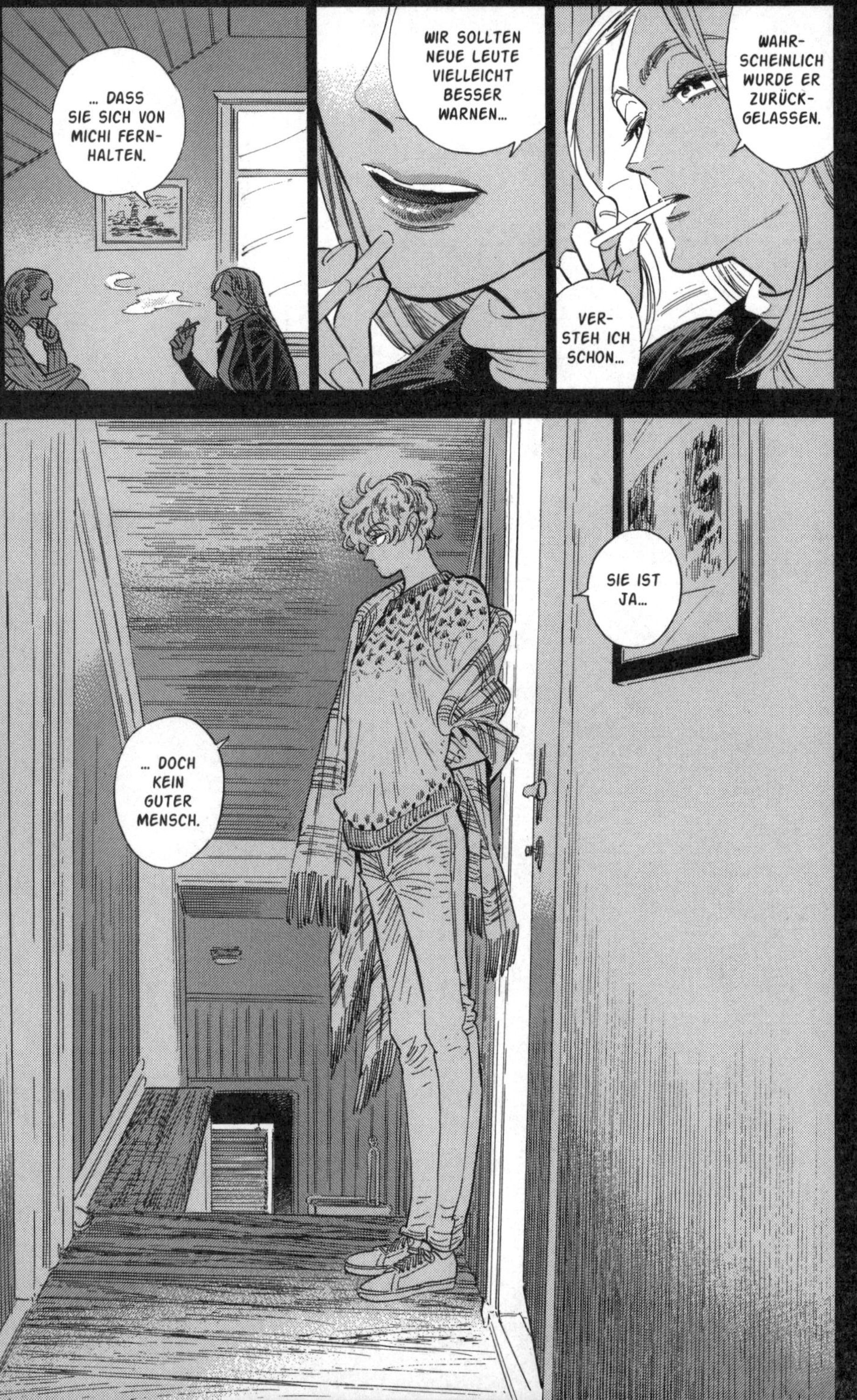
... DASS SIE SICH VON MICHI FERN-HALTEN.
WIR SOLLTEN NEUE LEUTE VIELLEICHT BESSER WARNEN...
WAHR-SCHEINLICH WURDE ER ZURÜCK-GELASSEN.
VER-STEH ICH SCHON...
SIE IST JA...
... DOCH KEIN GUTER MENSCH.

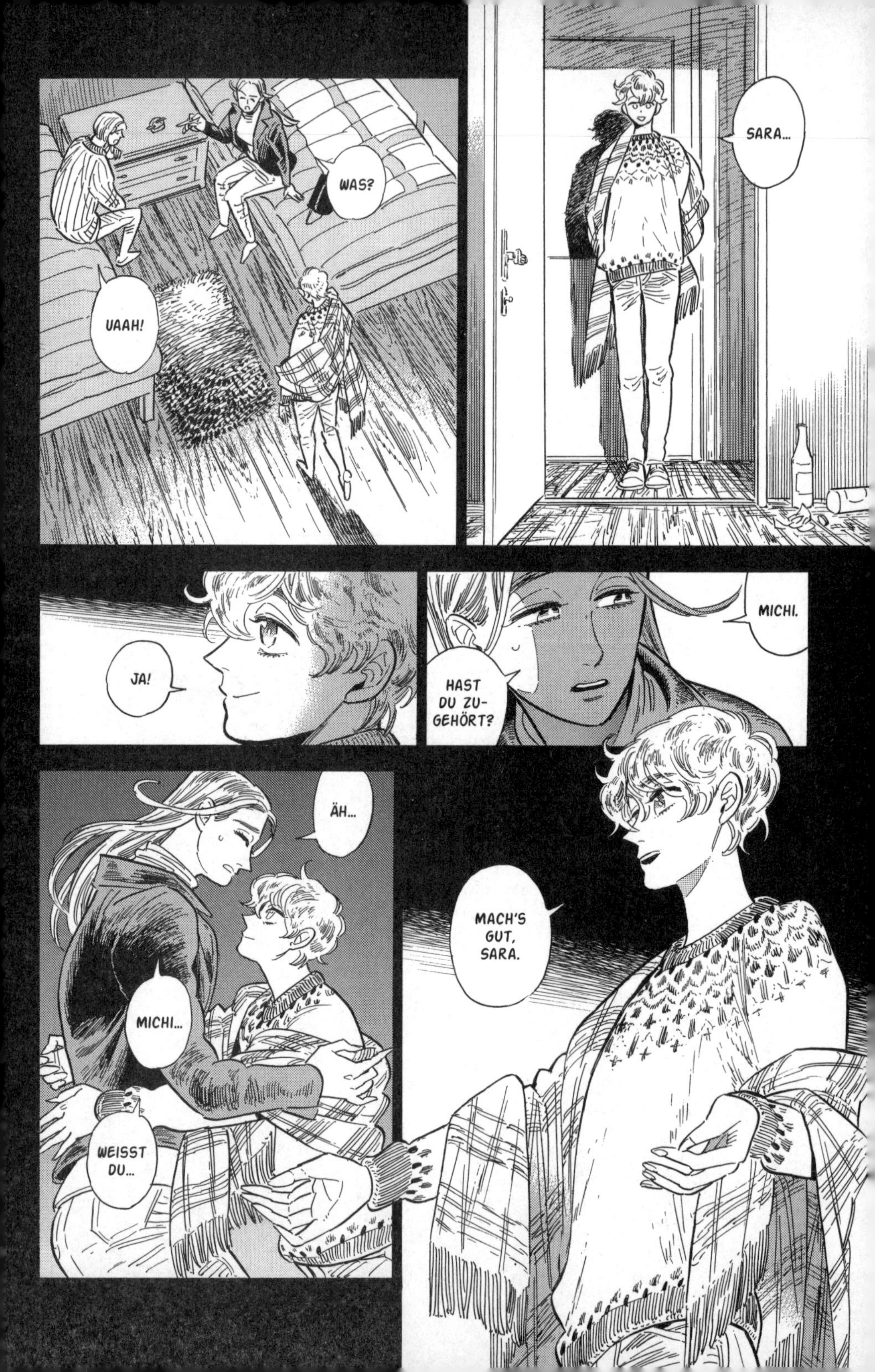
SARA…
WAS?
UAAH!
MICHI.
HAST DU ZU-GEHÖRT?
JA!
MACH'S GUT, SARA.
ÄH…
MICHI…
WEISST DU…

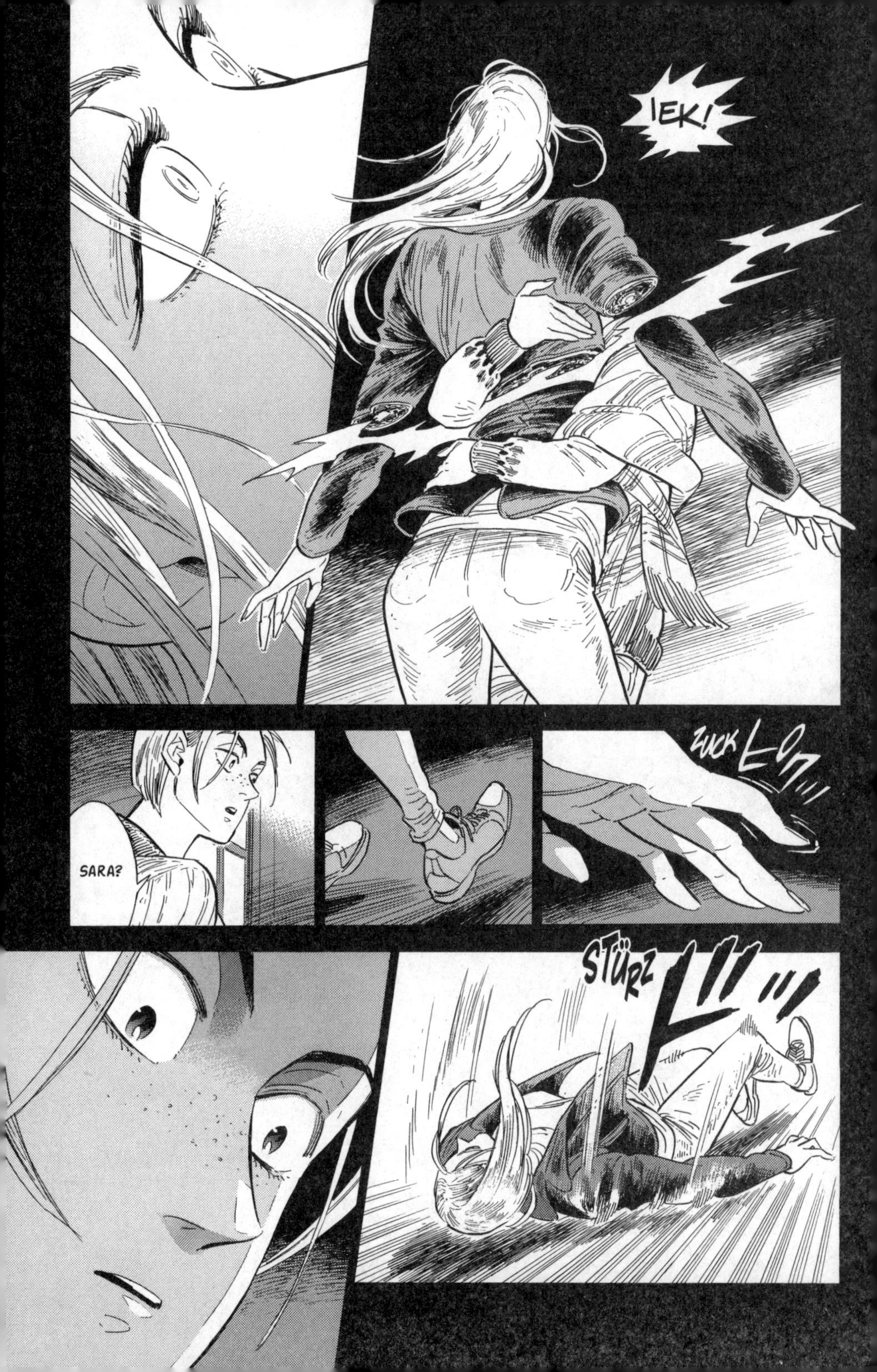
!EK!
SARA?
ZUCK
STÜRZ

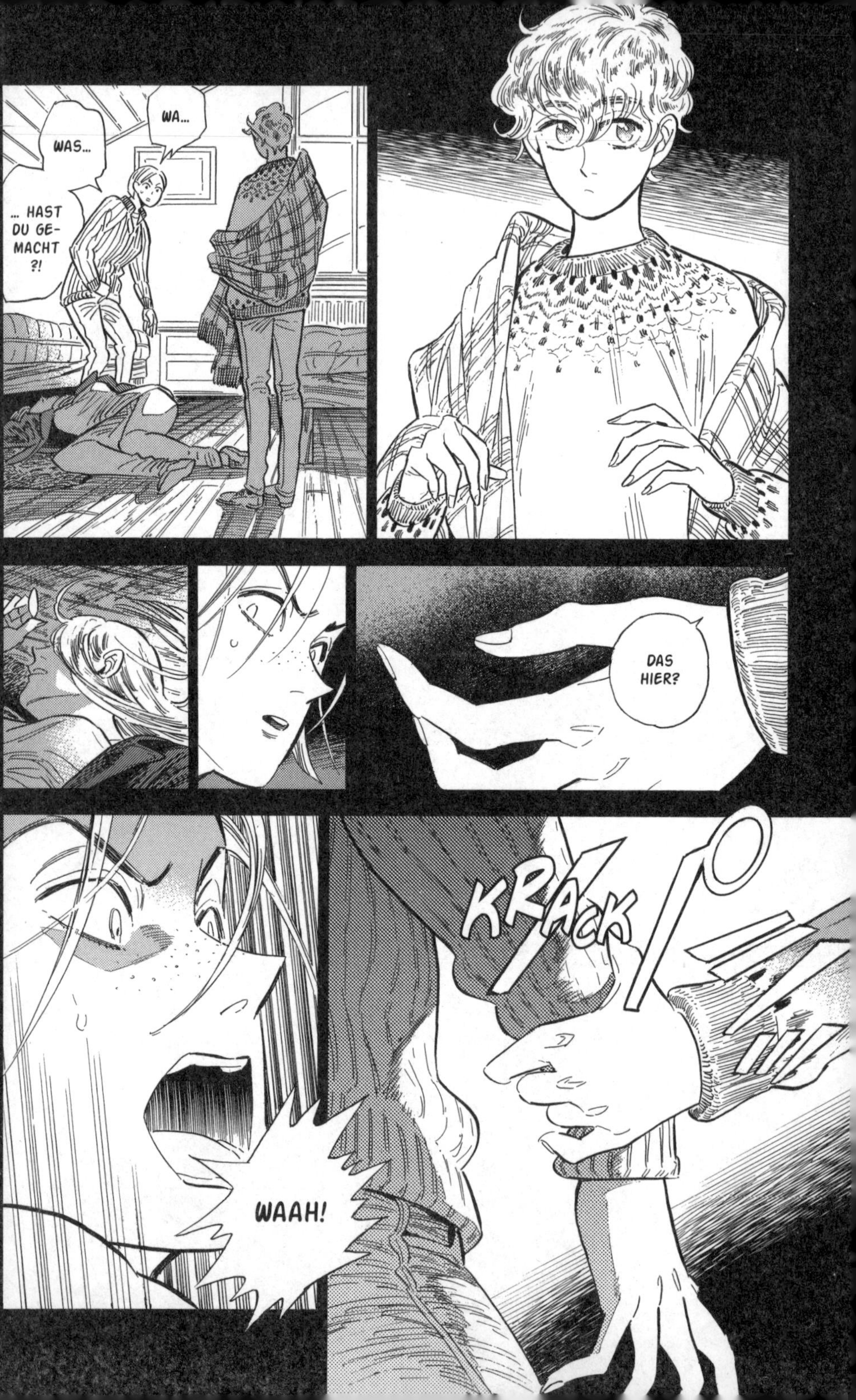
WAS...
WA...
... HAST DU GE-MACHT ?!
DAS HIER?
KRACK
WAAH!

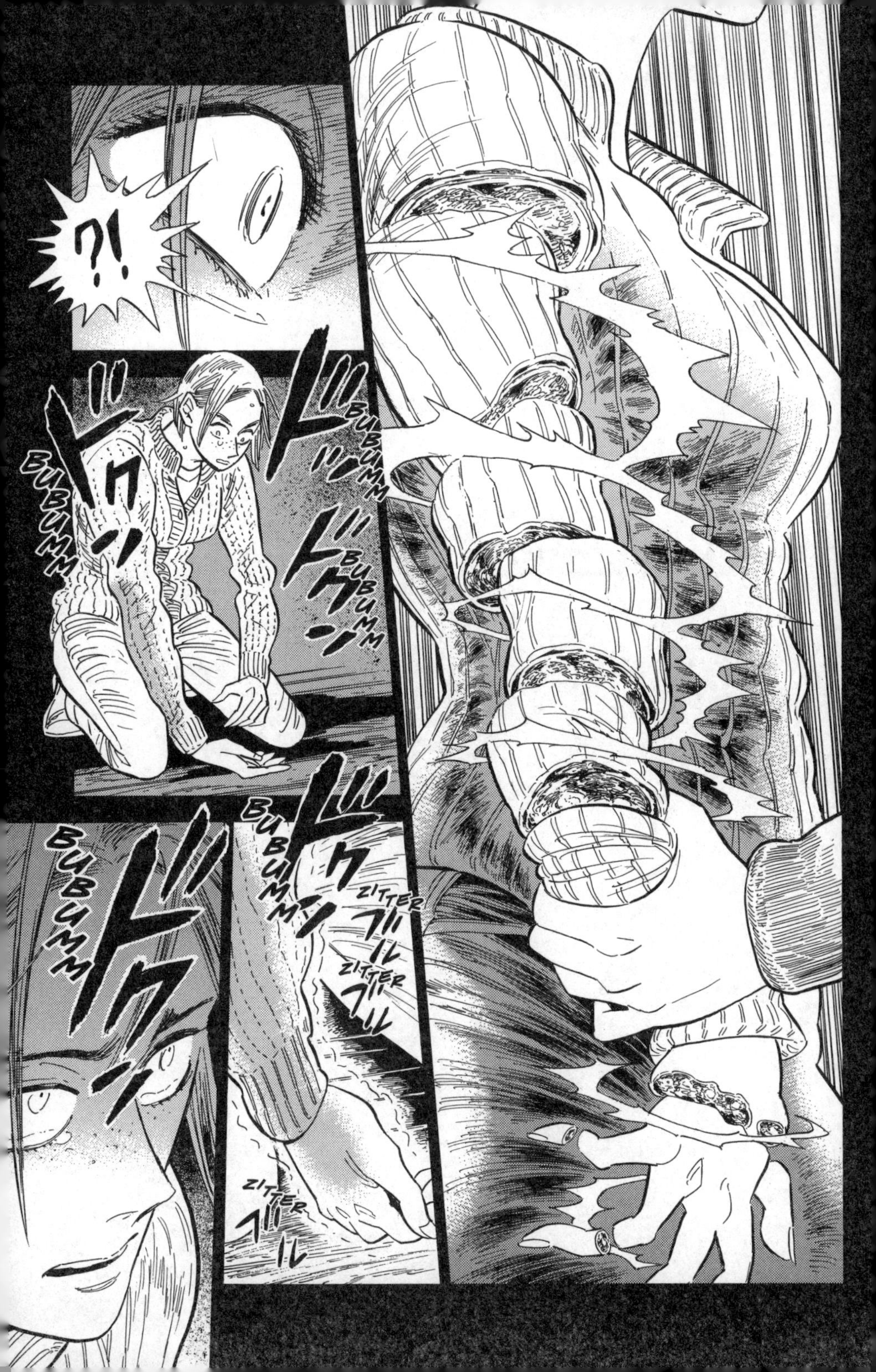
?!
BUBUMM
BUBUMM
BUBUMM
BUBUMM
BUBUMM
ZITTER
ZITTER
ZITTER

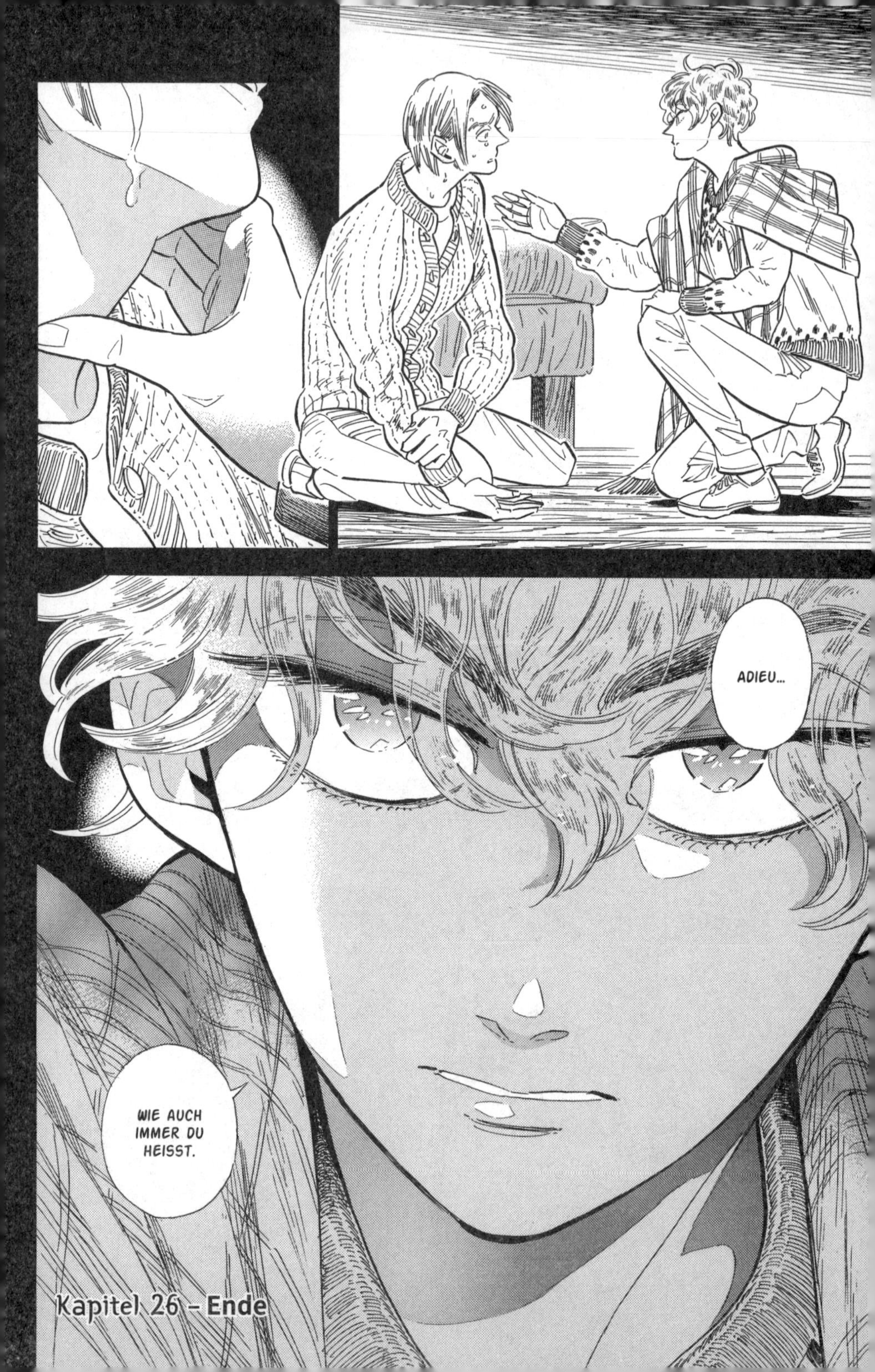
ADIEU...
WIE AUCH
IMMER DU
HEISST.
Kapitel 26 – Ende

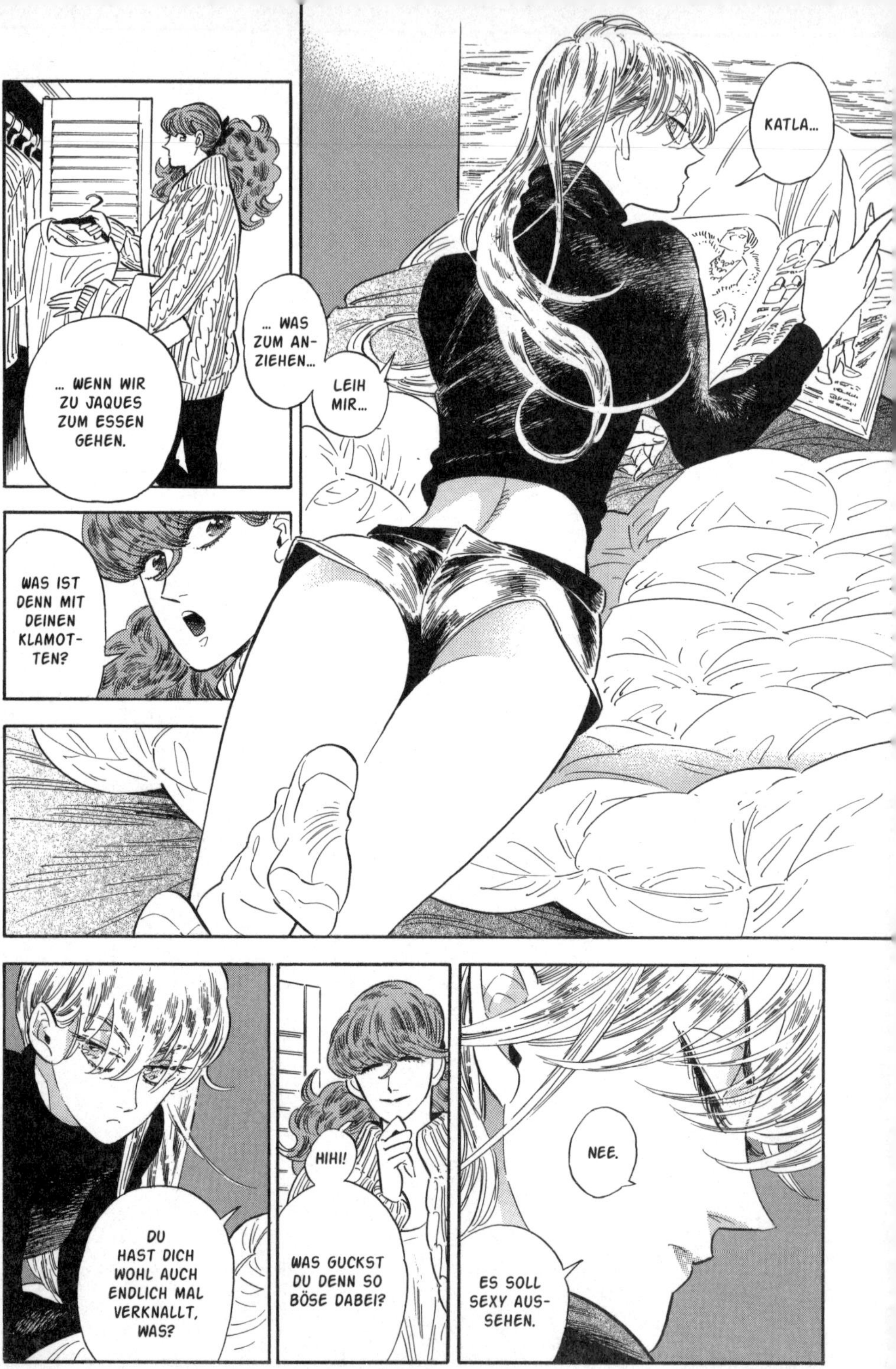
KATLA…
LEIH MIR…
… WAS ZUM AN-ZIEHEN…
… WENN WIR ZU JAQUES ZUM ESSEN GEHEN.
WAS IST DENN MIT DEINEN KLAMOT-TEN?
NEE.
ES SOLL SEXY AUS-SEHEN.
HIHI!
WAS GUCKST DU DENN SO BÖSE DABEI?
DU HAST DICH WOHL AUCH ENDLICH MAL VERKNALLT, WAS?

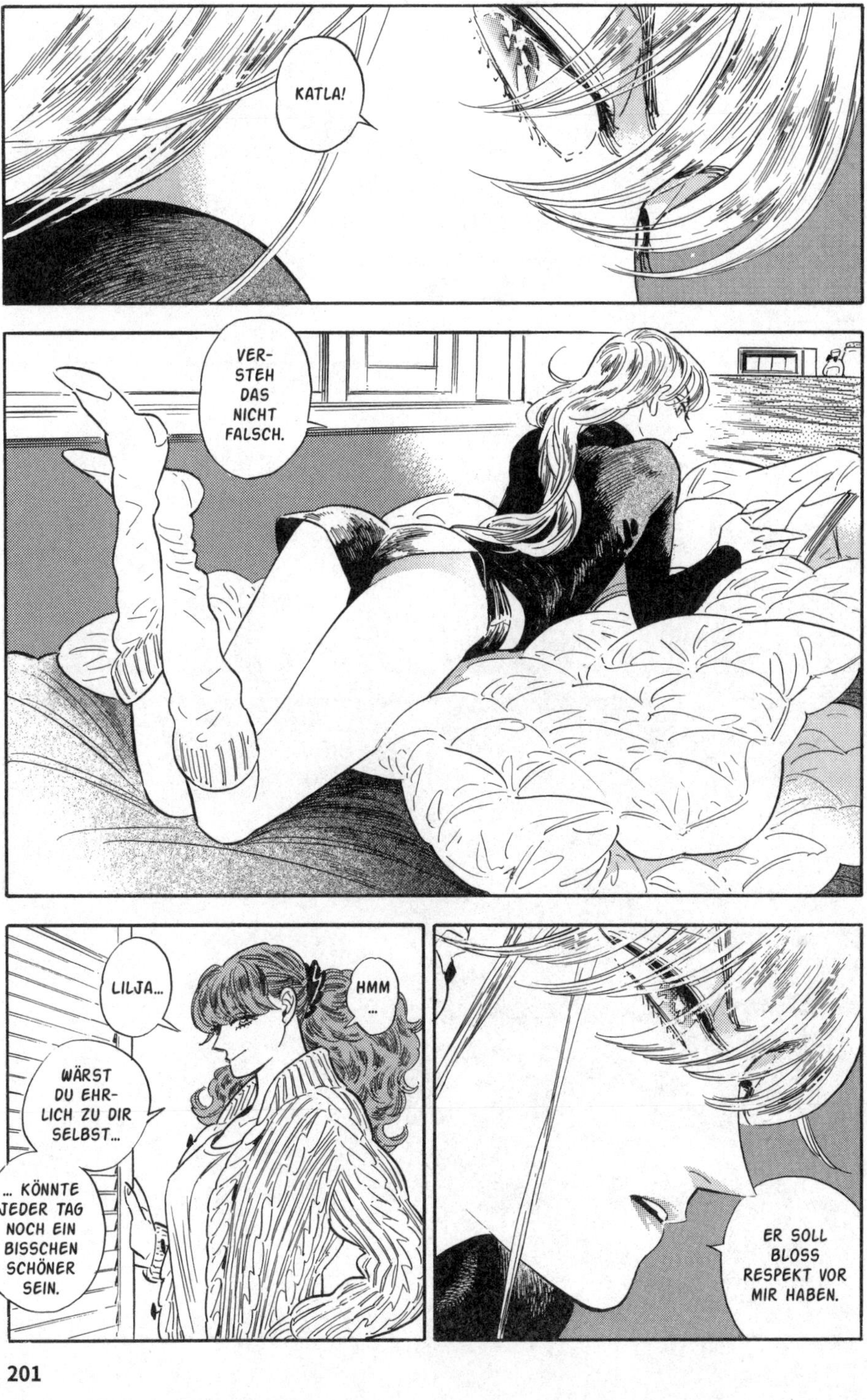
KATLA!
VER-
STEH
DAS
NICHT
FALSCH.
LILJA...
HMM
...
WÄRST
DU EHR-
LICH ZU DIR
SELBST...
... KÖNNTE
JEDER TAG
NOCH EIN
BISSCHEN
SCHÖNER
SEIN.
ER SOLL
BLOSS
RESPEKT VOR
MIR HABEN.

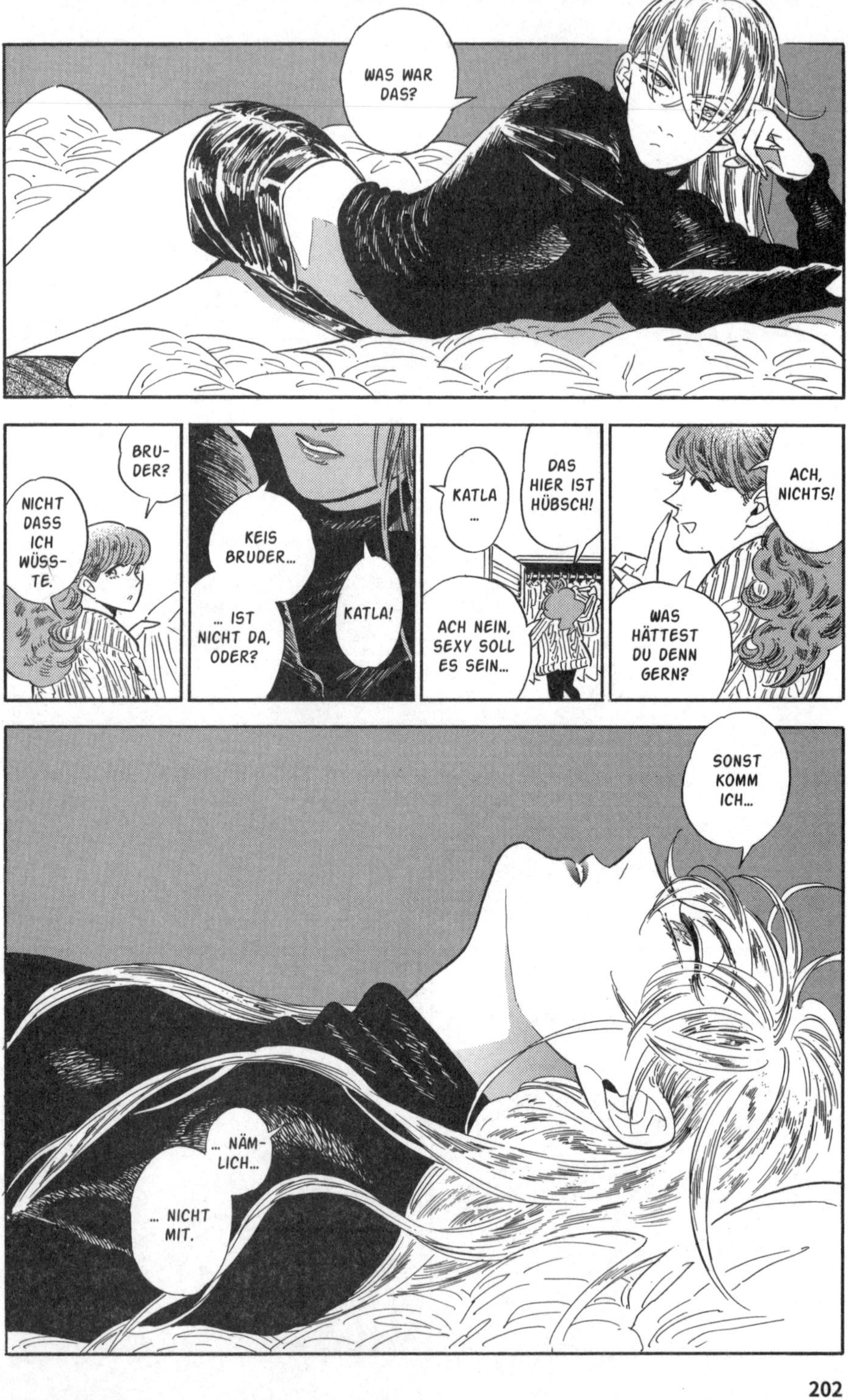
WAS WAR DAS?
ACH, NICHTS!
WAS HÄTTEST DU DENN GERN?
DAS HIER IST HÜBSCH!
KATLA …
ACH NEIN, SEXY SOLL ES SEIN…
KATLA!
KEIS BRUDER…
… IST NICHT DA, ODER?
BRU-DER?
NICHT DASS ICH WÜSS-TE.
SONST KOMM ICH…
… NÄM-LICH…
… NICHT MIT.

Folge den Wolken nach Nord-Nordwest

Fortsetzung folgt in Band 4

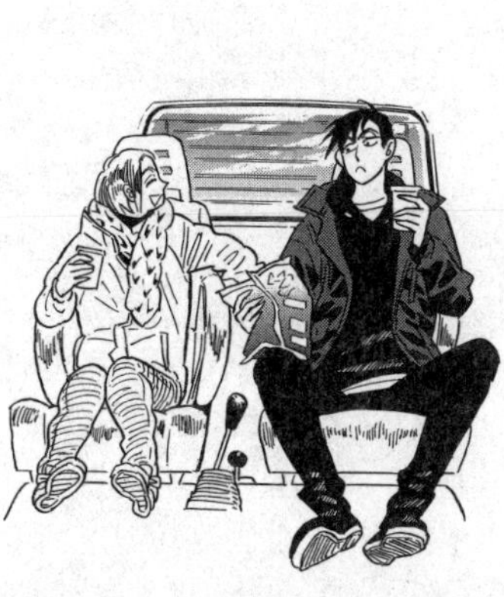

CARLSEN MANGA! CHECKLIST

ATTACK ON TITAN – NO REGRETS FULL COLOR EDITION

von Hajime Isayama
€ 14,99 (D) / € 15,50 (A)
O Band 1 & 2
In 2 Bänden abgeschlossen

ATTACK ON TITAN – OUTSIDE

von Hajime Isayama
€ 12,90 (D) / € 13,30 (A)
O AoT– Outside

ATTACK ON TITAN – SHORT PLAY

von Isayama & hounori
€ 8,99 (D) / € 9,30 (A)
O Attack on Titan – short play

ATTACK ON TITAN – THE HARSH MISTRESS OF THE CITY
(Nippon Novel)

von Hajime Isayama
€ 9,95 (D) / € 10,30 (A)
O Band 1 & 2
In 2 Bänden abgeschlossen

BARFUSS DURCH HIROSHIMA

von Keiji Nakazawa
€ 12,00 (D) / € 12,40 (A)
O Band 2
€ 14,00 (D) / € 14,40 (A)
O Band 1, 3 bis 4

BARRAGE

von Kohei Horikoshi
€ 6,99 (D) / € 7,20 (A)
O Band 1 bis 2
In 2 Bänden abgeschlossen

BATTLE ANGEL ALITA – PERFECT EDITION

von Yukito Kishiro
€ 19,99 (D) / € 20,60 (A)
O Band 1 bis 3
€ 24,99 (D) / € 25,70 (A)
O Band 4
In 4 Bänden abgeschlossen
€ 29,99 (D) / € 30,90 (A)
O Band 4 im Schuber
€ 89,99 (D) / € 92,60 (A)
O Band 1-4 im Schuber

ATTACK ON TITAN ANTHOLOGIE

von Div.
€ 19,99 (D) / € 20,60 (A)
O Attack on Titan Anthologie

ATTACK ON TITAN – BEFORE THE FALL

von Hajime Isayama
€ 6,95 (D) / € 7,20 (A)
O Band 1 bis 14
O Band 15 12/19
O Band 16 03/20
In 17 Bänden abgeschlossen

ATTACK ON TITAN CHARACTER GUIDE

von Hajime Isayama
€ 12,90 (D) / € 13,30 (A)
O Character Guide

ATTACK ON TITAN – COLORING BOOK

von Hajime Isayama
€ 9,99 (D) / € 10,30 (A)
O Attack on Titan – Coloring Book

ATTACK ON TITAN – DELUXE

von Hajime Isayama
€ 25,00 (D) / € 25,70 (A)
O Band 1 bis 5

ATTACK ON TITAN – INSIDE

von Hajime Isayama
€ 12,90 (D) / € 13,30 (A)
O Attack on Titan – Inside

ATTACK ON TITAN – LOST GIRLS

von Isayama, Seko & Fuji
€ 6,99 (D) / € 7,20 (A)
O Band 1 & 2
In 2 Bänden abgeschlossen

ATTACK ON TITAN – LOST GIRLS
(Nippon Novel)

von Hiroshi Seko
€ 9,95 (D) / € 10,30 (A)
O AoT– Lost Girls

ATTACK ON TITAN – NO REGRETS

von Hajime Isayama
€ 6,95 (D) / € 7,20 (A)
O Band 1 & 2
In 2 Bänden abgeschlossen

ANONYMOUS NOISE

von Ryoko Fukuyama
€ 5,00 (D) / € 6,20 (A)
O Band 1
€ 6,99 (D) / € 7,20 (A)
O Band 2 bis 12
O Band 13 01/20
In 18 Bänden abgeschlossen

AREA D

von Yang Kyung-Il & Kyouichi Nanatsuki
€ 6,95 (D) / € 7,20 (A)
O Band 1 bis 14
In 14 Bänden abgeschlossen

ASSASSINATION CLASSROOM

von Yusei Matsui
€ 6,50 (D) / € 6,70 (A)
O Band 1 bis 21
In 21 Bänden abgeschlossen
€ 12,99 (D) / € 13,40 (A)
O Character Book

ASSASSINATION CLASSROOM – SCHUBER

von Yusei Matsui
€ 9,95 (D) / € 10,30 (A)
O Band 8 im Schuber
O Band 16 im Schuber
O Band 21 im Schuber
€ 49,90 (D) / € 51,30 (A)
O Band 1-8 im Schuber
€ 49,90 (D) / € 51,30 (A)
O Band 9-16 im Schuber
€ 29,95 (D) / € 30,80 (A)
O Band 17-21 im Schuber

ATTACK ON TITAN

von Hajime Isayama
€ 6,95 (D) / € 7,20 (A)
O Band 1 bis 27
O Band 28 01/20
Bislang 29 Bände in Japan
€ 9,95 (D) / € 10,20 (A)
O Band 10 im Schuber
O Band 15 im Schuber
O Band 20 im Schuber
O Band 25 im Schuber
€ 36,00 (D) / € 37,10 (A)
O Band 1-5 im Schuber
O Band 6-10 im Schuber
O Band 11-15 im Schuber
O Band 16-20 im Schuber
O Band 21-25 im Schuber

ATTACK ON TITAN – ANSWERS

von Hajime Isayama
€ 12,90 (D) / € 13,30 (A)
O Attack on Titan – Answers

12 JAHRE

von Nao Maita
€ 5,99 (D) / € 6,20 (A)
O Band 1 bis 11
O Band 12 03/20
Bislang 17 Bände in Japan

AB SOFORT DÄMONENKÖNIG!

von Tomo Takabayashi & Temari Matsumoto
€ 7,95 (D) / € 8,20 (A)
O Band 18 bis 21
In 21 Bänden abgeschlossen

ABE SADA

von Kazuo Kamimura
€ 14,99 (D) / € 15,50 (A)
O Band 1 & 2
In 2 Bänden abgeschlossen

ACID TOWN

von KYUGO
€ 7,95 (D) / € 8,20 (A)
O Band 1 bis 5
Bislang 6 Bände in Japan

AKIRA – ORIGINAL EDITION

von Katsuhiro Otomo
€ 19,90 (D) / € 20,50 (A)
O Band 1 bis 3
€ 22,90 (D) / € 23,60 (A)
O Band 4 bis 6
In 6 Bänden abgeschlossen

AKIRA – FARBIGE NEUAUSGABE

von Katsuhiro Otomo
€ 29,99 (D) / € 30,90 (A)
O Band 1
€ 24,99 (D) / € 25,70 (A)
O Band 3
€ 34,99 (D) / 36,00 (A)O
O Band 4 bis 6
In 6 Bänden abgeschlossen

ALICE IN MURDERLAND

von Kaori Yuki
€ 7,95 (D) / € 8,20 (A)
O Band 1 bis 10
O Band 11 02/20
In 11 Bänden abgeschlossen.

ALISIK

von Helge Vogt & Hubertus Rufledt
€ 8,99 (D) / € 9,30 (A)
O Band 1
€ 7,99 (D) / € 8,30 (A)
O Band 2 bis 4
In 4 Bänden abgeschlossen

CARLSEN MANGA! CHECKLIST

DER MANN MEINES BRUDERS
von Gengoroh Tagame
€ 10,00 (D) / € 10,30 (A)
O Band 1 bis 3
O Band 4 12/19
In 4 Bänden abgeschlossen

DEVILS & REALIST
von Utako Yukihiro
& Madoka Takadono
€ 6,95 (D) / € 7,20 (A)
O Band 2 bis 14
In 15 Bänden abgeschlossen

DIALOGE MIT MIR SELBST
von Kabi Nagata
€ 18,00 (D)/ € 18,50 (A)
O Band 1 12/19
In 2 Bänden abgeschlossen

DIE INSEL DER BESONDEREN KINDER
von Ransom Riggs
& Cassandra Jean
€ 14,90 (D) / € 15,20 (A)
O Die Insel der besonderen Kinder

DIE STADT DER BESONDEREN KINDER
von Ransom Riggs
& Cassandra Jean
€ 14,90 (D) / € 15,40 (A)
O Die Stadt der besonderen Kinder

DOUBT
von Yoshiki Tonogai
€ 7,95 (D) / € 8,20 (A)
O Band 1 bis 3
€ 8,95 (D) / € 9,20 (A)
O Band 4
In 4 Bänden abgeschlossen

DRAGON BALL
von Akira Toriyama
€ 6,50 (D) / € 6,70 (A)
O Band 1 bis 42
In 42 Bänden abgeschlossen

DRAGON BALL MASSIV
von Akira Toriyama
€ 5,00 (D) / € 5,20 (A)
O Band 1 12/19
€ 10,00 (D) / € 10,30 (A)
O Band 2 01/20
O Band 3 02/20
O Band 4 03/20

BURNING HELL
von Youn In-Wan
& Yang Kyung-Il
€ 9,99 (D) / € 10,30 (A)
O Burning Hell

CHERRY LIPS
von Milk Morinaga
€ 6,95 (D) / € 7,20 (A)
O Band 1 & 2
In 2 Bänden abgeschlossen

CHIISAKOBEE
von Minetaro Mochizuki
€ 14,90 (D) / € 15,40 (A)
O Band 1 bis 4
In 4 Bänden abgeschlossen

CHOPPERMAN
von Hirofumi Takei
€ 4,95 (D) / € 5,10 (A)
O Chopperman
– Lehrer und Meister
von Hirofumi Takei
& Eiichiro Oda
O Chopperman:
Band 1 bis 5
In 5 Bänden abgeschlossen

COYOTE
von Ranmaru Zariya
€ 7,99 (D) / € 8,30 (A)
O Band 1 bis 2
Bislang 2 Bände in Japan

CROSS ACCOUNT
von Tsunehiro Date
€ 6,99 (D) / € 7,20 (A)
O Band 1 bis 3
In 4 Bänden abgeschlossen

DEFENSE DEVIL
von Youn In-Wan
& Yang Kyung-Il
€ 5,95 (D) / € 6,20 (A)
O Band 1 bis 10
In 10 Bänden abgeschlossen

DEPTH OF FIELD
von Enjo
€ 8,00 (D) / € 8,30 (A)
O Band 1 03/20
In 2 Bänden abgeschlossen

DER GRAF VON MONTE CHRISTO
von Ena Moriyama
€ 14,99 (D) / € 15,50 (A)
O Der Graf von Monte Christo

BLACK BUTLER
von Yana Toboso
€ 6,95 (D) / € 7,20 (A)
O Band 1 bis 27
O Band 28 01/20
€ 14,90 (D) / € 15,40 (A)
O Black Butler Character Guide
Bislang 29 Bände in Japan

BLACK BUTLER ARTWORKS
von Yana Toboso
€ 24,90 (D) / € 25,60 (A)
O Band 2

BLACK LAGOON
von Rei Hiroe
€ 6,95 (D) / € 7,20 (A)
O Band 1 bis 4, 7 bis 8, 10
€ 7,95 (D) / € 8,20 (A)
O Band 5, 6, 9
O Band 11 01/20
Bislang 11 Bände in Japan

BLOOM INTO YOU
von Nio Naketani
€ 6,99 (D) / € 7,20 (A)
O Band 1 bis 5
O Band 6 03/20
Bislang 7 Bände in Japan

BLUE FLAG
von Kaito
€ 7,99 (D) / € 8,30 (A)
O Band 1 bis 4
O Band 5 02/20
Bislang 6 Bände in Japan

BORDER
von Kazuma Kodaka
€ 6,95 (D) / € 7,20 (A)
O Band 1 bis 7
Bislang 7 Bände in Japan

BORUTO – NARUTO THE NEXT GENERATION
von Kishimoto & Kodachi
€ 6,50 (D) / € 6,70 (A)
O Band 1 bis 6
O Band 7 03/20
Bislang 8 Bände in Japan

BUDDHA
von Osamu Tezuka
€ 22,90 (D) / € 23,60 (A)
O 1 bis 8, 10
In 10 Bänden abgeschlossen

BATTLE ANGEL ALITA – LAST ORDER
von Yukito Kishiro
€ 6,95 (D) / € 7,20 (A)
O Band 17
€ 7,95 (D) / € 8,10 (A)
O Band 18 & 19
In 19 Bänden abgeschlossen

BATTLE ANGEL ALITA – LAST ORDER PERFECT EDITION
von Yukito Kishiro
€ 14,99 (D) / € 15,50 (A)
O 1 bis 3, 5
O Band 6 12/19
O Band 7 03/20
€ 16,99 (D) / € 17,50 (A)
O Band 4
In 12 Bänden abgeschlossen
€ 20,00 (D) / € 20,60 (A)
O Band 6 im Schuber mit Extra 12/19
€ 90,00 (D) / € 92,60 (A)
O Bände 1 bis 6 im Schuber mit Extra 12/19

BATTLE ANGEL ALITA – MARS CHRONICLE
von Yukito Kishiro
€ 6,95 (D) / € 7,20 (A)
O Band 1 bis 6
Bislang 6 Bände in Japan

BECOMING A GIRL ONE DAY
von Akane Ogura
€ 5,99 (D) / € 6,20 (A)
O Band 1 bis 4
In 4 Bänden abgeschlossen

BECOMING A GIRL ONE DAY – ANOTHER
von Akane Ogura
€ 5,99 (D) / € 6,20 (A)
O Band 1 bis 4
In 4 Bänden abgeschlossen

BILLY BAT
von Naoki Urasawa
& Takashi Nagasaki
€ 8,95 (D) / € 9,20 (A)
O Band 2 bis 8, 11 bis 16
€ 12,00 (D) / € 12,40 (A)
O Band 1, 9-10, 17 bis 20
In 20 Bänden abgeschlossen

BL IS MAGIC!
von Oroken
€ 9,99 (D) / € 10,30 (A)
O Band 1 bis 2
O Band 3 03/20
In 4 Bänden abgeschlossen

CARLSEN MANGA! CHECKLIST

FOOD WARS – SHOKUGEKI NO SOMA

von Tsukuda & Saeki
€ 6,99 (D) / € 7,20 (A)
O Band 1 bis 22
O Band 23 12/19
O Band 24 02/20
Bislang 36 Bände in Japan
€ 69,90 (D) / € 71,80 (A)
O Bände 1-10 im Schuber
O Bände 11-20 im Schuber

GANGSTA.

von Kohske
€ 7,95 (D) / € 8,20 (A)
O Band 1 bis 8
Bislang 8 Bände in Japan

GANGSTA: CURSED.

von Kohske/Kamo
€ 7,99 (D) / € 8,30 (A)
O Band 1 bis 5
Bislang 5 Bände in Japan

GEGEN DEN STROM

von Yoshihiro Tatsumi
€ 44,00 (D) / € 44,60 (A)
O Gegen den Strom

GELIEBTER AFFE

von Yoshihiro Tatsumi
€ 19,90 (D) / € 20,50 (A)
O Geliebter Affe

GOFORIT

von Christina Plaka
€ 6,95 (D) / € 7,20 (A)
O Band 1 & 2
In 2 Bänden abgeschlossen

GUN & HEAVEN

von Kazuma Kodaka
€ 6,99 (D) / € 7,20 (A)
O Gun & Heaven

HARU x KIYO

von Akira Ozaki
€ 5,00 (D) / € 5,20 (A)
O Band 1
€ 7,00 (D)/ €7,20 (A)
O Band 2 bis 3
O Band 4 01/20
In 9 Bänden abgeschlossen

FAIRY TAIL ZERO

von Hiro Mashima
€ 7,99 (D) / € 8,30 (A)
O Fairy Tail Zero

FAIRY TALE BATTLE ROYALE

von Soraho Ina
€ 7,00 (D) / € 7,20 (A)
O Band 1 02/20
Bislang 4 Bände in Japan

FINAL FANTASY – LOST STRANGER

von Hazuki Minase, Itsuki Kameya
€ 12,99 (D) / € 13,40 (A)
O Band 1
Bislang 4 Bände in Japan

FINAL FANTASY – TYPE-0

von Takatoshi Shiozawa
€ 6,99 (D) / € 7,20 (A)
O Band 1 bis 5
In 5 Bänden abgeschlossen
O Der Manga zum Game

FINAL FANTASY – OFFICIAL MEMORIAL ULTIMANIA BOOK

von Takatoshi Shiozawa
€ 39,99 (D) / € 41,20 (A)
O VII - IX
O I-VI 02/20
In 3 Bänden abgeschlossen

FOCUS 10

von Martina Peters
€ 6,99 (D) / € 7,20 (A)
O Band 1 bis 5
In 10 Bänden abgeschlossen

FOLGE DEN WOLKEN NACH NORD-NORDWEST

von Aki Irie
€ 12,00 (D) / € 12,40 (A)
O Band 1
O Band 2 02/20
Bislang 3 Bände in Japan

FAIRY GIRLS

von Hiro Mashima
€ 6,99 (D) / € 7,20 (A)
O Band 1 bis 4
In 4 Bänden abgeschlossen

FAIRY TAIL

von Hiro Mashima
€ 6,50 (D) / € 6,70 (A)
O Band 1 bis 63
€ 9,99 (D) / € 10,30 (A)
O Band 60 limitiert
In 63 Bänden abgeschlossen

FAIRY TAIL ARTBOOKS

€ 19,95 (D) / € 20,60 (A)
O Fantasia
O Harvest

FAIRY TAIL BLUE MISTRAL

von Hiro Mashima
€ 5,95 (D) / € 6,20 (A)
O Band 1 bis 4
In 4 Bänden abgeschlossen

FAIRY TAIL – 100 YEARS QUEST

von Hiro Mashima, Atsuo Ueda
€ 7,00 (D) / € 7,20 (A)
O Band 1 02/20
Bislang 3 Bände in Japan

FAIRY TAIL+

von Hiro Mashima
€ 8,95 (D) / € 9,20 (A)
O Fairy Tail+

FAIRY TAIL ICE TRAIL

von Hiro Mashima, Yusuke Shirato
€ 9,99 (D) / € 10,30 (A)
O Fairy Tail Ice Trail

FAIRY TAIL S

von Hiro Mashima
€ 6,99 (D) / € 7,20 (A)
O Band 1 bis 2

FAIRY TAIL SIDE STORIES

von Hiro Mashima & Kyota Shibano
€ 6,99 (D) / € 7,20 (A)
O Band 1 bis 3
Bislang 3 Bände in Japan

DRAGON BALL SD

von Akira Toriyama (Original Story), Naho Ohishi
€ 7,95 (D) / € 8,20 (A)
O Band 1 bis 5
Bislang 6 Bände in Japan

DRAGON BALL SIDE STORIES

von Akira Toriyama, dragongarow LEE
€ 5,00 (D) / € 5,20 (A)
O Yamchu

DRAGON BALL SUPER

von Toriyama & Toyotarou
€ 6,50 (D) / € 6,70 (A)
O Band 1 bis 7
O Band 8 02/20
€ 9,99 (D) / € 10,30 (A)
O Band 5 im Schuber
€ 29,99 (D) / € 30,90 (A)
O Bände 1-5 im Schuber
Bislang 10 Bände in Japan

DREAMIN' SUN

von Ichigo Takano
€ 6,99 (D) / € 7,20 (A)
O Band 1 bis 9
O Band 10 02/20
In 10 Bänden abgeschlossen

DR. STONE

von Inagaki & BOICHI
€ 7,00 (D) / € 7,20 (A)
O Band 1 bis 2
O Band 3 12/19
O Band 4 02/20
Bislang 12 Bände in Japan

EDENS ZERO

von Hiro Mashima
€ 5,00 (D) / € 5,20 (A)
O Band 1
€ 7,00 (D)/ €7,20 (A)
O Band 2 bis 3
O Band 4 01/20
Bislang 6 Bände in Japan

EXISTENZEN UND ANDERE ABGRÜNDE

von Yoshihiro Tatsumi
€ 19,90 (D) / € 20,50 (A)
O Existenzen und ...

CARLSEN MANGA! CHECKLIST

JUMPING

von Asahi Tsutsui
€ 7,00 (D) / € 7,20 (A)
O Band 1 03/20
In 4 Bänden abgeschlossen

JUNJO ROMANTICA

von Shungiku Nakamura
€ 6,95 (D) / € 7,20 (A)
O 1, 3 bis 5, 7 bis 15, 17 bis 20
€ 10,00 (D) / € 10,30 (A)
O Band 2, 6, 16
Bislang 23 Bände in Japan

KAMISAMA DARLING

von Kyoko Aiba
€ 6,99 (D) / € 7,20 (A)
O Band 1 bis 7
In 8 Bänden abgeschlossen

KATSURA & TORIYAMA SHORT STORIES

von Akira Toriyama und Masakazu Katsura
€ 6,95 (D) / € 7,20 (A)
O Katsura & Toriyama Short Stories

KILLING BITES

von Shinya Murata & Kazasa Sumita
€ 7,95 (D) / € 8,20 (A)
O Band 1 bis 10
Bislang 14 Bände in Japan

KIMI HE – WORTE AN DICH

von Christina Plaka
€ 12,90 (D) / € 13,30 (A)
O Kimi He – Worte an Dich

KITCHEN PRINCESS

von Natsumi Ando & Miyuki Kobayashi
€ 5,95 (D) / € 6,20 (A)
O Band 1 bis 10
In 10 Bänden abgeschlossen

KLEINE KATZE CHI

von Konami Kanata
€ 9,95 (D) / € 10,30 (A)
O Band 1 bis 12
In 12 Bänden abgeschlossen

I HEAR THE SUNSPOT

von Yuki Fumino
€ 7,99 (D) / € 8,30 (A)
O Band 1
€ 9,99 (D) / € 10,30 (A)
O Band 2 12/19
Bisher 2 Bände in Japan

I HEAR THE SUNSPOT – LIMIT

von Yuki Fumino
€ 7,99 (D) / € 8,30 (A)
O Band 1 02/20
Bisher 3 Bände in Japan

IM – GREAT PRIEST IMHOTEP

von Makoto Morishita
€ 6,99 (D) / € 7,20 (A)
O Band 1 bis 5
O Band 6 12/19
O Band 7 03/20
In 11 Bänden abgeschlossen

IN THIS CORNER OF THE WORLD

von Fumiyo Kouno
€ 12,99 (D) / € 13,40 (A)
O Band 1 bis 3
In 3 Bänden abgeschlossen

INTERVIEW MIT EINEM VAMPIR – CLAUDIAS STORY

von Anne Rice
€ 19,90 (D) / € 20,50 (A)
O Interview mit einem Vampir – Claudias Story

IS DOROTHY IN A BAD TEMPER?

von Sora Hoonoki
€ 6,99 (D) / € 7,20 (A)
O Band 1 bis 3
In 3 Bänden abgeschlossen

JAPANISCH FÜR MANGA-FANS

von Thora Kerner & Jin Baron
€ 16,00 (D) / € 16,50 (A)
O Sammelband

JUDGE

von Yoshiki Tonogai
€ 7,95 (D) / € 8,20 (A)
O Band 1 bis 5
€ 8,95 (D) / € 9,20 (A)
O Band 6
In 6 Bänden abgeschlossen

H.P.LOVECRAFTS DER HUND UND ANDERE GESCHICHTEN

von Gou Tanabe
€ 12,00 (D) / € 12,40 (A)
O H.P. Lovecrafts Der Hund ...

H.P.LOVECRAFTS DIE FARBE AUS DEM ALL

von Gou Tanabe
€ 12,00 (D) / € 12,40 (A)
O H.P. Lovecrafts Die Farbe aus dem All 03/20

HUNTER X HUNTER

Yoshihiro Togashi
€ 6,95 (D) / € 7,20 (A)
O 1 bis 36
Bislang 36 Bände in Japan

HYBRID CHILD

Shungiku Nakamura
€ 6,95 (D) / € 7,20 (A)
O Hybrid Child

I AM A HERO

von Kengo Hanazawa
€ 7,95 (D) / € 8,20 (A)
O Band 1 bis 21
€ 8,95 (D) / € 9,20 (A)
O Band 22
In 22 Bänden abgeschlossen
€ 9,99 (D) / € 10,30 (A)
O Doppelpack 1-2

I AM A HERO IN IBARAKI

von Kengo Hanazawa
€ 8,99 (D) / € 9,30 (A)
O I am a Hero in Ibaraki

I AM A HERO IN NAGASAKI

von Kengo Hanazawa
€ 8,99 (D) / € 9,30 (A)
O I am a Hero in Nagasaki

I AM A HERO IN OSAKA

von Kengo Hanazawa
€ 8,99 (D) / € 9,30 (A)
O I am a Hero in Osaka

I AM SHERLOCK

von TAKATA & Io
€ 7,00 (D)/ € 7,20 (A
O Band 1
O Band 2 02/20
In 4 Bänden abgeschlossen

HE'S MY VAMPIRE

von Aya Shouoto
€ 6,95 (D) / € 7,20 (A)
O Band 1 bis 10
In 10 Bänden abgeschlossen

HIGHSCHOOL OF THE DEAD

von Daisuke Sato & Shouji Sato
€ 6,95 (D) / € 7,20 (A)
O Band 1 bis 7
Bislang 7 Bände in Japan

HITOTSUBANA

von Minami
€ 8,00 (D) / € 8,30 (A)
O Band 1
O Band 2 12/19
O Band 3 03/20
In 7 Bänden abgeschlossen

HOW TO DRAW MANGA

von Hikaru Hayashi u. a.
€ 9,95 (D) / € 10,30 (A)
O Lebendige Manga Charaktere
O Manga-Charaktere in Bewegung
€ 16,90 (D) / € 17,40 (A)
O Ninja und Samurai
O Monster und Dämonen
€ 17,90 (D) / € 18,40 (A)
O Manga-Figuren entwickeln
O Grundlagen der Manga-Kunst
€ 19,90 (D) / € 20,50 (A)
O Manga-Skizzen zeichnen
O Ausdrucksstarke Skizzen im Manga
O Character Design – Tipps und Tricks
O Manga aus der richtigen Perspektive
O Manga-Figuren in dynamischen Posen
O Oberflächen und Strukturen
O Manga-Figuren in ihrer Umwelt
O Perfekte Proportionen im Manga
€ 24,90 (D) / € 25,60 (A)
O Manga-Geschichten entwickeln
O Kolorieren mit Copic-Stiften
O Kolorieren mit Aquarellbuntstiften

CARLSEN MANGA! CHECKLIST

MORIARTY THE PATRIOT

von Ryosuke Takeuchi
€ 9,99 (D) / € 10,30 (A)
O Band 1 bis 5
O Band 6 01/20
Bislang 9 Bände in Japan

MOTHER'S SPIRIT

von Enzo
€ 7,99 (D) / € 8,30 (A)
O Mother's Spirit
Bislang 2 Bände in Japan

MOTOKARE RETRY

von En Hanaya
€ 6,99 (D) / € 7,20 (A)
O Band 1 bis 7
In 7 Bänden abgeschlossen

MOVING FORWARD

von Nagamu Nanaji
€ 5,00 (D) / € 5,20 (A)
O Band 1 12/19
€ 7,00 (D) / € 7,20 (A)
O Band 2 02/20
In 11 Bänden abgeschlossen

MURCIÉLAGO

von Yoshimura Kana
€ 7,99 (D) / € 8,30 (A)
O Band 1 bis 11
Bislang 15 Bände in Japan

MY HERO ACADEMIA

von Kohei Horikoshi
€ 6,99 (D) / € 7,20 (A)
O Band 1 bis 20
O Band 21 02/20
Bislang 25 Bände in Japan
€ 9,99 (D) / € 10,30 (A)
O My Hero Academia - Ultra Archive

MY HERO ACADEMIA SMASH

von Kohei Horikoshi, Hirofumi Neda
€ 5,00 (D) / € 5,20 (A)
O Band 1 bis 2
O Band 3 01/20
Bislang 5 Bände in Japan

MY SECRET WHICH I CANNOT TELL YOU

von Kyoko Aiba
€ 6,99 (D) / € 7,20 (A)
O My Secret Which I Cannot Tell You

MEINE LESBISCHE ERFAHRUNG MIT EINSAMKEIT

von Kabi Nagata
€ 15,00 (D) / € 15,50 (A)
O Meine lesbische Erfahrung mit Einsamkeit

MELANCHOLISCHER MORGEN, EIN

von Shoko Hidaka
€ 6,95 (D) / € 7,20 (A)
O Band 1 & 2
€ 7,95 (D) / € 8,20 (A)
O Band 3 bis 7
€ 9,95 (D) / € 10,30 (A)
O Band 8 01/20
Bislang 8 Bände in Japan

MERMAID PRINCE

von Kaori Ozaki
€ 8,00 (D) / € 8,30 (A)
O Mermaid Prince

MIMIC ROYAL PRINCESS

von Yukihiro & Musashino
€ 6,95 (D) / € 7,20 (A)
O Band 1 bis 5
Bislang 5 Bände in Japan

MOB PSYCHO 100

von ONE
€ 6,66 (D) / € 6,90 (A)
O Band 1 bis 12
O Band 13 01/20
In 16 Bänden abgeschlossen

MONSTER HUNTER FLASH HUNTER

von Keiichi Hikami & Shin Yamamoto
€ 6,95 (D) / € 7,20 (A)
O Band 1 & 2, 4 bis 9
€ 7,95 (D) / € 8,20 (A)
O Band 10
In 10 Bänden abgeschlossen

MONSTER – PERFECT EDITION

von Naoki Urasawa
€ 20,00 (D) / € 20,60 (A)
O Band 1 bis 2
O Band 3 02/20
In 9 Bänden abgeschlossen

LUPUS IN FABULA

von Kamineo
€ 7,95 (D) / € 8,20 (A)
O Band 1 bis 3
In 3 Bänden abgeschlossen

MACHIMAHO – MAGICAL GIRL BY ACCIDENT

von Souryu
€ 7,99 (D) / € 8,30 (A)
O Band 1 bis 3
O Band 4 01/20
Bislang 6 Bände in Japan

MAGUS OF THE LIBRARY

von Mitsu Izumi
€ 12,00 (D) / € 12,40 (A)
O Band 1
O Band 2 02/20
Bislang 3 Bände in Japan

MAID-SAMA

von Hiro Fujiwara
€ 5,95 (D) / € 6,20 (A)
O Band 1 bis 18
In 18 Bänden abgeschlossen
O Maid-sama Marriage

MANGA LOVE STORY

von Katsu Aki
€ 6,95 (D) / € 7,20 (A)
O Band 66-72
O Band 73 01/20
Bislang 78 Bände in Japan

MANGA-ZEICHENSTUDIO

von Kaneda Koubou u.a.
€ 19,90 (D) / € 20,50 (A)
O Hände und Füße
O Gesichter und Emotionen
O Manga Master Book
O Grundlagen der Anatomie
O Mädchen in coolen Posen
O Emotionen und Mimik ausdrucksstark zeichnen
O Manga Basics
O Sexy Girls
O Figuren & Hintergründe
€ 24,90 (D) / € 25,60 (A)
O Spannende Geschichten erzählen

MASHIMA-EN

von Hiro Mashima
€ 6,95 (D) / € 7,20 (A)
O Band 1 & 2
In 2 Bänden abgeschlossen

KOROSENSEI QUEST!

von Yusei Matsui & Kizuku Watanabe
€ 6,50 (D) / € 6,70 (A)
O Band 1 bis 3
O Band 4 01/20
Bislang 4 Bände in Japan

LADY SNOWBLOOD (NEUEDITION)

von Kazuo Koike & Kazuo Kamimura
€ 19,99 (D) / € 20,60 (A)
O Band 1 & 2
€ 16,99 (D) / € 17,50 (A)
O Band 3
€ 44,00 (D) / € 45,30 (A)
O Pack 1 bis 3
In 3 Bänden abgeschlossen

LET ME TAKE RESPONSIBILITY!

von Kyoko Aiba
€ 6,99 (D) / € 7,20 (A)
O Let me take responsibility!

LETZTE REISE DER SCHMETTERLINGE, DIE

von Kan Takahama
€ 14,90 (D) / € 15,40 (A)
O Die letzte Reise der Schmetterlinge

LIBERI-PROJEKT, DAS

von Tamasaburo
€ 6,95 (D) / € 7,20 (A)
O Band 1 bis 3
In 3 Bänden abgeschlossen

LITTLE WITCH ACADEMIA

von Keisuke Sato, Ryo Yoshinari, Yoh Yoshinari
€ 6,99 (D) / € 7,20 (A)
O Band 1 bis 3
€ 10,00 (D) / € 10,30 (A)
O Band 3 im Sammelschuber
€ 24,00 (D) / € 24,70 (A)
O Band 1 bis 3 im Sammelschuber
In 3 Bänden abgeschlossen

LIQUOR & CIGARETTE

von Ranmaru Zariya
€ 8,00 (D) / € 8,30 (A)
O Einzelband

CARLSEN MANGA! CHECKLIST

OUSAMA GAME EXTREME
von Kanazawa/Kuriyama
€ 6,95 (D) / € 7,20 (A)
O Band 1 bis 5
In 5 Bänden abgeschlossen

OUSAMA GAME ORIGIN
von Kanazawa/Yamada
€ 6,99 (D) / € 7,20 (A)
O Band 1 bis 6
In 6 Bänden abgeschlossen

OVERLORD
von Maruyama & Miyama
€ 6,99 (D) / 7,20 (A)
O Band 1 bis 10
O Band 11 [03/20]
Bislang 11 Bände in Japan

OVERLORD Official Comic À La Carte Anthology
von Kugane Maruyama, diverse
€ 7,00 (D) / € 7,20 (A)
O Band 1 [01/20]
Bislang 3 Bände in Japan

PANDORAHEARTS
von Jun Mochizuki
€ 6,95 (D) / € 7,20 (A)
O Band 1 bis 19 & 21
€ 7,95 (D) / € 8,20 (A)
O Band 20
€ 8,95 (D) / € 9,20 (A)
O Band 22 & 23
€ 11,95 (D) / € 12,20 (A)
O Band 24
In 24 Bänden abgeschlossen

PERSONAL PARADISE NEUEDITION
von Melanie Schober
€ 6,99 (D) / € 7,20 (A)
O Personal Paradise
O Miss Misery
O Assassin Angel
O Killer Kid I
O Killer Kid II
O Brave Brother 1.0
O Brave Brother 2.0
€ 9,99 (D) / € 10,30 (A)
O Brave Brother 1.0 lim. Ausgabe mit Schuber

PIL
von Mari Yamazaki
€ 16,90 (D) / € 17,40 (A)
O PIL

ONE PIECE: FLUCH DES HEILIGEN SCHWERTS
von Eiichiro Oda
€ 7,95 (D) / € 8,20 (A)
O Band 1 & 2
In 2 Bänden abgeschlossen

ONE PIECE PARTY
von Andoh & Oda
€ 6,50 (D) / € 6,70 (A)
O Band 1 bis 4
Bislang 5 Bände in Japan

ONE PIECE – SANJIS LECKERE PIRATENREZEPTE
von Eiichiro Oda
€ 24,90 (D) / € 25,60 (A)
O Einzelband [02/20]

ONE PIECE QUIZ BOOK
von Eiichiro Oda
€ 12,99 (D) / € 13,40 (A)
O Band 1

ONE PIECE Z
von Eiichiro Oda
€ 9,95 (D) / € 10,20 (A)
O Band 1 & 2
In 2 Bänden abgeschlossen

ONE WEEK FRIENDS
von Matcha Hazuki
€ 6,99 (D) / € 7,20 (A)
O Band 1 bis 7
In 7 Bänden abgeschlossen

OPUS
von Satoshi Kon
€ 14,90 (D) / € 15,40 (A)
O Band 1 & 2
In 2 Bänden abgeschlossen

ORANGE
von Ichigo Takano
€ 7,99 (D) / € 8,30 (A)
O Band 1 bis 6
Bislang 6 Bände in Japan

OUR SUMMER HOLIDAY
von Kaori Ozaki
€ 7,99 (D) / € 8,30 (A)
O Our Summer Holiday

NARUTO (Nippon Novel)
von Masashi Kishimoto u.a.
€ 7,95 (D) / € 8,20 (A)
O Unschuldiges Herz, blutroter Dämon
O Die Gesch. e. unb. Ninja
O Blood Prison – Die Rückkehr des Helden
O Der Tag des Wolfes
O Dojunjo Ninden – Ein reines Herz
€ 7,99 (D) / € 8,30 (A)
O Naruto Itachi Shinden – Buch des strahlend. Lichts
O Naruto Itachi Shinden – Buch der finst. Nacht
O Naruto Sasuke Shinden – Buch des Sonnenaufgangs

NEON GENESIS EVANGELION
von Gainax & Yoshiyuki Sadamoto
€ 6,95 (D) / € 7,20 (A)
O Band 1 bis 14
In 14 Bänden abgeschlossen

NO EXIT
von Haruhi Seta
€ 6,99 (D) / € 7,20 (A)
O Band 1 bis 12
O Band 13 [12/19]
In 15 Bänden abgeschlossen

OKITENEMURU
von Hitori Renda
€ 7,99 (D) / € 8,20 (A)
O Band 1 bis 9
In 9 Bänden abgeschlossen

OLD BOY
von Tsuchiya Garon & Minegishi Nobuaki
€ 12,00 (D) / € 12,40 (A)
O Band 1 bis 4
In 4 Bänden abgeschlossen

ONE PIECE
von Eiichiro Oda
€ 6,50 (D) / € 6,70 (A)
O Band 1 bis 91
O Band 92 [12/19]
O Band 93 [03/20]
Bislang 94 Bände in Japan
€ 8,95 (D) / € 9,20 (A)
O One Piece Red
O One Piece Blue
€ 9,95 (D) / € 10,30 (A)
O One Piece Blue Deep
O One Piece Yellow
€ 12,95 (D) / € 13,40 (A)
O One Piece Green

NARUTO
von Masashi Kishimoto
€ 6,50 (D) / € 6,70 (A)
O Band 1 bis 72
In 72 Bänden abgeschlossen
O Der siebte Hokage und der scharlachrote Frühling
€ 9,95 (D) / € 10,30 (A)
O Naruto: Die Schriften des Sha
O Naruto: Die Schriften des Tō
€ 12,95 (D) / € 13,40 (A)
O Naruto: Die Schriften des Jin
€ 19,95 (D) / € 20,60 (A)
O Artbook »Naruto Uzumaki«

NARUTO MASSIV
von Masashi Kishimoto
€ 5,00 (D) / € 5,20 (A)
O Band 1
€ 9,99 (D) / € 10,30 (A)
O Band 2 bis 24
In 24 Bänden abgeschlossen

NARUTO – THE MOVIE: GEHEIMMISSION IM LAND DES EWIGEN SCHNEES
von Masashi Kishimoto & JUMP Comics
€ 7,95 (D) / € 8,20 (A)
O Band 1 & 2
In 2 Bänden abgeschlossen

NARUTO – THE MOVIE: DIE LEGENDE DES STEINS GELEL
von Masashi Kishimoto
€ 7,95 (D) / € 8,20 (A)
O Band 1 & 2
In 2 Bänden abgeschlossen

NARUTO – THE MOVIE: SHIPPUDEN
von Masashi Kishimoto
€ 12,95 (D) / € 13,40 (A)
O Naruto - The Movie: Shippuden
O Naruto - The Movie: Shippuden-Fesseln
O Naruto - The Movie: Shippuden - Die Erben des Willens des Feuers
O Naruto - The Movie: Shippuden - Lost Tower

NARUTO – THE MOVIE: SONDERMISSION IM LAND DES MONDES
von Masashi Kishimoto
€ 7,95 (D) / € 8,20 (A)
O Band 1 & 2
In 2 Bänden abgeschlossen

CARLSEN MANGA! CHECKLIST

SKULL PARTY
von Melanie Schober
€ 6,95 (D) / € 7,20 (A)
O Band 1 bis 4
In 4 Bänden abgeschlossen

SOUL EATER
von Atsushi Ohkubo
€ 6,50 (D) / € 6,70 (A)
O Band 1 bis 24
€ 7,95 (D) / € 8,20 (A)
O Band 25
In 25 Bänden abgeschlossen

SOUL EATER GUIDE BOOK
von Atsushi Ohkubo
€ 8,95 (D) / € 9,20 (A)
O Soul Eater Guide Book

SOUL EATER SOUL ART
von Atsushi Ohkubo
€ 24,90 (D) / € 25,60 (A)
O Band 2

SPLATOON
von Sankichi Hinodeya
€ 6,99 (D) / € 7,20 (A)
O Band 1 bis 6
O Band 7 02/20
Bislang 9 Bände in Japan

STILLE WASSER
von Kan Takahama
€ 16,90 (D) / € 17,40 (A))
O Stille Wasser

SUPER DRAGON BALL HEROES
von Yoshitaka Nagayama
€ 7,00 (D) / € 7,20 (A)
O Band 1 03/20
Bislang 2 Bände in Japan

TAKANE UND HANA
von Yuki Shiwasu
€ 5,00 (D) / € 5,20 (A)
O Band 1
€ 6,99 (D) / € 7,20 (A)
O Band 2 bis 8
O Band 9 01/20
Bislang 15 Bände in Japan

SCHOKOHEXE, DIE
von Rino Mizuho
€ 6,50 (D) / € 6,70 (A)
O Band 1 bis 16
Bislang 17 Bände in Japan

SECRET SERVICE
von Cocoa Fujiwara
€ 14,90 (D) / € 15,40 (A)
O Band 0
€ 6,95 (D) / € 7,20 (A)
O Band 1 bis 10
€ 8,95 (D) / € 9,20 (A)
O Band 11
In 11 Bänden abgeschlossen

SEKAIICHI HATSUKOI
von Shungiku Nakamura
€ 6,95 (D) / € 7,20 (A)
O Band 1-4, 8-10
€ 10,- (D) € 10,30 (A)
O Band 5-7
€ 6,95 (D) €7,20 (A)
O Band 11 12/19
Bislang 14 Bände in Japan

SEVEN DEADLY SINS
von Suzuki Nakaba
€ 6,50 (D) / € 6,70 (A)
O Band 1 bis 28
O Band 29 01/20
O Band 30 03/20
Bislang 38 Bände in Japan

SHERLOCK
von Jay, Gatiss & Moffat
€ 12,99 (D) / € 13,40 (A)
O Band 1 und 2
€ 14,99 (D) / € 15,50 (A)
O Band 3
€ 39,99 (D) / € 41,20 (A)
O Band 1 bis 3 im Schuber
Bislang 4 Bände in Japan

SHIKIGAMI
von Yasaiko Midorihana
€ 10,00 (D) / € 10,30 (A)
O Einzelband 02/20

SKIP BEAT!
von Yoshiki Nakamura
€ 6,95 (D) / € 7,20 (A)
O Band 1 bis 42
O Band 43 12/19
Bislang 44 Bände in Japan

SHURIKEN UND FALTENROCK
von Matsuri Hino
€ 6,99 (D) / € 7,20 (A)
O Band 1 & 2
In 2 Bänden abgeschlossen

REQUIEM OF THE ROSE KING
von Aya Kanno
€ 9,99 (D) / € 10,30 (A)
O Band 1 bis 7
O Band 8 12/19
O Band 9 03/20
Bislang 12 Bände in Japan

ROCK LEE
von Kenshi Taira
€ 4,95 (D) / € 5,10 (A)
O Band 1 bis 7
In 7 Bänden abgeschlossen

ROCK THE CLOCKWORK WORLD
von Hidezaku Gomi
€ 6,99 (D) / € 7,20 (A)
O Band 1 bis 3
In 3 Bänden abgeschlossen

RYUKO
von Eldo Yoshimizu
€ 14,99 (D) / € 15,50 (A)
O Band 1 bis 2
In 2 Bänden abgeschlossen

SACRIFICE TO THE KING OF BEASTS
von Yu Tomofuji
€ 6,99 (D) / € 7,20 (A)
O Band 1 bis 6
O Band 7 02/20
Bislang 11 Bände in Japan

SAKURA – I WANT TO EAT YOUR PANCREAS
von Yoru Sumino
€ 7,99 (D) / € 8,20 (A)
O Band 1 & 2
In 2 Bänden abgeschlossen

SCHATTENARIE
von Zofia Garden & Anne Delseit
€ 6,95 (D) / € 7,20 (A)
O Band 1&2
In 2 Bänden abgeschlossen

SCHNEEBALLEN
von Inga Steinmetz
€ 12,00 (D) / € 12,40 (A)
O Schneeballens Fall
€ 14,00 (D) / € 14,40 (A)
O Schneeballen – Verliebt in Japan

PLEASE LOVE ME
von Aya Nakahara
€ 5,00 (D) / € 5,20 (A)
O Band 1
€ 7,00 (D) / € 7,20 (A)
O Band 2
O Band 3 12/19
O Band 4 03/20
In 10 Bänden abgeschlossen

PLUTO: URASAWA X TEZUKA
von Tezuka, Urasawa & Nagasaki
€ 14,90 (D) / € 15,30 (A)
O Band 1
€ 12,90 (D) / € 13,30 (A)
O Band 2 bis 7
€ 16,90 (D) / € 17,40 (A)
O Band 8
In 8 Bänden abgeschlossen

POISON CITY
von Tetsuya Tsutsui
€ 7,99 (D) / € 8,30 (A)
O Band 1 & 2
In 2 Bänden abgeschlossen

PONE – POSUKA DEMIZU ARTBOOK
€ 20,00 (D) / € 20,60 (A)
O Pone - Posuka Demizu Artbook

PROPHECY
von Tetsuya Tsutsui
€ 7,95 (D) / € 8,20 (A)
O Band 1 bis 3
In 3 Bänden abgeschlossen

Q (KU)
von Tatsuya Shihira
€ 7,99 (D) / € 8,30 (A)
O Band 1 bis 3
€ 8,99 (D) / € 9,30 (A)
O Band 4
In 4 Bänden abgeschlossen

REAKTOR 1F – EIN BERICHT AUS FUKUSHIMA
von Kazuto Tatsuta
€ 12,99 (D) / € 13,40 (A)
O Band 1 bis 3
In 3 Bänden abgeschlossen

RENTAL GIRLFRIEND
von Reiji Miyajima
€ 7,00 (D) / € 7,20 (A)
O Band 1 02/20
Bislang 11 Bände in Japan

CARLSEN MANGA! CHECKLIST

VINLAND SAGA

von Makoto Yukimura
€ 7,95 (D) / € 8,20 (A)
O Band 1 bis 21
Bislang 22 Bände in Japan

WALKINDER, DIE

von Abi Umeda
€ 6,99 (D) / € 7,20 (A)
O Band 1 bis 9
O Band 10 [02/20]
Bislang 15 Bände in Japan

WANTED!

von Eiichiro Oda
€ 5,95 (D) / € 6,20 (A)
O Wanted!

WER BIST DU ZUR BLAUEN STUNDE

von Yuhki Kamatani
€ 10,00 (D) / € 10,30 (A)
O Band 1 bis 2
O Band 3 [01/20]
In 4 Bänden abgeschlossen

WET MOON

von Atsushi Kaneko
€ 19,90 (D) / € 20,50 (A)
O Band 1 & 2
€ 24,90 (D) / € 25,60 (A)
O Band 3
In 3 Bänden abgeschlossen

YAKUZA GOES HAUSMANN

von Kousuke Oono
€ 7,50 (D) / € 7,80 (A)
O Band 1 [12/19]
Bislang 3 Bände in Japan

YAMADA-KUN AND THE SEVEN WITCHES

von Miki Yoshikawa
€ 5,95 (D) / € 6,20 (A)
O Band 1 bis 26
O Band 27 [12/19]
In 28 Bänden abgeschlossen

ZWEI ESPRESSO

von Kan Takahama
€ 12,90 (D) / € 13,30 (A)
O Zwei Espresso

TORIYAMA SHORT STORIES

von Akira Toriyama
€ 5,95 (D) / € 6,20 (A)
O Band 2 bis 4, 7 & 8
€ 7,95 (D) / € 8,20 (A)
O Band 5
€ 6,95 (D) / € 7,20 (A)
O Band 6
Bislang 8 Bände in Japan

TRIAGE X

von Shouji Sato
€ 6,95 (D) / € 7,20 (A)
O Band 1 bis 5
€ 7,95 (D) / € 8,20 (A)
O Band 6 bis 17
O Band 18 [03/20]
Bislang 19 Bände in Japan

TRIAGE X – TRIBUTE

von Shouji Sato
€ 7,95 (D) / € 8,20 (A)
O Triage X - Tribute

UNLUCKY YOUNG MEN

von Fujiwara/Otsuka
€ 19,90 (D) / € 20,50 (A)
O Band 1 & 2
In 2 Bänden abgeschlossen

UZUMAKI DELUXE

von Junji Ito
€ 28,00 (D) / € 28,80 (A)
O Uzumaki Deluxe

VAMPIRE KNIGHT

von Matsuri Hino
€ 6,00 (D) / € 6,20 (A)
O Band 5
€ 5,95 (D) / € 6,20 (A)
O Band 1 bis 4, 6 bis 19
In 19 Bänden abgeschlossen

VAMPIRE KNIGHT – MEMORIES

von Matsuri Hino
€ 6,99 (D) / € 7,20 (A)
O Band 1 bis 3
O Band 4 [03/20]
Bislang 4 Bände in Japan

VIGILANTE – MY HERO ACADEMIA ILLEGALS

von Horikoshi, Furuhashi & Court
€ 6,99 (D) / € 7,20 (A)
O Band 1 bis 4
O Band 5 [12/19]
O Band 6 [03/20]
Bislang 7 Bände in Japan

THE GOLDEN SHEEP

von Kaori Ozaki
€(D) 8,00 / €(A) 8,30
O Band 1 [12/19]
In 3 Bänden abgeschlossen

THE HEROIC LEGEND OF ARSLAN

von Yoshiki Tanaka
€ 6,99 (D) / € 7,20 (A)
O Band 1 bis 9
O Band 10 [02/20]
Bislang 11 Bände in Japan

THE LADY AND HER DEMON BUTLER

von Cocoa Fujiwara
€ 5,95 (D) / € 6,20 (A)
O The Lady And Her Demon Butler

THE PROMISED NEVERLAND

von Shirai & Demizu
€ 6,99 (D) / € 7,20 (A)
O Band 1 bis 10
O Band 11 [01/20]
O Band 12 [03/20]
Bislang 16 Bände in Japan

THE ROYAL TUTOR

von Higasa Akai
€ 6,99 (D) / € 7,20 (A)
O Band 1 bis 9
O Band 10 [01/20]
Bislang 13 Bände in Japan

3/11 – TAGEBUCH NACH FUKUSHIMA

von Yuko Ichimura & Tim Rittmann
€ 12,90 (D) / € 13,30 (A)
O 3/11–Tagebuch nach Fukushima

TO THE ABANDONED SACRED BEASTS

von Maybe
€ 6,99 (D) / € 7,20 (A)
O Band 1 bis 7
O Band 8 [01/20]
Bislang 9 Bände in Japan

TANIGUCHI, JIRO

von Jiro Taniguchi
€ 12,90 (D) / € 13,.30 (A)
O Der Gourmet 2
€ 14,90 (D) / € 15,40 (A)
O Der spazierende Mann
O Der Gourmet
€ 16,00 (D) / € 16,50 (A)
O Der Kartograph
O Von der Natur des Menschen
€ 16,90 (D) / € 17,40 (A)
O Die Sicht der Dinge
O Ihr Name war Tomoji
€ 19,90 (D) / € 20,50 (A)
O Vertraute Fremde
€ 20,00 (D) / € 20,60 (A)
O Im Jahrtausendwald
€ 22,00 (D)/ € 22,70 (A)
O Unruhige Geister und stille Gefährten
€ 28,00 (D) / € 28,80 (A)
O Der Himmel ist blau, die Erde ist weiß – Gesamtausgabe
€ 29,90 (D) / € 30,80 (A)
O Die Wächter des Louvre
O Venedig

TEMPEST CURSE

von Martina Peters
€ 6,95 (D) / € 7,20 (A)
O Band 1 bis 3
In 3 Bänden abeschlossen

THE ART OF SPLATOON

€ 40,00 (D) / € 41,20 (A)
O The Art of Splatoon

THE BOOK OF LIST - GRIMM'S MAGICAL ITEMS

von Izuco Fujiya
€ 6,95 (D) / € 7,20 (A)
O Band 1 bis 5
€ 8,95 (D) / € 9,20 (A)
O Band 6
In 6 Bänden abeschlossen

THE CASE STUDY OF VANITAS

von Jun Mochizuki
€ 7,99 (D) / € 8,30 (A)
O Band 1 bis 5
O Band 6 [12/19]
Bislang 7 Bände in Japan

THE DEMON PRINCE

von Aya Shouoto
€ 6,95 (D) / € 7,20 (A)
O Band 1 bis 14
Bislang 15 Bände in Japan

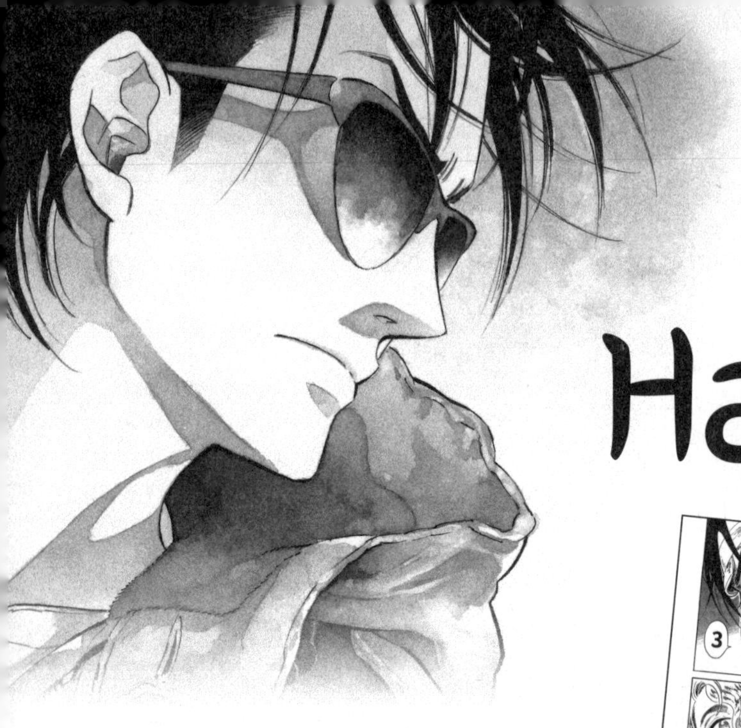

Halt!

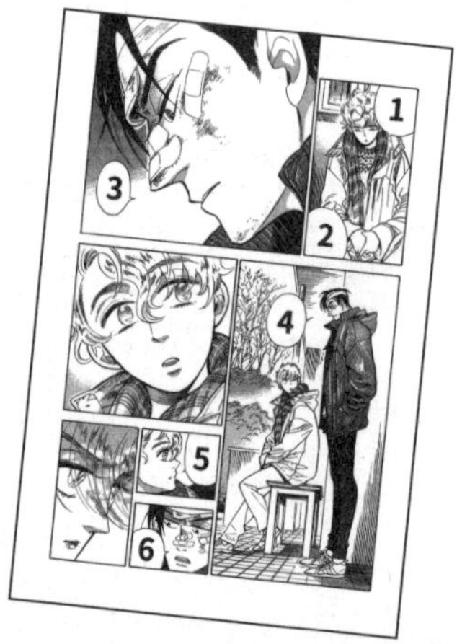

Folge den Wolken nach Nord-Nordwest
ist eine japanische Serie, und in Japan wird von hinten nach vorn umgeblättert und von rechts oben nach links unten gelesen. Wir wünschen eine angenehme Lesereise zwischen Island & Japan!

MIX
Papier aus verantwortungsvollen Quellen
FSC® C014496

CARLSEN MANGA

Aus dem Japanischen von Cordelia Suzuki
HOKUHOKUSEI NI KUMO TO IKE Vol.3

Redaktion: Petra Lohmann · Herstellung: Gunta Lauck
 · ISBN: 978-3-551-77837-6